Die

Menschen

in

der Schlacht bei Idstedt

Eine Sammlung
zeitgenössischer Berichte
über die Schlacht bei Idstedt
vom 24. und 25. Juli 1850

inklusive 5 Karten
und Statistiken

herausgegeben
von

Kathinka Wantula

Schleswig 2000

Umschlagabbildung: Junger Mann mit nachkonstruierter Uniform eines dänischen Linien-Infanteristen. Foto: A. Birresborn.
Umschlaggestaltung: Katja Lübke, büro3, Dorfstr. 14, 24975 Maasbüll.
Umschlagtext: Kathinka Wantula

Dieses Buchprojekt wurde unterstützt von

- Idstedt-Stiftung
- Heimatverein der Landschaft Angeln
- Sparkasse Schleswig-Flensburg

Herstellung: Libri Books on Demand, Gutenbergring 53, 22848 Norderstedt.

ISBN: 3-8311-0287-2

Zur Erinnerung

Für Jutta,
von wo auch immer sie uns zuschauen mag.

Inhalt

Teil I: Private Berichte

Ein Soldat aus Altona
Die Tage vor der Schlacht bei Idstedt   9

Ein Bollingstedter Bauernjunge berichtet   12

Karl Heise
Oberjäger im 3. Jägerkorps   15

Theodor Holm
Eintragungen aus dem Tagebuch   22

J. Butenschön
Die Kämpfe im Zentrum   26

Hermann Jenner
Eintragungen aus dem Tagebuch eines 18-jährigen Soldaten   32

Ein Generalstabs-Adjutant
1 Brief   41

Niels Bach aus Ranum (dänischer Soldat)
Erlebnisse eines Verwundeten   43

Christen Mortensen (ein dänischer Soldat)
1 Brief an seine Schwester   45

Jens Jensen aus Voldby (dänischer Soldat)
Königliche Leibgarde zu Fuß   47

Morten Jensen aus Vognserup (dänischer Soldat)
1 Brief an seine Mutter   49

R. Chr. Gierahn aus Odense (dänischer Soldat)
Der Kampf in Idstedt   51

Graf Adelbert Baudissin
Gesamtdarstellung   54

Herzog Christian August v. Schleswig-Holstein
1 Brief über die Vorgänge im Stab von General v. Willisen   71

Udo Freiherr v. Wangenheim
Das Gefecht bei Oberstolk   77

Peter Heinrich Sommer aus Krempe
Briefe über die Schlacht, seine Verwundung und Gefangenschaft   85

Paul Trede
Drei Feldpostbriefe an seine Freundin Elise   91

Joergensen aus Slagelse (dänischer Soldat)
Über Laessoe und Thestrup 102

C. K. Thillerup aus Flensburg (dänischer Soldat)
Das Gefecht bei Oberstolk 104

General Frederik v. Schleppegrell
Der letzte Brief an seine Frau 107

Friedrich v. Abercron
Das Gefecht bei Wedelspang 108

Hans Henningsen
Ein Dorfbewohner aus Böklund berichtet 114

Regelsen
Ein Dorfbewohner aus Nübel/Schleswig berichtet 119

Ein Bataillons-Commandeur
Eintragungen aus dem Tagebuch 126

Teil II: Militärische Berichte

Ein englischer Beobachter 133

Friedrich v. Jess
Eine kurze Einführung 137

Leopold v. Gerhardt
Befehlshaber der Avantgarde 141

A. v. Gagern
Gesamtdarstellung 151

Ulrich Freiherr v. d. Horst
Das Gefecht bei Oberstolk 172

General v. Willisen
Der 3. Armeebericht 192

Gerhard Christopher v. Krogh (dänischer Oberbefehlshaber)
Der offizielle Kriegs-Rapport 197

Teil III: Anhang

Worterklärungen 238
Karten 240
Statistiken über die Todesfälle 243
Liste der Gefallenen der schleswig-holsteinischen Armee 245
Liste der Gefallenen der dänischen Armee 254
Quellennachweis 265
Personenregister 266
Bildernachweis 268

Vorbemerkung

Das Wissen der Menschen über den I. und II. Weltkrieg ist oft sehr vielfältig und das ist gut so. Es wird in den Schulen viel über die Europäische Geschichte gelehrt, aber was wissen wir über die Geschichte unseres Landes? Die Daten springen schnell von Herrscher zu Herrscher, von Krieg zu Krieg, ohne dass man näher auf die einzelnen Fakten eingeht.

In diesem Buch nun sind genau diese Fakten in Form von Berichten, Briefen und Tagebucheintragungen der Menschen, die hautnah am Geschehen und im Geschehen dabei waren, aufgeführt. Es handelt von der Schlacht bei Idstedt. Es geht um den Zeitraum von nur zwei Tagen, in dem über 60.000 Menschen gegeneinander kämpften und über 1.000 Menschen starben.

Es geht um sie.

Mein Ziel war es, die detailliertesten oder historisch wichtigsten Preziosen aus den Archiven herauszuholen und sie der Öffentlichkeit leicht zugänglich zu machen. Eine Wertung des damaligen Kampfes liegt nicht in meinem Sinne, vielmehr geht es mir darum wie die Menschen von damals diesen Kampf erlebt, ihn bewältigt und überstanden haben.

Was haben sie gedacht?
Was ist mit ihnen geschehen?
Was geschah um sie herum?

Es geht um sie.

Ein Soldat aus Altona
Die Tage vor der Schlacht bei Idstedt.

Welcher Schleswiger kennt nicht das große Wirthsgebäude, welches zwischen Flensburg und der Stadt Schleswig liegt, dessen Aeußeres schon so einladend ist, und dessen Inneres am Ende für Manchen noch mehr Interesse hatte. Es ist leider nicht mehr, der Tag der Schlacht bei Idstedt war der Sterbetag desselben, es brannte ab.

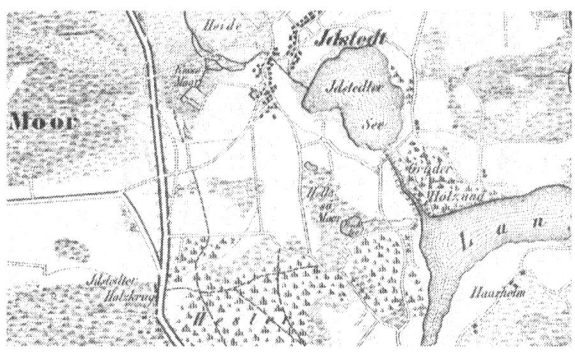

Dem Wirthshause gegenüber liegt an der andern Seite der Heerstraße, der Luschbusch, eine herrliche Eichenwaldung; vor dem Gehölze ist ein freier Grasraum, welcher sich von der Heerstraße aus hinaufzieht. Dieser Platz war für unser Bataillon, das erste, zum Lagerplatz bestimmt. Die Gewehre waren zusammengesetzt, das Lederzeug und Helm darauf gehängt, so wie der Tornister daneben.

Es ist Morgen; kaum beginnt die Dämmerung zu weichen, so sind die Soldaten schon wach, denn es muß ja noch Kaffee gekocht werden, ehe es an's Exerzieren geht. Das Gehölz ist bald recht lebendig geworden, aus allen Hütten sieht man die Soldaten hervorkriechen, mancher noch mit Ueberbleibseln seines Nachtlagers behangen. Diese Hütten waren zwischen den Bäumen aus Baumstämmen zusammengefügt, mit Stroh und Laub bedeckt und inwendig mit demselben Material versehen. Der Kunstsinn und das Genie der Soldaten hatte manchen von diesen lustigen Gebäuden ein recht imponierendes Ansehen gegeben; so prangte zum Beispiel über dem einen ein Schild mit dem Namen: Zum grauen Esel, und ein anderes führte die Inschrift: Zum lustigen Soldaten. Doch mein Kamerad hat den Kaffee fertig; zu bemerken noch, daß immer drei gute Freunde aus einem Feldkessel zusammen kochen, freilich ohne Milch und Zucker, die Bohnen zwar etwas

9

grob auf Steinen gemahlen, doch er schmeckt, nun, warum sollte er auch nicht schmecken, hat man ihn doch mit Mühe selbst gekocht und die Morgenluft ist noch etwas kühl und unwirsch. Doch es wird Zeit, daß wir uns beeilen, denn schon wird auf dem Sammelplatz bei den Gewehren angetreten, also schnell den Rest des Gebraues der Levante hinuntergegossen, Kochkessel wieder aufgeschnallt und nun vorwärts. Die Kommando: „Umhängen, Gewehr in die Hand" sind erfolgt; das Batallion setzt sich in Marsch nach dem Exerzierplatz, einer großen Roggenkoppel links bei der Heerstraße.

Das Exerzieren ist für Soldaten gewiß ein sehr praktisches Uebungs- und Ausbildungsmittel; hier wurde es jedoch leider in solchem Uebermaß getrieben, daß es uns leicht hätte gefährlich werden können. Ich meine nicht die Anstrengung dabei, nein, die hätten am Ende einen tüchtigen Soldaten wenig eingesalbt, obgleich wir in der drückendsten Hitze von Morgens 6 bis 11 Uhr Feldmanöver machen mußten, dabei den gepackten Tornister und die Patronen, gewiß ein nicht ganz leichtes Motionsmittel, nein, sondern die Nähe des Feindes, wir konnten jeden Augenblick in's Gefecht kommen, und was es alsdann bald mit abgematteten Truppen werden mußte, war vorauszusehen. Es passirte auch mehr als einmal, daß wir, eben vom Exerzieren nach Hause gekommen, nördlich marschiren mußten, weil es hieß: die Dänen hätten die Vorposten angegriffen, welche eine Stunde nördlich auf der Heerstraße von uns gestellt waren. Am Ende wurde jedoch dieser Uebelstand aufgehoben, und wir brauchten nicht mehr als zwei Stunden uns abzumühen.

Doch das Exerzieren ist aus, wir rücken wieder in unsere alten Quartiere, in die Waldhütten. Die zurückgebliebenen Köche haben unsere Ration kunstgerecht zugerichtet und eine allgemeine Mittagstafel wird im Walde zugerüstet, denn auf der Koppel ist es doch zu heiß. Der kühle Schatten des Eichwaldes ladet zum Ausruhen ein und bald liegen die Soldaten dem Schlafe in den Armen. Doch die Uhr ist Sechse, es wird Appell gehalten und dabei darf kein Soldat fehlen, es werden vielleicht noch einige Befehle für die kommende Nacht gegeben, die Mäntel abgerollt und umgehangen; alsdann eilt ein Jeder der Musik zu, welche auf dem höchsten Punkte der Koppel postirt ist und ihre fröhlichen Melodien, als da sind für die Soldaten, Polka und Walzer, in die heitere Abendluft tönen läßt. Das Tanzen nimmt nun seinen Anfang, eine nicht zimperliche und sich zierende Dame gibt ein guter Kamerad ab, und lustig dreht sich die ganze Gesellschaft nach dem Takte der Musik. Wahrlich, es ist dieß ein heiteres Soldatenbild, wenn man diese fröhlichen Menschen betrachtet, die so wenig bedürfen, um bis zum Himmel vergnügt zu sein! Auf mich machte jene

Musik jedoch immer einen etwas wehmüthigen Eindruck im Herzen, sie zauberte mich zurück in die Heimath, die bekannten Melodien riefen mir so oft glücklich genossene Stunden zurück. Doch es wird dunkel, das Musikcorps hat gleichfalls sein tönendes Tagwerk vollbracht und man sucht seine Ruhestätte für die Nacht auf. Wir Altonaer fanden uns um diese Zeit immer Arm in Arm zusammen, gelagert im frischen Waldgrün und ließen unsere Bariton- oder kräftige Baßgesänge, in welche sich oft noch ein fast knabenhafter Sopran und Tenor mischte, erschallen. Da wird gesunden aus so vollem Herzen, wie wir wohl selten gesungen haben; da dachte man zurück an die Lieben der Heimath, die um uns am Ende bittere Thräne in der stillen wehmüthigen Nacht weinten; dann erklangen mildere Weisen, als die Kriegs- und Soldatenlieder. Die Stimmen dämpften sich unwillkürlich und das Gefühl machte den Gesang zur Sprache. Oft noch werde ich mich an euch, ihr glücklichen Stunden, erinnern, es waren die wenigen wirklich fröhlichen des ganzen Feldzugs. Dieß ein Bild der Soldatenfreuden; ich denke, die Leiden müssen ja auch sein, und der Zurückblick auf dieselben hat doch auch seinen eigenthümlichen Reiz.

Schleswig-holsteinische Infanterie 1848-1851.

Was ein Bollingstedter Bauernjunge
in der Idstedter Schlacht erlebte

Als im Juli 1850 der dritte schleswig-holsteinische Krieg begann, war ich ein herangewachsener Junge von 13 Jahren, der nirgends fehlen durfte, wo etwas los war. Um den 20. Juli herum wurde mein Heimatdorf Bollingstedt von der 1. und 2. Kompagnie des 1. Schleswig-Holsteinischen Jägerkorps besetzt, von denen abwechselnd eine halbe Kompagnie nach Langstedt auf Vorposten detachiert war. Alles deutete darauf hin, daß es auch bei unserem Dorfe zum Kampfe kommen würde.

Während am 24. Juli schon den ganzen Tag das Gefecht in unheimlicher Nähe bei Helligbek und Sollbrück lärmte, ließ sich bei Bollingstedt noch kein Feind sehen, so daß am Abend der größte Teil der Jäger wieder in die Quartiere rücken konnte, wo sie allerdings im Freien auf den Hofplätzen in Heu und Stroh liegen mußten.

Mit drei anderen Jungs zusammen war ich in jener Nacht wieder beim Vieh auf dem Feld nördlich vom Dorfe, und hell sahen wir von hier aus die Flammen der am Tage heiß umstrittenen „Kellerbude" (ein Ochsenwegkrug am Südrand des Elmholzes) durch die Nacht lodern. Es mochte 2 Uhr morgens sein - ein feiner Regen begann herabzurieseln, und der Tag graute - als einige von einer Patrouille heimkehrende Jäger uns vom Langstedter Weg herüber anriefen und uns aufforderten, mit ihnen ins Dorf zurückzugehen, der Feind sei bereits in vollem Anrücken.

Nun ließen wir unser Vieh Vieh sein und gingen mit den Jägern zum Dorf zurück, wo es überall lebendig wurde. Alle Dorfbewohner - auch meine Eltern waren darunter - brachten den Jägern, die schon ihre Stellungen hinter den Wällen und Verschanzungen eingenommen hatten, ganze Körbe mit Butterbroten und Kessel voll warmem Kaffee hinaus. Wir Jungen kriegten unseren Teil ab, und so konnten wir gleich bei „unseren" Jägern bleiben und abwarten, was die nächsten Stunden bringen würden. Aber unsere Geduld sollte erst noch auf eine harte Probe gestellt werden, denn schon stundenlang tobte rechts und links der Kampf, und die Uhr zeigte auf 5, als die Dänen heranrückten. In zitternder Aufregung lag ich mit einem Schulkameraden auf einem hohen Heidestaken in Hinrich Hinrichsens Koppel, hinter deren Wall eine dichte Jägerkette stand, und sah die dänische Vorhut, etwa 10 von einem Offizier geführte Dragoner, langsam und vorsichtig auf der Langstedter Landstraße vorwärts reiten. Unsere Jäger liegen mäuschenstill und vollständig verborgen hinter den Wällen. Sie haben strengen Befehl, die Dragoner so nahe wie möglich herankommen zu lassen, und nicht zu früh zu feuern. Aber schließlich kann einer von ihnen seine Kampflust nicht mehr bändigen - ein Schuß blitzt plötzlich über den Wall, der dänische Offizier sinkt getroffen vom Pferd, und die Dragoner sprengen en carrière zurück. Deutlich hören wir das laute und erboste Schelten der Offiziere und Oberjäger auf den vorwitzigen Schützen - doch was hilft's, die Dragoner sind auf und davon. Jetzt dauerte es keine Viertelstunde mehr, bis wir auf der Langstedter Landstraße eine dänische Kolonne: Infanterie, Kavallerie und Artillerie auftauchen und über die Felder ausschwärmen und avancieren sahen. Auf beiden Seiten ertönte jetzt wie mit einem Schlage das hundertfache Geknatter der Büchsen, was uns sehr lustig deuchte, solange wir außer Schußweite waren. Als aber dann die ungefähr auf der Scheide der Bollingstedter und Langstedter Feldmark aufgefahrenen Geschütze plötzlich ihr Feuer eröffneten, war es mit unserer Courage vorbei. Die ersten Geschosse gingen zwar in weitem Bogen über unsere Köpfe und das Dorf hinweg. Aber dann hatten die Dänen sich eingeschossen, ihre Granaten pflügten den Boden unserer Koppel, tanzten gleich Spielbällen auf und ab und hüllten das ganze Feld in Rauch und Qualm. Mit unglaublicher Geschicklichkeit waren wir schon im nächsten Augenblick vom Heidestaken herunter und ins Dorf gerannt. Erst bei einem kleinen Abnahmehäuschen in der Nähe des Kruges warfen wir uns atemlos nieder. Als wir jedoch nach wenigen Minuten durch den vom überhängenden Strohdach tropfenden Regen vertrieben wurden, und den weiteren Rückzug durch die von einem Steinwall zurückprallenden Kugeln gefährdet sahen, blieb uns keine andere Zuflucht als der Krug, den wir auf allen Vieren erreichten. Mit der Familie des Krügers und mehreren Nachbarn verkrochen wir uns hier, als die Kugeln gleich darauf durch Fenster und Dach zu schlagen begannen, im Keller. Hier habe ich die unheimlichsten Stunden meines Lebens durchgemacht: Im dunklen, dumpfen Raum das Weinen und Wimmern der Kinder, das Jammern der Frauen und draußen im Dorf das immer lauter werdende Kampfgetöse, das Schießen und Blasen und Hurrageschrei. Wüste Szenen spielten sich da draußen ab: Die ganze nördliche Häuserreihe stand bereits in Flammen, es brannten schon die Häuser von Jenner, Carsten Mauderer und Matzen. In Hinrichsens brennendem Haus feuerten die Schleswig-Holsteinischen Jäger aus den zertrümmerten Fenstern der Giebelkammer auf die vordringenden Dänen, während die Familie Hinrichsen in Todesangst unten im dunklen Keller saß. In einem Augenblick, wo das Schießen ein wenig schweigt, hören sie plötzlich ein unheimliches Knistern über sich in der Küche. Der Sohn stößt mit dem Kopf die Kellerluke auf und erblickt mit Entsetzen, wie in der von Rauch und Qualm erfüllten Küche die Flammen bereits am Tellerbord emporzüngeln. „Herut, herut, dat Huus brennt uns över de Kopp af!" Kaum ist der Letzte oben, als plötzlich die Schleswig-Holsteiner aus der Bodenluke herabspringen. In demselben Augenblick dringen auch die Dänen in die Küche, aber Rauch und Qualm sind jetzt so dicht, daß Freund und Feind nicht mehr zu unterscheiden sind, und die Jäger mitten durch die Feinde hindurch unbehindert ins Freie gelangen. Ein paar Mann, die noch oben gewesen sind, springen, die Büchsen in der Hand, vom Giebelfenster ins Kartoffelkraut hinein und entkommen gleichfalls.

Fechtend zogen sich die Schleswig-Holsteiner jetzt aus dem Dorfe zurück, und kaum hatte der letzte Jäger die Brücke über die Bollingstedter Au überschritten, als sie abgebrochen und die daneben liegende Stampfmühle mit einer Teerpfütze in Brand geschossen wurde, wodurch den Dänen für's erste ein Nachdringen unmöglich gemacht wurde. Erst nachdem der Kampf von den südlichen Schanzaufwürfen und der nahe der verbrennenden Wassermühle liegenden Windmühle aus - diese wurde jetzt von den Dänen in Brand geschossen - längere Zeit fortgesetzt war, erhielten die Schleswig-Holsteiner den Befehl zum Rückzuge.

Stiller und stiller wurde es jetzt, und als wir uns endlich aus dem Keller wagten, sahen wir die ganze Dorfstraße voll von Dänen. Im Kruge hatten sie bereits das ganze „Schenkschapp" geleert und im Keller meiner Eltern alle Milchschüsseln, die sie aber ordentlich und unversehrt wieder an ihren Platz gestellt hatten. Dicht bei der brennenden Mühle, wo die Dänen gleich darauf beim Löschen halfen, waren einige Geschütze aufgefahren, die den durch das Steinholz zurückgehenden Schleswig-Holsteinern mehrere Schüsse nachsandten; noch sehe ich, wie da drüben einige Buchen nach allen Seiten auseinandersplitterten.

Am andern Tage wurden die Bauern aufgeboten, das Schlachtfeld nach etwa versteckten Verwundeten und Toten abzusuchen. Etwas nordwestlich von Engbrück, dicht bei Bekholz, fanden mein Vater und unser Nachbar die Leichen zweier dänischer Infanteristen. Es schienen zwei blutjunge Landleute zu sein. Bei dem einen fanden sie nur ganze 2 Viertel Pfennig, bei dem anderen 24 Viertel und eine Uhr, die beim Bauernvogt angeliefert wurden. Beide hatten Kopfschüsse, der eine überm Auge, der andere an der Schläfe. Vater und der Nachbar begruben sie zusammen am Fuße eines Hünengrabes.

Karl Heise
Oberjäger im 3. Jägerkorps

Endlich im Juli 1850 kam eine wirkliche Einberufungsorder an mich und sämtliche Beurlaubte, uns zum 12. Juli in Rendsburg zu stellen. Am 6. Juli, dem Jahrestage der Schlacht von Fridericia, war die Order ausgestellt, am 9. Juli war sie in unseren Händen, und am 12. Juli befanden sich alle Urlauber bei ihrem Truppenteil. Ich war jetzt wieder ins 3. Jägerkorps aufgenommen, worüber ich mich nicht wenig freute. Wir hatten damals nur noch erst die einzige Eisenbahn im Lande, von Altona nach Kiel, mit der Abzweigung Neumünster-Rendsburg. Es war deshalb nicht so leicht, nach Rendsburg zu kommen, wie heute. Aber unsere Landsleute ließen sich nicht lumpen. Sie spannten freiwillig an und fuhren uns nach Neumünster. Das war ein Leben auf den Landstraßen! Wagen hinter Wagen in unabsehbarer Reihe, viele mit blau-weiß-roten Fahnen. Von allen Dörfern kamen sie an mit Beurlaubten, und niemals haben wir einen Schilling Fahrgeld bezahlt. Schon die Frage danach war eine halbe Beleidigung für unsere patriotischen Bauern. Auf diese Weise war es möglich, daß wir zur rechten Zeit in Rendsburg und beim Truppenteil eintreffen konnten. Das 3. Jägerkorps lag auf Höfen am schleswig-holsteinischen Kanal. Das war ein Jubel, als ich bei der Kompagnie ankam! Wir hatten einen neuen Hauptmann bekommen, namens v. Schmidt, einen früheren preußischen Kavallerie-Offizier, der von den Leuten sehr gelobt wurde. Bei ihm meldete ich mich und ging dann zu den Kameraden, mit denen ich ein fröhliches Wiedersehen feierte.

Als alle Beurlaubten sich wieder zu ihrem Truppenteil gesammelt hatten, wurde der Marsch nach Schleswig angetreten. Das 3. Jägerkorps nebst verschiedenen Infanteriebataillonen bildeten die Avantgarde. Es war an dem Tage, als wir unseren Marsch antraten, sehr heiß. Es hatte lange nicht geregnet, und deshalb war es auf dem Wege zwischen den hohen Knicks voll Staub und die Hitze nicht zum Aushalten. Ferner waren die Beurlaubten, sowie namentlich die sogen. 25 – 30jährigen Mannschaften, die, nachdem man sie einexerziert hatte, wieder beurlaubt werden sollten, an strammes Marschieren nicht gewöhnt. Endlich wurde der Marsch auf eine ganz unsinnige Weise vollführt. Wir mußten in den sogen. Reddern dicht geschlossen gehen, mit vollständigem Gepäck, ein Bataillon fest hinter dem anderen, in furchtbarem Staub. So ging es 3 – 4 Stunden in einem Marsche fort, ohne Pause, ohne trinken zu dürfen. Dann wurde Halt gemacht, ¾ Stunden lang. Die Leute waren naß von Schweiß, wie aus dem Wasser gezogen, und vor Durst ganz verschmachtet. Jetzt stürzte alles in die

Bauernhöfe und an die Brunnen und füllte sich den Leib voll Wasser. Daß das nicht gut gehen konnte, wird jeder begreifen. Ich war auch durstig, aber ich trank nicht, sondern nahm nach alter Waidmannsmanier eine Kruste Schwarzbrot in den Mund. Das ist das beste Mittel gegen den Durst. Als der Marsch wieder angetreten wurde, waren die Leute innen und außen kalt geworden. Nun ging es wieder stramm vorwärts. Aber jetzt kamen die Folgen des Wassertrinkens. Rechts und links am Wege lagen Marode, einer am anderen, Jäger und Infanteristen durcheinander. Je näher wir nach Schleswig kamen, desto dichter lagen die Reihen der zum Tode Erschöpften. Die Leute sahen aus wie Leichen. Besonders war es die oben erwähnte 25 – 30jährige Mannschaft, die die meisten Maroden lieferte. – Nun kamen wir in den langen Friedrichsberg in Schleswig. Hier wurde natürlich Tritt gefaßt mit „Gewehr auf die linke Schulter". – Immer weiter ging der Marsch, immer dünner wurden unsere Reihen. Ein Freund von mir, der Oberjäger Hugo Piening, später Kaufmann in Barmstedt, rief mir jeden Augenblick zu: „Korl, hol di!" „Ick will mi wol holen!" sagte ich, und doch war mir der Arm so lahm, daß wenn mir jemand mit dem kleinen Finger ans Gewehr gestoßen hätte, mir dasselbe entfallen wäre. – So kamen wir denn schließlich durch Schleswig bis an den Tiergarten (ein kleines Gehölz nördlich vom Gottorfer Schloß). Hier wurde ein längerer Halt gemacht. Bataillon auf Bataillon marschierte jetzt an uns vorbei in ihre Stellungen. Wir wurden später in Lührschau einquartiert. – Die Armee hatte an diesem Tage 13, sage *dreizehn* Tote zu verzeichnen, infolge der verrückten Marschweise. Das gab natürlich ein ungeheures Aufsehen im Lande, und mancher bittere Tadel ward über den General Willisen laut. Späterhin wurde angeordnet: in der Stunde 50 Minuten marschieren, 10 Minuten Rast. Seitdem habe ich nicht wieder von Toten auf dem Marsche gehört. Leider kam aber diese Einrichtung erst nach der Schlacht bei Idstedt. Auf dem Rückmarsch von Idstedt nach Rendsburg ging es leider wieder ebenso, vielleicht noch schlimmer.

Von Lührschau marschierten wir einige Tage später über Helligbek nach Poppholz, wo die 3. und 4. Kompagnie ein Biwak bezogen und Vorposten ausstellten. Die 1. und 2. Kompagnie lagen als Reserve hinter Helligbek. Meine Aufgabe in diesem Feldzuge war, wenn ich nicht auf Posten war, das Patrouillieren. Ich machte öfter Patrouillen bis dicht vor Flensburg, so daß wir die schwedischen Vorposten deutlich sehen konnten. – Während des Waffenstillstandes war nämlich das südliche Schleswig von Preußen besetzt, bis zu einer gewissen Demarkationslinie (vom Volke Demokrationslinie genannt). Dieselbe zog sich nördlich von Tondern quer durch das ganze Herzogtum, südlich von Flensburg und schnitt noch einen kleinen Strich des nördlichen Angeln ab. Südlich dieser Linie also standen die Preußen, nördlich derselben in den Städten Hadersleben, Apenrade und Flensburg lagen Schweden. Diese beiden unparteiischen Mächte mußten die Regierung in Flensburg beschützen. Letztere bestand aus dem Dänen v. Tillisch, dem Preußen Graf Eulenburg und dem Engländer Hodges; letzterer als fünftes Rad am Wagen. Das Volk nannte sie einfach Till Eulenspiegel.

Um diese Zeit (Anfang Juli) schloß Preußen mit Dänemark Frieden. Es gab damit, allerdings gedrängt durch Russland und Österreich, unsere Sache preis, nachdem es (wie Moltke später sagte) „im ersten Feldzuge die Herzogtümer gerettet, im zweiten sie geschirmt hatte.” – Vor unserem Einmarsch zogen sich die Preußen aus Schleswig zurück. Den Schweden aber schien es noch in Flensburg zu gefallen. Sie stellten immer noch Vorposten aus. Ich meldete dies natürlich, und darauf rückte einmal die ganze Kompagnie bis auf die Wachtmannschaften aus. Wir kamen den Schweden so nahe, daß wir Kugeln mit ihnen wechseln konnten. Es fielen auch einige Schüsse, wenn ich nicht irre, von schwedischer Seite. Seitdem zogen sie sich zurück und ließen sich nicht wieder sehen. Es wurden jetzt täglich größere Rekognoszierungen gemacht, bei denen wir merkten, daß die Dänen jetzt die Vorposten bezogen hatten. Bei Översee kam es einmal zu einem kleinen Kugelwechsel, jedoch war der von keiner Bedeutung, denn Hannemann zog sich zurück. - In der Nacht vom 22. bis 23. Juli hatte ich noch eine Patrouille gemacht bis nahe vor Flensburg. Den 23. nachmittags waren wir alle fidel beim Bier und wurden schon ziemlich munter, als ich zum Hauptmann gerufen wurde. Er fragte mich, ob ich Lust hätte, eine freiwillige Feldwache zu übernehmen. „Jawohl, Herr Hauptmann.“ „Dann nehmen Sie sich 20 Mann mit und gehen dort hin zur Unterstützung der Wache Nr. so und so.“ Ich drehe mich um: „Wer will freiwillig mit dem Oberjäger Heise auf Feldwache ziehen?“ Sofort melden sich 30 oder 40 Mann. Ich nehme mir da 20 heraus und marschiere ab. Das war also die zweite Nacht, daß ich keinen Schlaf bekam.

Als es ordentlich Tag war, führte ich meine Leute zur Kompagnie zurück. Unser Biwak lag fest an der Chaussee von Schleswig nach Flensburg auf einer Anhöhe. Ungefähr gegen 9 Uhr sahen wir, wie der Däne in unabsehbarer Kolonne heranrückte. Hätten wir jetzt auf unserem Standpunkt auch nur eine halbe Batterie gehabt, die mit Schrapnells und Kartätschen dazwischenpefferte, so wäre der Däne von Anfang an wohl kaum zum Ausschwärmen gekommen, wenigstens hätte er sich erst eine Weile besonnen, ehe er angriff. So aber waren wir zwei Kompagnien Jäger ganz allein. Der Däne griff mit einer starken Tirailleurkette unsere dünngesäte Vorpostenlinie an, die sich natürlich sofort zurückziehen mußte. Immer fechtend, zogen wir uns auf Helligbek zurück. Es war die höchste Zeit, denn kaum waren wir dort angekommen, als uns der Feind mit einigen Ladungen Kartätschen überschüttete. - Längs dem Bache Helligbek lagen unsere 1. und 2. Kompagnie in Tirailleurkette, den Feind erwartend. Wir bekamen später Verstärkung und trieben nun den Feind wieder auf Poppholz zurück. Er hatte mittlerweile auch Verstärkung erhalten, und nun kam das Retirieren wieder an uns. So wogte das Gefecht hin und her, den ganzen Tag. Die Dänen drangen vor bis an unsere lächerlich unbedeutenden Verschanzungen. Da aber mischte sich unsere Artillerie mit ins Spiel, und jetzt mußte Hannemann wieder Reißaus nehmen, verfolgt von uns Jägern. Am späten Abend, als wir schon nichts mehr sehen konnten, hatten unsere Jäger wieder die Stellung vom vorigen Tage inne. Die 2. und 1. Kompagnie bezogen die Vorposten, die 3. und 4. hatten ein paar Stunden Ruhe zwischen den Hünengräbern, ungefähr da, wo jetzt das Idstedtdenkmal steht. Hier hielten viele Wagen aus Schleswig mit Butterbrot, Wein, Bier, Schnaps usw. Jeder von uns griff tüchtig zu. Ich aber war zu ermüdet. Ich hatte in zwei Nächten nicht geschlafen und war nun den ganzen Tag im Gefecht gewesen. Ich stopfte mir den Brotbeutel voll, füllte meine Feldflasche und warf mich sofort in die Heide nieder.

Hühnengrab an der Flensburger Chaussee nördlich von Idstedt-Kirche

Ich mochte zwei Stunden geschlafen haben, als zum Abkochen geblasen wurde; es war 1 Uhr nachts. Wir sollten nämlich früh aufbrechen und den Feind überrumpeln. Dieser kam uns indessen zuvor. Schon beim ersten Morgengrauen hörten wir ein heftiges Gefecht in der Vorpostenkette. Wir hatten unsere Suppe halb fertig, als „Das Ganze Sammeln" geblasen wurde. Unsere Köche stießen die Suppe um, das Fleisch wurde eingesteckt, und jetzt ging es los. Unsere Vorposten waren von der dänischen Übermacht zurückgedrängt und zogen sich auf uns zurück. Wir griffen jetzt tüchtig mit ein, und nun war es ein ewiges Hin- und Herschieben den ganzen Morgen. Drangen die Dänen vor, warfen wir sie zurück. Aber wir blieben fast immer auf derselben Stelle bei den Hünengräbern. Keiner gewann bedeutend an Terrain. Daß dabei eine Menge Menschen fielen, ist selbstverständlich.

Unsere 3. Kompagnie verlor beide Offiziere, die Leutnants Sarauw und Dethlefsen. Von der 1. Kompagnie fiel der Leutnant Bergien, ein geborener Schwede; er hatte zuerst einen Schuß in den einen Arm bekommen, da zeigte er den Jägern den Arm und rief: „Hurra, das ist für Schleswig-Holstein!" In demselben Augenblick trifft ihn eine Kugel in die Brust, - er ist tot. – Ein anderer Schwede, Leutnant Lindström, war verwundet. Auch Hauptmann Rau von der 1. Kompagnie fiel dort, und ich weiß nicht, wer noch all mehr.

Was an den Flügeln und im Zentrum geschah, konnten wir natürlich nicht beurteilen; es ist ja aber jetzt alles im Buch der Geschichte längst niedergeschrieben. Ich berichte hier nur immer von mir selbst und über meine nächste Umgebung. Ich kann nur sagen, daß ich den ganzen Tag beständig im Gefecht war und kaum Zeit hatte, ab und zu eine kleine Erquickung von den uns nur in geringem Abstand begleitenden Zivilisten entgegenzunehmen. - Einmal avancierten wir über das Gammellunder Moor; wir schossen dort beständig im Liegen. Ich liege im Knie und will gerade abdrücken, da fühle ich einen harten Schlag gegen den Unterleib. Ich denke nicht anders, als ich bin weidewund geschossen, nehme meine Büchse unter den Arm und sage: „Adieu, Kameraden, ich hab genug!" Darauf drücke ich mich in eine Torfgrube, wo mehrere Kameraden stehen. Weil ich keinen Schmerz mehr fühle, sage ich: „Ich habe einen Schuß bekommen, seht mal zu, ob die Kugel durchgegangen ist." Antwort: „Nein, durch die Hose ist sie nicht gegangen, aber im Rock da ist ein Loch." Es war zum Glück eine matte Kugel gewesen, die auf dem leeren Magen wohl abgesetzt hatte. Na, dann vorwärts mit Hurra! und weiter ging es über das freie Moor. - Da kam ich gerade in das Kreuzfeuer unserer und der dänischen Artillerie. Kugel auf Kugel flog rechts und links an uns vorbei, über unsere Köpfe weg und vor und hinter uns einschlagend. Ich suche Deckung hinter einer hohen Torfmiete. Hier treffe ich einen Oberjäger W. der 4. Kompagnie (jetzt Kaufmann in S.). Während wir uns über den Lauf der Schlacht unterhalten, fährt eine Kanonenkugel in die Torfmiete hinein, reißt sie rund um, daß die Torfsoden nach allen Seiten fliegen. Ich bekam ein paar davon an den Kopf, W. aber war spurlos verschwunden. Während ich über die schnelle Vergänglichkeit alles Irdischen philosophiere und denke: „Eben spracht ihr noch zusammen, jetzt liegt er gräßlich verstümmelt unter Torferde begraben", wird die Torfmasse lebendig. Ein schwarzes Schornsteinfegergesicht kommt zum Vorschein und sieht sich links und rechts um. Ich rufe hocherfreut: „Junge, levst du noch?" „Ja, levst du noch?" „Ja, Junge, mi fehlt nicks." „Mi fehlt ok nicks; dat harr awer slimm wardn kunnt!" – Ja, gewiß hätte das schlimm werden können; aber das Schlimmste ist, daß Herr W., als ich ihn 1878 in S. daran erinnerte, sich dieses Vorfalls gar nicht mehr entsinnen konnte. – Das war mir denn doch ein bißchen zu stark! Von einer Kanonenkugel herumgerissen zu werden und doch mit heiler Haut davon zu kommen, ist doch wohl kein Schimpf, den man abzuleugnen braucht?

Jetzt kam ein Moment, wo den Leuten in der Postenkette alle Munition ausgegangen war. Die ganze lange Reihe, so weit ich sehen konnte, lag da, ohne zu feuern. Aber auch die Dänen, die nicht weit von uns lagen, feuerten nicht. Auch ihnen war die Munition wahrscheinlich ausgegangen. Ich schickte Leute zurück, um frischen Schießbedarf zu holen. Auch ließ ich die Patronentaschen der Gefallenen und Verwundeten nach Munition untersuchen. Das schlug aber wenig an. Mittlerweile, es war hoch Mittag geworden, wurde „Schützen zurück" geblasen. Wir gingen jetzt von den Dänen unbehindert zurück und versahen uns mit neuen Patronen. Auch erhielten wir ein wenig zu essen und vorläufig Ruhe. Ich konnte indessen nicht lange müßig sein, schlich mich weg und war bald an anderer Stelle wieder im Gefecht, wo unsere 4. Kompagnie kämpfte. Hier hatten wir es mit der Garde zu Fuß zu tun. Die langen Kerle mit ihren hohen Bärenmützen sahen sehr kriegerisch aus; aber „bange machen gilt nicht" dachten wir und pfefferten fix in sie hinein. Plötzlich kommt mein Hauptmann angeritten: „Was Teufel," sagt er, „treffe ich Sie hier?" „Zu Befehl, Herr Hauptmann, de Olen sünd nich möd!" Ob er das verstand, weiß ich nicht. Er antwortete: „Na, ich konnte mir's denken, daß Sie nicht lange müßig sein konnten."

Wir waren jetzt beim letzten Akt des Trauerspiels angekommen. Die Garde griff uns mehrmals an, wurde aber immer wieder zurückgeschlagen. Es mußte bei dem Dänen schlecht aussehen, wenn er seine Leibgarde ins Feuer schickte, die doch hauptsächlich zur Bewachung des Königs da ist. Trotzdem wurde bei uns zum Rückzug geblasen. Wir, d. h. meine nächste Umgebung und ich, sahen gar nicht ein, warum wir zurück sollten, da wir augenscheinlich im Vorteil waren. Wir wurden indessen durch Abgesandte nachdrücklich zum Zurückgehen aufgefordert und mußten gehorchen. - Von Koppel zu Koppel, von Knick zu Knick ging es nun rückwärts. Die dänische Garde folgte uns in musterhafter Ordnung, wie auf dem Exerzierplatz, das Gewehr in der Hand, ohne auch nur einmal zu schießen. Ich erkannte mehrere Offiziere, meinen Freund Herskind konnte ich aber nicht entdecken. Er war wohl etwas mehr rechts von uns; wenigstens sagte er mir nach Jahren, als wir uns wiedersahen, daß er in derselben Tiralleurkette gewesen sei.

Die dänische Leibgarde zu Fuß.

Ich konnte jetzt erst deutlich sehen, daß die Armee überhaupt zurückging, und zum ersten Male kam mir die Ahnung, daß wir geschlagen seien; denn bei uns war das nicht zu merken gewesen, da wir tatsächlich am Nachmittag noch dasselbe Terrain besetzt hielten, wo wir am Morgen ins Gefecht eingetreten waren. Es ging jetzt in buntem Durcheinander *sehr langsam* zurück. Als wir an die Chaussee kamen, sagte mir der Leutnant Graf Baudissin: „Heise, bleiben Sie hier und sammeln Sie alles, was vom 3. Jägerkorps hier vorbeikommt." Das tat ich nun auch; ich hielt alles an, was vorbeikam. Wer bleiben wollte, der blieb, wer nicht bleiben wollte, ging weiter. Ich hatte schon recht viele gesammelt, die sich von selbst nach ihren Kompagnien geordnet hatten, da reitet der General v. Willisen an uns vorbei mit den Worten: „Na, endlich treffe ich doch einmal eine geordnete Truppe!" Darauf die Jäger: „Wat segt de Kerl? Scheet em dot. He het segt, mit so'n Soldaten kunn he nich siegen!" (Der General soll dieses Wort ausgesprochen haben, als das 13./14. Bataillon bei Idstedt einem Anprall der Dänen einen Augenblick lang nicht standhalten konnte.) Und so ging es fort. Es war gut, daß Willisen sich gedrückt hatte, die Aufregung war groß. Beim Gute Falkenberg, eine halbe Meile nördlich Schleswig, machten wir Halt und ließen die Bataillone der Avantgarde an uns vorbeimarschieren. Wir 3. Jäger bildeten die Arrieregarde. Fechtend zogen wir uns nach Schleswig zurück. Das war aber kein gezwungener, das war ein kommandierter Rückzug.

Reimer Carl Georg Theodor Holm
geb. 12.12.1827 in Garding, gest. 21.03.1901 in Schleswig

Eintragungen aus dem Tagebuch
Oberjäger in der 1. Kompanie des III. Jägercorps

Lürschau, den 16. Juli 1850

Nachdem ich mich am 5.ten Juli auf Einberufungsorder in Rendsburg gemeldet hatte und dort zum 3. Jägercorps versetzt war, marschierte ich um 8 zu dem Korps mit Lüders und wurde zur 1. Kompanie versetzt. Ich kam ins Quartier in Bovenau im Eidertal zusammen mit Lüders, Henningsen und einem Fähnrich Schönkost. Am 17.ten marschierten wir bei ... über den ... nach Duvenstedt, ein sehr anstrengender Marsch bei der furchtbaren Hitze. Am 15.ten marschierten wir von Duvenstedt über Brekendorf und Schleswig nach Lürschau. In Schleswig marschierten wir am General vorüber und auf dem Damm traf sich auch Hancke und Bruder, der gerade zu Besuch in Schleswig war. Ernst hatte ich schon vor Bustorff getroffen. Als wir nun durch Schleswig marschiert waren und auf dem Hesterberg ankamen, viel Lüders ab. Ich brachte ihn in ein Wirthshaus und nachdem ich meine Sachen abgelegt hatte, fiel ich auch hin. Nachdem ich eine zeitlang gelegen, erhielt ich von Hauptmann Rau die Erlaubniß nach Schleswig zurückzugehen und am nächsten Mittag nachzukommen. Bei Hancke waren die Eltern und Geschwister, alle bis auf Christiane. Ich erholte mich bald und purgierte mich tüchtig, fuhr darauf heute mittag hierher und liege hier am Ufer des Sees mit reichlich 200 Mann zusammen.

Stendernholz, den 19.ten Juli 1850

Am 17.ten Abends 5 Uhr marschierten wir von Lürschau nach Stendernholz, wo wir bis 10 Uhr blieben und dann eine Rekognoszierung machten, ohne ..., um die Dänen zu suchen, die wir ungefähr 1/2 Meile vor Flensburg fanden, wir Jäger kamen nicht mit ihnen zusammen, sondern nur unsere Dragoner, die einige Schüße wechselten. Um 8 Uhr morgens kamen wir wieder zurück, einigermaßen ermüdet. Selbigen Tages (18.ten) gingen wir 4 Uhr nachmittags in ein niederes kleines Gehölz, während die 3.te und 4.te Kompanie in dem ersteren blieben. Heute morgen gingen Lüders und ich nach Stenderup und kauften uns Butter und Brot sehr wohlfeil bei einem sehr freundlichen Bauern. Am 17.ten bekam ich die Fahne der ersten Kompanie.

Stendernholz, den 20.ten Juli 1850

Gestern kamen mehrere dänische Dragonerfähnlein ziemlich nahe und mit den unsern zusammen. Gestern abend wurden wir um 7 Uhr alarmiert, marschierten auf die Chaussee und stellten uns als Reserve der 3.ten und 4.ten Kompanie auf, welche 1/2 Stunde vorgingen. Nach vergeblichen Warten gingen wir um 11 Uhr zurück. Um 1 Uhr heute morgen kamen wir wieder auf die Beine, aber auch heute ist es nicht gekommen.

Stendernholz, den 22.ten Juli 1850

Am 20.ten abends kam unvermutet mein lieber Hancke in unser Bivouak und brachte mir eine Flasche ... zu 5 c., konnte aber nur kurz hier bleiben, weil andere Herren auf ihn warteten. Der ... wurde noch denselben Abend in Gemeinschaft mit Lüders und Henningsen ausgetrunken, weil wir am folgenden Morgen, einem Sonntage, den Angriff der Dänen erwarteten. Wie gewöhnlich waren wir nur alarmiert worden, warteten aber bis gegen 8 Uhr, als wir alarmiert wurden und die Gefechtsstellung einnahmen. Die Dänen rekognoszierten jedoch bloß und als sie zurückgingen, marschierten wir Ihnen nach um zu sehen, wohin sie sich zurückzögen. Um 12 Uhr waren wir wieder in unserem Bivouak und bis jetzt 4 Uhr ist noch nichts geschehen.

Stendernholz, den 23.ten Juli 1850

Gestern abend 6 Uhr mußten wir in das Bivouak der 1.ten Kompanie 20 Schritt von dem unseren entfernt, ganz unnötigerweise umziehen, welches bei weitem nicht so gemütlich war als das unsere. Lüders und ich tranken lebend (?) einen Grog beim Hauptmann, worauf wir köstlich geschlafen haben. Lüders bekommt fast täglich Kleinigkeiten von seiner Mutter. Die ..., unter anderem auch rote Grütze.

Am Abend des 23.ten, 6 Uhr, marschierte die 1. Kompanie aus dem Gehölz nach Hendrup um die 2.te vom Vorpostendienst abzulösen, aber kaum waren die Feldwachen aufgezogen, so kam für das ganze Korps der Befehl rückwärts zu marschieren. Die erste ... marschierte darauf über Poppholz nach der Heide südlich von Helligbek. Bei Helligbek lag die 3.te Kompanie auf Vorposten. Wir hatten unser Lagerdach aus dem Holz mitgenommen und lagen ganz gut auf der Heide.

Am 24.ten morgens griffen die Dänen an und die erste Kompanie erhielt den Befehl nach Helligbek zu gehen, um die erste aufzunehmen. Kurz vor dem Wirthshause brachten drei feindliche Kanonenkugeln, die ganz unvermuthet kamen, die Kompanie in Unordnung, aber sie sammelte sich bald wieder und blieb im Gefecht bis gegen 4 Uhr. Um 4 Uhr hatten wir uns bis zum Westergehege bei Sasbusch (Sethshedkrug) zurückgezogen und bezogen ein Bivouak im Holze. Lüders und ich hatten den alten Näve auf dem Rückzuge gesehen, der ... zu seinem Wagen zu kommen, mit dem er von Schleswig Erfrischungen gebracht hatte. ... Butterbrod und Wein sehr gut schmeckten. Darauf aßen wir so viel Suppe, die die Köche, welche voraus geschickt waren, jetzt uns brachten. Während dieses Essens dauerte das Gefecht fort, besonders spielte unsere Batterien sehr stark. Nachdem wir so einige Stunden Ruhe gehabt hatten, marschierten wir wieder vor, kamen aber nicht ins Feuer, sondern warteten links von der Chaussee, bis wir um 10 Uhr abends weiter auf die Heide gingen und Feldwachen aufstellten. Um circa 10 Uhr abends hörte das Feuer auf, nachdem die Daenen viele Häuser und Gehöfte in Brand gesteckt hatten. Wir blieben ohne Ruh, mit voller Bepackung in einem gelinden aber ziemlich anhaltenden Regen, bis wir hier am 25.ten morgens 3 ½ Uhr durch Schüße geweckt wurden. Wir zogen nun die Feldwachen vorläufig durch das Moorland zurück, was sehr beschwerlich war. Dann ... die Kompanie, bis die Munition verschossen war, in anhaltendem Regen. Ich stand mit dem ... . Bei diesem Gefecht erhielt Lüders einen Streifschuß über dem rechten Auge, der aber nicht gefährlich war. Nachdem das Korps sich wieder gesammelt hatte, wurden die Leute, die noch etwas Munition hatten, gleich wieder vorgeschickt, die anderen, bei denen ich mit der Fahne war, warteten circa eine Stunde auf frische Munition, folgten aber noch den ersten, bevor diese wieder das Feuer aufgenommen hatten. ... vor dem Gehölz Position gefaßt und es entstand ein heftiges Feuer, währenddessen ich, nachdem sich die ganze Kompanie aufgelöst hatte, mit der Fahne zu den Quartiers der 3.ten Kompanie zu gehen den Auftrag erhielt, nachdem ich längere Zeit in unserer letzteren Stelle gestanden hatte. Dieser ... lag etwa 100 Schritt vor unserer Batterie, die nun ein furchtbares Feuer anfing, sodaß einem der Kopf ganz wirr wurde. Die Kugeln der feindlichen Batterie schlugen zeitweise ganz dicht hinter uns ein. Zeitweise schlugen sie in den Stall, hinter dem wir lagen und bewarfen uns über und über mit Sand. Nach langem Feuer wurde unsere Batterie zum Schweigen gebracht und nun begann die dänische Garde einen Sturm auf unsere Position. Rücksichtslos gingen die Kerle drauf und dem ungeheuren Stoße mußten die Unsrigen weichen. Jetzt war das Gefecht für die Dänen entschieden und wir zogen uns durch das Holz zurück. Unser Korps sammelt sich anfangs bei dem Spritzenhause südlich des Holzes; da kam aber nicht viel zusammen. Mehr sammelte sich und wir, die 4.te Jäger voran auf der Chaussee ... . Nachdem ... wurde auch diese Position aufgegeben und wir marschierten ziemlich in Ordnung durch Schleswig nach dem Friedrichsberg. Die einzige, die ich von meinen Verwandten sah, war Tante Moritz, der ich nur rasch die Hand reichen konnte. Dann marschierten wir über Haddebey nach einem Felde bei dem Selker Noor, wo die Avantgarde sich sammelte. Hier lagen wir bis 9 Uhr abends und hatten Zeit uns genügend auszuruhen. Dann aber machten wir einen sehr anstrengenden Marsch in der Nacht bis zum 26.ten morgens und waren in Sehestedt angekommen. Der 26.te ging fast ganz mit Schlafen hin. Diese Nacht schliefen Lüders, Henningsen und die ich in einem Schießhause des Kammerherren Ahlefeld sehr gut und haben bis heute morgen von Klößen und einem jungen Küken, die ich in Schleswig bekommen hatte, gelebt. Die beiden Tage waren sehr heiß und anstrengend, besonders aber der Nachtmarsch und die verlorene Schlacht hat keinen günstigen Eindruck auf unsere Leute gemacht, aber mit Gottes Hilfe, hoffen wir, kann die Sache noch gut gehen.

J. Butenschön
Die Kämpfe im Zentrum

Das Vorpostengefecht am 24. Juli.

Die Avantgarde bestand aus dem 1., 8. und 15. Bataillon und dem
3. Jägerkorps. Letzteres war bereits im Gefecht im Poppholz bei Helligbek,
als das 1. Bataillon Befehl erhielt, vorzugehen. Die Jäger zogen sich zurück,
als wir um 1 ½ Uhr nachmittags in das erste Treffen vorrückten. Als wir
westlich von der Chaussee über das Büchmoor hinweg in der Richtung nach
Helligbek mit der 3. Kompanie vorwärtsgingen, begann die Artillerie des
Feindes, die in der Nähe des Poppholzes ihre Stellung hatte, mit Granaten
und Vollkugeln auf unsere Kolonne zu feuern, aber es gelang uns, ohne
Verlust über den Helligbek-Krug hinaus vorwärts zu dringen. Als wir
nördlich von dem genannten Wirtshause in einer Haferkoppel
ausgeschwärmt waren, entspann sich ein heißes Tirailleurgefecht, da der
Feind hier bedeutende Streitkräfte entwickelte und wir schwere Verluste
erlitten. Als wir in der Haferkoppel in Schützenkette fochten, wurde meinem
Nebenmann (Schlössermann aus Altona) von den dänischen Scharfschützen
die Helmspitze abgeschossen, und als wir uns eine Strecke zurückziehen
mußten, erhielt er durch einen Schuß eine Verwundung im Fersengelenk. Bis
abends 8 Uhr hatten von unseren Truppen 3 Bataillone und 8 Geschütze (das
1. und 15. Bataillon und das 3. Jägerkorps; das 8. Bataillon war in Reserve
geblieben) gegen 10 Bataillone und 4 Geschütze des Feindes 8 Stunden lang
mit Ausdauer gefochten, und der Verlust der 3 Bataillone hat wohl etwa
150 Mann betragen. Das Gefecht blieb am Abend in Helligbek stehen, und
als wir uns in Ordnung zurückgezogen hatten, kam Oberst *Gerhard* zu uns
und sagte, daß er während des Kampfes uns fortwährend beobachtet und
wahrgenommen habe, daß wir uns brav gehalten hätten. „Aber morgen,"
fügte er hinzu, „wird die Entscheidungsschlacht stattfinden, und dann:
entweder - oder!" Das 1. Bataillon lagerte ungefähr 2000 Schritte südwärts
von Helligbek an beiden Seiten der Flensburger Chaussee. Spät abends,
bevor wir uns nach überstandenem heißen Tageswerk zur Ruhe begaben,
spielte die Bataillonsmusik unser Nationallied, während die Wachtfeuer des
Feindes vor dem Poppholz entlang emporloderten, was bei uns die
kriegerische Stimmung erhöhte. Wir waren in jener Abendstunde fröhlichen
Mutes, was sich auch dadurch äußerte, daß auf dem hohen Kamp noch
lustige Tänze aufgeführt wurden, als die Klänge des Schleswig-Holstein-

Liedes hinübergetragen wurden nach dem vom Feinde besetzten Gehölz. Nachdem wir dann vor dem Schlafengehen unser Gesicht gewaschen und ein wenig gegessen und getrunken hatten, verfügten wir uns zu Ruhe. Unser Nachtlager hatten wir in einem trockenen Wallgraben, Mann an Mann in langer Reihe, südlich vom Büchmoor. - Die feindlichen Truppenteile hatten an jenem Tage nicht unbedeutend gelitten, denn es heißt im dänischen Rapport: „Die 5. Brigade löste die am Gefechte beteiligte Division ab zur großen Erleichterung der 4. und 6. Brigade, welche fast 8 bis 9 Stunden gekämpft hatten und deshalb der Ruhe sehr bedurften." Unser 3. Jägerkorps und das 8. Bataillon erhielten diese „Erleichterung und Ruhe" nicht, sondern bezogen abends die Vorposten. Die 1. und 2. Kompanie des 3. Jägerkorps besetzten die Vorposten westlich von der Chaussee in der nördlichen Lisiere des Buchholzes bis zur Helligbek, die 3. und 4. Kompanie des 8. Bataillons östlich der Chaussee mit zurückgezogenem rechten Flügel bis zur Niederung. Das 15. Bataillon besetzte Idstedt und stellte Feldwachen links in Verbindung mit dem 8. Bataillon über Röhmke, rechts bis zum Idstedtsee. Die Doppelposten des 3. Jägerkorps und des 8. Bataillons standen nur 500 Schritte von dem feindlichen entfernt und waren daher stark besetzt. - Das 3. Jägerkorps hatte während der Nacht sein Lager in einer feuchten, sumpfigen Moorniederung.

Am 25. Juli. Am frühen Morgen wurden unsere noch im süßen Schlummer ruhenden Truppen an beiden Seiten der Flensburger Chaussee plötzlich geweckt durch den Ruf: „An die Gewehre!" Hannemann war früher aufgestanden als wir und hatte uns der Ordre seines Obergenerals gemäß eine Überraschung bereitet, indem er mit Übermacht unsere auf den Vorposten stehenden Kameraden vom 3. Jägerkorps energisch angriff, im ersten Anlauf warf und auf diese Weise mit seiner Schützenkette so nahe an unsere Lagerstätte gelangte, daß von unserer Mannschaft schon beim Antreten einzelne verwundet wurden. Doch in einem Nu wurden unsere Kolonnen geordnet, schwärmten aus und trieben den vorgedrungenen Feind in das vor uns liegende Büchmoor und darüber hinaus bis Helligbek. Mancher Däne wurden in diesem Moor niedergestreckt, und wir trafen beim Vorwärtsdringen reihenweise die gefallenen Feinde, getroffen von unseren Spitzkugeln. Aber der dichte Nebel, der am Vormittage in der ganzen Gegend lagerte und sich bald darauf in einen anhaltenden Regen verwandelte, verhinderte jede Übersicht. Es kam sogar vor, daß, als die Schützenkette des 1. Bataillons bis nahe vor Helligbek vordrang, unsere Artillerie unsere Soldaten für Feinde hielt und sie mit Bomben und Granaten beschoß, bis sie schnell auf ihren Irrtum aufmerksam gemacht wurde. - Das Gefecht an der Chaussee wurde im Laufe des Vormittags mit günstigem

Erfolge fortgesetzt, und hier hielt die Avantgarde ihre Position. In den Vormittagsstunden fand im Zentrum ein heftiger Artilleriekampf statt. 37 unserer Geschütze waren aufgefahren; sie feuerten mit Granaten, Kartätschen und Schrapnells und hielten den Feind vollständig in Schach. Wenn sich feindliche Infanteriekolonnen zum Vorgehen sammelten, so wurden sie durch Granaten- oder Schrapnellschüsse schnell zurückgewiesen. Oberst *v. Wissel* bemerkt darüber, daß die dänische Artillerie schnell und ohne besonderen Nutzen feuerte, denn ihre vielen Granaten platzten meistens zu früh; unsere Artillerie dagegen feuerte ruhig und langsam. Der dänische Rapport sagt, der Artilleriekampf habe ungefähr 1 ½ Stunden gedauert, *ohne daß es gelungen wäre, das feindliche Geschütz zum Schweigen zu bringen.* - An der Chaussee wurden in der Zeit von 9 bis 12 ½ Uhr von den Dänen gar keine ernstlichen Versuche gemacht, die Position am Westergehege zu nehmen. Man sammelte und ordnete die Infanterie, was auch von uns während des Artilleriekampfes - als das Gewehrfeuer fast verstummte - hätte geschehen können und sollen, denn einzelne Bataillone waren im Laufe des Vormittags mehr oder weniger in der Feuerlinie vermischt worden, also nicht geordnet. - Sehen wir nun, was in Idstedt, dem Knotenpunkte des Schlachtfeldes, geschah während der Zeit, als die Avantgarde an der Chaussee ihre Position behauptete.

Das 15. Bataillon, das am Abend vorher der Avantgarde angehörte, war der 4. Brigade wieder zugeteilt worden und hatte das Dorf Idstedt besetzt gehalten. Gegen dieses führte der Feind seine 5. Brigade und ging schon um 2 ½ Uhr zum Angriff über. Bis 4 ¼ Uhr hielt jenes Bataillon das Dorf, mußte es dann aber räumen, weil ihm die Munition ausgegangen war, und sich auf das Westergehege zurückziehen. Idstedt ward sogleich vom Feinde an allen Ecken in Brand gesteckt, weil er zur Behauptung des Ortes sich nicht stark genug fühlte, da die Avantgarden-Brigade, gegen Helligbek und Idstedt vordringend, seinen rechten Flügel bedrohte, und das bereits erwähnte heftige Artilleriefeuer schon seine auf der Chaussee vorrückenden Massen zum Verlassen des Weges und zum Aufsuchen einer gedeckten Stellung westlich davon gezwungen hatte. Während nun sein rechter Flügel dem brennenden Dorfe gegenüber stand, um dessen Besitz er fortwährend kämpfte, und es erst einnahm, als er zwei Bataillone zur Verstärkung herangezogen hatte, war sein linker Flügel am rechten Ufer des Idstedt-Sees durch das schmale, dichte Untergehölz vorgedrungen und hatte daraus die vorgeschobenen Posten des 4. Jägerkorps zurückgedrängt. Auf der neben dem Holze gelegenen Anhöhe war eine Granatbatterie aufgefahren und damit das Gefecht gegen das Gruder Gehölz eröffnet worden. Eine halbe Batterie, kommandiert von Hauptmann *Crause*, der durch einen der ersten feindlichen Schüsse getötet wurde, war aufgefahren worden zur Verteidigung des Übergangs am Idstedt-See, zog sich aber gegen das Westergehege zurück und behauptete hier ihre Stellung. Mit Ausdauer und großer Tapferkeit hatte das 4. Jägerkorps die Gruder Hölzung verteidigt und alle Angriffe des Feindes zurückgeschlagen. - Im Zentrum hatte das 2. Bataillon das Buchholz und die Ziegelei, das 1. Jägerkorps die Übergänge über die Helligbek bei Engbrück und Bollingstedt besetzt. Das 12. Bataillon mit einer halben Batterie ward zur Unterstützung nach dem Büchmoor gesandt. Dem Feinde gelang es anfangs, mit bedeutenden Kräften nach heißem Gefecht das Unterholz bei Engbrück und die Ziegelei zu nehmen, aber durch zweimaligen Bajonettangriff des 1. Jägerkorps wurden das verlorene Gehölz und die Ziegelei wieder genommen und der Feind mit großem Verlust zurückgeschlagen. Damit war der rechte Flügel der feindlichen 5. und 6. Brigade, die auf Ahrenholz und den Langsee hatten vordringen sollen, um 6 Uhr vollkommen geschlagen und hatten sich auf die Chaussee, in der Höhe von Helligbek, zurückziehen müssen. Um diese Zeit hatte auch die Brigade Abercron auf dem äußersten rechten Flügel den Feind zurückgeworfen bis nach Böklund. Um 6 Uhr ging auch v. d. Horst mit der 7. Brigade vor zum Angriff in Ober-Stolk; er schlug und zersprengte die 2. dänische Division, und dort endete der Kampf mit einer vollständigen Niederlage des Feindes. - Aber die 6. Brigade blieb stundenlang unthätig, obgleich die vier kampfgeübten Bataillone (5., 6., 7. Bataillon und 2. Jägerkorps) mit ihren durchgängig tüchtigen Offizieren dem Befehle zum Vorwärtsgehen sehnsüchtig entgegensahen; aber solcher Befehl kam leider nicht.

Willisen hatte nun der 4. Brigade den Befehl erteilt, das Dorf Idstedt zu nehmen und sich jenseits mit der 3. Brigade zu vereinigen, um dann gegen die Chaussee vorzudringen. Dieses von Willisen befohlene Unternehmen konnte mit zwei Bataillonen nicht ausgeführt werden; denn es genügte nicht, die feindliche Stellung zu durchbrechen, sondern man mußte sie gänzlich über den Haufen werfen, wozu aber eine so unbedeutende Gegenmacht, ohne alle Reserve, nicht als ausreichend betrachtet werden konnte. Das Dorf Idstedt bot nirgends Deckung für die Angreifenden wegen des allgemein gewordenen Brandes. Der Feind hatte hier fünf Bataillone in Thätigkeit, von denen zwei gegenüber im Nordosten, dicht am Rande des Dorfes standen, eins den jenseitigen Ausgang beobachtete, während auf der Südseite noch zwei Bataillone in gerader Front gegen den Ausgang postiert waren. Eine feindliche Granatbatterie richtete von Röhmke aus auch noch ihr Feuer auf Idstedt. Die beiden Bataillone (das 13. und 14.) erlitten starke Verluste. Hätten sie mit dem Bajonett sich auf den Feind stürzen wollen, so wären beide Bataillone gänzlich aufgerieben worden, ehe sie ihr Ziel erreichten, da sie von allen Seiten, in der Front und auf den Flanken, beschossen wurden. Der Feind schlug die beiden Bataillone gänzlich, und diese mußten sich nach schwerem Verlust zurückziehen, und konnten sich erst vor dem Westergehege sammeln.

Dennoch stand die Schlacht im Zentrum keineswegs schlecht. Der Feind, der den Angriff des 13. und 14. Bataillons zurückgeschlagen hatte, drängte nur schwach nach und verfolgte seinen Sieg nicht über Idstedt hinaus, ja, es hatte um 7 Uhr schon den Anschein, als rüste er sich zum Rückzuge. General *v. Krogh* hatte infolge der Niederlage bei Stolk an sämtliche Brigaden den Befehl ergehen lassen, nicht mehr offensiv vorzugehen. Im Zentrum drängte der Feind nicht mehr; seine Kolonnen standen zurückgezogen in weiter Entfernung; nur die Artillerie und die Schüsse der Schützenketten erinnerten an die Fortdauer der Schlacht. Willisen war aber leider nach dem mißglückten Angriff auf Idstedt völlig plan- und ratlos, die widersprechendsten Pläne durchkreuzten seine Gedanken, die widersprechendsten Befehle wurden erlassen. Bald wollte er den Angriff erneuern, aber im nächsten Augenblick sich zurückziehen. Also der Angriff zweier Bataillone hatte seinen Zweck nicht erreicht, aber die übrigen 18 Bataillone hatten bis dahin sich mit Ausdauer behauptet und Erfolge errungen; dennoch verzweifelte er am Siege! Der feste, entschlossene Wille fehlte, sonst wäre der Sieg errungen gewesen!

Willisen befahl den Rückzug, obgleich Oberst *v. Wissel*, dem dieser Befehl ganz unerwartet kam, erklärte, daß er mit der Artillerie allein den Feind abzuhalten vermöge. Auch Oberst *Gerhardt*, Kommandeur der Avantgarde, hatte erklärt, daß er seine Stellung behaupten könne. - Am linken Flügel wollten unsere Truppen zur Offensive übergehen, als diese Absicht durch den erteilten Befehl zum Rückzuge verhindert wurde.

Nun wollen wir uns die letzten Vorgänge im Zentrum (kurz vor dem Rückzuge) vergegenwärtigen. Die Avantgarde behauptete bis dahin (12 Uhr mittags) ihre Position an beiden Seiten der Chaussee, nördlich vom Idstedt-Krug, ohne vom Feinde gedrängt zu werden. Die Artillerie war der Ordre gemäß abgefahren, nur vier Geschütze der 6pfündigen Batterie unter Hauptmann *Seweloh* feuerten noch hart westlich an der Chaussee auf die dänischen Kolonnen. Das 1. Bataillon, bei dem Verfasser stand, wurde zu der Zeit garnicht ernstlich angegriffen, aber es wurde zurückkommandiert, nahm Aufstellung beim Idstedt-Krug und marschierte von dort zurück. Das 3. Bataillon wurde vorgeschickt, und wir waren der Meinung, daß es die von dem 1. Bataillon geräumte Position besetzen und verteidigen solle; aber bevor es diese Aufgabe erfüllen konnte, hatten die Kolonnen der dänischen

Leibgarde sich bereits in Bewegung gesetzt und waren mit ihren Tirailleurs vorgedrungen.

Thatsache ist es also, daß die Garde, die einzige Reserve des Feindes, erst dann zum Angriff vorrückte, als unsere Armee auf Befehl den Rückzug antrat. Von Infanterie waren in jener verhängnisvollen Stunde vom 1. Bataillon nur die Tirailleure, die in der Schützenkette das Rückzugssignal nicht vernommen hatten, zurückgeblieben, sowie Jäger vom 3. Jägerkorps, die ihre Munition verschossen hatten. Das 3. Bataillon war freilich nach dem Rückzuge des 1. Bataillons vorgegangen, kam aber gleich im Laufschritt zurück. Hauptmann *Seweloh* hat beim Anrücken der Garde noch auf 500 Schritt mit Kartätschen gefeuert, aber da seine Geschütze fast gar keine Bedeckung von Infanterie hatten, so war es für die Garde keine schwere Aufgabe, bis zu der Batterie zu gelangen. Rittmeister *Keudell,* der mit seiner Schwadron Dragoner in einer Senkung hielt, machte noch eine Attacke auf den Feind, jagte ihn über den Knick, empfing dann aber Feuer der Garde und mußte zurück, und so wurde das von Infanterie entblößte Zentrum an der Chaussee vom Feinde genommen. Der Feind schoß mit seinen Raketen den Idstedt-Krug in Brand; hoch loderten die Flammen empor, als ein Zeichen, daß unser Zentrum gewichen war. In erbitterter Stimmung traten wir unseren Rückzug an in der Überzeugung, daß das Vorgehen der Garde nicht den Zweck hatte, das Zentrum zu nehmen, sondern daß es nur einen geordneten Rückzug ermöglichen sollte. Man rief uns zu: „Schleswig-Holsteen is in Buddel!" Als einmal auf dem Rückzuge im 1. Bataillon Unordnung entstand, wurde diese von Major *Wittich* sofort gehemmt, indem er kommandierte: „Auf das Gewehr!" und so marschierten wir eine Strecke im Parademarsch. Das machte doch nicht den Eindruck einer geschlagenen Truppe! Und das waren Soldaten, die von morgens vier Uhr im Gefecht gewesen waren und bereits am Tage vorher gekämpft hatten. Wir gaben auf unserm Rückzuge die letzten Schüsse ab, als feindliche Dragoner sich blicken ließen, die sofort kehrt machten. Ungestört, von keinem Feinde belästigt, erreichten wir spät abends Sorgbrück, wo wir uns ermüdet in den Sand niederwarfen und fast augenblicklich einschliefen. - Aber schlimmer als wir haben es damals die Kameraden von der 2., 3. und 4. Brigade gehabt, die auf ihrem Rückzuge über Missunde geführt worden sind. Obgleich kein Feind sich hat blicken lassen, hatte Willisen es dennoch angeordnet, daß die vom Schlachtfelde zurückgekehrten Truppen die ganze Nacht ununterbrochen haben marschieren müssen und in Sehestedt morgens um 8 Uhr völlig aufgelöst angekommen sind. Im Stehen, Reiten und Fahren ist alles eingeschlafen, Menschen und Pferde! Und warum diese Eile? Damit Willisen so schnell wie möglich die Festungsmauern Rendsburgs erreichte!

Hermann Jenner
Aus dem Tagebuch eines 18-jährigen Soldaten

Veranlaßt durch den Vormarsch der dänischen Armee war die Avantgarde derselben auf die unserige gestoßen, wodurch das sehr lebhafte Gefecht bei Helligbeck herbeigeführt wurde. Gleichzeitig hörten wir von Westen her das Feuer des Recognoscirungsgefechts bei Sollbrück. – Um 12 Uhr war das Gefecht verstummt und die Avantgarde wurde auf Befehl des Generals v. Willisen um etwa 2 Kilometer näher an die Hauptstellung herangezogen; die Vorposten bei Helligbeck. Da aber aus dem Verlauf des Gefechts geschlossen wurde, daß wir die ganze dänische Armee in nächster Nähe vor uns hätten und deshalb auf einen baldigen Angriff gefaßt sein müßten, so erhielt mein Bataillon den Befehl, nahe zur Hand zu bleiben und halbwegs zwischen Helligbeck und Idstedter Holzkrug ein Bivouac zu beziehen. -

Der geeignete Platz war bald gefunden und wir harrten der Wagen mit den Bivouac-Bedürfnissen und Lebensmitteln, um abkochen und uns einrichten zu können, da wir seit dem Morgenkaffee um 5 Uhr nichts genossen hatten, deshalb hungrig und von der Hitze ausgedörrt waren. Bevor dieselben eintrafen, begann aber um 2 Uhr das Gefecht von Neuem und fand erst um 7 Uhr Abends sein Ende. Mein Bataillon kam nicht in's Feuer, da wir als Reserve zurückgehalten wurden, doch lernten wir bei dem wiederholten Wechsel unserer Stellung sowohl die Gefahren dieses Terrains, selbst in so ausgedörrtem Zustand wie augenblicklich, als auch die noch größere Gefahr für die Manövrirfähigkeit einer Truppe kennen, der das Exercir-Reglement nicht zur blinden Gewohnheit geworden ist. Denn indem wir ahnungslos von dem verrätherischen Grunde, der anfangs ganz sicher schien, eine Waldblöße überschritten, brachen plötzlich die Pferde der berittenen Officiere bis an die Gurten ein und auch die Mannschaften sanken bis an die Knie in den moorigen Boden. Gleichzeitig fielen in scheinbar großer Nähe nach der feindlichen Seite hin mehrere Schüsse, die freilich nicht uns galten, aber doch nicht dazu beitrugen, die durch einige von den Leuten nicht begriffene Commandos entstandene augenblickliche Verwirrung zu verbessern. Die Ordnung ward zwar bald wiederhergestellt, doch habe ich den peinlichen Eindruck nicht vergessen, den ich von dieser Situation empfing und der das Vertrauen in die Neuerungen unseres commandirenden Generals nicht erhöhte. – Desto mehr imponirte aber die Ruhe und Besonnenheit unseres Abtheilungscommandeurs, des Hauptsmanns Jung, vormaligem kurhessischen Officier, der sein Pferd im Sumpfe stecken lassen mußte, aber sofort durch kurze, sachgemäße Befehle sich als Herrn der schwierigen Lage zeigte, und dadurch mit einem Schlage sich das vollste Vertrauen seiner Untergebenen erwarb.

Nach Beendigung des Gefechts bezog die zweite Abtheilung meines Bataillons (3. und 4. Compagnie) die äußersten Vorposten, während die erste Abtheilung (l. und 2. Compagnie), zu welcher ich gehörte, zur Unterstützung unmittelbar dahinter lag. –

Auf blanker Haide, ohne Baum, Strauch oder Hügel, lagen wir in jeder Beziehung schutzlos da und durften deshalb auch nicht Feuer anmachen. Der Kälte wegen bedurften wir dessen allerdings auch nicht, denn es herrschte drückende, schwüle Hitze, und der verfinsterte Horizont wetterleuchtete ringsum, aber wir durften auch nicht abkochen, um durch das Feuer nicht unsere Stellung dem Feinde zu verrathen. Da kamen denn mehrere hochbeladene Wagen voll Lebensmittel, namentlich Butterbrode, Würste, Eier, ganze Braten, Bier und Wein, mit denen aufopferungsvolle Bürger aus der Stadt Schleswig sich selbst bis zu den Vorposten vorwagten, wie Manna vom Himmel. Wohl selten sind Liebesgaben zu einem besseren Augenblick eingetroffen, als diese.

Während ich die Vertheilung der meiner Compagnie zugefallenen Lebensmittel beaufsichtigte, kam eilenden Schrittes Franz auf mich zu, der bei der anderen Compagnie meiner Abtheilung stand und den ich seit Stunden nicht gesehen hatte. – „Nun, endlich!" rief ich ihm entgegen. „Wo steckst Du denn?! Jetzt wollen wir aber beisammen bleiben und der Liebesgaben uns erfreuen. Sieh' hier die Flasche Wein." – „Ich kann ja nicht", erwiderte er, „denn auf besonderen Befehl des Brigadiers, von dem ich soeben komme, soll ich eine Schleichpatrouille machen, um zu erfahren, wo das Gros der feindlichen Vorposten steht, und muß gleich fort. Ich will nur dem Feldwebel sagen, daß er die beiden Gefreiten commandirt, die ich als Begleitung mitnehmen will; dann komme ich wieder und hole mir zum Abschied eine Cigarre von Dir. Die Sache ist gefährlich; wer weiß, ob wir uns wiedersehen?!" – Damit eilte er fort, war aber in wenigen Minuten wieder da.

Wenn Franz von Gefahr sprach, so mußte die Sache sehr gefährlich sein, denn ich habe wohl nicht einen zweiten so verwegenen Menschen gekannt, wie ihn; aber auch nicht einen so ungewöhnlich findigen. Und deshalb hatte der Brigadier sicherlich eben ihn zu dieser Aufgabe bestimmt. – Er mußte durch die feindlichen Vorposten bis zu den geschlossenen Truppen durchzuschleichen suchen, und da er hierbei nur die Wahl hatte, den größten Theil seines Weges über ganz unbedeckte Haide und selbst bei hellem Tage gefährliches Moor, oder auf der vom Feinde belebten Chaussee zu nehmen, so lag auf beiden Wegen große Gefahr. – Elegische Stimmung war meinem von froher Lebenslust übersprudelnden Freunde für gewöhnlich durchaus fremd, und es berührte mich deshalb um so peinlicher, als er mir sein Taschenbuch einhändigte mit der Bitte, dasselbe seiner Mutter zuzustellen, falls er nicht zurückkehren sollte. – „Hoffentlich wird es unnöthig sein", erwidert ich ihm, „aber da Du es wünscht, so gieb her. Was steckt darin?" „Einige Briefe und hundert Thaler in Papier. Wenn Du willst, so gebrauche davon, ich habe noch genug bei mir." – Damit reichte er mir stumm die Hand und verschwand mit den beiden ihn begleitenden Gefreiten in der bereits eingetretenen, durch häufige Blitze grell erhellten Dunkelheit. Ich hielt den Abend-Appell ab, ermahnte die Leute, sich zeitig zur Ruhe zu begeben, da man nicht wisse, wie früh wir morgen wieder thätig sein müßten, und ging ihnen mit gutem Beispiel voran, denn ich war sehr müde, und Franz auf seinem gefährlichen Pfade beschäftigte mein Gemüth so sehr, daß ich Gesellschaft nicht wünschte. - Mein Lager war eine Schütte Stroh, das Kopfkissen ein von Asmus ausgerauftes Bündel Haidekraut, mein Mantel die Decke und der strömende Himmel das Zelt. – Daß am anderen Tage die eisernen Würfel über das Geschick meines heißgeliebten Vaterlandes geworfen würden, war mir zweifellos, und mein Gebet schloß mit dem Gedanken: „Muß es sein, Allgütiger, so nimm mich hin; dies Opfer bringe ich dem theuren Vaterlande gern. Doch ist es möglich, so laß mich nicht zum Krüppel werden. Blutjung und mittellos wäre das für mich zu hart!" – Und damit schlief ich ein, um erst im Morgengrauen des neuen Tages durch nahen Kanonendonner zu erwachen. – Den vor Tagesanbruch von unseren Vorposten entsendeten Patrouillen waren schon die angreifenden Dänen begegnet, welche von den neben der Chaussee aufgefahrenen Geschützen unserer Avantgarde begrüßt wurden.

Schleunigst standen unsere Leute unter dem Gewehr, und auf unseren kaum verlassenen Lagerplatz schlugen dänische Vollkugeln ein. –

Es war 4 Uhr Morgens. Heftiger Regen hatte mich durchnäßt, ohne daß ich davon erwachte. Ein unbehaglicher Zustand. Aber das immer heftiger werdende Feuer von beiden Seiten lenkte sehr bald die Betrachtung von der eigenen Person ab. Der Regen floß in dichten Strömen aus dem grauen Himmel herab, die Luft war dumpf und dick, sodaß alle freie Umschau fehlte und der Schall der Feuerwaffen in ganz auffälliger Weise gedämpft wurde. –

Wir kamen vorläufig nicht zur Verwendung, sondern dienten der ganz als Schützenlinie aufgelösten zweiten Abtheilung des Bataillons als geschlossene Reserve. Dabei wurden wir wiederholt die Zielscheibe feindlichen Geschützfeuers und mußten unsere Stellung wechseln. Bei solcher Veranlassung mußten wir einen Engweg überschreiten, der nur den

Marsch in Reihen gestattete, während wir, wie es damals auch im Gefecht üblich war, uns in Colonnenform im Feuer bewegten. Wie auf dem Exercirplatz ließ der Hauptmann Jung Tritt fassen und gab, unbeirrt durch die in ungemüthlicher Nähe über uns hinsausenden feindlichen Kanonenkugeln, die nöthigen Commandos, um die einzelnen Züge im Laufschritt das Defilee passiren zu lassen. Da hierbei ein Zug, der noch nicht an der Reihe war, in den Engweg eindrang und die Ordnung störte, so ließ der Hauptmann Jung, sobald die Colonne wiederhergestellt war, im schönsten Kanonenfeuer Halt! und Front! machen und das Gewehr abnehmen, mit der Bemerkung: „Hier bleiben wir stehen bis Ihr Euch beruhigt habt." – Das wirkte so, daß Keiner sich zu rühren wagte und wir bald unsern Marsch fortsetzen konnten. Die Ordnung war aber fortan musterhaft. –

Vergebens hatte ich mich schon wiederholt nach Franz erkundigt, der nicht da war, und da ich jetzt, während augenblicklicher Ruhe, einen der beiden Gefreiten erblickte, die ihn begleiteten, so rief ich denselben zu mir und fragte ihn besorgnißvoll nach dem Freund. „Das ist eine traurige Geschichte", erwiderte er, der ja mein Verhältniß zu Franz kannte. „Wir hatten uns durch die feindlichen Posten weit vorgeschlichen und fanden auch das Gros der Vorposten nördlich von Stenderupbusch, ganz so, wie es der Herr Leutnant erwartet hatte. – Weil es aber sehr finster wurde, der Regen das Moor erweicht hatte, so daß wir wiederholt eingebrochen waren, so durften wir nicht wagen, dieses wieder zu betreten, und mußten deshalb auf der Chaussee bleiben. Vor zwei uns begegnenden feindlichen Patrouillen, die wir rechtzeitig bemerkten, verbargen wir uns in dem Chausseegraben, und es ging gut, bis plötzlich eine stärkere Abtheilung, von einem Nebenwege die Chaussee betretend, überraschend auf wenige Schritte uns gegenüberstand. Sie riefen uns an und der Herr Leutnant antwortete auf dänisch; da sie aber nur wenige Schritte vor uns standen, so erkannten sie uns doch und gaben Feuer. Der Herr Leutnant und Schmidt fielen; ich allein blieb unverletzt und entkam in der Finsterniß. Wie es möglich war, daß ich den mir nachgesendeten Schüssen, den verfolgenden Feinden und den Gefahren des Moores entronnen bin, ist mir unbegreiflich. Stundenlang habe ich in einem Gebüsch mich verborgen gehalten, weil die Kerle mich durchaus fangen wollten und wiederholt beinahe auf mich traten; Dank der Finsterniß ist es ihnen aber nicht gelungen. Erst eben vor der Alarmirung bin ich bei der Compagnie wieder eingetroffen, da ich doch dem Herrn Brigade-Commandeur auch noch melden mußte." –

Das war ein trauriger Anfang des Tages! – Mein armer, lieber Franz! Also auch du hattest Ahnungen!! –

Doch zu traurigen Betrachtungen blieb mir nicht die Zeit. „Kann dir die Hand nicht geben", wie es im Liede heißt. - Die feindlichen Schützen kamen so nahe, daß unsere Batterien namhafte Verluste durch dieselben erlitten und abfuhren, um etwas weiter rückwärts eine günstigere Stellung zu nehmen. Unsere Schützen und wir, ihr Rückhalt, folgten ihnen. –

Lange stand hier das Gefecht. Meine Abtheilung war durch eine vorliegende kleine Terrainwelle, von der aus wir Officiere den Kampf beobachteten, gegen das feindliche Artilleriefeuer gedeckt. Die Umschau wurde aber durch den fortwährenden Regen und die aus dem Erdboden aufsteigenden Dünste immer mehr gehindert. Ein Augenblicksbild prägte sich mir jedoch so fest ein, daß ich, wäre ich Maler, dasselbe noch heute zu malen im Stande wäre: Der Wolkenschleier zerriß auf wenige Minuten, so daß die Sonne das rechts vor uns brennende Idstedt, sowie die Massen des von den feindlichen Geschützen aufsteigenden Pulverrauches, die weißen Wölkchen des Gewehrfeuers und die ziehenden Schwaden des Nebels beleuchtete. Links von uns hielt auf einem Hügel der General v. Willisen, umgeben von seinem Stabe; zwischen dem General und uns stand eine unserer Batterien in lebhaftem Feuer, Alles in dem fraglichen Moment im bleichen Schein der Sonne. Und indem ich mein Auge von der Gruppe des Generalstabes auf die Batterie wendete, traf ein feindliches Geschoß einen an die Batterie herangezogenen Munitionswagen, der mit einem Donnerschlage explodierte. In der sich erhebenden, von der Sonne beleuchteten ungeheuren Garbe Pulverrauchs waren zwei emporgeschleuderte menschliche Körper, neben Stücken von Rädern und sonstigen Trümmern deutlich erkennbar.

Kurz nach diesem Ereigniß, es war bald nach 8 Uhr Morgens, meldete ein Generalstabsofficier meinem Abtheilungs-Commandeur, der sich eben mit mir unterhielt, daß zwischen unserer zweiten, vor uns im Gefecht begriffenen Abtheilung und dem rechts von ihr befindlichen Jägercorps, feindliche Abtheilungen sich hineingedrängt hätten, so daß die Verbindung unterbrochen sei und wir an unserer rechten Flanke bedroht wären. Die Abtheilung solle einen Zug entsenden, um diese feindlichen Abtheilungen zu vertreiben und die Verbindung mit dem Jägercorps wiederherzustellen. – „Sie haben gehört, worum es sich handelt", sagte mir der Hauptmann Jung, „führen Sie mit Ihrem Zuge den Auftrag aus." - Weitere Directiven wurden mir nicht gegeben. –

Da hatte ich denn eine, für einen jungen Leutnant recht hübsche Aufgabe, und ich beeilte mich, derselben gerecht zu werden. –

Die Compagnien waren nach unserer neuen Formation so außerordentlich stark, daß dem Zuge, trotz der im Felde unvermeidlichen

Abgänge, immer noch die Stärke von 50 Rotten oder 100 Mann verblieb, und bei dieser Stärke war ich der einzige Officier. –

Mein Plan war schnell gefaßt, und indem ich mit meinem Zuge in der von dem Generalstäbler bezeichneten Richtung halbrechts von unserer Stellung aus abmarschirte, instruirte ich meinen alten Sergeanten Möller, der mich bei der Ausführung unterstützen sollte, folgendermaßen: „Ich löse den zweiten Halbzug in Schützenlinie auf, gehe mit demselben bis in die Höhe der Schützenlinie unserer zweiten Abtheilung vor und werde alsdann eine Linksschwenkung auszuführen suchen, um die richtige Front wiederherzustellen. Was sich von feindlichen Abtheilungen dort aufhält, muß ich bei der Gelegenheit finden. Sie setzen sich mit ihrem geschlossenen ersten Halbzuge hinter meinen rechten Flügel, folgen meiner Bewegung und unterstützen dieselbe, sobald ich Ihnen mit dem Taschentuche winke, durch einen herzhaften Bajonettangriff." –

Ich entsendete nach rechts und links Patrouillen, um nicht vom Feinde überrascht zu werden und um ihn aufzuspüren, entwickelte meine Schützenlinie und rückte mit derselben in der bezeichneten Richtung vor. Wir durchschritten zunächst eine bruchartige Niederung mit vielem Erlengebüsch, welches die heute ohnedies so beschränkte Umschau völlig verhinderte, so daß ich jeden Augenblick auf einen Zusammenstoß mit dem Feinde gefaßt sein mußte. Es zeigte sich aber nichts Feindliches. Doch auch von den Freunden, mit denen ich in Verbindung treten sollte, war nichts zu spüren, so daß hier eine unbegreifliche große Gefechtslücke entstanden sein mußte, die mich in eine mißliche Lage brachte. Der Kanonendonner von hüben und drüben schlug dumpf, wie aus weiter Ferne, an mein Ohr, obgleich die Batterien uns nahe waren, aber von dem Kleingewehrfeuer, welches zweifellos uns zu Linken gewechselt wurde, war nichts zu hören. Der Niederung folgte nach einigen hundert Schritten sanft ansteigende, freie und offene Haide. Sobald ich diese betreten, hörte ich das links vor mir rollende Gewehrfeuer, und meine Patrouille meldete mir, daß sie unsere zweite Abtheilung gefunden habe und bezeichnete mir deren unfern liegenden rechten Flügel, so daß ich in dieser Richtung beruhigt war. - In der Entfernung von etwa dreihundert Schritt zeigte sich ein Weg, der von Ost nach West laufend, die von mir herzustellende Front bezeichnete. Derselbe war auf beiden Seiten durch einen aus Feldsteinen mauerartig aufgeführten Wall von etwa einen Meter Höhe begrenzt, wie man es in dieser Gegend häufig findet, und zur Vertheidigung durch Infanterie vortrefflich geeignet. Auf diesen Weg eilten von der anderen Seite feindliche Abtheilungen zu, die anfangs nicht sichtbar waren, weil sie in dem hohen Haidekraut gelegen hatten, nun aber von meinem linken Flügel, der ihnen am nächsten war, mit lebhaftem Feuer empfangen wurden. – Mit Hurrah! stürmte ich mit den Meinigen dem Wege zu, den wir auch vor den Feinden erreichten, was diese veranlaßte, sich zurückzuziehen, verfolgt von unseren Kugeln, die aus dem sicheren Anschlag viele der Fliehenden niederstreckten.

Zu zwei Dritteln hatte ich meinen Auftrag ausgeführt, denn die richtige Front hatte ich besetzt und links die Verbindung mit unserer zweiten Abtheilung hergestellt; fehlte nur noch die Verbindung rechts mit den Jägern, von denen aber nichts zu hören und zu sehen war. Auch war meine nach rechts entsendete Patrouille auffallender Weise noch nicht zurückgekehrt. –

Dicht hinter meinem rechten Flügel, unmittelbar an dem Wege erhob sich ein Hügel, vermuthlich ein Hünengrab, und um Umschau nach den Jägern und den Verhältnissen in meiner rechten Flanke zu halten, eilte ich dorthin, meinen Lauf beschleunigend, als von rechts Schüsse fielen. - Von dem Hügel aus erblickte ich nun leider nicht unsere Jäger, wohl aber eine feindliche Abtheilung von etwa 50 Mann, in einer Bodenfalte sehr geschickt geführt, meinem rechten Flügel zustrebend, wo sie großes Unheil anrichten konnten. –

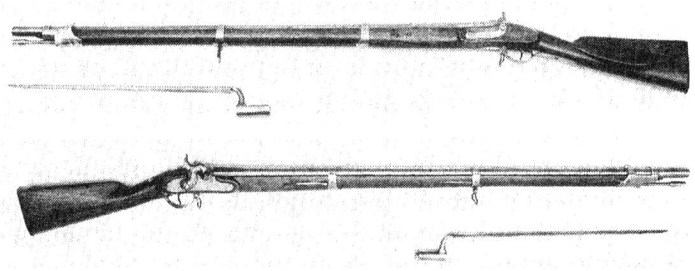

Preußisches Patentgewehr Model 1839.

Schleunigst schaute ich mich nach meinem Möller um, der mit seinem Halbzuge richtig etwa 200 Schritt hinter mir stand, riß mein Taschentuch aus der Tasche und rief aus Leibeskräften: „Vorwärts, vorwärts! Schnell, schnell!" was auch den braven Mann und seine Leute in schleunigsten Trab brachte. Indem ich mich nun aber wieder nach vorn wandte, erblickte ich drei dänische Jäger unter einem etwa fünfzig Schritte entfernten Wacholdergebüsch, das sie mir bisher verborgen, auf mich im Anschlage liegend. Ich sah das Aufblitzen der Büchsen, - und wälzte mich unter unsagbaren Schmerzen in meinem Blute. Eine Kugel war dicht unter meinem Herzen in meine Brust gedrungen und hinten wieder hinaus. Bei

38

jedem Athemzuge entfloß ein Blutstrom meinem Munde, denn die Lunge war durchschossen und ich war meines letzten Augenblicks gewärtig, der mir aber nicht ungestört bleiben sollte. Denn während Möller, nachdem beiderseits eine Salve abgegeben war, mit seinem Halbzug unter Hurrah! gegen den Hügel vorrückte, auf dem ich lag, stürmten von der anderen Seite über den Weg, dessen Einfassung hier eine große Lücke hatte, mit lautem Hurrä! gleichfalls die Dänen sehr brav auf den Hügel ein, den sie fast gleichzeitig mit meinen Leuten erreichten. Da die Gewehre abgeschossen waren, so entspann sich ein Handgemenge mit Bajonett und Gewehrkolben, bei dem mehrere hervorragend „tappere Landsoldaten" es besonders auf mich, den wehrlos Daliegenden abgesehen hatten, und mir auch unfehlbar mit dem Kolben den Garaus gemacht hätten, wenn nicht gleichzeitig mein heldenmüthiger Asmus vorgesprungen wäre, um mich zu schützen. Indem er aber einen Dänen, der den Kolben zum Schlage auf mein Haupt hoch erhoben hatte, niederstach, durchbohrte der Bajonettstich eines anderen sein treues, edles Herz, so daß der prächtige Mensch entseelt neben mir hinsank.

Der blutige Kampf der beiderseits grimmig erbitterten Streiter, der auch beständig den schwachen Rest meines Lebens bedrohte, wäre bei der ungefähr gleichen Stärke beider Theile wohl noch länger fortgesetzt, wenn nicht endlich zur Rechten unsere Jäger erschienen wären, die uns zur Hülfe eilten und dadurch die Dänen zum schleunigen Rückzug veranlaßten, während die Unserigen den Weg besetzt hielten. –

Das Bewußtsein hatte mich trotz der heftigen Schmerzen und des großen Blutverlustes nicht verlassen, so daß mir der ganze Vorgang gegenwärtig blieb.

Wäre ich nicht durch meinen eigenen, völlig hoffnungslosen Zustand von allem Anderen abgezogen, ich würde von tiefster Betrübniß erfüllt worden, denn erst Franz und nun auch Asmus, diese liebe, brave Seele dahingerafft, - das war für einen Tag zu viel. Ich hatte aber jetzt, Angesichts des Todes, unter den fürchterlichsten Schmerzen für Andere keine Gedanken.

Möller hätte mir gern geholfen, aber da war allerdings guter Rath theuer. Ein Arzt war nicht vorhanden, wäre nach meiner damaligen Ueberzeugung auch vollkommen überflüssig gewesen. Ich bat Möller deshalb, sich weiter nicht mit mir zu bemühen, sondern seine ganze Fürsorge seinen Untergebenen zu widmen, mit mir werde es wohl bald zu Ende sein. Er wollte sich jedoch keineswegs dabei beruhigen, sondern befahl vier Leuten, mich auf Gewehren nach dem Brigade-Verbandsplatz zu tragen. Unter schrecklichen Schmerzen meinerseits zogen sie mit mir ab; meine Leiden wurden aber so unerträglich, daß ich, als wir an einer Hütte vorüberkamen, in welcher Torf getrocknet wurde, den Leuten befahl, mich dort hineinzulegen, damit ich in Ruhe sterben könne. Da ich aber nur flüstern, nicht aber sprechen konnte, so mag meine Stimme für den kategorischen Imperativ wohl nicht mehr ausgereicht haben, denn sie trugen mich weiter. Der Blutverlust und die Schmerzen raubten mir aber nunmehr das Bewußtsein. Daß sie mit mir in diesem Zustande an unserer Abtheilung vorüberkamen und daß die Kameraden mich für todt hielten, habe ich erst später erfahren. –

Endlich erreichten die Leute mit mir den Brigade-Verbandplatz, auf welchen der Stabsarzt meines Bataillons commandirt war, dessen belebende Mittel mich wieder in das Bewußtsein riefen, so daß ich nicht allein im Stande war, mich stehend entkleiden, sondern auch stehend verbinden zu lassen, da Solches im Liegen kaum möglich war. Als der Arzt jedoch in der großen Eile, um den Weg der Kugel festzustellen, seine Finger gleichzeitig in die Eingangs- und die Ausgangswunde steckte, brach ich dennoch vor Schmerz wieder zusammen. Die Kugel hatte vorn eine Rippe zerschmettert, war um eines Strohhalms Breite unter dem Herzen durch die Lunge und hinten wieder hinausgegangen. Chirurgisch war ich todt.

Nachdem ich verbunden worden war und der Arzt sich sattsam darüber verwundert hatte, daß ich während des Transportes nicht verblutet sei, packte man mich auf einen Leiterwagen und fuhr mit mir ab in der Richtung nach Schleswig. Das Bewußtsein schwand mir bald aufs Neue, und was während der folgenden drei Tage und Nächte mit mir geschehen ist, weiß ich nicht.

Der Brief eines Generalstabs-Adjutanten.

Den 24. waren an mehreren Stellen kleinere Kämpfe gewesen; den ganzen Tag hatte man als Adjutant herumzureiten, um Befehle zu überbringen, endlich gegen Mitternacht fanden wir auf einem Strohlager im Idstedter Kruge etwas Ruhe. Doch um 3 Uhr schon begannen die Dänen den Angriff, der sehr bald namentlich durch Artilleriefeuer den heftigsten Charakter annahm; ich wurde vom General mit einer Ordre vorgeschickt, gerieth in den dichtesten Kugelregen, mein Pferd wurde von einer Kanonenkugel getroffen und überschlug sich mit mir; ich kam jedoch unbeschädigt herunter und überbrachte, nachdem ich meinem Pferde den Garaus gemacht, meine Ordre zu Fuß. Ich kann es nicht beschreiben, alle die Wechselfälle der Schlacht, das Hoffen und Fürchten des Herzens. Um 8 Uhr hatte ich eine Meldung an General B. zu überbringen, der mit einer Abtheilung des ersten Jägercorps und dem vierten Batallion sich bei der Ziegelei zwischen Gammelund und Helligbeck herumschlug; ich fand den General auf einem Karren liegend, von einer Kugel getroffen, doch ziemlich munter. – Es war ein heißer Kampf; dreimal wurden die Unserigen von den Dänen aus der Ziegelei herausgeworfen und dreimal stürmten sie dieselbe wieder. Viele von beiden Seiten stürzten und der Zufall fügte es, daß gerade während meiner kurzen Anwesenheit mein theurer Freund und süddeutscher Landsmann H. tödtlich getroffen wurde; er rief mir ein „b'hüt dich Gott" zu, ich reichte ihm zum Abschied die Hand und ritt tief betrübt von dannen, in der Meinung, meinen liebsten Freund zum letzten Mal gesehen zu haben.

Es ist mir unmöglich, alle die einzelnen Züge zu schildern, die an mir vorübergingen. Der Kampf schwankte bis nach 12 Uhr, ein heftiges Artilleriefeuer, bei dem wohl 60 Geschütze ununterbrochen thätig waren, wüthete wohl 1 ½ Stunden; da brachten die Dänen noch eine Anzahl frische Batallione und ihre Garde in den Kampf, und unseren abgmatteten, ermüdeten Leuten war es nicht mehr möglich, Stand zu halten; der Befehl zum Rückzug wurde gegeben, ich hielt im stärksten Kugelregen und wünschte den Tod zu finden; er war mir aber nicht beschieden, und die glücklichen Kameraden beneidend, welchen es vergönnt war, ehrenvoll für das Vaterland zu fallen, entfernte ich mich, um wenigstens der schmählichen Gefangenschaft zu entgehen.

Ich erhielt den Befehl, zuerst nach Nübel zu reiten und der Munitionscolonne zum Rückzug den Befehl zu bringen und dann im Schloß Gottorf (hart bei Stadt-Schleswig) für Wegschaffung der dänischen Gefangenen und der den Dänen abgenommenen Beute zu sorgen. In Gottorf traf ich Alles voll Flüchtiger, Verwundeter, Gefangener, Wagen, Pferde, Waffen, Männer und Weiber, die nach Kunde über den Kampf, nach Nachricht von Männern, Söhnen, Brüdern verlangten. Die Verwundeten flehten mich an, für ihre Fortschaffung zu sorgen, damit sie nicht den Dänen in die Hände fielen. In anderen Zimmern hörte man das Schreien von Verwundeten, die unter Operationen Schmerzen litten; ernst und bekümmert drein blickende Männer, klagende Weiber, weinende Mädchen umringten mich – ich wußte ihnen wenig Trost zu geben, und als zuletzt eine junge, liebenswürdige Frau an mich herantrat und ängstlich nach dem Schicksal ihres Mannes fragte, dessen Leiche ich wenige Stunden vorher von mehreren Kugeln durchbohrt gesehen hatte, da vermochte ich vor innerer Bewegung kaum zu sprechen; ich bereitete sie auf die Trauerkunde vor und eilte dann, nachdem ich noch so viel Verwundete als möglich fortgeschafft und die Gefangenen nach Rendsburg dirigirt hatte, hinweg von diesem Ort des Jammers. Unter den Verwundeten hatte ich auch meinen Freund H. wieder gefunden; ich lud ihn auf einen Wagen und ritt bis halbwegs Eckernförde neben ihm her; er mußte viel Schmerzen ertragen und ist vorgestern Abend in Kiel angekommen, wo er sich sehr leidend, aber doch nicht hoffnungslos befindet. Abends 9 Uhr kam ich nach Fleckebye; in schönstem Mondlicht ritten wir um 12 Uhr weiter und fanden uns mit Tagesanbruch am Ufer des Wittensees. Die furchtbaren Strapazen, die ungeheure innere Aufregung, der fast gänzliche Mangel an Ruhe und Nahrungsmitteln an drei Tage lang, hat mich etwas mitgenommen; doch bin ich körperlich wohl und den Kopf habe ich auch noch, und gedenke ihn auch nicht zu verlieren, - er müßte mir denn abgeschossen oder abgeschlagen werden. – Sie legen es mir gewiß nicht falsch aus, daß ich bei einem Schlachtbericht nur einzelne Scenen, die mir gerade vor Augen gekommen sind, beschrieben habe; allein ich denke über den Gang der Schlacht im Allgemeinen werden sie in den Zeitungen genug lesen. - Die Schlachttage waren für mich an Lehre und Erfahrung, und so gern ich den Tod gefunden hätte, so bin ich's jetzt doch zufrieden, daß Gott mich erhalten hat, und meine, es muß so eben auch gut sein und er wird uns ja doch nicht ganz zu Schanden werden und verderben lassen.

Niels Bach aus Ranum
Der Bericht eines verwundeten Soldaten
(11. Bataillon der 1. Kompagnie)

Wir erstürmten einen Wald vor der Idstedter Heide. Es war niemand zu sehen, da der Feind drin im Wald lag. Es fielen nicht viele von uns bevor wir den Wald erreichten, aber dann lichteten sich unsere Ketten. Wir kamen an eine kleine Au, die sie Helligbeker Au nannten; der Feind stürmte auf uns ein, aber wir schlugen ihn jedes Mal zurück und mir kam es nicht so vor, als ob dort viele von uns gefallen seien. Es war am Nachmittag um 5 Uhr, als der Feind einen Hof besetzte, der in der Nähe der Helligbeker Au lag; wir richteten unser Feuer auf den Hof und vertrieben ihn wieder und erreichten so einen großen Abstand zwischen uns. Dort, gleich neben dem brennenden Hof, bekam ich eine Kugel in meinen linken Arm. Die Kugeln regneten nur so auf uns nieder.

Das war das letzte Gefecht an diesem Tag.

Ich mußte das Bajonett in den Boden stecken, und war nicht sicher, ob ich mit dem Leben davon kommen würde.

Viele fielen hier; mein linker Seitenmann fiel und bekam eine Kugel in den Unterleib; ich redete mit ihm, bevor ich ihn verließ, doch er sagte nur: „Meine beiden Schenkel."

So begann ich langsam den Mut zu verlieren. Ich verspürte einen großen Schmerz und verlor nicht wenig Blut. Ich trottete durch den Wald und als ich einmal zurücksah, bemerkte ich, daß dort viele gefallen waren. Ja, da lag einer, da lagen zwei, aber ich war trotzdem von ganzem Herzen froh, daß es nicht mehr waren, nachdem die Kugeln so auf uns niedergeregnet waren. Aber als ich aus dem Wald herauskam und die Chaussee erreichte um dort nach einem Arzt zu suchen, fand ich auf einmal viele Ärzte, denn hier lagen sie alle, meine mutigen Kameraden. Da waren zwei lange Reihen auf beiden Seiten des Weges. Die Männer schwammen in ihrem Blut, und viele Wagen fuhren und hielten auf dem Weg, beladen mit den Toten und das Blut lief in Strömen durch den Wagen. Ich kann es selbst kaum glauben, daß ich an diesem grausamen Anblick vorbeigegangen bin, dessen Augenzeuge ich war.

Ich ging dann weiter nach Norden, dorthin, wo die Verletzten hingebracht wurden. Ich kam zu einem großen Krug, von dem ich glaube, daß man ihn Bommerlund Krug nannte; mir wurde die Kugel aus dem Arm entfernt und auch dort wurde ich von den grausamsten Bildern Augenzeuge.

In einer der Stuben, die ein wenig abseits liegt und in der ich operiert wurde, hörte ich ein grauenhaftes Jammern und Schreien, und die Ärzte gingen dort viel hinein und heraus. Ich konnte hineinsehen, wenn die Tür offen blieb. Die Verwundeten konnte ich nicht sehen, da sie auf der anderen Seite der Stube lagen, aber ich sah auf der anderen Seite der Stube ein Haufen von Armen und Beinen. Das war ein grausamer Anblick. Davon bin ich selbst Augenzeuge geworden.

Ein dänischer Soldat berichtet:

Christen Mortensen an seine Schwester
(2tes Jägercorps. Nordseeland.)

Groß-Dannewerk, 2. August 1850

Liebe Schwester!

Deinen Brief vom 26ten habe ich gestern bekommen und deswegen eile ich, Dir einige Wörter zu schreiben, damit Du weißt wie es mir im letzten Kampf ergangen ist. Als ich Dir den letzten Brief schrieb, glaubte ich nicht, daß wir sobald aufbrechen würden, aber schon einen Tag später kam die Order, und wir hatten einen zwei Tage-Marsch nach Kolding. Nach einer großen Strapaze, durch die Hitze und der Last, mit der ein Infanterist auf dem Marsch belastet ist, kamen wir dort an. Außer der Kleidung, die der Soldat unmöglich entbehren kann, waren wir auch mit einem Kochkessel belastet, welcher in einer solchen Sonnenhitze durch die Sandwüste, wie man sie hier in Jütland findet, eine anstrengende Bürde ist. Aber als wir uns endlich Christiansfeldt näherten, bemerkte unser Oberbefehlende, daß ihm so nicht viele für den Kampfplatz bleiben würden, und so wurden wir von unserer Last befreit. Am 19ten d. M. näherten wir uns der Stellung, die wir unserem Feinde gegenüber einnehmen sollten.

Von dem Tag bis jetzt waren wir nicht unter einem Dach gewesen, so daß Du Dir selbst gut vorstellen kannst, wie man sich dann fühlt.

In der Nacht vom 23ten und 24ten standen wir auf Vorposten, und als am Morgen der Tag graute, rückte die Armee in Schlachtordnung vor. Um 7 Uhr hatte das Feuer begonnen und es wurde auch durch den Sonnenuntergang nicht abgebrochen. Ich kann nichts anderes sagen, als daß wir es unter dem Gefecht gut hatten; wir kamen erst in der Mitte des Nachmittags ins Feuer, und so hielten wir auch bis zum Abend durch, bis wir den Feind zwangen, sich zurückzuziehen. Aber das Feuer zwischen uns und den feindlichen Vorposten blieb doch die ganze Nacht bei. Unser Verlust war nicht so bedeutend; denn wir vermißten nur zwanzig von unserer Compagnie; doch beklagten wir am meisten den Verlust von unserem Obercommandirenden Sergeanten Godtschalk, welcher auch im Gefecht fiel, und zwei Lieutenants vermißten wir in unserer Compagnie. Am 25ten war die Schlacht härter und es stand und wankte, wer gewinnen wollte, aber endlich ging der Sieg an uns und der Feind zog sich in wilder Flucht zurück, obwohl General Willesen um 10 Uhr am Vormittag seine Siegesbotschaft nach Schleswig gesendet hatte. Unser Verlust war zum Glück nur gering, als wir einen Angriff machten und den Feind durch einen Bauernhof stürmten, wobei wir nur zwei Verletzte bekamen. Aber vor allem glaube ich, daß dies die härteste Schlacht war, die die Dänen in diesem Krieg bisher erlebt haben, da es ein schrecklicher Anblick war, den Boden mit all den toten und verwundeten Körpern bedeckt zu sehen.

Als es Nachmittag wurde, hatte das Feuer vollständig aufgehört, und wir marschirten ohne Widerstand in Schleswig ein. Nun standen wir draußen vor dem alten Dannewerk und nur Gott wußte, wie es Enden würde. Ich danke Gott vielmals von ganzem Herzen, daß er mich gesund aus dieser Gefahr befreit hat.

Du schreibst, gute Schwester, daß Du am Montag nach Hause reisen willst. Ich schrieb gleich nach der Schlacht einen Brief nach Hause; ich hoffe, daß er zu Hause eingetroffen ist, da ich weiß, daß meine guten Eltern schrecklich gespannt sind um zu erfahren, ob ich noch lebe. Gute Schwester, wenn Du diesen Brief erhältst, sende einige Worte nach Hause, da ich befürchte, daß der Brief nicht seine Bestimmung erreicht hat. Bitte entschuldige meine schlechte Schrift, aber ich habe keine andere Schreibunterlage als den einfachen Erdboden. Nun zum Schluß möchte ich Dich bitten, Deinen Herren und die gnädige Frau zu grüßen, und grüße die Schwester Sophie und Du seiest gegrüßt allerherzlichst von Deinem Bruder

Christen Mortensen.

Jens Jensen aus Voldby
(Königliche Leibgarde zu Fuß, 4. Compagnie)

Als wir auf der Idstedter Heide ankamen, hatte der Kampf auf der ganzen Linie bereits begonnen. Es kamen die ersten Verwundeten an uns vorbei. Es machte einen tiefen Eindruck auf uns, diese armen Kerle zu sehen und wie das Blut auf den Ambulanzbahren und den Wagen floß, auf denen die Verletzten lagen.

Wir gingen nun ein wenig von der Landstraße weg und blieben dort bis um 10 Uhr, bis wir als Deckung für eine Batterie berufen wurden. Dort wurden wir unserem geliebten Capitain Axel Thortsen angeschlossen, um auf die feindlichen Batterien am Idstedter Wald zu achten.

Thortsen sagte: „Wenn ihr aufpaßt, können sie uns nicht erschiessen. Zuerst seht ihr ein Glühen, dann kommt ein Knall und dann kommt die Kugel angesaust und dann müßt ihr zur Seite gehen."

Und es fiel kein Mann, obwohl wir dort eine ¾ Stunde lang lagen und die Heide um uns herum von den Kugeln gepflügt wurde. Zwar mußten wir oft Links oder Rechts zur Seite gehen und die Kugeln passiren lassen, aber wir gelangten trotzdem als Kette über das Moor bis zum Wald. Als wir über das Moor liefen, wurde unser beliebter Premierlieutenant, Kammerjunker J. Holk in der Brust verwundet; er kam und sagte Adieu zum Capitain und daß er gut alleine zurückgehen könne und einen Arzt suchen werde – das machte einen tiefen Eindruck auf mich.

Jetzt waren wir dort angekommen, wo die Spitzkugeln der Deutschen herumzischten: der Capitain und ein Mann aus dem Tisteder Amt, der Seierskilde hieß, und ich, wir gingen zwischen einer Hecke und einem Roggenfeld als der Capitain zu mir sagte: „Warum gehst du und zuckst immer so mit deinem Helm, Voldby?" Ich antwortete: „Das liegt an den deutschen Spitzkugeln, die an meinen Ohren vorbeipfeifen."

„Darüber solltest du dich nicht kümmern. Die Kugel, der du ausweichen willst, ist längst an dir vorbei." Das wußte ich natürlich selbst, aber ich konnte nichts dagegen tun.

Fünf bis sechs Schritte im Roggenfeld ging ein Seeländer, der Sjoerup hieß; der kam nun zu uns und sagte äußerst ruhig: „Jetzt will ich Adieu sagen, Herr Capitain, denn nun war ich fällig." Er hatte eine Kugel ins Bein bekommen. Ich muß dazu sagen, daß wir alle sehr guten Mutes waren und glaubten, daß alles gut verlaufen werde, und deswegen gab es noch mehrerer solcher gelassenen Bemerkungen. Kurz danach sagte der Capitain: „Sieh nach rechts, Voldby, da laufen sie!" Es war so, daß die deutsche Kavallerie aus dem Wald kam und die 3 Kanonen zurückhaben wollte, die wir ihnen abgenommen hatten, aber die Garde formierte einen Kreis, gab eine Salve und die Deutschen zogen sich daraufhin rasch zurück. Jetzt waren wir in die Nähe des Waldes gekommen und der Feind zog sich weiter zurück.

Da sagte Peberhuset, ein Seeländer: „Zeigt mir Deutsche, die nicht Angst hatten, wenn es eng wurde." Wir gingen nun durch den Wald und die Garde sammelte sich bei der Chaussee in der Nähe des Ahrenholzer Sees. Hier lagerten wir über Nacht auf einem Feld. Am 26sten hatten wir alle einen großen Waschtag; da standen viele hundert Soldaten rundherum am See und wuschen ihre Körper und ihre Kleider. Wir waren ja die ganze Zeit in diesen warmen Tagen, seit wir von Horsens marschiert waren, so durchgeschwitzt, daß es für uns sehr angenehm war, endlich ins Wasser gehen zu können.

Morten Jensen aus Vognserup
(Garde zu Fuß. Nordseeland.)

Flensburg, 26. Juli 1850

Liebe Mutter!

Ich erinnere mich, daß ich zum Schluß meines letzten Briefes geschrieben habe, daß wir um 2 Uhr aus dem Ort abrücken würden, was auch passirte; wir kamen an denselben Platz zurück, den wir am vorigen Tag verlassen hatten. Unsere Vorposten standen zu der Zeit ungefähr eine Meile auf der anderen Seite von Flensburg.

Am folgenden Morgen rückten wir mit der Hauptstärke vor. Die Avantgarde kam an dem Tag mit dem Feinde bereits in ein hitziges Treffen. Wir bildeten Reserven und gingen nachmittags ins Feld wo wir bis um 11 Uhr abends blieben, ohne mit dem Feind im geringsten in Berührung gekommen zu sein. –

Der folgende Tag, nämlich der 25te, brach herein. Der Morgen war kalt und voll mit dunklen Wolken. Bereits um 3 Uhr begann das Gewehrfeuer, die Batterien rückten vor, und wir ebenso. Der Feind wurde in zwei Wälder zurückgetrieben, wo sie ziemlich fest saßen und gut gedeckt waren. Es regnete heftig und wir wurden bis auf die Haut naß. Gegen 8 Uhr gingen wir erneut ein längeres Stück vor, ungefähr ½ Meile vor Schleswig; hier standen wir nun eine ganze Zeit lang als Deckung für die Batterien. Der Feind hatte einige Schanzen vor einem Wald und stand dort vorerst gut gedeckt. – Aber nun bracht eine Szene herein, welche ich nicht zu beschreiben vermag; unsere Artillerie eröffnete ein so mörderisches Feuer, wie ich es noch nie vorher gesehen hatte. So blieb es eine ganze Zeit, und das Gewehrfeuer raste ununterbrochen. Trotzdem hielt der Feind seine Stellung und beantwortete die Kanonade von den Verschanzungen aus. Aber – nun war der Sturmangriff beschlossen und wurde sofort in Gang gebracht. Wir stürmten vorwärts durch das Feuerwerk zwischen den Batterien und dem stärksten Gewehrfeuer, das um uns herumhagelte.

Mein Herr, der Kammerjunker, war der erste, der zwischen die Schanzen stürmte, und ich, ich war der erste, der ihm folgte. Ich habe gelobt, ihm zu folgen und ich hielt mein Wort, bis ich nicht mehr konnte. Ich folgte ihm weiter bis in den Wald hinein, als eine Kugel mich am rechten Knie streifte, aber, geliebte Mutter, sei froh und laß uns Gott dafür danken, daß ich keine weiteren Schüsse abbekam. Die Kugel war entweder matt oder sie schlug zunächst in einen Baum bevor sie mich traf. Obwohl ich schnell merkte, daß meine Verwundung unbedeutend war, konnte ich doch nicht mehr länger folgen. Niemals, niemals vergesse ich diese Stunde, wo der Kammerjunker mit Tränen in den Augen meine Hand ergriff. Dieser Anblick schmerzte mich viel tiefer als meine unbedeutende Verletzung.

Ich kam glücklich nach Flensburg und bekam bei guten Menschen ein Quartier. Demnächst kann ich der Hilfe des Arztes entbehren und hoffe, daß ich innerhalb der nächsten 8 Tage wieder mein Gewehr aufnehmen und den Platz in der Compagnie einnehmen kann.

R. Chr. Gierahn aus Odense
(Oberjäger im 2. Reserve-Jägercorps der 4. Kompagnie)

Einige Tage vor der Schlacht bei Idstedt hielt die 5. Brigade, Oberst Raeder, mit der das Jägercorps stand, bei einem Dorf, das Schmedeby hieß. In der Nähe eines Waldes entstand am Nachmittag des 24. Juli schnell ein Gefecht, bei dem wir aber noch nicht dabei waren. Einige unserer Kanonen waren dort aufgefahren und beschossen den Wald, der von Insurgenten besetzt war, und als einige Verletzte an uns vorübergingen gab es ein starkes Gemurmel in unseren Reihen – wir wollten auch ins Feuer. Unsere Offiziere trösteten uns jedoch, daß wir davon noch genug kriegen würden.

Gegen Abend wurde Fleisch, Keks und Branntwein ausgeteilt; jetzt wußten wir Jäger was die Stunde geschlagen hatte, und da kam Leben in uns! Um 1 Uhr legten wir uns ins Stroh, das wir aus einem Bauernhof gerettet hatten und wickelten es um uns, da die Nächte auf dem offenen Feld sehr kalt waren.

Wir marschierten dann los in Compagnie-Colonnen zur Idstedter Heide. Von einer Anhöhe hatten wir eine schöne Sicht auf den Artilleriekampf zwischen unsern und den deutschen Batterien, wie die Granaten mit ihrem Feuerkrach über uns hinfuhren. Das 1. Reserve-Jägercorps vor der Brigade hatte bereits den Kampf mit dem Feind aufgenommen, und nun flogen die Kugeln in unsere Kolonnen und verwundeten viele. Wir lösten die Formation und bildeten eine Kette, gingen durch das 1. Reserve-Jägercorps hindurch und nahmen das Gefecht auf. Es hatte inzwischen heftig zu regnen begonnen, ein richtiger Wolkenbruch.

Sie hatten in der Idstedt-Heide breite Laufgräben geschaffen. Aber wir Jäger setzten trotz des Kugelhagels katzenartig mit dem Gewehr in der rechten Hand über. Der Feind zog sich aus allen Kräften ständig feuernd nach Idstedt zurück, wo er sich festsetzte, um uns Widerstand zu leisten.

Auf einer Höhe auf der rechten Seite des Weges, der über die Au runter nach Idstedt führte, verfolgten wir sie so schnell wie es möglich war, während wir Patronen nachluden. Wir verfolgten sie bis ins Dorf Idstedt, von dem man sagte, daß es von 10.000 Mann besetzt sei.

Wir konnten vor Rauch und Dampf kaum etwas von den Häusern erkennen, die zu brennen angefangen hatten. Durch das Glimmen der Gewehrläufe sah man die schwarzen Pickelhauben; sie hatten nämlich ihre Helme schwarz gefärbt, damit das Metall nicht so stark schimmerte. Sie hatten alle lange graue Mäntel an, die fast bis zur Erde reichten. (Das muß eine ziemliche Last während des Regens gewesen sein.) Wir Jäger hatten unsere Mäntel aufgerollt auf den Tornistern und trugen unsere dünnen Jägerumhänge.

Aber jetzt begann es bei uns, daß die Granaten von der anderen Seite von Idstedt herüberhagelten und viele wurden von Gewehrkugeln verwundet.

Da kam das Signal: „2. Reserve-Jägercorps! Attacke! Bajonnetts auf!"

Ein tausendstimmiges Hurrah erscholl und alles stürmte über die Idstedter Brücke. Aber hier empfing uns ein heißes Feuer. Wir kämpften mit abwechselndem Glück; viele Male waren wir in das Dorf eingedrungen, wurden dann aber wieder zurückgeworfen. Als wir sie zum letzten Mal aus dem Dorf geworfen hatten, beschossen sie es mit Granaten. Wir hatten den Befehl, alles zu tun um dieses Dorf zu Halten; es war sehr ungemütlich hier zu sein.

Hier waren nun alle möglichen Truppenarten zusammen vermischt. Ich war 14 Tage vorher von der 3. Kompagnie in die 4. Kompagnie versetzt worden, um dort als Fourier zu fungieren und so war mir die Mannschaft der Kompagnie noch ziemlich unbekannt. Als ich mit einigen Männern hinter eine Straße erreichte, kam mein vorheriger Capitain *Falkenskjold* zusammen mit dem Premierlieutenant *Svend Grundtvig* mit einer halben Hundertschaft an mir vorbei. (Ich war Schreiber der Kompagnie unter dem Capitain). Er rief, als er mich sah: „Wo sollen Sie hin, Gierahn?" – „Ich weiß es selbst nicht, Herr Capitain; die Kompagnie wurde geteilt!" – „Nun, dann folgen Sie uns; bei uns kennen Sie sich ja aus!" Ich war froh, mich diesen zwei tapferen Offiziere anschließen zu können, und ich wußte, daß wir nicht in Schlaf fallen würden, wenn wir bei Falkenskjold waren.

Capitain Falkenskjold war von ritterlicher Gestalt, groß, kraftvoll; mit seinem großen braunen Bart, der bis auf die Brust reichte, war er ein stolzer Soldat, ein freundlicher munterer Mann im Frieden, ein Löwe auf dem Feld.

Über Tote und Verwundete kamen wir bis zum Rand des Dorfes. Wir kamen kaum voran, da die Ambulanzen die große Menge an Toten und Verwundeten nicht versorgen konnte. Die Granaten hatten schlimm gehaust. Unter den vielen Toten, die hier lagen, sah ich am Rande eines Hofes einen Jägeroffizier mit dem Kopf in einem Graben liegen; er hatte eine Kugel in der Brust. Es sah so aus, als ob der Schuß innerhalb des Hofes gefallen war.

Ich lief und sprang zu ihm hin und sah mit Schrecken: es war der Premierlieutenant Falkenskjold, ein Bruder des Capitains.

52

Ich lief zu diesem hinüber und machte ihn darauf aufmerksam, daß dort sein Bruder sei. Der Capitain ging zu ihm rüber, stand einen Augenblick still, legte die Hand über die Augen, sagte aber nichts, drehte sich plötzlich zu mir um und sagte: „Oberjäger, geben Sie diesem Hof eine Rakete!"

Nur wenige Unteroffiziere hatten Raketen; man hatte Angst vor Mißbrauch. Ich schickte eine Rakete ins genannte Ziel und schon brannte es lichterloh. „Jetzt rasch, Männer, vorwärts!" lautete die Order. Nun war der Capitain in Gang, dachte ich; ich kannte ihn, da ich ein Jahr mit ihm zusammengewesen war.

Jetzt zogen wir los, über viele Felder, die von hohen, dichten Hecken umgeben waren. Ich sah einige Male zum Capitain, er sagte nichts, er war aber in einem fürchterlichen Humor. „Gott weiß, wo das hinführt", dachte ich.

Während wir von einer Hecke zur nächsten liefen, traf es einige von uns, aber da war keine Zeit um Nachzuschauen wer liegengeblieben war. „Vorwärts!" hieß es immer nur. Wir rückten gegen eine deutsche Batterie vor, deren Kugeln die Koppel, auf der wir gerade hinüberliefen, pflügte. Auf einem Feld kurz vor der Batterie legten wir uns hin und feuerten so viel wir konnten auf die Infanterie, die die Kanonen decken sollte. Ich muß immer noch daran denken, wie ich zuletzt Angst hatte die Waffe zu laden, da sie so heiß war.

Ich bat Falkenskjold und Grundtvig viele Male, daß sie sich hinlegen mögen, aber sie standen stolz mit den Säbeln in den Händen direkt vor der Batterie. Ich lag neben dem Fuß des Capitains und bat ihn nochmals darum, in Deckung zu gehen. Seine Antwort lautete: „Die Pest für diese Hunde!" Im gleichen Augenblick wurde er getroffen und humpelte auf einem Bein. Eine Kugel war durch das andere Bein gegangen. Ein Hurrah toste von der deutschen Batterie herüber, als sie die stolze Gestalt hatte fallen sehen. Ich sprang auf, Grundtvig und ich stützten ihn: 4 Männer mit 2 Gewehren über Kreuz und dann brachten sie den Capitain fort. Die Mannschaft wollte sich nun zurückziehen, aber da rief ihnen Grundtvig zu: „Wollt ihr euren Capitain verlassen? Feuert auf sie so stark ihr könnt!" Die deutsche Kanonenbedeckung rückte bereits vor und brüllte ihr „Hurrah". Und als der Capitain endlich zwei Koppeln hinter sich gelassen hatte, rief Grundtvig: „Nun rette sich wer kann!" Wir liefen nun runter nach und durch Idstedt, dann weiter über Koppeln bis in ein nahes Gehölz.

Graf Adelbert Baudissin
Premier-Lieutenant im 3. Jägercorps

Zehn Tage lang hatte Willisen in der bei Idstedt gewählten Stellung
gestanden, ohne etwas mehr als eine Recognoscirung gegen Flensburg
vorzunehmen. Die von *Gerhardt* commandirte Avantgarde wechselte einige
Schüsse mit den Dänen südlich der Stadt und zog sich unverrichteter Dinge
zurück. Wir erwähnen dieser Expedition nur deshalb, weil es Willisen oft
zum Vorwurf gemacht worden ist, daß er an jenem Tage nicht die, nur mit
einigen tausend Mann besetzte Stadt Flensburg einnahm und dadurch dem
Feinde gleich einen empfindlichen Verlust beibrachte. Daß er es in seiner
Gewalt hatte, Flensburg zu nehmen, und die in Flensburg gesammelten
Truppen aufzureiben, unterliegt keinem Zweifel; ob damit etwas gewonnen
wurde, ist eine andere Frage. Wollte Willisen die Offensive ergreifen, und
wie er der Statthalterschaft gesagt hatte, weder sich noch den Dänen Zeit
lassen, eine Stellung zu nehmen, dann wäre ihm allerdings die Gelegenheit
geboten worden, die einzelnen Armeecorps der Dänen vor ihrer Vereinigung
anzugreifen; wollte er aber nur eine Vertheidigungsschlacht schlagen, so war
der Angriff auf Flensburg vielleicht unmotivirt.

Aber Willisen wollte weder angreifen, noch sich angreifen lassen; er
schob, wie wir oben gesehen haben, seine Truppen weit über das Defilée
hinaus, stellte nirgends eine Reserve auf, vergeudete seine Kräfte, indem er
hinter einem unpassirbaren See, dem Langsee, eine ganze Brigade postirte,
und schwankte selbst, nachdem er diese verkehrten Einrichtungen getroffen
hatte, zwischen einer Defensiv- und Offensiv-Schlacht.

Es konnte nicht fehlen, daß die Unsicherheit im Oberbefehl einen
lähmenden Einfluß auf die Truppen ausübte. Die Commandeurs der
einzelnen Bataillone machten bedenkliche Gesichter und gingen im leisen
Gespräch mit Officieren des Generalstabes auf und ab; und wenn die
Soldaten ihre Führer fragten, wohin der Rückzug auf das Gros ginge; ob sie
sich bis auf das Aeußerste halten, oder nur ein Avantgardengefecht
aufnehmen und langsam auf die Hauptstellung zurückweichen sollten, sahen
sich diese außer Stande, eine Antwort zu ertheilen. Bei der großen Masse
von intelligenten Soldaten der Schleswig-Holsteinischen Armee war das
aber ein um so größerer Uebelstand, als der Mangel an Officieren
einigermaßen durch die Studenten, Gutsbesitzer und Beamten hätte ersetzt
werden können, welche in den Reihen dienten und großen Einfluß auf ihre
Kameraden hatten. Wäre ein fester und bestimmter Plan vorgelegt, hätte
jedes einzelne Corps während der zehn Ruhetage ein Manöver ausgeführt, in

welchem es seine Gefechtsstellung eingenommen und seinen allmäligen Rückmarsch angetreten hätte, dann wäre vieles anders geworden bei Idstedt. Jetzt schickte aber Willisen z. B. das dritte Jägercorps, das aus 1300 Mann bestand, mit zwölf Officieren in die Schlacht, von denen der Major, die beiden Abtheilungs-Commandeure und ein Adjutant in den Compagnieen ohne directen Einfluß blieben, so daß in Wirklichkeit nur acht Compagnie-Officiere für 1300 Jäger verwendet werden konnten, welche den ersten Stoß des Feindes im coupirten Terrain auszuhalten hatten.

Als früh am Morgen des 25. Juli drei und später der vierte dieser Officiere fielen und einer verwundet worden war, hatte die Führung dieses tapfern Corps begreiflich ihr Ende erreicht. Wenn aber trotzdem, trotz aller Verkehrtheiten des General-Commando's, trotz des mangelnden Vertrauens der Armee, trotz der wenigen Officiere die Soldaten einen heroischen Widerstand leisteten, so beweist dies, wie ungerechtfertigt das Urtheil Wynecken's war, „daß mit diesen Truppen kein Feldzug zu machen sei," und wie leicht Willisen den Sieg bei Idstedt hätte erzwingen können.

Zehn Tage hatten die Truppen den Abschnitt bei Idstedt inne gehabt, und als am 23. die Nachricht einging, daß der Feind sich zum Angriff anschicke, wurden die vorgeschobenen Feldwachen und Piquets eingezogen, um in der Höhe von Helligbeck und Bollingstedt das Gefecht aufzunehmen. Von dem Dänischen General war folgender Operationsplan angegeben worden.

„Die III. Brigade rückt Nachts 12 Uhr über *Jörl-Kirch, Sollbro* und *Esperstoft* nach *Silberstedt* vor. (Ihre Bestimmung war eine Umgehung des westlichen Flügels der Schleswig-Holsteinischen, über einen Abschnitt von 20.000 Fuß Ausdehnung verzettelten Armee.) Um 3 Uhr werden die Divisionen und Hauptreserven in folgender Ordnung aufbrechen: Die I. Division in zwei Treffen längs der Chaussee nach Schleswig, und die II. Division in zwei Treffen auf dem Wege nach Missunde. Beide Divisionen haben Verbindung zu halten. Wenn die Divisionen respective bei Helligbeck und Klapholz angekommen, wird die II. Division, dem Feinde so verborgen wie möglich, ihre Hauptstärke bei *Oberstolk* gegen das westliche Ende des Langsee's zu dirigiren suchen, während die I. Division vorrückt und das Wirthshaus bei Idstedt passirt. Die II. Division hinterläßt eine Stärke, welche genügend ist, um ein stehendes Engagement mit dem Feinde zwischen *Süderfahrenstedt* und *Wedelspang* (Welspang) zu unterhalten. Sobald beide Divisionen bei dem Gehölz zwischen *Ahrenholz* und dem *Langsee* in gleicher Höhe sind, wird der Feind mit aller Kraft angegriffen. Die Reserve-Cavallerie marschirt von *Oversee* über *Tarp, Langstedt, Engbrügg* nach *Idstedt-Krug,* wo sie gleichzeitig mit der I. Division eintrifft. Während des

Marsches wird sie die Verbindung mit dem Hauptcorps und der III. Brigade aufrecht erhalten. Die V. Brigade und die Reserve-Artillerie folgen auf der Chaussee der Bewegung der I. Division. Während des Gefechtes zwischen Ahrenholz und dem Langsee wird die III. Brigade sich bemühen, einen forcirten Flankenangriff auf den Feind auszuführen, und seinen Rückzug gegen Süden abzuschneiden. Durch die vereinte Kraft der Armee wird der Feind in östlicher Richtung geworfen, so daß er beim Uebergange über die Schlei in Schleswig oder bei Missunde in Unordnung geräth."

Der feindliche Hauptangriff sollte schon am 24. Juli stattfinden, wurde aber auf den folgenden Tag verschoben, weil die Truppen noch nicht alle nachgerückt waren. Während es nun im Allgemeinen bei obigen Anordnungen des Dänischen Generals blieb, blieb das Gros seiner Armee am 24. bei *Havetoft* und **Sieverstedt** stehen.

Am Morgen des 24. Juli ging die Dänische IV. Brigade mit einer sechspfünder Batterie auf der Chaussee gegen *Sieverstedt* und *Stenderup-Holz* zum Angriff vor; die VI. Brigade folgte ihr als Reserve nach. Diesen beiden Brigaden stand Oberst von Gerhardt, Commandeur der Avantgarde mit vier Bataillonen, einer 12pfünder Batterie und zwei Schwadronen gegenüber.

Um halb 11 Uhr Vormittags stießen die Vorposten auf einander; die Dänen nahmen das *Stenderup-Holz* und das *Poppholz*, aus welchem eine Abtheilung des 3. Jägercorps zurückgeworfen worden war. Es zeigte sich gleich in diesem ersten Gefechte, wie wenig Willisen eigentlich gewußt, was er wolle. Das Klapholz war zehn Tage lang von den Jägern besetzt gewesen. Wie leicht war es nun, den Wald an einzelnen Stellen zu lichten, Verhaue zu machen und hinter denselben einen energischen Widerstand zu leisten! Statt dessen mußte eine Compagnie Jäger einem überlegenen Angriff weichen, und als sie die Position verloren hatten, mußte das 15. Bataillon mit großem Verlust das Klapholz wieder nehmen und das 1. und 8. Bataillon die Dänen aus dem Poppholz nach Stenderup zurückdrängen. Die Infanterie hatte ein langes und heißes Gefecht zu bestehen, ehe es ihr gelang, die Stellung zu nehmen, welche man den Dänen fast gutwillig eingeräumt hatte. Am Rande des Waldes standen dichte Dänische Tirailleurketten, welche auf die, über die Haide heranrückenden Schleswig-Holsteiner ein gutgezieltes Feuer unterhielten; die trockene Haide gerieth bei dem heftigen Schießen in Brand und hinderte durch den erstickenden Rauch und Qualm die Truppen am Zielen. Trotzdem hielten sich die Bataillone vortrefflich und warfen den Feind zurück. Als dieser aber mit der ganzen IV. und VI. Brigade auch noch das 13. Bataillon der II. Brigade vereinigte, gelang es ihm Abends gegen sieben Uhr, das Terrain bis Helligbeck wieder zu nehmen und zu behaupten.

Jetzt, nachdem vier Bataillone und eine Batterie Schleswig-Holsteiner sich acht stunden lang im unnützen Kampfe gegen zwölf feindliche Bataillone und zwei Batterieen ermattet, und viele Leute verloren hatten, wurden sie zurückgezogen, um auf der Haide auszuruhen für einen neuen verzweifelten Kampf des nächsten Tages.

Zugleich mit dem Angriff auf Helligbeck hatten die Dänen die Stellung der Schleswig-Holsteiner bei *Bollingstedt* und *Engbrügg* zu nehmen gesucht. Sie stießen hier auf den General Graf Baudissin, der ihnen mit zwei Compagnieen des 1. Jägercorps und einzelnen Abtheilungen der I. Brigade einen so energischen Widerstand entgegensetzte, daß sie sich nach wiederholten und immer wieder abgeschlagenen Versuchen, die Stellung zu nehmen, über das Moor nach dem Poppholz zurückgeworfen sahen. Auch hier ruhte der Kampf Abends um 7 Uhr; die Schleswig-Holsteiner hatten ihre Stellung, die *Ziegelei*, das *Gehölz*, *Engbrügg* und *Bollingstedt* behauptet.

Während so von der Avantgarde und bei Bollingstedt glücklich und ehrenvoll gekämpft wurde, fand auf dem linken Flügel bei *Solbro* ein nicht minder hitziges Gefecht statt. Die zur Umgehung des linken Schleswig-Holsteinischen Flügels beorderte Dänische III. Brigade war schon in der Nacht über *Jörl-Kirch* gegen *Sollerup* und *Solbro* dirigirt worden. Achtzig Jäger waren aufgestellt, um den Treene-Uebergang zu vertheidigen. Um acht Uhr des Morgens begann der Kampf um die Brücke bei *Solbro*. Die Jäger vertheidigten die Position aber mit so ausgezeichneter Ruhe, da es den Dänen trotz ihrer großen Uebermacht nicht gelang, den Uebergang zu erzwingen. Erst gegen 12 Uhr Mittags traf General Graf Baudissin mit dem dritten Linienbataillon von *Lürschau* in *Solbro* ein; mit der ihm eigenthümlichen Entschlossenheit warf er sich der feindlichen Brigade entgegen, und trieb sie nach einem heißen Gefechte über *Sollerup* hinaus.

Die Truppen hatten sich vortrefflich geschlagen. Der Feind war auf zwei Punkten trotz seiner großen Uebermacht geworfen; das schwankend gewordene Vertrauen in die Oberleitung und die eigene Kraft wurde wieder gehoben, mit mehr Zuversicht sahen Officiere und Gemeine dem folgenden Tage entgegen.

Spät am Abend des 24. hatte Willisen die Nachricht erhalten, daß die Dänen nordwestlich von Sollerup zwischen *Jörl* und *Hatstedt* drei Brigaden concentrirten. Der Zweck dieser starken Concentrirung hätte nur der sein können, den linken Flügel der Schleswig-Holsteiner statt des Centrums zu durchbrechen, und obgleich die ganze Nachricht unwahrscheinlich klang, schien doch der Angriff auf Solbro für die Absicht der Dänen, den Uebergang über die Treene zu forciren, zu sprechen. Da nun am rechten Flügel gar kein Gefecht am 24. statt fand, ließ Willisen sich irre leiten, und er beschloß zur unglücklichen Stunde, aus der Defensive in die Offensive überzugehen, ohne sich die verderblichen Folgen vorzuhalten, welche daraus hervorgehen konnten, die feste Stellung zu verlassen und einem überlegenen Feinde *vor* derselben eine Schlacht zu liefern.

Bei den überraschenden Vortheilen, welche General *von der Horst* aber am folgenden Morgen errang, wäre gerade der Fehler, den Willisen beging, zum Heil der Armee ausgeschlagen, wenn nicht der Oberst von *Abercron*, Commandeur der II. bei *Welspang* und *Böklund* stehenden Brigade, den Befehl zum Vorgehen *gar nicht erhalten hätte*. Der Befehl zum Vorgehen ging allen Brigaden, mit Ausnahme der Abercronschen, in folgender Weisung zu:

1) Die II. Infanterie-Brigade entsendet noch in der Nacht ein Bataillon und vier Geschütze in das *Fahrenstedter* Holz; am folgenden Morgen debouchirt sie präcise 4 Uhr aus dem Defilee bei Welspang, rückt vor über *Fahrenstedt* und *Böklund* und wirft den feindlichen linken Flügel; biegt dann in westlicher Richtung ein, vereinigt sich nördlich von *Stolk* mit der III. Brigade (von der Horst) und rückt mit dieser vor auf Sieverstedt an der Flensburger Chaussee.

2) Die III. Infanterie-Brigade (von der Horst) bricht etwas später auf, bis die Operationen der II. Brigade bereits begonnen haben, drängt vor auf *Ober-* und *Unterstolk*, vereinigt sich nördlich dieser Dörfer mit der II. Brigade (Abercron) und gehen beide dann vor gegen die Flensburger Chaussee.

3) Die IV. Brigade (Oberst von Garrelts) behauptet mit dem 4. Jägercorps das *Grüder* Gehölz und vertheidigt mit ihrer Batterie den Uebergang am Idstedter See; marschirt aber um 4 Uhr Morgens mit den übrigen Bataillonen links von diesem direkt auf das Dorf Idstedt.

Außerdem wurde verfügt, „daß das 12., 13. und 14. Bataillon *links* vom Idstedter See auf dem geraden Wege vorgehen sollten, der vom Westergehege in das Dorf führt, um aus einer genommenen Aufstellung gegen Idstedt vordringen zu können."

Dieser letztere Befehl widersprach dem früher gegebenen, der dahin lautete, daß jene Bataillone bei einem Angriffe des Feindes auf Idstedt sich *rechts* vom Idstedter See in ihrer ganzen Stärke entwickeln sollten; sie hätten, wenn dies zur Ausführung gekommen wäre, sich an die III. Brigade, welche durch die Furth des Langsee's über *Seehuus* und *Güldenholm* auf Oberstolk vorgehen sollte, anschließen und dadurch verhindern können, daß die Dänen eine ganze Brigade zwischen die beiden Abtheilungen schoben und jede einzelne angriffen und schlugen.

4) Die Avantgarde-Brigade vertheidigt mit zwei Bataillonen den Terrainabschnitt zwischen *Helligbeck* und dem, die Chaussee kreuzenden Wege von *Gammelund* nach *Idstedt*; die beiden anderen Bataillone debouchiren um 4 Uhr in Gemeinschaft mit der IV. Brigade auf der Chaussee auf Idstedt und unterhalten hier den Feind, bis die Operationen der II. und III. Brigade nordöstlich von Idstedt gelungen.

5) Die I. Brigade entlich besetzt mit dem 1. Jägercorps, wie am 24. Juli, die Uebergänge über die Helligbeck bei *Bollingstedt* und *Engbrügg* und hält hier mit diesem Corps, sowie im Buchholz und bei der Ziegelei mit dem 2. Bataillone Verbindung mit der Avantgarde; beobachtet aber mit den beiden übrigen Bataillonen den äußersten rechten Flügel des Feindes bei Solbro, um von hier aus eine Umgehung zu verhindern.

Der Befehl zum Vorrücken war allen Brigaden, mit Ausnahme der, bei Welspang stehenden Abercron'schen zugegangen, als Willisen die Nachricht erhielt, der Feind habe nicht, wie ihm erst gemeldet worden war, drei Brigaden im Westen concentrirt. Durch diese Nachricht fielen die Vortheile, welche unter anderen Umständen aus einer Offensivbewegung der Schleswig-Holsteiner hätten folgen können, und bei richtigem Zusammengreifen der einzelnen Abtheilungen hätten folgen müssen, selbstverständlich weg. Willisen mußte einsehen, daß die Dänen das Centrum seiner Armee, und nicht den rechten Flügel durchbrechen wollten, mußte also Alles aufbieten, um der vereinten Kraft der Dänischen Brigaden im Centrum energischen Widerstand zu leisten. Er hätte deswegen die Brigade I. (Baudissin) in ihrer Stellung bei Lürschau lassen und als Unterstützung der Avantgarde-Brigade dienen lassen sollen. Statt dessen schwankte er hin und her, ungewiß ob er angreifen oder sich vertheidigen wolle, und ertheilte endlich in der Nacht eine Contreordre, welche die Weisung enthielt, daß die Truppen in ihrer Stellung verbleiben sollten, in der sie bei Empfang des Gegenbefehls wären; erst beim Brennen der Fanale sollten sie der ursprünglichen Bestimmung gemäß vorrücken.

Diese verhängnisvolle Contreordre ging einigen Truppentheilen zu, anderen dagegen nicht; wer sie erhielt, blieb stehen; wer sie nicht empfing, rückte vor, so daß man im General-Commando am Morgen des 25. Juli nicht wußte, wo die einzelnen Bataillone standen. Die Brigade-Commandeure sahen bald, daß die Uebereinstimmung in der Bewegung der Truppen fehlte, einzelne Truppentheile waren in ein heißes Gefecht verwickelt, während andere weit vom Kampfplatze entfernt waren; der Feind hatte Zeit gefunden, sich von Willisen's Angriffsplan zu überzeugen, der ihm sonst gewiß ganz unerwartet gewesen wäre, weil Niemand daran denken konnte, daß 27.000 Mann eine feste Stellung verlassen würden, um 37.000 vor der Stellung anzugreifen, - das Schwanken im Oberbefehl brachte Schwanken in den einzelnen Truppentheilen hervor, Niemand wußte recht, was er sollte, wohin und wann er marschiren müsse, an welchen Truppenkörper er sich anzuschließen habe. Endlich um 5 Uhr des Morgens brannten die Fanale. Der Angriff wurde von allen Brigaden, mit Ausnahme der Abercron'schen, begonnen, die wie wir glauben behaupten zu dürfen, keinen Befehl erhalten hatte; um 6 Uhr war die Schlacht gewonnen, schwebte die Dänische Armee in größter Gefahr, in die Ueberschwemmungen der Treene gedrängt zu werden.

Wir wollen es versuchen, dem Leser ein deutliches Bild der ganzen Schlacht zu geben.

Um 1 ½ Uhr des Morgens des 25. Juli hatten die Dänen zwei Infanterie-Bataillone, ein Jägercorps, eine sechspfündige Batterie und ½ Schwadron gegen die II. Brigade (Abercron), welche an der östlichen Spitze des Langsee's bei *Welspang* stand, zum Angriff vorgehen lassen. Die Bestimmung dieser Truppen war, das Gefecht aufrecht zu erhalten, bis die Operationen im Centrum ausgeführt sein würden. Um 3 Uhr des Morgens stießen die Dänischen Tirailleurs auf die Vorposten des 2. Schleswig-Holsteinischen Jägercorps in *Böklund*, und warfen dieses Corps nebst ½ Schwadron Dragoner aus dem Dorfe gegen Welspang zurück. Schon war das Gros der Abercron'schen Brigade im Vorrücken begriffen, um die weichenden Jäger zu unterstützen, als *von der Tann* den Befehl überbrachte, „in der Stellung inne zu halten, welche sie in demselben Augenblick eingenommen." Eine Folge dieses, in dem Augenblicke der Gefahr für das zweite Jägercorps gewiß unmotivirten Befehls, war die, daß die Jäger aus dem Gehölz hinaus geworfen wurden.

Während die Jäger sich am südlichen Rande des Waldes sammelten und zu einem neuen Angriff ordneten, überbrachte der Hauptmann von *Wiedburg* vom Generalstabe dem Commandeur der Jäger den Befehl, „sofort mit der ganzen II. Brigade zum Angriff vorzugehen, und den Feind zu werfen."

Das 6. und 7. Bataillon griffen in Folge dieses Befehls in Gemeinschaft mit den Jägern das Gehölz an und nahmen es nach einem lebhaften Gefechte, in dem sie ziemlich bedeutende Verluste erlitten. Die Dänen waren um 6 Uhr Morgens zurückgeworfen.

Auch im Centrum war es früh Morgens zum Kampfe gekommen, indem die Dänen um 3 Uhr ihre V. Brigade auf das von dem 15. Schleswig-Holsteinischen Infanterie-Bataillone besetzte Dorf *Idstedt* vorrücken ließen. Nach einem heißen zweistündigen Gefechte mußte das 15. Bataillon sich zurückziehen, weil ihm die Munition ausging. Die Dänen besetzten sofort das Dorf und zündeten es an allen Ecken an, weil sie sich nicht stark genug fühlten, es zu behaupten. Es war die Avantgarde-Brigde nämlich, ihrem Befehle gemäß, gegen Idstedt vorgedrungen und hatte den rechten Flügel der Dänischen V. Brigade durch heftiges Infanterie- und Artillerie-Feuer von der Chaussee vertrieben und zum Aufsuchen einer gedeckten Stellung westlich derselben gezwungen. Die Dänische V. Brigade stand mit ihrem rechten Flügel dem brennenden Dorfe gegenüber und hatte ihren linken Flügel am rechten Ufer des Idstedter See's durch das schmale, dichte Untergehölz vorgeschoben, welches von Schützen des 4. Schleswig-Holsteinischen Jägercorps glänzend vertheidigt wurde. Die Jäger mußten endlich weichen und es geschehen lassen, daß die Dänen eine Granatkanonen-Batterie auf einer Anhöhe neben dem eben genommenen Gehölz auffuhren, welche jetzt ihr Feuer gegen die Vertheidigung des Ueberganges am Idstedter See aufgeführte Schleswig-Holsteinische Halbbatterie eröffnete. Der Commandeur Crause dieser 4. Schleswig-Holsteinischen Batterie war gleich zu Anfang des Gefechts gefallen, und seine Geschütze zogen sich etwas näher an das *Westergehege*, wo sie sich während der nächsten Zeit auch behaupteten. Alle Versuche der Dänischen V. Brigade, das *Grüderholz* zu nehmen, waren an der ausdauernden Tapferkeit des 4. Schleswig-Holsteinischen Jägercorps gescheitert.

Oberst Gerhardt, Commandeur der Avantgarde, hielt den Abschnitt zwischen *Helligbeck* und dem, die Chaussee kreuzenden Wege von Gammelund nach Idstedt; das zweite Bataillon der I. Brigade hielt das *Buchholz* und die *Ziegelei*; das 1. Jägercorps vertheidigte die Uebergänge über die Helligbeck bei *Engbrügg* und *Bollingstedt*. Zu ihrer Unterstützung wurde das 12. Bataillon, welches eigentlich zur IV. Brigade gehörte, in dem Augenblick vorgeschickt, als diese Brigade vom Westergehege aus ihre Stellung nahm.

Gegen die Stellung des Obersten Gerhardt und des Grafen Baudissin rückten die Dänen Morgens 2 ½ Uhr erst mit 2 ½ Bataillonen vor; sie wurden zurückgeworfen, zogen fünf Compagnieen an sich und setzten sich nach einem blutigen Kampfe in den Besitz des Unterholzes bei Engbrügg und der Ziegelei; als aber die vereinten zwei Compagnieen des 1. Jägercorps und zwei Compagnieen des 3. Jägercorps nach einem verzweifelten Kampfe die Dänen mit dem Bajonnet aus ihrer theuer erkauften Position hinauswarfen, sah sich der rechte Flügel der Dänischen V. und VI. Brigade, welche auf *Ahrenholz* und den Langsee hatten vordringen sollen, um 6 Uhr Morgens vollkommen geschlagen, weshalb er sich längs der Chaussee auf Helligbeck zurückziehen mußte. Hätte Willisen in diesem Augenblicke frische Truppen zur Hand gehabt, welche den errungenen Vortheil benutzen konnten, so wären die beiden Dänischen Brigaden vollständig aufgerieben worden.

Es waren die Dänen also um 6 Uhr des Morgens von den Brigaden *Baudissin, Gerhardt* und *Abercron* zurückgeworfen worden, die Affaire stand für die Schleswig-Holsteiner günstig, als um 6 Uhr General *von der Horst* den Befehl erhielt, vorzurücken.

Dieser General hatte, wie wir oben angegeben haben, seine Stellung hinter dem Langsee genommen, und wahrscheinlich den Dänen ganz unbewußt bei *Güldenholm* eine Laufbrücke geschlagen, über welche er das 5. Jägercorps und das 9., 10. und 11. Bataillon führte, um das Dorf Oberstolk zu besetzen. Zur Deckung der Laufbrücke wurden Schützen zurückgelassen, damit diese einzige Rückzugslinie nicht dem Feinde in die Hände fallen möge.

Zufällig hatte zu gleicher Zeit mit dem General von der Horst auch der Dänische Commandeur der zweiten Division, welche aus sechs Bataillonen, zwei Batterieen und zwei Schwadronen bestand, den Befehl erhalten, vorzugehen, und zwar in der Richtung von Oberstolk nach Idstedt. Die Dänische Division war in zwei Colonnen getheilt, deren linke zwischen dem Idstedter- und Langsee, deren rechte aber auf dem kürzesten Wege direct auf Idstedt rücken sollte.

Ohne zu ahnen, daß die Schleswig-Holsteiner in ihrer Nähe waren, weil sie von der Existenz der Laufbrücke nichts wußten und es wohl auch für unwahrscheinlich hielten, daß Willisen aus dem Defilee herausgehen würde, hatten schon einzelne Theile der Dänischen Division Oberstolk verlassen und den Marsch auf Idstedt angetreten, als sie sich plötzlich im Rücken von dem fünften Jägercorps und dem neunten Bataillon angegriffen sahen. Die durch diesen unerwarteten und mit großer Bravour ausgeführten Angriff der Schleswig-Holsteiner hervorgerufene Verwirrung unter den Dänen war eine so vollständige, daß der commandirende General, sobald er die Meldung von der Größe der erlittenen Niederlage erhielt, augenblicklich den Rückzug seiner Armee beschloß. Der Dänische, also gewiß unparteiische Bericht sagt speciell über das Gefecht in Oberstolk, nachdem er des ersten Angriffes erwähnt, bei welchem der tapfere Oberst Lässöe, der Capitain Cranold, der Divisions-Adjutant Bauditz und viele andere tüchtige Officiere gefallen waren, Folgendes:

„Unmittelbar darauf wurden wir in unserer linken Flanke von feindlicher Infanterie mit vorgeschobenen Tirailleurs angegriffen. Dieselbe kam theils aus Oberstolk und war vermuthlich dort in den Häusern versteckt gewesen, theils aus den Saatfeldern südöstlich vom Dorfe, wohin sie wahrscheinlich von der feindlichen Laufbrücke aus, welche bei Güldenholm über den Langsee führt, dirigirt worden war. Die Kanonenbedeckung (1. Compagnie) unter Capitain von Middelboe, die einzige augenblicklich vorhandene Infanterie, nahm den feindlichen Angriff auf, war indessen zu schwach, um den weit überlegenen Feind aufzuhalten. Der Divisionsgeneral, welcher nicht weichen wollte, beschloß nun, die Cavallerie, ja sogar die Artillerie zur unmittelbaren Vertheidigung dieser Stellung zu verwenden, indessen gelang dieses eben so wenig. Die feindlichen Tirailleurs, gedeckt hinter Hecken, schossen mit gezogenen Kugelbüchsen auf 100 bis 150 Ellen. Vergebens wurden von einigen Kanonen, auf ganz nahe Distanzen, Granaten unter die Schützen geworfen, vergebens machte ein Theil der Cavallerie, aufgefordert vom Generalmajor, drei Attaquen, und vergebens bemühte man sich aus Oberstolk, wo ein heftiger Straßen- und Häuserkampf wüthete, Infanterie herbei zu holen. Wir erlitten hier in weniger als einer Stunde einen großen Verlust; der tapfere General Schleppegrell fiel unter einer der Attaquen tödtlich verwundet, sein Stabschef, Oberstlieutenant von Bülow, wurde schwer verwundet, der Batteriechef Capitain von Baggesen gefangen genommen, und zwei seiner Kanonen vom Feinde erobert. Außer mehren anderen Officieren fiel der Premierlieutenant von Carstensen, welcher mit Aufopferung seiner selbst den Capitain von Baggesen zu befreien suchte, mit ihm von seiner Schwadron ungefähr 70 Mann und wenigstens 90 Pferde waren erschossen, verwundet oder vom Feinde erbeutet. Das 13. Bataillon war in Oberstolk beim Durchrücken überfallen worden. Als die Tête den südlichen Ausgang des Dorfes erreicht hatte, wurde das Bataillon aus den nächsten Häusern und Gärten dermaßen in seiner linken Flanke beschossen, daß das Vorrücken sich von selbst verbot. Ein paar Compagnieen besetzten die nächsten Häuser und Gärten, der übrige Theil die Mitte des Dorfes und den nördlichen Eingang. Die Tirailleurs wurden in östlicher Richtung vorgeschickt und warfen Anfangs den Feind rasch zurück; indessen wurde das Bataillon nach hartnäckigem Kampfe zur nördlichen Seite des Dorfes gedrängt. Hier fiel der Commandeur desselben, Oberst von Trepka."

Wie erbittert hier gekämpft wurde, geht schon aus dem Verluste der Dänen hervor, welche selbst eingestehen, in der einen schrecklichen Stunde 32 Officiere und 971 Soldaten verloren zu haben. General von der Horst mag selbst über den überraschenden Erfolg seines Angriffes erstaunt gewesen sein, da er sich nach einem allerdings blutigen und mörderischen, aber doch nur kurzen Kampfe im Besitz der Flensburger Chaussee, also im Rücken der Dänischen Armee sah. In diesem Augenblick waren die Dänen überall geschlagen: auf dem linken Flügel, im Centrum und auf dem rechten Flügel. Die zur Unterstützung des Angriffes auf Idstedt designirte Brigade war in und bei Oberstolk aufgelöst. Wenn jetzt die Brigade *Abercron* vorgerückt wäre und von der Horst unterstützt hätte, dann wäre der Sieg der Schleswig-Holsteiner ein vollkommener geworden; denn es liegt wohl auf der Hand und bedarf weiter keines Beweises, daß 5000 Mann frischer Truppen, die über eine aufgelöste und nach allen Richtungen zerstreute Division herfallen, eine entscheidende Wirkung ausüben müssen. Abercron kam aber nicht und statt seiner erschien der böse Genius Schleswig-Holsteins, der Souschef Wynecken, und rettete die Dänische Armee vom Untergange.

Als nämlich von der Horst mit drei Bataillonen die Dänen durchbrochen hatte, drängte er sie begreiflich nach beiden Seiten auseinander und verursachte dadurch, daß ein Theil der geschlagenen Dänen sich nach Idstedt hinüberzog und dadurch an den Langsee gelangte. Diese Abtheilungen waren aber unrettbar verloren, wenn von der Horst mit seiner ganzen Macht vorwärts drang und dadurch den ohnehin überall geworfenen Dänischen General zum Rückzuge zwang; sie wären, von dem Hauptcorps abgeschnitten, entweder der Avantgarde oder Garrelts in die Hände gefallen. Wynecken, der die beim Langsee sich sammelnden Dänischen Abtheilungen bemerkte und zugleich sah, wie die Dänen sich von Idstedt nach dem Langsee zogen, um der gänzlichen Niederlage der zweiten Division vorzubeugen, verlangte von dem General von der Horst, daß er ein Bataillon zurücksenden solle, um den Uebergang bei Güldenholm zu vertheidigen! Da von der Horst ihm erwiderte, daß für die Vertheidigung schon durch Jäger gesorgt sei, daß es sich jetzt auch nur um Vorgehen und Verderben des Feindes, aber um nichts anderes handle, ritt Wynecken zurück und befahl, ohne dem General von der Horst eine Meldung zu machen, dem 11. Infanterie-Bataillon, mit ihm nach dem Langsee zurückzukehren; zwei Compagnieen dieses Bataillons stellte er an der Laufbrücke auf, die beiden anderen verdammte er zu gänzlicher Unthätigkeit. Als daher die von Idstedt herangezogenen Hülfe von der Horst angriff, um die geschlagene und gänzlich aufgelöste zweite Division zu retten, fand sie zu ihrer Ueberraschung, daß die Streitkräfte dieses Generals weit schwächer waren, als die der Division selbst, und von der Horst sah sich von einer bedeutenden Uebermacht von drei Seiten angegriffen und seiner Reserve beraubt. Eine Folge hiervon war, daß er, der unter anderen Umständen die Dänische Armee vernichtet hätte, und der durch seinen kühnen und glücklichen Angriff die Schlacht schon so vollständig gewonnen hatte, daß der Dänische General den Rückzug beschlossen, selbst auf eigene Rettung bedacht und froh sein mußte, mit Hinterlassung einer großen Zahl von Todten, Verwundeten und Gefangenen ein kleines Häuflein seiner braven Soldaten zu retten.

Den verhängnisvollen Ausgang des Gefechtes bei Oberstolk hatte Wynecken ganz allein verschuldet. Es mag Kurzsichtigkeit von ihm gewesen sein, daß er die ersten Erfolge der Brigade von der Horst nicht richtig beurtheilte; in seiner verkehrten Anschauung mag er es für unnöthig gehalten haben, Abercron vorzuschicken; es war aber so sehr gegen den gesunden Menschenverstand, von der Horst seine Reserve zu entziehen und sie auf einem verlorenen Posten aufzustellen, ohne ihm davon Nachricht zu geben, daß wir, gestützt auf diese Handlungsweise und so viele andere Vergehen gegen die ersten militairischen Regeln, die Ansicht aussprechen müssen, daß Wynecken eben so unfähig war, wie Willisen. Es ist erwiesen und über alle Zweifel erhaben, daß er dem Bataillon den Befehl zum Rückmarsch mit den Worten ertheilte: „der Feind sei schon im Rücken der Stellung, das Bataillon möge daher eilen, den Langsee zu erreichen." Dieser Befehl wurde so laut ertheilt, daß viele der Soldaten ihn vernahmen; sie wurden dadurch entmuthigt, und als sie den Rückzug antraten, unaufhörlich von Wynecken zum schleunigen Marsche aufgefordert. Wer aber nur einigermaßen mit militairischen Verhältnissen bekannt ist, der wird eingestehen, daß es kaum einen größeren militairischen Verstoß geben kann, als während einer Schlacht, wo Alles darauf ankommt, die Truppen zu beruhigen und zu ermuthigen, Furcht und Schrecken zu verbreiten.

Warum Abercron trotz der ihm von Wiedburg überbrachten Ordre nicht vorrückte und bei Oberstolk die Verbindung mit von der Horst suchte, ist bis heute noch unerklärt geblieben. Es scheint, daß der Erbprinz von Augustenburg gleich nach der Wiederbesetzung des Gehölzes von Welspang Abercron mitgetheilt hat, daß im Centrum die IV. Brigade (Garrelts) geschlagen sei, und daß Abercron in Folge dieser Mittheilung ein weiteres Vorrücken über das Defilee hinaus für ungerechtfertigt hielt. Die Angabe, daß der Erbprinz ihm den bestimmten Befehl des General-Commando's überbracht habe, nicht über Welspang vorzugehen, als deren Gewährsmann Lüders den Major von der Heyde anführt, ist nicht richtig. Ob Abercron von dem Erfolge der Horst'schen Brigade unterrichtet war, ob es ihm an Einsicht fehlte, um auf eigene Verantwortung hin einen geschlossenen Angriff zu machen, ob Wynecken auch hier seinen bösen Einfluß geübt hat, sind Fragen, welche wahrscheinlich nie beantwortet werden können. Nur das Eine ist über alle Zweifel erhaben, daß von der Horst in Verbindung mit der Abercron'schen Brigade den Dänen eine Niederlage würde bereitet haben, wie sie nicht vollständiger hätte sein können. Abercron's Truppen waren wieder vollständig ausgeruht, hatten wenig Verluste erlitten und standen nur einer schwachen Tirailleurkette gegenüber, welche das Feuer unterhielt, um den nach dem eigenen Berichte des Dänischen Generals *„ohne alle* *gegenseitige Verbindung zerstreuten Abtheilungen der II. Division"* Zeit zum Sammeln zu verschaffen. Wie im Jahre 1848 die Dänen vor der Insel Alsen lagen, als Riegels die Schiffbrücke abgebrochen hatte, und wie sie damals nur durch Wrangel's fehlerhafte Disposition gerettet wurden, so entgingen sie in der Schlacht bei Idstedt ihrem Untergange nur durch die fehlerhafte Disposition, welche Abercron zum Stillstehen verdammte. Ihre Unthätigkeit verwünschend, lagen Officiere und Mannschaften vier Stunden lang neben ihren Waffen, während die übrigen Abtheilungen im erbitterten Kampfe den Dänen gegenüber standen und vergebens auf Unterstützung hofften! Dies Alles blieb Willisen unbekannt, und da er in Folge dessen die errungenen Vortheile unbenutzt vorübergehen ließ, zeigte er deutlich, daß er kein praktischer General war.

Wir haben oben erwähnt, daß der Erbprinz von Augustenburg dem Oberst Abercron die Nachricht brachte, wie es im Centrum schlecht stände, und wollen jetzt auf den dort geführten Kampf übergehen, um dem Leser die Lage des Centrums zu versinnlichen.

Willisen hatte den Angriff beschlossen und zu dem Ende seine einzige Reserve, die Brigade Garrelts, zum Sturm auf das vor dem Defilee liegende Dorf Idstedt vorgeschickt. War es schon an und für sich eine unglaubliche Thorheit, dem siegreichen rechten Flügel keine Unterstützung zu schicken, dagegen aber die letzte Kraft an die Wiedereroberung des Dorfes zu setzen, statt sie zur Vertheidigung seines Centrums zu verwenden, so war es auch unverzeihlich, gerade die jüngsten Bataillone welche bisher noch nicht im Gefecht gewesen waren, einem weit überlegenen Feinde in dem schwierigsten Terrain entgegen zu führen. Das 12., 13. und 14. Bataillon wurden vorgeschickt, um Idstedt zu nehmen. Die Absicht war, mit der Brigade Horst, die sich von Oberstolk auf Idstedt ziehen sollte, nach Erstürmung Idstedt's einen vereinten Angriff in der Flanke und dem Rücken der Dänen auszuführen.

Mit großer Entschlossenheit griff das 13. Bataillon das, von den Dänen eingeäscherte und noch immer mit Granaten beworfene, Dorf an und nahm es nach einem heißen Kampfe. Als es aber über das Dorf hinaus die Höhen ersteigen wollte, wurde es in einer Entfernung von kaum achtzig Schritten von einem Dänischen Bataillon beschossen und erhielt gleich darauf von zwei anderen Bataillonen auf 200 Schritte Entfernung volle Salven. Außerdem wurde es in der Flanke von einer dichten Dänischen Tirailleurkette beschossen. Der Commandeur des Bataillons war vom Pferde gestürzt, das Commando ging also an den ältesten Hauptmann über, einen Herrn von Wuthenow, der später wegen Feigheit entlassen wurde; wenn die jungen Truppen, die zum ersten Male ins Feuer kamen, trotzdem einen so mörderischen Kampf bestanden, so dürfen sie gewiß vollen Anspruch auf unsere Anerkennung machen.

Bisher hatte man wegen des dichten Regens und der Pulverwolke, die sich über das Schlachtfeld lagerte, nichts als das Aufblitzen der Geschütze und der Gewehre sehen können; jetzt trat ein Augenblick ein, in welchem man einen klaren Blick hatte und fünf Dänische Bataillone vor sich sah, von denen zwei nordöstlich, eins nördlich und zwei südlich von Idstedt standen; außerdem war das sumpfige Terrain am Idstedter See von Dänischen Schützen besetzt. Das 13. Schleswig-Holsteinische Bataillon sah sich daher von allen Seiten und von einer bedeutenden Uebermacht angegriffen. Es hielt dessen ungeachtet Stand, weil es hoffte, in seiner linken Flanke vom 14. Bataillon und in der rechten Flanke durch die Brigade von der Horst unterstützt zu werden. Als aber das 14. Bataillon trotz aller Anstrengungen nicht über das Dorf hinaus konnte und als von der Horst nicht zur Hülfe kam, blieb dem braven 13. Bataillon nichts übrig, als mit Hinterlassung vieler Todten und Verwundeten zurückzuweichen und sich bei den Geschützen im Centrum aufzustellen. Man hat dem 13. Bataillon Vorwürfe gemacht, weil es in Unordnung aus Idstedt zurückwich. Wenn man aber bedenkt, daß Willisen wenige Tage vor der Schlacht den bisherigen Commandeur desselben, den tapfern Major *v. Irminger*, durch den gänzlich dienstunfähigen ehemaligen preußischen Landwehrofficier *v. Lützow* ersetzt hatte; wenn man in Erwägung zieht, daß das Commando an einen Hauptmann überging, der später wegen Feigheit cassirt wurde; wenn man endlich berücksichtigt, daß die junge, mangelhaft geführte Truppe zum ersten Male im Gefechte war und gleich einem Feuer ausgesetzt wurde, welches wohl die ältesten Soldaten hätte erschüttern können, so wird man milder urtheilen und dem Muthe der gemeinen Soldaten volle Anerkennung zollen, welche trotz aller dieser Umstände das Dorf nahmen und lange Zeit gegen die ungeheure Uebermacht vertheidigten. Hätte Willisen Idstedt verschanzen lassen, wie es jeder vernünftige Feldherr gethan haben würde, dann wären die Dänen wohl schwerlich in das Dorf gedrungen und man würde die Vorwürfe, die ihn allein treffen, nicht auf die führerlosen, aber tapferen Soldaten des 13. Bataillons häufen.

Der Angriff der IV. Brigade war zurückgeschlagen, von der Horst hatte sich an den Langsee zurückziehen müssen; trotzdem stand aber die Schlacht noch günstig für Willisen, und die Dänen hatten ungeachtet ihrer großen Verluste und der Tapferkeit, mit welcher sie gefochten hatten, bisher nur sehr geringe Vortheile *vor* der Hauptstellung der Schleswig-Holsteiner erkämpft, waren aber noch sehr weit davon entfernt, diese Stellung selbst zu bedrohen; sie waren von dem Kampfe ermüdet, hatten bis auf die Garde zu

Fuß alle Reserve ins Feuer gezogen und mußten im Centrum einen Widerstand erwarten, den sie nicht überwältigen konnten. Aus diesen Gründen unterließ es der Dänische General auch, die zurückgehende IV. Schleswig-Holsteinische Brigade zu verfolgen; aus diesem Grunde und namentlich mit Hinblick auf die Niederlage in Oberstolk *gab er sämmtlichen Brigade-Commandeuren den Befehl, das Gefecht abzubrechen!* Die III. Dänische Brigade, welche den Auftrag hatte, die Schleswig-Holsteiner im Westen zu umgehen, erhielt die bestimmte Ordre: sofort und so schleunig wie möglich ihre Vereinigung mit dem Gros der Armee zu bewerkstelligen und deshalb über *Eggebeck* zurückzugehen; ebenso wurde die feindliche Cavallerie-Reserve, welche über *Tarp* und *Langstedt* nach *Engbrügg* hatte marschiren sollen, beordert, von *Langstedt* über *Jalm* nach *Helligbeck* zurückzugehen.

Aber nicht nur der Dänische General, sondern auch Willisen dachte an den Rückzug. Es war ihm die Meldung gemacht worden, daß die Dänen mit großer Uebermacht den Uebergang bei *Solbro* forcirt hätten, er hatte den Kampf des 13. und 14. Bataillons mit angesehen und gab nun jede Hoffnung auf, die Schlacht zu gewinnen. Zwar hatte er die reitende Artillerie und die Cavallerie der westlichen Dänischen Colonne entgegengeschickt, zwar konnte er sich sagen, daß diese Colonne, selbst wenn sie gegen die Artillerie und Cavallerie vordränge, doch von dem weiten Marsche viel zu ermattet sein würde, um noch irgendwie am Gefechte bei Idstedt theilzunehmen; zwar konnte er sich sagen, daß die Dänen, da sie selbst das Gefecht abbrachen, geschwächt waren und daher nicht zum Hauptangriff übergehen konnten; zwar erhielt er von der Avantgarde und der 1. Brigade fortwährend die Meldungen, daß sie den Feind aufhielten und noch ferner aufhalten könnten; - aber er hatte das Vertrauen zu sich selbst und zur Armee verloren und dachte schon um 8 Uhr an den Rückzug, vielleicht gerade in demselben Augenblick, als der Dänische General seinen Rückzug anzutreten beschloß.

Anstatt nun aus der eben empfangenen Lehre Nutzen zu ziehen und die unthätige Brigade Abercron von Welspang nach dem Centrum zu rufen, anstatt den General Horst, der sich wieder vollständig gesammelt hatte und auf neue Befehle wartete, vorwärts oder auf Idstedt zu dirigiren, unterließ Willisen jede Kräftigung seines Centrums und ließ Abercron vollständig unbeschäftigt, von der Horst geradezu in der Luft stehen. Selbst als um 9 ½ Uhr das 4. Jägercorps nebst dem 14. Bataillon mit glänzendem Erfolge die Offensive ergriff und die Dänen aus dem *Grüderholz* hinauswarf und somit den Uebergang am Idstedter See behauptete, konnte Willisen das verlorene vertrauen nicht wiedergewinnen.

Den glänzendsten Beweis seiner Rathlosigkeit legte Willisen ab, als er die Meldung erhielt, die Dänen wären über Sollbro vorgedrungen. Der Leser erinnert sich, daß die III. Dänische Brigade zur Umgehung des Schleswig-Holsteinischen linken Flügels früh am Morgen aufgebrochen war und Solbro genommen hatte. Hier stand ihr die erste Brigade unter *Lauer von Münchhofen* gegenüber. *Willisen hatte verboten, den Uebergang über die Treene mit Artillerie zu vertheidigen,* und das 3. Infanterie-Bataillon hatte sich nach tapferer Gegenwehr aus Solbro nach Jübeck zurückziehen müssen. Der Major Lauer von Münchhofen unterließ es, mit dem Feinde Fühlung zu halten, so daß dieser unbemerkt seinen Marsch auf *Silberstedt* ausführen konnte. Zu derselben Zeit, als das 3. Bataillon aus Jübeck hinausgeworfen war, traf der Rittmeister *Keudell* mit der reitenden Batterie und der schnell zusammengezogenen Cavallerie ein; er mußte sich aber ebenfalls vor den Dänischen Tirailleurs zurückziehen. Die Dänen drangen nun, da ihnen kein Widerstand geleistet wurde, nach Silberstedt und von da über den *Jägerkrug* nach Schubye vor, nachdem sie zwei Schwadronen Reserve-Cavallerie und zwei Geschütze der reitenden Batterie zurückgeworfen hatten.

Auf die Meldung von dem Vordringen der Dänen war Willisen selbst um 11 Uhr beim *Deckerkrug* eingetroffen und hatte dem Obersten *Fürßen Bachmann* ein Bataillon und eine halbe Batterie versprochen. *Aber noch während Willisen's Anwesenheit im Deckerkrug erhielt die Dänische Umgehungs-Colonne den Befehl, sich so schleunig wie möglich über Eggebeck zurückzuziehen, und wenig Minuten nach 11 Uhr trat sie den befohlenen Rückmarsch erst langsam, dann aber schneller an.* Das zur Unterstützung des Obersten Fürßen Bachmann herbeigezogene 4. Bataillon kam fast gar nicht mehr ins Gefecht, weil der eilige Rückzug der Dänen das Engagiren eines Gefechtes unmöglich machte. Willisen *wußte also, daß der Feind seine Stellung im Rücken der Schleswig-Holsteinischen Armee freiwillig aufgegeben habe; trotzdem aber überbrachte um 1 ¼ Uhr, also ¾ Stunden nachdem er sich von den gewonnen Vortheilen überzeugt hatte, der Lieutenant Krüger den Befehl zum Rückzuge, „weil", wie der General in seinem Armeebericht sagt, „der Feind Schubye schon besetzt habe und dadurch in den Rücken der Armee gelangt war. Es aufs Aeußerste kommen zu lassen, habe nicht gerathen erschienen."*

Wir glauben dem Leser kein besseres Bild von der Rathlosigkeit im General-Commando und der Stellung der Schleswig-Holsteinischen Armee im Centrum geben zu können, als indem wir das Schreiben Sr. Durchlaucht des Herzogs Christian August von Schleswig-Holstein veröffentlichen. Der Herzog war während der ganzen Schlacht im Centrum, hatte also volle

Gelegenheit, sämmtliche Befehle kennen zu lernen, welche während der Schlacht ertheilt wurden. Da wir dies wußten, haben wir Se. Durchlaucht gebeten, uns die wichtigsten Momente der Schlacht anzugeben, damit wir im Stande wären, ein möglichst richtiges Bild dieses verhängnisvollen Kampfes zu entwerfen. Se. Durchlaucht haben sich bewogen gefunden, auf unsere Bitte mit nachstehendem Schreiben zu antworten:

(Sie finden den Brief des Herzogs von Schleswig-Holstein nach diesem Bericht)

Um 12 Uhr war der Rückzug angetreten; Nachts zwischen 11 und 12 Uhr zogen die Dänen in das kaum eine halbe Meile südlich des Schlachtfeldes liegende Schleswig ein. Ihre Truppen waren so ermattet, daß sie ausruhen mußten, ehe sie den nicht mehr bestrittenen Weg betreten konnten. Wären sie daher wohl im Stande gewesen, ihn gegen acht Bataillone, die Willisen ihnen hätte entgegenstellen können, zu forciren? Schwerlich.

Ein Dänischer Generalstabs-Officier sagt, nach Lüders, über die Schlacht bei Idstedt: „Gegen 7 Uhr des Morgens hatten wir die Schlacht verloren; wäre der rechte Flügel der Schleswig-Holsteiner über Böklund nach der Chaussee vorgedrungen und hätte sich dadurch mit der Brigade Horst in Verbindung gesetzt, wir wären nicht allein geschlagen, sondern unsere ganze Armee, von der Chaussee ab- und seitwärts ins Moor gedrängt, wäre völlig vernichtet gewesen. Wir hatten keine Reserve, kein einziges Bataillon mehr, um unsern Rückzug zu decken. Zwischen 7 und 8 Uhr war an beide Divisionen (Moltke und Schleppegrell) bereits der Befehl zum Rückzuge ertheilt und wir wußten nicht, wie wir den Rückzug ausführen sollten.

Dadurch, daß die II. Brigade nicht vorging, wurde die Lage unserer Armee etwas geändert und verbessert; die Schlacht war aber trotzdem verloren. Hätten die Schleswig-Holsteiner sich hinter ihre am Morgen verlassene Position, hinter den Langsee, zurückgezogen, wir hätten das Schlachtfeld räumen und uns freiwillig zurückziehen müssen, denn wir durften einen zweiten Angriff vorläufig nicht erwarten. Den gänzlichen Rückzug der Schleswig-Holsteiner haben wir uns niemals erklären können."

Der Verlust der Schleswiger in dem unglücklichen Kampfe bei Idstedt betrug 535 Todte, 1188 Verwundete und 1052 Gefangene; die Dänen verloren 441 Todte, 2658 Verwundete und 604 Gefangene.

Herzog Christian August von Schleswig-Holstein
(aus einem Brief an Graf Adelbert Baudissin)

„Ew. Hochgeboren haben den Wunsch zu erkennen gegeben, von mir einige Details über die Schlacht bei Idstedt zu erhalten. Ueber die Schlacht selbst liegen so viele Berichte vor, daß es nutzlos sein würde, mich auf eine detaillirte Beschreibung derselben einzulassen. Ich will deshalb, um Ihrem Wunsche nachzukommen, mich darauf beschränken, einige Aufklärung über einen Punkt zu geben, der bisher unaufgeklärt geblieben ist. Ich meine hiermit den ertheilten Befehl zum Rückzuge der Schleswig-Holsteinischen Armee aus der Position beim Idstedter Kruge und dem Westergehege, sowie die Ursache und die Veranlassung zu diesem Rückzuge.

Es ist bekannt, daß das Centrum unserer Armee das Terrain zwischen dem Idstedter Kruge und dem Westergehege im Süden, dem Dorfe Idstedt und der am Helligbeck anstoßenden Niederung im Norden von Morgens 3 Uhr bis gegen 8 Uhr inne hatte. Nachdem gegen 8 Uhr eine Meldung über die Brigade von der Horst eingegangen war, die sich später als unrichtig auswies, und nachdem der Angriff auf das Dorf Idstedt durch die Brigade Garrelts mißlungen war, beschloß der General von Willisen, in die Position am Idstedter Kruge und am Westergehege zurück zu gehen.

Über diese Stellung und die Truppenzahl, mit welcher sie besetzt war, werde ich nichts sagen, da dies aus anderen Berichten bekannt ist; nur will ich bemerken, daß an der westlichen Seite der Chaussee unmittelbar vor dem Idstedter Kruge, in einer aufgeworfenen Schanze eine Batterie stand, daß an der anderen Seite der Chaussee und in kurzer Entfernung von derselben zwei Batterieen aufgefahren waren, und daß der Höhenzug vor dem Gehölz mit Infanterie besetzt war. Außer jener Schanze befanden sich keine Befestigungswerke irgend einer Art auf der ganzen Linie vom Idstedter Kruge bis an den Langsee, obwohl es sehr leicht gewesen wäre, die ganze Position für Artillerie und Infanterie durch leichte Werke zur Vertheidigung einzurichten. Jedenfalls war aber die Position an und für sich genug und mit hinreichenden Kräften besetzt, um jeden feindlichen Angriff abzuschlagen.

Nachdem der General von Willisen, wie angegeben, gegen 8 Uhr diese Stellung eingenommen hatte, entspann sich ein Geschützkampf, der ohne Unterbrechung fortgeführt wurde. Von der feindlichen Infanterie war wenig zu sehen, nur in weiter Entfernung sah man ihre Colonnen und Plänklerketten, die sich aber sehr ruhig zu verhalten schienen.

Es war dies gerade während der Zeit, als die Dänen, nach der Schlappe bei Oberstolk, ihre Kräfte auf ihrem linken Flügel zu sammeln suchten. Obwohl die Dänen ein heftiges Artilleriefeuer auf uns richteten, welches von unserer Seite eben so lebhaft beantwortet wurde, erlitten wir fast gar keine Verluste, da die Dänischen Geschütze zu hoch schossen und alle Kugeln über uns fortgingen. Soweit ich mich erinnere, wurde in der Nähe des Idstedter Kruges nur ein einziger Dragoner der dort haltenden zwei Escadronen erschossen. Ob unsere Geschütze größere Verluste in den Dänischen Reihen verursacht haben, weiß ich nicht, bezweifle es aber.

Ungeachtet unserer sehr günstigen Stellung äußerte der General von Willisen zu wiederholten Malen seine Besorgnis wegen eines Angriffs auf unsere Stellung und sprach sich dahin aus, daß er wohl genöthigt sein würde, sich nach Rendsburg zurückzuziehen. Nachdem ich verschiedene Male diese Aeußerungen ruhig angehört hatte, sagte ich ihm schließlich, wie ich nicht begreifen könne, daß er irgend eine Befürchtung habe, da die Stellung mit so und so vielen Geschützen und so und so vielen Bataillonen besetzt sei, und außerdem drei Bataillone von der ersten Brigade als Reserve am Arnholzer See ständen, wir also stark genug wären, um jeden Angriff abzuschlagen.

Als ich dies in etwas aufgeregtem Tone geäußert hatte, ritt der Commandeur der Artillerie, Oberst Wissel, der dicht hinter dem General und mir hielt, einige Schritte vor und sagte: „ich nehme es auf mich, die Position allein mit der Artillerie zu halten." General von Willisen schwieg hierauf einen Augenblick und sagte alsdann: „wenn Sie, meine Herren, der Meinung sind, daß wir hier stehen bleiben sollen, so wollen wir auch stehen bleiben; alsdann wird es aber erforderlich sein, einige von den Bataillonen, die am Arnholzer See stehen, hier heraufrücken zu lassen und muß ich einen Adjutanten an den Obersten Abercron senden, damit er seine Stellung behaupte, weil ich ihm schon habe sagen lassen, daß ich mich wahrscheinlich auf Rendsburg zurückziehen würde und er nach Umständen handeln möge."

Wenn ich nicht irre, sandte der General meinen ältesten Sohn nach dem Arnholzer See, um ein Bataillon nach dem Idstedter Krug zu beordern, und zugleich den Hauptmann Wiedburg an den Obersten Abercron. Als dieser fortritt, rief ich ihm noch nach: „sagen Sie dem Obersten, er möge sich, wenn er angegriffen werde, bis auf den letzten Mann halten, denn der General von Willisen würde unter keinen Umständen sich von hier zurückziehen!"

Es mochte wohl zwischen 10 und 11 Uhr gewesen sein, als der Beschluß, die Position unter allen Umständen halten zu wollen, gefaßt und alle betreffenden Befehle darnach erlassen, wie auch alle Anordnungen getroffen wurden, einen etwaigen Angriff der Dänen abzuschlagen.

Bis dahin hatte ich den General von Willisen nicht verlassen und war stets in seiner nächsten Nähe geblieben; als der Beschluß aber gefaßt war, die Position zu halten und alle Anordnungen des gefaßten Beschlusses, und in der Ueberzeugung, daß keine Veränderung in den getroffenen Dispositionen eintreten konnte, ritt ich zur Batterie Belitz, die aus dem Gefecht zurückgezogen war und circa 1000 Schritt hinter der Position an der Chaussee stand. Diese Batterie war am Morgen im Gefechte gewesen und hatte bedeutende Verluste, insbesondere an Pferden erlitten. Die Officiere der Batterie kannte ich persönlich, und da ich mich von dem Zustande der Batterie überzeugen wollte, hielt ich mich bei derselben ungefähr eine halbe Stunde auf. Als ich nach dieser Zeit wieder auf den Platz kam, wo ich den General von Willisen verlassen hatte, fand ich ihn nicht; statt seiner hielt der General Gerhardt daselbst. Auf mein Befragen, wo der General von Willisen sei, antwortete er: „der General habe die Meldung vom Obersten Fürßen erhalten, daß die Dänen auf Schubye drängten und Fürßen habe wiederholt und dringend um Unterstützung gebeten. Der General habe Truppen an Fürßen gesandt, sei aber selbst hingeritten, um diese zu dirigiren; er habe ihm, dem General Gerhardt, während dieser Zeit das Commando übertragen, so eben habe er ihm einen Officier mit dem Befehl gesandt, sämtliche Geschütze und Truppen zurückzuziehen und die Position zu verlassen."

Als ich dies hörte, sagte ich: es sei dies ja nicht möglich, und bat Gerhardt dringend, nur mit der Ausführung dieses Befehls zu warten, bis ich den General von Willisen aufgesucht habe und ihm alsdann dessen Befehle gebracht haben würde. Damit ritt ich, so rasch mein Pferd laufen konnte, die Chaussee hinunter, wo ich, nachdem ich eine kurze Strecke zurückgelegt hatte, dem Major Wynecken begegnete, der die Chaussee heraufgeritten kam. Diesem rief ich zu, er möge mir helfen, Willisen zu suchen; er habe den Befehl zum Rückzuge gegeben und dies dürfe nicht geschehen. Wynecken antwortete: „ums Himmels willen nicht, wo ist der General?" Ich sagte ihm, er möge mir nur helfen ihn zu suchen, er sei nach dieser Gegend geritten. Wir schlugen nun verschiedene Wege ein. Als ich den General auf meinem Wege nicht finden konnte, auch von einzelnen Truppentheilen erfuhr, daß Niemand ihn gesehen habe, kehrte ich um nach der Richtung, die Wynecken eingeschlagen hatte. Als ich an die Stelle kam, wo der Weg nach dem Arnholzer See in die Chaussee führt, sah ich Wynecken mit verhängten Zügeln auf mich zureiten kommen, und schon von ferne rief er mir zu: „es ist ein Mißverständniß, Alles soll stehen bleiben."

Wir jagten nun beide, was unsere Pferde laufen konnten, die Chaussee hinauf, dem Idstedter Kruge zu. Kaum hatten wir aber ein paar Hundert Schritte zurückgelegt, als uns schon die ganze Artillerie, die Gerhardt hatte abfahren lassen, begegnete. Ungeachtet aller Mühe, die wir uns gaben, die Artillerie umkehren zu lassen, war dies auf der schmalen Chaussee nicht möglich, und Wynecken gelang es nur, einige Geschütze der Batterie Seweloh, welche die letzte des ganzen langen Trains war, umwenden zu lassen und in der Schanze beim Idstedter Kruge zu placiren. Dies war der Moment, den die Dänen zum Angriff benutzten, dessen Erfolg bekannt ist.

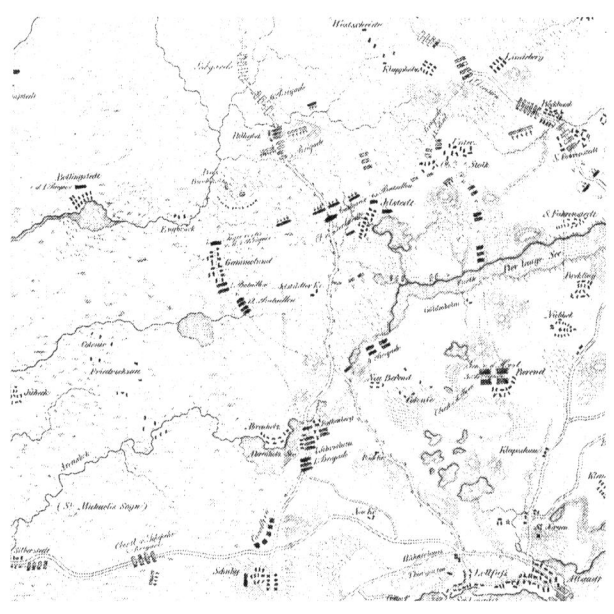

Das Schlachtfeld entlang der Flensburger Chaussee
nach einer Karte v. Hauptm. von Wangenheim

Wenn man Dänischen Privatnachrichten trauen kann, so hatte der Dänische General schon den Befehl zum Rückzug nach Flensburg gegeben, und um diesen zu decken, wurde das Garde-Bataillon und noch ein Bataillon abgesandt, um einen Schein-Angriff auf unsere Stellung zu machen. Als diese beiden Bataillone vorrückten, gewahrte der sie commandirende Officier, daß unsere Artillerie abfuhr und sogleich beschloß er, statt eines Schein-Angriffes einen wirklichen Angriff zu machen. Er soll darauf einen

Officier an den General Krogh abgesandt und demselben haben sagen lassen: die Schleswig-Holsteiner zögen ab und er würde vorgehen. Die Richtigkeit dieser Relation ist um so wahrscheinlicher, als es kaum anzunehmen ist, daß, wenn die Dänen einen ernsthaften Angriff auf unsere Stellung beabsichtigt hätten, sie diesen mit *nur zwei weit vorgeschobenen Bataillonen unternommen haben würden. An dem Punkte, auf welchen die Dänen ihren Angriff richteten, standen vor dem Rückzuge, wie bemerkt, drei Batterien und wenigstens doppelt so viele Bataillone, als die Dänen zum Angriff führten, wie auch zwei Escadrons Cavallerie. Wer wird denn wohl mit so wenigen Truppen und ohne irgend ein hinreichendes Soutien eine solche Stellung wie die unsrige angreifen, und was wäre wohl aus jenen beiden Dänischen Bataillonen geworden, wenn General Gerhardt mit der Ausführung des, ihm ertheilten Befehls, unsere Stellung aufzugeben, nicht so sehr geeilt, sondern nur eine halbe Stunde gezögert hätte!* Die beiden Dänischen Bataillone würden mit einem solchen Kartätschen- und Kleingewehr-Feuer empfangen worden sein, daß ihre Reihen in kurzer Zeit dergestalt gelichtet worden wären, daß es den beiden Schleswig-Holsteinischen Schwadronen, die am Idstedter Kruge hielten, nicht viele Mühe gekostet haben würde, sie gänzlich zu zersprengen.

Die hier ausgesprochene Meinung, daß jene beiden Dänischen Bataillone nicht abgesandt wurden, um unsere Stellung zu nehmen, sondern nur den Rückzug der Dänischen Armee zu decken, finde ich dadurch bestätigt, *daß von irgend einer Verfolgung keine Spur war.* Sobald nämlich unsere Artillerie, die in größter Ordnung die Chaussee entlang zog, Falkenberg erreicht hatte, ließ General von Willisen zwei Batterien auf den dortigen Höhen auffahren, um den Rückzug zu decken. *Es war gegen 12 Uhr, als die beiden Dänischen Bataillone unsere Geschütze bei dem Idstedter Kruge nahmen und bis 3 Uhr Nachmittags blieb General Willisen mit jenen beiden Batterieen auf den Höhen bei Falkenberg stehen. Die Distance von Falkenberg bis zum Idstedter Kruge beträgt bekanntlich nur eine gute Viertel-Meile.* Während dieser Zeit, innerhalb welcher die Avantgarde-Brigade und die Brigade Garrelts ihren Rückzug auf der Chaussee bewerkstelligten, *habe ich keine Spur von einem Dänischen Soldaten gesehen.* Nur eine Colonne Dänischer Cavallerie sah man von diesen Höhen aus auf dem Wege vom Arenholzer See nach Schubye marschiren, welches den General von Willisen veranlaßte, statt über Kropp, wie dies zuerst bestimmt war, jene beiden Brigaden den Rückzug über den Fahrenstedter Damm nehmen zu lassen. Es geschah dies in der Vermuthung, daß die Dänen ihre gesammte Cavallerie auf diesem Wege abgesandt hätten, um auf der Kropper Haide uns anzugreifen und zu verfolgen. *Niemand konnte damals wissen, daß das Hauptcorps der Dänischen Cavallerie zu jener Zeit seinen Rückzug nach Flensburg schon angetreten hatte*, auf welchem dasselbe Contre-Ordre erhielt. Hätten die Dänen einen ernsthaften Angriff auf unsere Stellung beabsichtigt und vorbereitet gehabt, so würden sie nach unserm Rückzuge gewiß nicht unterlassen haben, uns zu verfolgen, *und jene beiden Dänischen Bataillone, welche unsere Geschütze vor dem Idstedter Kruge nahmen, würden gewiß alsdann nicht Stunden lang dort ruhig stehen geblieben sein, ohne auch nur irgend eine Miene zu machen, unsern Rückzug zu beunruhigen.*

Unsere beiden genannten Brigaden marschirten durch Schleswig und über den Fahrenstedter Damm, wo sie Halt machten. *Auch hier blieben wir bis 9 Uhr Abends stehen, ohne irgend etwas von nachrückenden Dänen zu bemerken*, und marschirten alsdann bekanntlich über Cluvensiek und Königsförde nach Rendsburg.

Faßt man die hier in der Kürze angegebenen Thatsachen zusammen, so ergiebt sich aus denselben, daß ein Zusammenstoß verschiedener unglücklicher Umstände unserer Armee den Sieg bei Idstedt entrißen hat. Ohne der Tapferkeit der Dänischen Armee im Geringsten zu nahe treten zu wollen, hat dieselbe doch nur diesen für uns unglücklichen Umständen den Sieg zu verdanken. Hätte namentliche Gerhardt mit der Ausführung des ihm durch einen Artillerie-Lieutenant, dessen Namen, wenn ich nicht irre, Krüger war, *mündlich* gebrachten Ordre, die Truppen aus der Position zurückzuziehen, eine halbe Stunde gezögert, so würde Wynecken ihm den Gegenbefehl überbracht haben und wir würden alsdann wahrscheinlich die Sieger bei Idstedt geblieben sein.

Schließlich will ich nur noch bemerken, daß mir nicht bekannt geworden ist, ob oder wie jenes Mißverständniß wegen der dem General Gerhardt gegebenen Ordre jemals aufgeklärt worden ist.

Ich habe hier nur referiren wollen, was ich selbst erlebt habe und was bisher außer mir Wenigen bekannt gewesen ist."

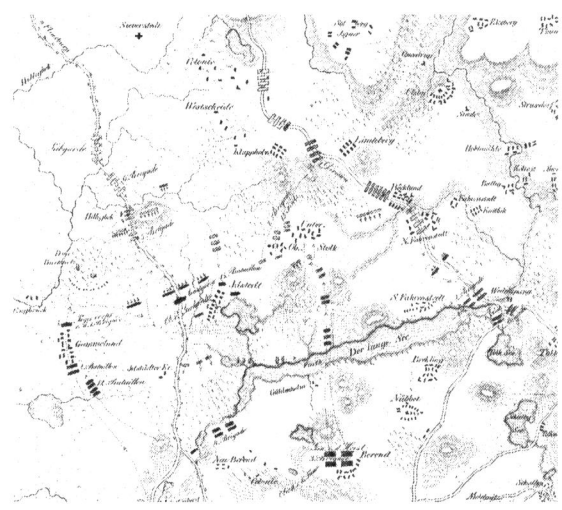

Übersichtskarte gez. v. Hauptm. von Wangenheim

Udo Freiherr von Wangenheim
(Adjutant unter General v. d. Horst)

Das Gefecht in Oberstolk

Den 25. Juli, einen der merkwürdigsten Tage im Schleswig-Holsteinischen Kampfe die Dänemark ausführlich und thatsächlich richtig zu beschreiben, ist eine eigenthümliche und höchst schwierige Aufgabe, weshalb ich mich auch hauptsächlich nur mit den Leistungen der 3ten Brigade, deren Augenzeuge ich war, beschäftigen und von dem übrigen Theil der Armee nur so viel sagen will, als zu einem anschaulichen Bilde des Ganzen unumgänglich nothwendig ist.

Die 3te Brigade unter dem Commando des mehr erwähnten Generals v. d. Horst war in der Nacht vom 24. auf den 25. Juli in der Stärke von 8 Abtheilungen (4 großen Bataillonen), einer Schwadron, der 6ten des 2ten Dragoner-Regiments, und einer Batterie der 2ten 6pfündigen, im Bivouac bei Berend, Fronte gegen den Langsee concentrirt worden. Sie sollte laut Armeebefehl am 24. Juli über die Laufbrücke gehen, sich von Gyldenholm-Seehaus aus, um 4 ½ Uhr Morgens in Bewegung setzen, über Oberstolk vorgehen, das Elmholz westlich lassend, über das Klappholz und Helligbecker Defilee, - also die Waldparzelle umgehend, - gegen Stenderup vorrücken. –

Die Artillerie, für welche die Furth von Langsee unpassirbar war, sollte über die Steinbrücke „südlich des Idstedter Sees vorgehen."

Nachdem diesem Befehl gemäß die Artillerie rechtzeitig links entsendet worden war, die Cavallerie und Infanterie dagegen den Langsee zwischen Gyldenholm, Holzhaus und Seehaus passirt und jenseits Stellung genommen hatte, traf der mündliche Befehl ein „daß die Brigade zu ihrem weiteren Vorrücken fernere Ordre, oder das Anzünden der Fanale abwarten sollte. –

Das Signalisiren durch die Fanale geschah um ungefähr ¼ 6 Uhr Morgens, und die Brigade trat sofort die ihr vorgeschriebene Offensivbewegung an. –

Ausführung.

Die vorgeschickten Patrouillen brachten anfangs unbestimmte Meldungen über die Besetzung der Dörfer Ober- und Unterstolk Seitens des Feindes zurück, indessen zeigte es sich bald, daß namentlich Oberstolk nicht allein sehr stark besetzt sei, sondern daß sich auch Massen mit Artillerie dahinter befanden. -

Die Brigade formirte sich daher zum Gefecht und rückte in dieser Verfassung gegen die feindliche Position vor. Gleichzeitig engagirte sich auch in unserer rechten Flanke das Gefecht gegen die 2te Brigade, und wir gerithen von zwei Seiten her, noch bevor Oberstolk erreicht ward, in feindliches Artilleriefeuer, wobei uns der Mangel an eigener Artillerie sehr fühlbar war. Nunmehr wurde Oberstolk durch das 5te Jägercorps unter dem Commando des Majors von Steensen angegriffen, aber tapfer vertheidigt. General v. d. Horst sandte mich in das Dorf, um mich vom Stande des Gefechtes zu überzeugen und um nöthigen Falls Unterstützung für das Corps herbei zu holen. Das 9te Bataillon unter Major v. Hagen wurde auch sofort beordert, zum Kampfe überzugehen. - Zwar mißlang keiner der wiederholten, mit größter Tapferkeit unternommenen Angriffe des 5ten Jägercorps und des 9ten Infanterie-Bataillons, aber es gelang auch keiner so vollständig, daß wir dadurch in den unbestrittenen Besitz des ganzen Dorfes gelangt wären. Diesem ungewissen, höchst gefährlichen Zustande mußte ein Ende gemacht werden. -

Das 10te Bataillon, unter Führung des Oberstlieutenants von Marcklofsky, erhielt daher den Befehl, mit dem Bajonett einzudringen und das Dorf à tout prix zu nehmen. –

Dieser Angriff gelang denn auch vollkommen.

Alle im Dorfe befindlichen Abtheilungen wurden durch ihn mit vorwärts gerissen, und durch diesen unwiderstehlichen Stoß ward der Feind nicht allein zu den nördlichen und westlichen Enden hinausgetrieben, sondern hierdurch auch eine dort placirte 12pfündige Batterie dermaßen überrascht, daß davon 3 Geschütze mit dem Batterie-Commandeur Hauptmann v. Baggesen, nebst 8 Pferden genommen wurden. Auch ward bei dieser Gelegenheit der feindliche blessirte Oberstlieutenant von Bülow vom Stabe des Generals von Schleppegrell gefangen. Die genommenen Geschütze waren so in die Knicks verfahren, und es waren zu ihrer Fortschaffung so wenig Mittel vorhanden, daß, als kurz darauf die Umstände kritisch wurden, man sich damit begnügen mußte, sie wenigstens momentan möglichst unbrauchbar zu machen. - Dies gelang in der Eile bei zweien dahin, daß das eine vernagelt, und das andere umgeworfen ward.

Wahrscheinlich um die bedrängte Batterie zu degagiren, hatte kurz vor deren Wegnahme eine feindliche Kavallerie-Abtheilung einen zwar tollkühnen, aber mit glänzender Tapferkeit durchgeführten Angriff auf unsere, im Dorfe stehende Infanterie unternommen, der mit dem gänzlichen Untergang aller dieser braven Cavalleristen endigte. Der feindliche Pr.-Lieutenant v. Karstenskiold, Commandeur dieser Cavallerie-Abtheilung, ward hierbei im persönlichen Kampfe von dem Portepee-Fähnrich Schäfer des 10ten Bataillons gefangen genommen. - Es dürfte vielleicht nicht uninteressant sein, den heldenmüthigen Angriff der dänischen Dragoner auf unsere Infanterie etwas näher zu beleuchten. Die Straßen, oder bessergesagt Fahrwege in Oberstolk sind wie in fast jedem Schleswig-Holsteinischen Dorfe nicht allzubreit, und an beiden Seiten von Erdaufwällen (Knicks genannt) eingeschlossen, diese sind in der Regel mit hohem Buschwerk bewachsen. Eine solche Wegeinfassung läßt daher eine bedeutende Frontentwicklung nicht zu, weshalb auch unsere Infanterie nur in Sectionscolonnen aufgestellt werden konnte. - So formirt, wurde dieselbe mit einem Male von 16 feindlichen Dragonern mit rasender Schnelligkeit und wahrer Todesverachtung attakirt. Die Infanterie stand wie angewurzelt, die vordersten Sectionen hatten die Gewehre gefällt und sich zum Feuern fertig gemacht. Auf ungefähr 10 Schritte ließ die Infanterie die Reiter herankommen, dann gab sie Feuer, und der ganze Choc wälzte sich in seinem Blute. Das Bataillon marschirte weiter, und schon nach wenigen Schritten erneuerte sich dasselbe traurige Schauspiel. - Auf diese Weise wurde eine ganze feindliche Schwadron ein Opfer ihres Heldenmuths. Ehre, dem die Ehre gebührt, und so auch jener feindlichen Truppe, die mit wahrer Selbstverleugnung blindlings dem Befehl ihres Chefs Folge leistete und muthvoll in den sicheren Tod ging. Um diese Zeit entsandte mich der General zur Ueberbringung eines Befehls an eine Abtheilung des 11ten Bataillons. Als ich zur Person des Generals zurückkehren wollte, begegnete mir der Souchef des Generalstabs, Major Wynecken, und gab mir den

Auftrag, dem General v. d. Horst zu sagen, er möge das Gefecht abbrechen und sich über die Furth am Langsee zurückziehen. Schon überall habe er den General gesucht, ihn aber nirgends gefunden. – „Das glaube ich gern, Herr Major, daß Sie hier den General nicht fanden, er ist immer im Gefecht, und war eben so glücklich, die feindliche Batterie, welche uns seither so artig mit Granaten bedachte, zu erobern." Mit diesen Worten gab ich meinem Pferd die Sporen und jagte in der Carrière dem General zu; auf dem Wege zu ihm wurde ich fast noch von dänischen Dragonern gefangen, die Schnelligkeit meines Pferdes rettete mich. Bei v. d. Horst angekommen, erstattete ich ihm von dem Vorgefallenen Meldung, und überbrachte Wynekens Auftrag. „Ich werde den Teufel thun und jetzt das Gefecht abbrechen, reiten Sie, so schnell Sie können, und sagen Sie dies dem Major Wyneken!" Zu Befehl, Herr General, und fort eilte ich, den Major aufzusuchen, aber alle angewandte Mühe meiner Seits war vergeblich, ich mußte, ohne ihn gefunden zu haben, auf meinen Posten zurückkehren. – Zum Belege der Wahrheit meiner Angaben halte ich mich verpflichtet, bevor ich zur weiteren Beschreibung des Tags fortschreite, eine unterm 14. März 1851 vom General v. d. Horst an mich gerichtetes Schreiben in getreuer Abschrift mitzutheilen.

Kiel, den 14. März 1851

Euer Hochwohlgeboren erinnern sich, daß Sie mir während des Gefechts bei Oberstolk die Mittheilung brachten, daß Ihnen durch den Major Wynecken der Befehl für mich überbracht sei, das Gefecht abzubrechen und auf meinen Uebergang über den Langsee zurückzugehen. Ich reüsirte dies, wie Sie wissen. -

Es könnte für die Folge wohl einmal nöthig sein, auf diesen Umstand zurückzukommen. Deshalb ersuche ich Sie, mir dasjenige hiervon möglichst detaillirt nochmals mitzutheilen, was davon in Ihrem Gedächtniß geblieben ist, aber ich bitte wiederholt darum, *so genau als möglich*. Unter andern, in welchem Moment des Gefechtes es war, - wo Wynecken Sie traf, ob er ausdrücklich angab, daß der quästionirte Befehl von Willisen ausgegangen sei etc.

Ferner erinnere ich mich ganz genau, daß kein einziger Truppentheil der Brigade *von mir* den Befehl zum Rückzuge auf den Langsee erhalten hat, als nur eine einzige Abtheilung des 11ten Bataillons, und daß ich im höchsten Grade entrüstet war, bei meiner weiteren Bewegung zu sehen, daß mehrere Truppentheile der Brigade ohne *meinen* Befehl diesen Weg eingeschlagen hatten. Sie müssen Sich ja Alles dessen auch noch erinnern;

ich bitte Sie daher, mir auch hierüber noch die möglichsten Mittheilungen zu machen. –

Einstweilen habe ich durchaus nicht die Absicht, mit diesen Dingen hervorzutreten; es könnte aber doch sein, daß es zur Ehre der Wahrheit späterhin einmal geschehen *müßte*, und deshalb ist es durchaus nöthig, daß Sie mir mit Ihrem Gedächtniß zu Hülfe kommen. –

Hochachtungsvoll
Freih. v. d. Horst.

Gerade im heftigsten Gefecht ward ein Flaggenträger des 10ten Bataillons, Sergeant Judenberg erschossen, wodurch, wie sich später ergab, die Flagge eingebüßt worden ist.

Gleich zu Anfang des Gefechts hatte der General die 2te Abtheilung des 9ten Bataillons unter dem Hauptmann Rodowitz rechts gegen Unter-Stolk detaschirt.

Dies Dorf ward mit leichter Mühe in Besitz genommen, und als später schwierigere Verhältnisse eintraten, gegen den stark andringenden Feind so lange vertheidigt, als nöthig war, um die anderen Abtheilungen bei ihrem Abzuge sicher zu stellen. -

Nunmehr sollte die Brigade zu dem zweiten Theile ihrer Aufgabe, zu dem Marsche nach Stenderup schreiten, als wir bei der vorgenommenen Recognoszirung zu unserm unaussprechlichen Schmerz und Erstaunen wahrnahmen, daß links von uns die 4te Brigade, welche der 3ten bei dieser weiteren Vorwärtsbewegung die Hand bieten sollte, nicht allein zurückgedrängt, sondern, daß sogar das links hinter uns liegende Dorf Idstedt nebst den noch weiter zurückliegenden Waldungen vom Feinde genommen und besetzt waren. - Gleichzeitig drängte der Feind in der Fronte und rechten Flanke wieder stark gegen uns an, indem auch vom Gryderholz aus feindliche Abtheilungen in der Richtung nach Süderfahrenstedt vorgingen und uns so von unserem Uebergang über den Langsee abzuschneiden drohten. Die Brigade war somit fast vom Feinde völlig eingeschlossen.

Dieser Augenblick war höchst kritisch; - ein schneller Entschluß mußte gefaßt werden, denn langes Zaudern würde nicht allein unserer Brigade den Untergang, sondern auch die 4te Brigade in noch größere Verlegenheit gebracht haben, als in welcher sie ohnehin schon zu sein schien.

Demnach nahm der General alles zur Hand, was nothdürftig entbehrt werden konnte, Abtheilungen vom 5ten Jägercorps, 9ten, 10ten Bataillon, und eilte damit dem Gryderholze zu, der 4ten Brigade zur Hülfe.

Der Feind folgte uns dahin, und wir mußten aus diesem Grunde nunmehr eilen, das stark vom Feinde besetzte Gehölz zu nehmen. -

Dies glückte denn auch auf eine nicht geahnte Weise, indem der Feind durch das Ungestüm des Angriffs, und dadurch sich decontenanciren ließ, daß einzelne Tambours vertheilt wurden, und Trupp schlugen, als wenn noch mehrere Bataillone zum Angriff vorrückten. Das dichte Gehölz verhinderte den Feind, dies Blendwerk und unsere Schwäche zu erkennen, und so ward nicht allein das Gehölz genommen, und der 4ten Brigade Luft gemacht, sondern sogar auch mehrere feindliche Abtheilungen, welche uns den Weg nach der Brücke, unseren einzigen Rückzugsweg versperrt hatten, wurden gefangen. Mir gelang es, zur Gefangennehmung von 2 Offizieren und 40 Soldaten beizutragen, indem ich bei dem Anblick eines sich im niedrigen Gebüsch hin und her bewegenden Bajonetts ausrief: „hier liegen Dänen." – Kaum hatte ich diese Worte ausgesprochen, als 20 Schritte von mir obgenannte Offiziere mit ihren Leuten aus dem Buschwerk hervortraten und sich ergaben. -

Von nun an übernahm die 3te Brigade im Verein mit Abtheilungen der 4ten Brigade unter dem Oberstlieutenant von Grotthuß die Vertheidigung des Waldes.

Das Gefecht nahm wiederum einen sehr heftigen Charakter an. Nach und nach zogen wir noch mehrere Abtheilungen, namentlich des 5ten Jägercorps, welches mittlerweile den Uebergang bei Seehaus erzwungen und später vertheidigt hatte, an uns heran, und das Gefecht stand, bis der Befehl zum Abbrechen desselben, und für die 3te Brigade die Bestimmung eintraf, sich langsam fechtend nach Missunde zurückzuziehen. -

Der Rückzug nach Missunde geschah in vollständiger Ordnung. Es wurde mehrmals Position genommen, besonders um dem bei Triangel aufgestellten Munitionspark Zeit zum ungefährdeten Abzuge nach Schleswig zu verschaffen, welcher Zweck auch vollständig erreicht wurde. Derjenige Theil der 3ten Brigade, welchen der General bei der vorerwähnten Unternehmung gegen das Gryderholz nicht mitnahm, nämlich der größte Theil des 5ten Jägercorps und die 2te Abtheilung des 9ten Bataillons aus Unterstolk, das 11te Bataillon und Theile des 10ten Bataillons hatten die Bestimmung erhalten, sich auf die bekannte Furth des Langsees zurückzuziehen, den Uebergang auf jede Weise zu erzwingen, und dies wichtige Defilee unter allen Umständen zu vertheidigen. -

Beides wurde auch ohne große Mühe ausgeführt. Die Truppen nahmen jenseits Position, und vereitelten jede Bemühung des Feindes, sich in Besitz desselben zu setzen.

Von hier aus wurde, wie schon bemerkt, der Rest des 5ten Jägercorps zur Vertheidigung des Waldes herangezogen. -

Als späterhin der Rückzug nach Missunde angetreten wurde, schlossen die Vertheidiger der Furth, indem sie unsere rechte, auf dem Rückzuge die linke Flanke bildeten, sich demselben an.

Vorher jedoch unternahm der Oberst v. d. Tann mit ihnen noch eine Diversion gegen Harkholm, über deren Einzelheiten ich aus eigener Anschauung nichts weiß, und auch später nichts Erhebliches hörte. -

Ueber die Theilnahme der 2ten 6pfündigen Batterie an der Schlacht ist noch Folgendes zu berichten. Wie bereits angegeben, verließ uns die Batterie beim Abmarsch aus dem Bivouac, da die Furth des Langsees für diese nicht passirbar war. Sie hatte den Befehl, den Langsee zu umgehen, und sich in der Gegend von Oberstolk wieder mit uns zu vereinigen. -

Die Batterie stieß auf ihrem Marsche auf die 4te Brigade, welche eben aus dem Bivouac aufgebrochen war, setzte sich hinter diese, und verfolgte dann den Weg durch den östlichen Theile des Westergeheges, und dann über die Brücke, die über die Verbindung des Idstedter und Langsees führt. Bei diesem Defilee war bereits der Kampf begonnen, eine Halbbatterie der 4ten 6pfündigen hatte jenseits, rechts der Brücke auf einer Anhöhe Position genommen, die sie jedoch bald verließ und diesseits derselben auffuhr, von wo sie sich wegen überlegenen Geschützfeuers einer dänischen Batterie schleunigst zurückziehen mußte. Die 2te 6pfündige Batterie hatte während dieser Zeit links vom Wege an der Lisiere des Westergeheges abgeprotzt, und ihr Feuer gegen die obengedachte dänische Batterie eröffnet, welches aber, da diese dominirend, und sehr gedeckt aufgefahren, und auch die Entfernung für den 6pfünder zu groß, ziemlich erfolglos war, während die feindlichen Kugeln (12pfünder) jedoch ohne zu treffen, mehrfach die Batterie, oder dicht dahinter einschlugen. - Als bereits die Soutiens der Tirailleurlinie (4tes Jägercorps) in die Hölzung zurückgingen, protzte die Batterie ebenfalls auf und zog sich auf dem Weg ins Gehölz zurück. –

Jetzt erst wurde in Erfahrung gebracht, daß die 4te 6pfündige Batterie in der letzten Position ein Geschütz zurückgelassen hatte. Ein Gespann von 6 Reserve-Pferden, *freiwillig* geführt von dem p. t. Feldwebel Väge, ging bis außerhalb unserer Tirailleurlinie vor, hatte schon glücklich angespannt, als eine Kanonenkugel die Protze traf und das Geschütz untransportabel machte. -

Ein Adjutant der 4ten Brigade überbrachte nur den Befehl, daß eine halbe Batterie auf Anordnung des Chef des Stabes, Oberst v. d. Tann, auf den Weg nach Idstedt detaschirt werden möge, indem dort Artillerie dringend notwendig sei.

Die 2te Halbbatterie unter Lieutenant Gegenward wurde hiezu beordert, sie mußte jedoch wegen Kleingewehrfeuer und wegen Mangel an Infanteriebedeckung, schon Position an der Lisiere des Gehölzes nehmen, und konnten mehrmals den Kartätschenschuß wirksam gegen feindliche Soutiens anwenden. Später fuhr sie hinter eine mehr links vorwärts gelegene Erdbrustwehr auf. – Die 1te Halbbatterie unter Lieutenant Müllenhof wurde nun herangezogen, und links von der 2ten Halbbatterie ebenfalls sehr günstigen aufgestellt.

Unsere Infanterie wurde wieder geworfen und zog sich ins Gehölz zurück, so daß nur noch eine dünne Tirailleurlinie vom 13ten Bataillon, die sich außerdem verschossen zu haben schien, vor der Batterie war.

Der Feind drang anfänglich keineswegs heftig nach, sondern begnügte sich nur, eine dichte Tirailleurlinie vorzusenden. Erst später versuchte er in kleinen Kolonnen rechts und links von Idstedt vorzugehen; durch das Feuern der 2ten 6pfündigen Batterie wurden diese jedoch immer entweder zum Umkehren oder zum Auflösen in Tirailleurlinien, genöthigt.

An Artillerie hatte die Batterie anfänglich eine 12pfündige Batterie direct gegen sich auf eine Entfernung von 1800 Ellen, deren überlegenes Feuern jedoch keinen weiteren Schaden zufügte, als daß 2 Geschützräder, der Lengbaum eines Munitionswagens und 1 Richtbaum zerschossen wurden. Später eröffnete noch eine Halbbatterie fast halb in ihrer rechten Flanke ein Feuer wirkungslos gegen sie. Da der Feind sich immer mehr näherte und sowohl die vorliegende Tirailleurlinie, als die vorhandenen Bedeckungsmannschaften der Batterie keinen genügenden Schutz zu geben vermochten, so wurde das Commando der 3ten Brigade um fernere Bedeckung gebeten, welche die Batterie in einem halben Zuge des 5ten Jägercorps und in einem halben Zug des 10ten Infanterie-Bataillons auch erhielt. Die Position wurde so lange behauptet, bis die Batterie von dem Commandeur der Artillerie, Oberst v. Wissel, den Befehl zum Zurückziehen erhielt. – Die 1te Halbbatterie wurde zuerst, darauf die 2te ruhig im Schritt zurückgeschickt. Ein Paar Minuten später hatte der Feind schon Besitz von der kleinen Schanze genommen, und drang lebhaft durch das Westergehege vor. –

Mehrmals noch nahm die Batterie mit Halbbatterien, oder mit Zügen bei ihrem Rückzuge, auf Anhöhen Position. – Sie zog sich nach Triangel zurück, wo ich ihr den Befehl brachte, nach Missunde zu maschiren. –

Todte und Verwundete hatte die Batterie nur 3 Mann und 1 Pferd.

Dies ist der Antheil, den die 3te Brigade an der Schlacht von Idstedt genommen hat.

Peter Heinrich Sommer aus Krempe
(4. Kompanie des schleswig-holsteinischen Infanterie-Bataillons)

Auszug eines Briefes vom 16. Juli 1850 aus Schalby bei Schleswig :

Meine Erlebnisse im Jahre 1850 teile ich hier in Kurzem mit. Am 10. Juli marschierten wir von Oldenburg (wohin ich wieder zum Bataillon eingezogen war) nach Segeberg. Sonntag morgen 5 Uhr marschierten wir nach Neumünster und wurden nachmittags mit der Bahn nach Rendsburg gefahren, wo wir in einem Zeltlager übernachteten. Am 12. Juli, morgens 4 Uhr marschierten wir nach Schleswig, es war ein sehr heißer Tag und im Kolonnenmarsch ein furchtbarer Staub. Infolgedessen wurden viele Kameraden matt, welche sich in die Chausseegräben legten. Unter diesen fand ich auch N. Springer aus Krempe. Der Major Marklowsky kam angesprengt mit den Worten: „Im verflossenen Jahr hat das Bataillon 7 – 8 Meilen gemacht und jetzt könnt ihr keine 4 Meilen mehr machen?" Die Leute blieben aber ruhig liegen. Es hieß, daß einige an Hitzschlag gestorben seien. Ich habe keine davon gesehen, nach und nach kamen die matt gewordenen Kameraden in Schleswig an. Mit uns traf das 9. und 11. Bataillon, das 5. Jägerkorps und die 2. 6pfd. Batterie in Schleswig ein. Wir hatten am 13. Juli Rasttag und am 14. Juli marschierten wir hierher.

Schalby, 20. Juli 1850.

Hier müssen wir täglich zweimal exerzieren, des Morgens gewöhnlich nach Berend (einem Dorf, beinahe eine Meile von hier) und Paradémarsche üben in der Brigade vor unserm Kommandeur v. der Horst und dem kommandierenden General v. Willißen. Nachmittags wird hier in der Nähe exerziert, es werden fast nur Märsche geübt. Am 24. Juli rückten wir wieder wie gewöhnlich aus, kamen aber nicht wieder nach dem Quartier (eine große Scheune, wo manches von unsern Sachen und Lebensmittel stehen geblieben ist) zurück. Es kamen die Vorposten anderer Bataillone mit dem Feinde ins Gefecht. Das Gefecht wurde recht lebhaft, hörte jedoch bald wieder auf, indem der Feind sich zurückzog. Wir hörten nur das Knallen der Gewehre und das Donnern der Geschütze. Die Nacht über mußte unser Bataillon auf einer Koppel biwakieren, es war in der Nähe vom Langsee. Unser Major sagte zu uns: „Leute, seid auf Eurer Hut, morgen wird es etwas geben!" Am 25. Juli, morgens in der Dämmerung langten wir in aller Stille am Langsee an, marschierten über eine Laufbrücke, die neben der Fuhrt, wo die Reiter und Artillerie hindurch ritten und fuhren, erbaut worden war. Nach kurzer Zeit begann das Gefecht. Als schon die 1. Abteilung des 10. Bataillons eine geraume Zeit eingegriffen hatte, stand noch die 2. Abteilung (3. und 4. Kompanie) des Bataillons und hinter dieser das ganze elfte Bataillon in Reserve. Das Gefecht war neben und vor uns heftig. Die feindlichen Kugeln schlugen in unsere Kolonne ein. Der erste von den feindlichen Kugeln Getroffene, war der Leutnant Sander v. Hofmann, welcher einen Schuß in die Brust erhielt. Bald wurden auch andere verwundet. Die jungen Soldaten, die hier zum ersten Mal in's Feuer kamen, nickten mit dem Kopfe, wenn sie eine Kugel sausen oder zischen hörten. Unser Major, der in seinem Mantel gehüllt, vor der Abteilung hielt, verbat sich aber dergleichen Höflichkeitsbezeugungen, indem er auf sein Verhalten hinwies. Die Adjudanten kamen fast fliegend mit Meldungen; der eine rief dem General v. der Horst zu: „Herr General, der Feind weicht!" Plötzlich kam querfeldein, ein Trupp Jäger vom Dorfe zurück. General v. der Horst rief ihnen zu: „Weshalb geht Ihr zurück? Vorwärts Jäger!" - Wir haben alle unsere Offiziere verloren, war die Antwort. Sofort wurde ein Offizier, der erst kürzlich zu uns versetzt war, zu den Jägern kommandiert. Nun wandte sich v. der Horst an unsern Major v. Marklowskin mit der Frage: „Was steht hier?" „Die 2. Abteilung vom 10. Bataillon", lautete die Antwort. Jetzt rief uns Ersterer mit seiner Donnerstimme zu: „Soldaten, wollt Ihr das Dorf nehmen? Die 10er müssen das Dorf stürmen!" Wie aus einem Munde riefen wir in der größten Begeisterung: Jawohl! Hurra, hurra und vorwärts ging's unter Trommelwirbel und Hurrarufen im Sturmschritt und zwar so anhaltend und rasch, daß unsere Tomboure an der Tete der Kompanie gezwungen waren, abwechselnd mit den Leuten der vordersten Sektion den Sturmmarsch zu schlagen. Wir nahmen 2 Knicks im Sturm, beim 3. stockte die Kolonne einen Augenblick. Sofort aber sprang unser tapferer und beliebter Off(i)zier, der Hauptmann v. Lupinsky auf und über den Erdwall. Alle, alle folgten. Mit den Worten: „Nun, ist das ein Kunststück?" wendete sich Lupinsky an einen unserer Offiziere. Der Feind floh in größter Eile. Da plötzlich dröhnten Kanonenschüsse unmittelbar vor uns. Der Feind feuerte erst mit Kugeln und dann Kartätschen auf unsere Kolonne und über dieselbe hinweg, ohne uns viel zu schaden. Einen Moment schien es, als wollte die Kompagnie in Unordnung kommen, aber auf den Ruf eines Unteroffiziers: Leute, es sind ja unsere Geschütze, die über uns weg und auf den Feind feuern, blieb die Kompagnie geschlossen. In der Hitze des Gefechts, schien man an jene natürlich unwahren, in guter Absicht gerufenen Worte zu glauben. Die 3. Kompagnie vor uns, stürmten weiter. Die Geschütze schwiegen, weil sie erobert waren, wie wir später erfuhren, und zwar von

Mannschaften des 9. und 10. Bataillons sowie des 5. Jägerkorps. Obgleich ich nun selbst Geschütze nicht sah, so zweifelte ich nicht im mindesten daran, daß wir ganz nahe vor ihnen gewesen sind. Von jetzt an teilte sich unsere Kompagnie, indem eine Abteilung derselben unter Lupinsky sich nach Westen wandte, und der andere Teil unter Neviadomsky mit der Kompagniefahne sich nach dem Langsee zurückzog. Ich gehörte der letzteren Abteilung zu. Am Langsee trafen wir das 11. Bataillon, welches wie man uns sagte, auf ausdrücklichen Befehl des Majors Myneken vom Generalstabe, ohne in das Gefecht bei Ober-Stolk einzugreifen, auf hier zurückgegangen sei. – Ein von uns über die Laufbrücke gemachter Sturm, wobei ich zwei Schüsse in beiden Beinen erhielt, war von keiner nachhaltigen Wirkung. Ich fiel und ward von zwei Kameraden, sie umarmend und auf dem Gewehr sitzend, über die bis schon auf einem Brett gebrochene Laufbrücke getragen. Auf dieser wünschte ich, daß ich von einer Kugel auf der rechten Stelle getroffen würde (Die feindlichen Kugeln schlugen neben mir im Wasser ein). Damals hatte ich fürchterliche Schmerzen, indem die Knochensplitter von dem Baumeln des zerschossenen Bein's beständig ins Fleisch zerrten. - Als ich aus der Schußlinie war, wurde mir am rechten Bein ein Notverband angelegt, dann wurde ich auf eine Bahre zurückgetragen. Nach kurzer Zeit begegnete uns ein Offizier mit einigen Mannschaften, dieser sagte: „Was wollt ihr Euch mit einem toten Menschen abschleppen". Ich richtete mich auf und sagte: „Noch ist Leben darin!" Es war ein peinliches Gefühl. - Bald darauf werde ich auf einen Wagen gelegt, und den Kolonnenweg gefahren (dieses sind Wege über den Koppeln gemacht; dort werden die Wälle und Gräben nur notdürftig geebnet, dann geht's vorwärts). Auf dieser Fahrt bekam ich unerträgliche Schmerzen. Nun wurde ich erst gewahr, daß das linke Bein durchschossen war; das Blut floß aus dem Stiefel. - Darauf bat ich meinen Führer, mich vom Wagen abzulegen. Nach einiger Zeit wurde ich auf einer Bahre an die Chaussee getragen, dann per Wagen nach Schloß Gottorp gefahren, wo ich gegen 2 Uhr anlangte. - Hier wurde mir Stiefel und Hose aufgeschnitten, dann wurde ich entkleidet und in ein Bett gelegt.

Gegen 4.00 Uhr nachmittags holten mich Wärter auf einer Bahre zur Untersuchung nach dem Operationszimmer. Die Ärzte erklärten mir, daß Bein müsse abgenommen werden, wogegen ich mich sträubte. Als aber Herr Professor Strohmeyer zu mir sagte: „Mein Sohn, Du kannst mit dem Bein, 2-3 Jahre im Lazarett liegen, dasselbe wird Dich aber nimmer wieder tragen können, da die Knochen zu sehr zersplittert sind," willigte ich in die Amputation, womit sofort begonnen wurde. Von 2 Männern wurde ich festgehalten und war das Bein rasch abgenommen. Das Verbinden der

Hauptadern schmerzte am meisten, weil die Nerven dabei erfaßt wurden. Hierauf kam ich in eine Stube, wo früher die dänischen Könige gewohnt hatten. Ein Prachtzimmer! Der Fußboden war mehrfarbiges Holzparkett, die Wände mit französischen, wollenen Gobelins bedeckt, Jagden und Landschaften darstellend. Ueber den Türen waren Oelgemälde, Wildschwein- und Wolfsjagden darstellend, angebracht. Die Decken von hübschen Gesimsen getragen, reich mit Gold verziert und hübsch bemalt.

Schloß Gottorf in Schleswig.
Das heutige Landesmuseum wurde nach der Schlacht bei Idstedt als Lazarett genutzt.

In dieser Stube wurde ich neben 27 schwer verwundeten Kameraden gebettet. Sieben starben teils an ihren Wunden, teils an Cholera. Von letzterer wurde auch ich ergriffen, in kurzem war ich nur noch ein Gerippe. Mein neben mir liegender Kamerad, Lorenzen aus Tondern, wurde um 4.00 Uhr von der Krankheit befallen und um 8.00 Uhr war er eine Leiche. Ein anderer Kamerad mit einem Schuß in der Brust, starb am 3. Abend schmerzlos beim Teetrinken. Hier waren wir mit 500 verwundeten Kriegern nebst Ärzten gefangen. Anfangs war die Verpflegung gut. Mehrere Schleswiger Damen besuchten uns täglich und überreichten uns Erfrischungen. Es waren Frl. Suadicani, Frl. Säger, Frl. Köster und deren Mutter. Bald durften unsere Ärzte das Schloß nicht mehr verlassen und in die Stadt gehen. Die Ärzte wollten sich dies nicht nehmen lassen und wurden auf ihr Ehrenwort entlassen. Wir wurden nun von dänischen Ärzten behandelt und alles dänifiziert. Unsere Mittags-Mahlzeit bestand nun in der Woche 4mal aus Suppe und 3mal Grütze, jeden Abend Gerstengrütze und am Morgen einen halben Kinderbecher voll Tee und Brot. Am 21. September, morgens wurden wir angekleidet. Die Kranken, welche nicht gehen konnten, wurden auf eine Bahre gelegt und nach einem vor der Stadt liegenden Kanonenboot getragen. Dasselbe war mit Schaldielen überdeckt und Stroh im Schiffsraum ausgebreitet, worauf wir in zwei Reihen gebettet wurden, um nach Augustenburg gebracht zu werden. Eine kurze Strecke hatten wir nur die Ostsee zu passieren, aber hier bekamen wir ein Gewitter mit Regenböen, so daß unser Boot derart schlengelte, daß das Wasser eindüpte und mancher vom Seewasser durchnäßt und Seekrank wurde. Im Hafen von Augustenburg wurden wir ausgeladen und in's Schloß getragen. Hier war ein Arzt, aus Krempe gebürtig namens Pape, derselbe gab sich mir aber nicht zu erkennen. Im Schloß sind mehrere Stuben mit seidenen Tapeten, aber von dänischen Soldaten mit Bajonetten gänzlich durchstochen und ruiniert. Hier war die Verpflegung auf dem Papier dieselbe wie in Schleswig, aber in der Tat viel geringer und weniger; wenn wir satt sein sollten, waren wir erst recht hungrig, dazu mußten wir aus alten erbeuteten Feldkesseln essen, die mitunter sehr verrostet waren. Es blieb aber keine Graupe drin, wenn sie auch noch so gelb vom Rost beschmutzt war: Hunger treibt's hinein. Geld hatten die Meisten von uns noch, aber wir konnten nichts dafür bekommen. Am 17. November erhielten wir die Nachricht, daß wir morgen nach Kopenhagen transportiert würden, wir waren voller Freude hier fort zu kommen. Da wir nun weiter reisen sollten, wollte ich aufstehen. Ein Bein hatte ich doch noch, aber auch dieses wollte mich nicht tragen. Am 18. November wurden wir in ein Dampfschiff getragen, dieses war lazarettähnlich mit Betten eingerichtet und nach Kopenhagen gefahren. Auf dieser Fahrt stellte sich Nebel ein, wobei wir den Grund bei Laaland streiften, kamen jedoch wieder flott warfen Anker bis es wieder sichtig wurde, endlich kam Briese durch. Die See wurde bewegt und manche wurden wieder seekrank. Gegen 8.00 Uhr abends landeten wir an der Schiffsbrücke zu Kopenhagen. Am Lande stand die Bevölkerung, Kopf an Kopf, welche sagen: „tyske Insurgenter (deutsche Gefangene)." Um nicht mit dem Pöbel in Konflikt zu kommen hieß es, wir sollten am anderen Morgen ausgeschifft werden. Darauf kamen einige Kopenhagener Bürger mit Wein und Kuchen an Bord. Die nächsten am Eingange waren zufällig dänische Verwundete, womit sie sich freundlich unterhielten. Wir kratzten uns hinter die Ohren und dachten, sie würden uns wohl vorbei gehen, erhielten aber zu unserer Freude auch ein Gläschen Wein und Kuchen. Mit uns unterhalten konnten sie sich nicht, weil wir der dänischen Sprache nicht mächtig waren. Als gegen 10.00 Uhr der Pöbel sich verlaufen hatte, wurden wir ausgeschifft. Diejenigen, welche marschieren konnten, mußten gehen, andere wurden gefahren und die letzten getragen. Zu diesen letzten gehörte ich und kam ich nach Sylfgaarden-Casserne. Unterwegs wurde ich von 2 Leuten deutscher Sprache angeredet, welche mich nach der Art meiner

Verwundung und meiner Heimat fragten. Dieselben schenkten mir ein Fünfschillingstück, wofür ich auf ihr Wohl trinken sollte. Meine beiden Träger waren brave Leute; die haben mich die ziemlich weite Strecke und dann die 5 hohen Treppen in einer Tour hinaufgetragen. In Kopenhagen war die Verpflegung und die Behandlung durch die Ärzte viel besser, als die letzte Zeit in Schleswig und Augustenburg. Das Reglement, welches gedruckt an die Türen geheftet ist, war dasselbe. Hier bekamen wir 15 Gramm Butter, immer schön schmeckend, Suppe, Brot und die Ferstengrütze, schön mürbe und dick gekocht, dazu einen Kinderbecher voll Milch. Anfangs aßen wir unsere Portion auf, aber nicht lange, so reichlich war sie hier. Überhaupt lebten wir hier völlig wieder auf und war die Besserung sichtlich. Es wurde eine Liedertafel gegründet, da sehr guter Sänger unter uns waren, z. B. ein Franzose, namens Rochee und Ude; letzterer ist später in Hamburg als erster Tenorsänger ausgebildet worden. Es wurde zuweilen unser „Schleswig-Holstein meerumschlungen" frisch gesungen, aber bald verboten. Es dauerte nicht lange, dann wurde es frisch gewagt: die Dänen sangen nämlich den „tappern Landsoldat." Am Weihnachtsabend wurden wir von unserem Oberarzt Hannover gespeist mit einer Extra-Portion, bestehend aus einem derben Stück Mastkalbbraten, Kartoffeln, einer Portion dick gekochten Reis mit Kanehl und Zucker bestreut und einem Korinthenbrot. Dieses wurde aus seiner Tasche bezahlt. Nach dem Essen kam er mit einer Flasche Wein und trank auf unser Wohl. Allen ein frohes Weihnachtsfest wünschend. Unser geliefertes Abendbrot wurde sogleich wieder retour gesandt. Auch wurden wir aufgefordert, das Schleswig-Holstein-Lied zu singen. Wie wir später hörten, ist es mit Begeisterung von den zahlreich zum Besuch ihrer Verwundeten anwesenden Angehörigen gehört worden. - Kurze Zeit nach Neujahr bekam ich einen Stelzfuß, konnte ihn aber der Wunde wegen noch nicht gebrauchen. Am 17. Januar wurde ein Teil verwundeter Gefangener ausgetauscht. Wir waren als Deckspassagiere verdungen. Der Kapitän war aber ein sehr humaner Mann und erlaubte uns in die Kajüten zu gehen und die nicht von Passagieren belegten Kojen zu benutzen. Darauf nahm ich eine Koje gleich in Beschlag. Am nächsten Morgen wurden wir in Travemünde gelandet, in einen Tanzsaal geführt bis Wagen requiriert waren, welche uns nach Lübeck fuhren.

Im letzten Teil seiner Berichte erzählt Peter Heinrich Sommer davon, wie er nacheinander in Lazaretten in Lübeck, Altona, Wandsbek, Elmshorn und Kiel behandelt wurde. Nach 1 ½ Jahren wurde er auf eigenen Wunsch am 1. März 1852 entlassen, inzwischen von 20 Ärzten behandelt, ohne geheilt zu sein. Erst ein Hausmittel zu Hause in Krempe ließ die Wunde heilen. Die schweren Kunstbeine vertauschte er mit leichteren selbsthergestellten Stelzfüßen. Er erlernte in Altona vier Monate lang den Beruf des Krämers und eröffnete im November 1852 in Krempe eine eigene Krämerei und Gastwirtschaft, die er bis zu seinem Eintritt in den Ruhestand betrieb.

Paul Trede
Drei Feldpostbriefe an seine Freundin Elise

Schalbye in Angeln, den 19. Juli 1850

Theuerste Freundin!

Wir sind denn nun endlich auf Schleswigschem Grund und Boden, - in einem Dorfe des gesegneten Angelns. Unser Schalebye ist eben kein großes, aber ein ziemlich weitläufiges Dorf; unser ganzes Bataillon liegt hier, und es kommen auf jeden Bauern ungefähr 80 Mann. Den Verhältnissen nach haben wir es hier ausgezeichnet gut. Unsere ganze Brigade liegt in 4 Dörfern vertheilt (Schalebye, Triangel, Behrend und Nybüll). Gestern war Paradeaufstellung der Brigade auf einer großen Koppel. Unser Commandeur, der General von der Horst, ein sehr strenger Officier, war recht zufrieden. Die Zehner bekamen wieder ein Lob, worauf sie sich nicht wenig einbilden. Bei dieser Gelegenheit wurden auch die Erinnerungszeichen für die Feldzüge 1848 und 1849 an die Berechtigten vertheilt. Es ist ein hübsches schwarzes Kreuz aus Kanoneneisen vom Christian VIII. gegossen, und wird an einem blau-roth-weißen Bande auf der linken Brust getragen. Das wird von guter Wirkung für die neuen Ereignisse sein! - -

Unsere junge Armee liegt in vollkommener Schlachtordnung da, - aber ich weiß nicht, woher es kommt, daß es noch immer so ruhig ist. Von der Politik weiß ich jetzt sehr wenig. Einige sagen, der Waffenstillstand bestehe stillschweigends noch 8 Tage fort; gestern Abend hingegen wurde hier als ganz gewiß erzählt, unsere Vorposten hätten mit den Dänen bereits ein kleines Scharmützel gehabt. Was davon wahr ist, weiß ich nicht; wohl aber wird als verbürgt erzählt, daß der Dänenkönig, als er eingesehen, welch furchtbarer Ernst es den Schleswig-Holsteinern ist, um 3 Monate Waffenstillstand angehalten hat. Es soll ihm jedoch rundweg abgeschlagen sein. Darauf habe er Vertrauensmänner nach Kiel geschickt, welche, wie man sagt, noch dort sein sollen. Flensburg, wovon wir nur etwa 3 Meilen entfernt sind, ist indeß von Dänen besetzt, ihre Vorposten stehen eine Meile diesseits der Stadt. So sind denn also die Vorposten beider Armeen nur eine Meile aus einander, und sie werden sich wohl bald von Angesicht zu Angesicht sehen. Unser Marsch hierher war in der That ein fürchterlicher. Das 10. Bataillon marschirte, wie ich Ihnen bereits gemeldet, am Sonntagmorgen aus Segeberg, kam ungefähr 3 Uhr Nachmittags in der brennenden Sonnenhitze in Neumünster an, wo es 1 ½ Stunden Rast hatte, um schnell bei den Bürgern etwas Mittagbrod zu essen. Dann wurde es durch einen Extrazug per Dampf nach Rendsburg befördert. Es war ein sehr langer, höchst interessanter Zug mit zwei Locomotiven. Abend um 9 Uhr kamen wir erst im Zeltlager bei Rendsburg an, wo wir für die Nacht ein Unterkommen finden sollten. Hier hatte es sich in der kurzen Zeit sehr verändert. Ein Theil des Lagers, welches dicht an der Eider lag, und vor drei Wochen noch von uns bewohnt wurde, war abgebrochen, dafür hatten sich nach der Stadt zu die leinenen Straßen vermehrt. Alles war hier voll Truppen. Früher lagen in einem Zelt 16 Mann, jetzt mußten 24 hinein. Müde und steif wie wir ankamen, fielen wir auf unsere Strohlager hin und entschlummerten, denn an Essen und Trinken war nicht mehr zu denken. Ein Stückchen trockenes Commisbrod, das Einzige, was bei den von allen Seiten bestürmten Marketendern noch zu haben war, kostete einen Schilling. Am Morgen ging es uns noch schlimmer. Es ist so gut, wenn man nach einem kalten, feuchten Nachtlager wenigstens ein Schälchen heißen Kaffee's haben kann, aber die Marketender hatten nichts, und zum Selbstkochen war diesmal keine Zeit. Mit nüchternem Magen, so wie wir aus unserem Strohlager hervorkrochen, mußten wir wieder abmarschiren und nun die vier langen Chausseemeilen noch dazu im Eilschritt zurücklegen. Dichte Staubwolken umhüllten die Colonnen; die Sonne sandte eine fast versengende Gluth herab; keuchend, in Schweiß gebadet, schleppte sich die dichte, schwer bebürdete Menge dahin. In jeder Seele war es schwül; - kein Lied wurde angestimmt; das tiefste Schweigen herrschte; man hörte nur das Stampfen der Rosse, das Geklirre der Waffen und den ewig gleichmäßigen, einschläfernden, dröhnenden Tritt der Masse auf dem harten Steinpflaster. Dazu kam, daß unser Major, - jetzt Oberstlieutenant, - wieder wie gewöhnlich Angst hatte, daß er zu spät kam. Alle anderen Bataillone bekamen von Zeit zu Zeit Rast; aber wir auf der ganzen langen Tour nur 2 Mal. Es war dann wohl kein Wunder, daß die Soldaten dutzendweise hinstürzten und liegen blieben. Ich habe einen Mann gesehen, der in den fürchterlichsten Krämpfen dalag und bald darauf verschied. Gegen 20 Mann hat unser Bataillon verloren, - und das auf einem Marsche! An diesem Tage dachte auch ich - der Krieg ist doch etwas fürchterliches! Aber man vergißt es, wenn's vorüber ist. Ich selbst war auch so weit, daß ich mit der Colonne nicht mehr fort konnte; ich wehrte mich lange, war aber doch entschlossen, es nicht auf's Aeußerste kommen zu lassen. Ich sprach mit dem Feldwebel, und durch ihn wurde es mir möglich, bei dem Wirthshause Kropper Busch ein wenig zu rasten, ein paar Gläser Wein zu trinken und ein Stückchen Butterbrod zu essen. Dies stellte mich so weit her, daß ich nun das Bataillon wieder einholen konnte. Endlich lag das ersehnte Schleswig dicht vor unsern Augen; wundervolle Ehrenpforten wölbten sich herrlich grün über die geschmückten Straßen; dreifarbige Fahnen wehten in Menge über den rothen Dächern; überall blickten uns die Worte: „Willkommen, ihr braven Krieger!" in goldenen Lettern entgegen! Aus den Häusern drängte sich das ganze schöne Geschlecht, vornehme Damen mit Sonnenschirm und Schleier, schlichte Bürgertöchter und ein ganzes Heer von Dienstmädchen; keine einzige kam mit leeren Händen. Die meisten trugen große Teller mit vollen Weingläsern, traten zwischen die Reihen, und wo sie dem matten Blick eines Erschöpften begegneten, da boten sie den Göttertrank dar, und neues Leben strömte mit ihm in die müden Glieder. Was dem Wein nicht immer gelang, das bewirkten oft ein paar glühende Augen oder ein holdes Lächeln irgend einer Schönen. Kurz, der Soldat war wie verwandelt! Auch ich vergaß Alles, als eine noble Dame zu mir trat, und mir einen großen Humpen Rothwein mit den Worten reichte: „Schleswig möchte Sie gern alle heiter sehen; trinken Sie das; es wird Ihnen wohlthun!" –

O, das war ein Leben in dem Schleswig! Ein gutes Quartier, Ruhe und Erholung, freundliche Behandlung von allen Seiten, - wenn der Soldat das nur manchmal hat, dann geht er die übrige Zeit durch's Feuer! - Am anderen Morgen marschirten wir dann nach Schalebye, wo wir nun heute noch liegen. Aber ich muß jetzt schließen. Es thut mir leid, daß ich Ihnen heute aus Mangel an Papier nicht mehr schreiben kann; Stoff wäre schon noch da. Nun ich bewahre ihn für den nächsten Brief, wenn bis dahin kein besserer vorliegt.

Ihr Freund Paul.

Bivouak bei Cluvensiek, den 26. Juli 1850

Liebe Elise!

In aller Kürze melde ich mich bei Ihnen als noch vorhanden. Die Feuerprobe habe ich nun gemacht. Eine blutige Schlacht, welche vorgestern geschlagen wurde, hatte für uns eine Retirade zur Folge. Ich bin gesund und wohl geblieben. Wir haben sehr viel verloren! Aber wir lassen den Kopf noch nicht hängen. Es geht wahrscheinlich bald wieder los. Das Weitere nächstens!

Ihr Paul.

Lager bei Rendsburg, den 1. August 1850.

Liebe, gute Elise!

Wenn ein großes Ereigniß uns plötzlich überrascht, wie der Orkan den sorglosen Fischer auf dem windstillen Meere, so ist es wohl kein Wunder, daß man auch dann, wenn das Ereigniß geschehen, wenn die gewitterschwangere Wolke sich entladen hat, sich noch gar nicht gleich wieder zurecht finden kann. Man ist noch zu verwirrt, um das Ganze gleich klar übersehen zu können. Erst nach und nach lernt man einsehen, wie das Geschehene sich entwickelte, fortbildete und wie es endete. So ging es auch mir, und eben das ist der Grund, weshalb Sie erst heute etwas Detaillirtes über die Schlacht bei Idstedt erfahren.

Gegen unseren Willen sind wir nun zum dritten Mal im Lager, und ich liege wieder, wie einst, lang ausgestreckt in meinem Zelt und schreibe! Mein Tornister ist mein Schreibtisch, und Sie dürfen mir's schon nicht übel nehmen, wenn hier und da ein Dintenflecken mir unterläuft.

Ehe ich Ihnen aber die Schlacht male, will ich versuchen, von einer schönen Stirne ein paar Wolken zu verjagen, wenn nicht etwa schon ein Sonnenstrahl in der Gestalt eines ersehnten Briefes mir zuvor kam. Auch mich schmerzt es, daß Sie wegen Lampe noch immer in Ungewißheit schweben; glauben Sie mir, daß ich Ihre Unruhe ganz und gar begreife, daß mir in Ihrem Verhältnisse ebenso zu Muthe sein würde!

Aber die Braut eines Kriegers muß viel Geduld und Hoffnung haben. Vielleicht war es Lampe bisher nicht möglich, zu schreiben. Daß er noch lebt und gesund ist, glaube ich Ihnen versichern zu können, denn ein Jäger von seinem Corps, den ich vor einigen Tagen zufällig traf, beruhigte mich darüber.

Das 1. Jägercorps hat auf dem linken Flügel gefochten, ist wie immer sehr tapfer gewesen und liegt jetzt zur Hälfte (3. und 4. Compagnie) in einem Dorfe nördlich von Rendsburg; die andere Hälfte (1. und 2. Compagnie) soll in Husum und Friedrichstadt sein. Von den hier in der Nähe liegenden traf ich verschiedene Jäger, die ihn aber alle nicht kannten. Daraus habe ich geschlossen, daß er bei der 1. oder 2. Compagnie steht. Und dies bestätigte mir der schon erwähnte Jäger, der als Ordonnanz nach Rendsburg commandirt war. Ich darf nur nicht aus dem Lager, sonst wäre ich längst einmal zu der am nächsten liegenden 4. Compagnie hinübergegangen, denn irgend ein Oberjäger würde ihn doch wohl kennen.

Einstweilen beruhigen Sie sich. Gewiß wird noch vor dem Eintreffen meines heutigen Schreibens eine Nachricht von Lampe eingegangen sein. Mit Ihrer zweiten Ahnung ist es gottlob auch nicht so schlimm. Ganz bestimmt werden wir nächstens wieder vorgehen und dem Feind das schöne Schleswig wieder wegnehmen! Verlassen Sie sich darauf.

Aber nun in die Schlacht! Ich will es versuchen, Ihnen ein einigermaßen treffendes Bild davon zu geben. Es war am Morgen des 24. Juli, als unser Bataillon wie gewöhnlich mit Gepäck zum Exerciren ausrückte und schon ungefähr eine Stunde Wegs im dichten Staub marschirt war; das Exerciren war trotz der Hitze sehr gut gegangen, und es mochte wohl gegen 11 Uhr Vormittags sein, als wir nur noch den Parademarsch machen und dann nach Schalebye ins Quartier zurück marschiren sollten. Da kam auf einmal Ordre, sogleich auf den Sammelplatz der Brigade zu rücken. Als wir dort ankamen, war beinahe schon Alles auf dem Platze. Es war eine wilde Bewegung! Die Munition wurde nachgesehen; die Gewehre geladen; die Epauletten verschwanden von den Schultern der Officiere - die größte Spannung herrschte! - Wir wußten ja, daß die Vorposten mit den Dänen im Kampfe waren und konnten nichts anderes glauben, als daß wir vorrücken sollten, um das Gefecht aufzunehmen. Aber so weit war es noch nicht; wir erhielten die Weisung, noch einmal wieder in die Quartiere zu rücken, alle mögliche Zeit zum Schlafen zu benutzen, uns aber auf den nächsten Morgen bereit zu halten. Wir mußten also noch einmal den staubigen Weg in der größten Hitze zurück machen. Kaum waren wir zur Stelle, so fiel jeder auf sein Bündel Stroh hin und schickte sich an, ins Land der Träume zu flüchten. Wir waren alle sehr müde. Ich war noch dazu die vorige Nacht auf Wache gewesen und war mit einer Schleichpatrouille mehrere Stunden umhergewandert über die Wiesen und Kornfelder hinweg, durch Hecken und Zäune; - denn eine Schleichpatrouille geht selten einen gebahnten Feldweg, sie hat ihre eigenen Wege, welche nach allen Seiten hin die Gegend durchkreuzen und mitten durch die üppigsten Saatfelder gehen. Solche Wege heißen Colonnenwege, sie sind mit sogenannten Strohwischen bezeichnet, daß man sie in der dunkelsten Nacht erkennen kann. - Wenn man nun die Nacht, wo doch Alles schlummern sollte, umherwandern muß, und den Tag auch noch keine Ruhe hat, so versagt doch am Ende die Natur ihren Dienst.

Aber hier war es noch lange nicht Zeit zum Schlafen! Denn kaum lagen wir 5 Minuten da, so donnerte der Ruf „An die Gewehre!" mitten in die schon begonnenen Träume hinein. Wieder ging es nach dem Sammelplatz der Brigade; ohne Essen und Trinken, - ohne Erholung und Schlaf. Dort angekommen, rief der General v. d. Horst die Officiere zusammen, berieth sich mit ihnen und flog dann von einer Truppe zur anderen zwischen den blanken Reihen hindurch, daß es eine Lust war ihn anzusehen. Es ging nun noch ein gut Stück weiter vorwärts, wo dann auf einer großen Wiesenfläche, die am Rande eines Gehölzes lag, Halt gemacht wurde. Die Kanonen vor uns dröhnten gewaltig und auch das Kleinfeuergewehr war deutlich zu hören. Es mußte hier nun die Nacht bivouakirt werden, und wir richteten uns auf der freien Koppel ein, so gut es eben ging. Es war ein schöner heller Abend. Die Sterne flimmerten über uns, kühlende Luft umwehte uns; Alles athmete mit vollen Zügen die würzigen Gedüfte des Waldes ein, und es war ein Wogen und Treiben um die Marketenderwagen herum, als wäre es Jahrmarkt. - Welch ein Genuß, dieses Bivouak zu durchwandern! und ich that es am Arme eines Freundes bis spät in die Nacht. Ein bunteres Bild, das die verschiedenartigsten Gruppen und Scenen in solchem Contrast neben einander zeigt, konnte es wohl kaum geben. Hier sah man einen Kreis flotter Jäger, ihre kurze Pfeife rauchend, plaudernd und lachend; dort erzählte man sich Anekdoten aus den früheren Schlachten; hier durchsuchte man alle Taschen, und der letzte rothe Sechsling mußte ans Tageslicht. Heute durfte nichts übrig bleiben, - denn man wußte ja nicht, ob man morgen noch etwas brauchte -; dort saßen wieder stillere Gruppen, in ernste Gespräche vertieft. Mancher blickte wohl auch mit Besorgniß dem kommenden Tag entgegen. Bei Vielen war wohl auch diese lärmende wilde Lustigkeit nur erzwungen, und ich möchte fast behaupten, daß Mancher, der von seiner Unerschrockenheit und Kaltblütigkeit Wunderproben erzählte, dennoch im innersten Herzen einen Anflug vom Kanonenfieber verspürte.

Eine Feuersbrunst, die man in der Gegend des Kampfes sah, war fast am Verlöschen, der Wald verschwamm nun in der dichten Dämmerung. Dann und wann fiel noch ein Schuß, bis es endlich still wurde. „Das war das Vorspiel, morgen kommt das Stück selbst, da spielen wir auch mit!" Das waren ungefähr die Gedanken, mit welchen sich endlich Einer nach dem Andern in den Falten seines Mantels begrub.

Hier und da schwebte eine dunkle Gestalt gemessenen Schrittes auf und ab, - es waren Posten. Sie mußten auch diese wenigen Stunden süßen Schlummers entbehren. Aber es gab noch einen, der es mußte, und das war - ich! - Ich konnte mich nicht satt sehen an dem wundervollen Gemälde. Wenn man diese schlummernden Soldaten so betrachtete, wenn die Wachtfeuer, welche rund um's Bivouak brannten, ihre Züge grell erleuchteten, - wahrlich, dann konnte man bis in die innerste Seele hineinsehen und das Geheimniß ihrer Träume wurde Einem offenbar! An Schlaf war bei mir nicht zu denken. Ich ging schon mit der Idee um, dieses ganze Gemälde in einem Gedicht wiederzugeben. Vielleicht werde ich das später einmal ausführen.

Um 1 Uhr Nachts mußte sich Alles erheben. Die Mäntel wurden gerollt, das Lederzeug umgehangen. Man trat an die Gewehre; - die Züge wurden abgetheilt, und nun endlich setzte sich die Brigade in Bewegung, gerade auf das Centrum des Feindes los. Tiefes Schweigen herrschte. Das Singen war verboten; aber von den Gesichtern strahlte Ernst und Ruhe; ohne ein banges Zittern schritten diese 7000 Mann dem großen Ereigniß entgegen, das so lange ersehnt war und nun doch so blutig und so unglücklich für uns enden sollte.

Um 2 Uhr kamen wir über eine Brücke, welche unsere Pontonniere über den Langsee geschlagen hatten. Hier wurden 100 Mann zurückgelassen, um dieselbe gegen einen Angriff von der linken Flanke her zu halten. Die Brigade setzte ihren geraden Weg nach Ober-Stolk fort, Auf dem rechten und linken Flügel begann das Gefecht um halb 3 Uhr. Wir konnten deutlich an dem Dampf der Geschütze den Stand der Dänen und der Unseren unterscheiden. Nicht weit vom Schauplatz mußten wir wieder halten. Wer noch einmal austreten wollte, der konnte es jetzt. Die Officiere versammelten sich nochmals um v. d. Horst und vernahmen ihre Instruktionen; die roth angestrichenen leinenen Bahren für die Todten und Verwundeten wurden entfaltet; - dies machte einen unangenehmen Eindruck, - und nun ging es, - als neben uns auf einer Anhöhe die Fanalstange hell aufloderte, welches das Zeichen war, daß Alles, was Soldat hieß, schnell vorrücken Solle, - mitten in's Feuer hinein. Um halb 4 Uhr stand unsere Brigade ganz nahe bei Ober-Stolk, welches vom Feinde besetzt war. Sogleich mußte das 5. Jägercorps als Schützenkette vorgehen. Der Kampf im Centrum war hiermit eröffnet; das 11. Bataillon folgte. Wir standen jetzt unmittelbar vor dem Dorfe, von der einen Seite durch einen Knick gedeckt. Die Dänen vertheidigten sich wüthend. Sturm auf Sturm wurde von den Unseren unternommen, von den Dänen abgeschlagen. Es war ein fürchterliches Getöse, gerade als sollte die ganze Welt zusammenfallen. Vier Häuser des Dorfes brannten, daß die Lohe hoch zum Himmel hinaufschlug. Von den Einwohnern war keine Spur zu sehen, aber nun kamen die Singevögel der Schlacht; sie umpfiffen und umschrillten uns von allen Seiten, - die dänischen Spitzkugeln, und ihr ewiges Gepfeife, das dem Schreien ganz kleiner Kinder sehr ähnlich ist, hat im Anfange für jeden, auch den Unerschrockensten, etwas Unheimliches und Schauerliches. Man bückt sich unwillkürlich, wenn es Einem zu nahe kommt, obgleich jeder weiß, daß dies ganz unnütz ist. Wir hatten bis dahin noch keinen Schuß gethan, - dennoch wurden mehrere meiner Compagnie getroffen und wimmerten hin. Der General hielt mit seinem Stabe uns zur Seite und übersah mit scharfem Blick die Lage der Unsern. Das 5. Jägercorps hatte schon fast alle seine Officiere verloren; es konnte sich nicht halten und kam trotz der wiederholten Anfeuerungen des Generals v. d. Horst immer wieder zurück. Endlich wandte dieser sich an unseren Oberstlieutenant mit der Frage: „Was haben wir denn zunächst zur Hand?" „Zehntes Bataillon!" war die Antwort. „Nun denn: Auf das Gewehr! Marsch! Tamboure angeschlagen. Wenn das Dorf noch nicht genommen ist, so wird es Nummero Zehn sein, die es nimmt, - nicht wahr, Kameraden?" – „Jawohl, Herr General!" Und vorwärts ging es im Sturmschritt gerade in's Dorf hinein. Da entspann sich ein furchtbarer Kampf; Salven donnerten gegen Salven! Viele sanken hin, unter ihnen Lieutenant v. Sandes, der noch am Abend vorher im Bivouak, wo ihn seine Frau besuchte, so ausgelassen lustig war, und Feldwebel Antoni der 1. Compagnie, ferner Lieutenant Haeseler, Compagniechef der dritten Compagnie u. A. Aus allen möglichen Ecken und Winkeln, sogar aus den brennenden Häusern schoß der Feind auf uns. Es war eine Hitze zum Ersticken. Indeß, die Masse des Feindes wurde durch den ersten Anprall zurückgedrängt. Ein Dutzend gefangener Dragoner wurden an uns vorbeigeführt. „Das ihr den Leuten nichts zu Leide thut," schrie v. d. Horst, „sie können nichts dafür!" Dicht neben uns wälzte sich in gräßlichen Zuckungen ein großes schönes Husarenpferd; einer der Unsern erschoß es vollends; mehrere weniger schwer verwundete sprangen im Dorfe umher und liefen meistens wieder ins Gefecht hinein. Immer wüthender, heißer wurde der Kampf. Die Dänen waren geworfen, rückten aber immer wieder mit neuen Truppen vor. Es war ein fürchterlicher Anblick, - das brennende Dorf, die ganze große Fläche, so weit das Auge sehen konnte, - nichts als Kampf, Zerstörung, Vernichtung; - auf den blühendsten Kornfeldern, in den Gehölzen, zwischen dem Vieh auf den Weiden, - überall Feuer und Dampf! - Dabei hatte es von 3 Uhr an geregnet; wir waren längst durchnäßt. Unser bischen Brod, was wir noch in den Brodbeuteln hatten, war kaum noch zu genießen. Auch war jetzt ans Essen nicht zu denken. Von dem ewigen Laden und Schießen im Regen sahen wir schwarz aus wie die Mohren.

Unsere Stellung im Dorfe war durch einen ziemlich hohen Knick etwas gedeckt. Aber auf einmal erschallte ein furchtbarer Donner; eine Granate fuhr über unsere Köpfe dahin und platzte etwa 30 Schritte hinter uns, ohne Schaden zu thun. Aber ein Schreck durchfuhr uns alle: Es war dem Feinde gelungen, in dieses sumpfige Dorf Artillerie zu bringen, und wir hatten keine, nun ihm begegnen zu können!

Die Folge war, daß wir zurück mußten. Wir retirirten links über ein Torfmoor, hart verfolgt von den Dänen. Zum Glück waren ihre Granaten sämmtlich zu hoch gerichtet. Kaum waren wir diese saubere Gesellschaft vom Halse los, als eine Eskadron dänischer Dragoner mit Infanteriebedeckung uns angriff. Unser Bataillon war inzwischen schon aus einander gerissen; eine Abtheilung kämpfte hier, die andere dort; wie denn überhaupt die Ordnung unserer Truppen durch den allzu heftigen Zusammenstoß so ziemlich zerstört war. Die Schlacht drohte, den Officieren über den Kopf zu wachsen. Ungefähr 30 Mann von unserer Compagnie und ebenso viele vom 5. Jägercorps bildeten mit Unterofficier Büll, Wichmann, und dem Hauptmann von Lupinsky von nun an eine Abtheilung für sich. Ich war entschlossen, hierbei zu bleiben und mit ihnen auszuhalten bis auf den letzten Mann. Wir wurden jedoch zum Rückzug gezwungen, da die uns verfolgende Truppe uns an Zahl dreifach überlegen war. Wir mußten aber die freie Moorfläche passiren, und hätten wir keine Spitzkugelmusketen gehabt, so wären wir hier sämmtlich verloren gewesen. Meine beiden Nebenleute sanken schwer verwundet hin; es waren ein paar brave jungen. Dem Einen fuhr die Spitzkugel in den Mund hinein, nahm ihm an der einen Seite alle Zähne weg und kam mitten am Halse wieder heraus; der Andere bekam einen Schuß in die Brust; beide wurden gefangen und werden schwerlich lange leben. Unser Hauptmann von Lupinsky hat sich brav gehalten. Er nahm, und mit ihm zwei Jägerhauptleute - von irgend einem Verwundeten das Gewehr und schoß wacker mit. Wir erreichten endlich das Gehölz, aus welchem die Brücke über den See in ein anderes Gehölz führte; - dieselbe Brücke, wo am Morgen 100 Mann zur Vertheidigung derselben zurückblieben. Hier im Holz hielten wir uns lange; wir hatten so gute Deckung, konnten sicher anschlagen und noch dazu auf Colonnen schießen, welche von beiden Flanken herankamen. Schon waren sie mit unseren Jägern im Kampf, welche das Haus diesseits der Brücke besetzt hielten; die Jäger wichen zurück, mit einem brausenden Hurrah stürmte der Feind auf das Haus zu, - er hatte es erobert. Nun griffen wir von der Seite an, denn wir mußten uns den Uebergang über die Brücke, wozu es nun die höchste Zeit war, erzwingen. Wir drangen vor, gewannen einen Vortheil nach dem andern, und schon wollten wir im Sturm auf das Haus losrücken, als von der anderen Seite des See's, von den Unseren, mehrere heftige Kanonenschüsse fielen. Das krachte und dröhnte! Wie wir um uns blickten, war die Brücke weg. Man hatte sie zerschossen, in der Meinung, daß alle Schleswig-Holsteiner bereits drüben seien. Diese Wahrnehmung wirkte lähmend auf unser Vorhaben; wir erschraken, und zogen uns ins Gehölz zurück. So war denn das ganze Centrum unserer Armee bereits hinüber und wir - von allen den Unsern abgeschnitten! - Das waren schlimme Aussichten! Wir waren entweder gefangen, sammt und sonders, - oder wir mußten es wagen, durch den See zu waten. Daß dieser nicht sehr tief sei, wußten wir. Hauptmann Lupinsky rieth dazu, und wir Alle erklärten, ihn nicht verlassen zu wollen. So ging denn das Waten los: unser Hauptmann mit seinen langen Beinen voran; jeder bis an die Brust im Wasser durch den ungefähr 80 Schritte breiten See. Die Kugeln fielen immerfort dicht neben uns ins Wasser hin. Unsere Truppen, die uns Anfangs in dem Dampf und Nebel für Dänen hielten, schossen ebenso wacker auf uns, wie diese selbst, und doch wurde kein Einziger verwundet. Kaum hatten wir wieder festen Fuß gefaßt, so fielen wir aber auch um wie die Fliegen, obgleich mitten in der feindlichen Schußlinie, - wir waren zu matt; wir mußten etwas ausruhen! Meine Munition war auch fort; noch drei Kugeln hatte ich. Auch war die Schlacht ihrem Ende nahe. Es war halb 3 Uhr Nachmittags. –

Der Langsee, Landenge bei Güldenholm.
(Foto: Muuß)

Der Kampf im Centrum war hiermit fast beendet. Es war nurnoch ein Plänkeln von beiden Seiten. Wir waren bis auf den Punkt zurückgedrängt, wo wir am Morgen unsere Operationen begannen; aber hier hätte uns kein Teufel weggeschlagen! –

Eine halbe Stunde stand es so hin. Da hörten wir nach dem linken Flügel hinüber, in der Gegend des Dorfes Idstedt, ein furchtbar heftiges Gewehrfeuer. Kein einzelner Schuß war zu unterscheiden, - es war ein immerwährendes Rollen! –

Das war die Entscheidung, das letzte Aufflackern des nun verlöschenden Feuers. Ich fand mein Bataillon auf einer großen Weidekoppel wieder; - aber wie klein war es! Die zweite Compagnie fehlte noch ganz. Wir wurden schnell geordnet und abgetheilt; die Munition wurde vervollständigt, und wir erwarteten den Befehl, auf's Neue vorzurücken. - Da kam ein Adjutant des Generals Willisen über die Felder herangesprengt; sein Pferd dampfte und schäumte. Eine dunkle Ahnung überflog uns, und sie bewährte sich leider! Es war der Unglücksbote, er brachte die Hiobspost von der verlorenen Schlacht und den Befehl, daß wir so schnell wie möglich den Rückzug antreten sollten. Dies geschah auf der Stelle. Von halb 4 Uhr Nachmittags an bis Abends 9 Uhr mußten wir in einem weg marschiren, nachdem wir vorher durch ein 12stündiges Gefecht abgehetzt und zum Umfallen ermüdet waren. Es war ein trauriger Marsch. Durch Schleswig kamen wir nicht, nur in den Dörfern, die wir berührten, war es dem Einen oder Andern, der noch gut zu Fuße war, gestattet, ein Glas Wasser oder Milch zu erhaschen; zurückbleiben durfte Niemand, weil er sonst in Gefangenschaft gerieth, denn die Dänische Kavallerie war nicht weit hinter uns. Als wir um 9 Uhr auf der großen Ebene bei Missunde uns lagerten, sahen wir die feindlichen Vorposten auf den Hüttener Höfen halten, die Front gegen uns, aber wir legten uns ruhig schlafen. Die Dänen waren ja auch müde! Das Wetter war inzwischen wieder heiter geworden. Von 4 Uhr an hatte es aufgehört zu regnen, und die Sonne schien wieder so warm wie vorher. Hatte der Himmel geweint über die Tollheit der Menschen und war er nun wieder getröstet, daß man inne hielt mit dem Blutvergießen?

Ach, aber wir hatten noch keine Ruhe! Kaum lagen wir eine Stunde da zwischen den Gewehrpyramiden, den Kopf auf den Tornister gestützt, - nicht einmal zugedeckt mit dem Mantel, denn dieser mußte gerollt bleiben, - so brachte uns der General v. d. Horst wieder auf die Beine. Dieser Marsch von Missunde nach Sehestedt ging fast immer im Schlaf vor sich. Ich schlief einmal so total, daß ich mit dem Gesicht in ein Brombeergebüsch fiel; Andern ging es nicht besser. Jede Viertelstunde mußte Halt gemacht und einige Minuten geruht werden, und wenn es dann wieder weitergehen sollte, mußte die Hälfte der Mannschaft von den Officieren und Unterofficieren geweckt werden. Die Bauern in den Dörfern thaten alles Mögliche zur Erquickung der müden Massen, aber wir hatten ja keine Zeit; wir durften ja nicht verweilen, und so kam das nur Wenigen zu Gute. Am 26. Mittags langten wir endlich bei Cluvensiek in unmittelbarer Nähe Rendsburgs an.

Joergensen aus Slagelse
(2. Reserve-Bataillon der 3. Compagnie)

Am ersten Tag der Idstedtschlacht war ich nicht dabei. Wir lagen eine Meile von Idstedt entfernt und bekamen erst in der Nacht den Befehl, nach Idstedt aufzubrechen, wo wir um 2 Uhr ankamen. General Schleppegrell kam angeritten und forderte uns auf uns zu beeilen: „Beeilt euch, Kinder, es geht um unser Land und jeden Soldaten. Gebraucht das Bajonett, die sind so wenig."

Kurz darauf näherten wir uns dem Dorfe Idstedt. Als wir in das Dorf einzogen, war da eine Frau, die uns warnte weiterzugehen, da das Dorf voller Deutscher sei, aber wir trauten ihr nicht und es wurde gerufen: „Halt den Mund, altes Weib, das sind Lügen."

Im selben Augenblick fiel ein einzelner Schuß – offensichtlich aus einem der Dachfenster – und ein Unterkorporal fiel, im Kopf getroffen, hin. Sofort wurde die Kette ausgesendet und wir gingen vor.

Oberst Laessoe, der Commandeur der Vorposten, ritt vor der Kette. Da kam eine Meldung für Laessoe, daß der Feind hinter uns sei. Hierüber erbittert kommandierte er: „Vorwärts Männer, geht vor," und er ritt weiter vor der Kette, wo er kurz darauf durch einen Schuß fiel. Sein Fall brachte einige Unruhe in die Reihen, aber wir gingen trotzdem weiter vor und nahmen die dort aufgeschütteten Schanzen im Sturm, trieben den Feind ein wenig zurück und nahmen Deckung in einer Kiesgrube, von wo aus wir eine zeitlang äußerst lebhaft schossen, aber als der Feind in großer Anzahl vorrückte und unsere rechte Flanke zu umgehen versuchte, bekamen wir die Order uns zurückzuziehen und uns hinter einer Hecke festzusetzen.

In dem Moment sah es für uns nicht gut aus. Wir wären wahrscheinlich zurückgeschmissen worden, wenn wir keine Unterstützung bekommen hätten, aber dann kam Lieutenant Thestrup mit einer Halbbatterie herangesprengt, und noch ehe wir wußten wie uns geschah, hatte die Halbbatterie abgeprotzt und ein heftiges Kartätschenfeuer gegen den Feind eröffnet. Der Feind konnte nun nicht weiter Vorrücken und setzte sich in einer guten Deckung fest. Wir unterhielten hier ungefähr eine Stunde lang gegenseitig ein heftiges Feuer, ehe der Feind endlich weichen mußte.

Thestrup wurde in dieser Zeit des Kampfes unser Held.

Er kommandierte so kräftig und bestimmt, und seine Mannschaft bediente die Kanonen so außergewöhnlich gut, daß wir uns alle einig waren, daß es auch durch die Hilfe der 4 Kanonen gelungen war, den Feind zu vertreiben. Während des Kampfes verlor Thestrup 2 Pferde und als er das dritte bestieg, war dies gerade am Wendepunkt als der Feind zu wanken begann.

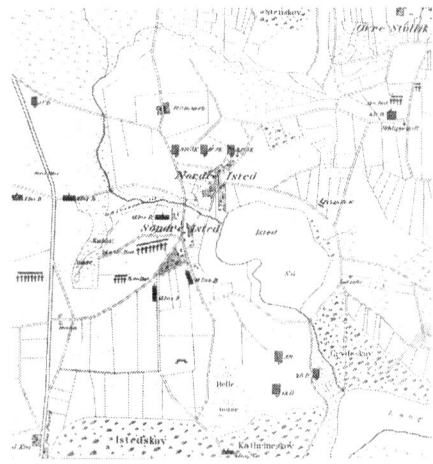

Danach wurde aus dem Rückzug des Feindes eine Flucht, und wir verfolgten ihn bis zum Idstedter Moor, wo Thestrup nochmals ein gezieltes Kartätschenfeuer auf den Feind richtete und viele Männer fielen. Auf dem Moor, über das der Feind geflüchtet war und über das wir ihn verfolgten, lagen überall tote und verwundete Feinde.

Als wir über das Moorgebiet waren, war der Feind auf der ganzen Linie auf der Flucht. Wir waren zu dieser Zeit in die Nähe der Stadt Schleswig gekommen, aus der der Stadtrat kam und um Schonung der Stadt bat, da der Rat Angst hatte, daß unsere Artillerie die Stadt von den Batterien, die auf der Anhöhe Hühnerhäuser aufgestellt waren, beschießen würde.

Wir marschierten durch die Stadt bis hinaus zur Dannewerkstellung wo wir um 11 bis 12 Uhr nachts ankamen. Wir waren seit 24 Stunden auf den Beinen, völlig erschöpft und hungrig, aber zufrieden mit unserem Tageswerk, auch wenn wir den Verlust von vielen unserer Kameraden beklagen mußten.

Kurz vor der Stadt griffen wir einen aus Süden kommenden feindlichen Proviantwagen auf, der uns sehr zupaß kam, und nachdem wir unsere Bedürfnisse so gut wie möglich gestillt hatten, ruhten wir uns für eine kurze Weile auf unseren Lorbeeren aus.

C. K. Thillerup aus Flensburg
(3. Reserve-Bataillon der 3. Compagnie)

Wir wurden nach Angeln geführt. Es ging von Flensburg auf den Missundeweg bis zum Dorfe Hostrup, eine halbe Meile nordöstlich von Idstedt entfernt, wo wir auf einem Feld in der Nähe des Dorfes biwouakierten. Hier wurde gekocht und gebraten, getrunken und gesungen bis in den Abend hinein, bis erst der eine, dann der andere der Mannschaft still verschwand, um in einem Graben, zwischen den Büschen in den Hecken oder in vereinzelt herumstehenden Schuppen ein kleines Nickerchen zu machen.

Der Tag, der nun graute, war der 25ste Juli, und gerade als das Licht im Osten zu schimmern begann, wurde die Order zum Sammeln und Antreten gegeben; da war es 2 Uhr morgens und eine hochfeierliche, stille Stunde begann für uns.

Das Bataillon bezog auf dem Weg Aufstellung, der nach Süden verlief. Nachdem dies stattgefunden hatte, schloßen sich eine (oder vielleicht auch zwei) Compagnien aus einem anderen Bataillon uns an, und für uns, die in der Mitte standen, sah es nun so aus, als ob die Reihen vorn und hinten kein Ende nehmen würden. Dies alles vollzog sich in der allergrößten Stille, als plötzlich ein gedämpfter Commandobefehl kam: „Stillgestanden!" und dann: „Augen nach rechts!"

Plötzlich hielt vor uns der Oberkommandierende unserer Division, den von allen Soldaten so hochangesehene General Schleppegrell gefolgt von einem Adjutant. Nachdem der General uns einen guten Morgen gewünscht hatte, sagte er mit sehr eindringlichen Worten, was uns an diesem Tag erwarten würde und daß jeder einzelne alles zum Sieg beitragen solle. Er überschaute die lange Linie und ritt dann schnell an uns vorbei auf Idstedt zu; die Compagnien folgten später, aber nur sehr langsam, vermutlich weil wir die Reserve bildeten.

Mein rechter Seitenmann im Geleit war ein Kopenhagener mit dem Namen Rothschild. Auf ihn hatten die Worte des Generals scheinbar einen tiefen Eindruck gemacht, denn er war in sehr wehmütiger Stimmung und sehr still. Das verwunderte mich um so mehr, da Rothschild sonst immer ein robuster Kerl, fröhlich und unbekümmert war. Nachdem wir eine kurze Strecke vorwärts marschirt waren, war es, als ob er aus einem Traum erwachte. Er griff nach meinem Arm und sagte: „Ja, es mag egal sein, wie es mir oder Dir oder uns allen an diesem Tag ergeht. Nur der Herrgott hält seine Hand über ihn dort vorn!" Und damit deutete er mit seinem Kopf dem General hinterher.

Ungefähr zwei Stunden später näherten wir uns Ober-Stolk, wo der Kampf bereits aufs heftigste in Gang war. Alles war hier in einem mörderischen Chaos: das Dorf brannte, zwei Kanonen und eine Abteilung Dragoner sausten auf dem engen Feldweg, auf den wir gerade einbogen, sich zurückziehend an uns vorbei. Ein Granatstück zerstörte zur gleichen Zeit einen Marketenderwagen auf dem Feld genau zwischen uns, und vor uns auf dem Weg sahen wir, wie das Gras in den Gräben neben unseren Füßen zu brennen begann und hörten den gellenden Laut der Kanonenkugeln über unseren Köpfen. Das war hier eine ziemlich ungemütliche Situation wo wir waren, doch dann kam die Order, sofort eine Kette zu bilden. Schnell wie der Wind verteilten sich die Compagnien quer über den Weg und über den Zaun auf der anderen Seite. Die Kette wurde gebildet und vorwärts ging es über das Feld bis zu einem großen sumpfigen Moorgebiet, jeweils zwei und zwei Mann hintereinander, Rothschild und ich zusammen. Aber bevor wir das Moor erreichten, sahen wir einen unbespannten Bauernwagen an einem Zaun stehen, der mit viel Stroh beladen war. Und auf diesem Wagen lag ein gefallener Offizier, tot hingestreckt, seine Feldhaube über die Augen gezogen.

„Das ist General Schleppegrell!" hörten wir sagen, während wir daran vorübereilten.

Unwillkürlich blieben wir beide kurz stehen; wir waren durch diese Nachricht wie gelähmt. Denn wie gräßlich war es für uns daran zu denken, wie unser General – unsere Zuversicht, unsere Hoffnung für diesen Tag – bereits gefallen war, wo die Schlacht noch nicht einmal ganz begonnen hatte. Die Uhr war noch nicht acht.

Die Kette rückte nun langsam immer weiter vor; Stunde für Stunde ging es über Felder und Moor, durch Wald und Busch, bis in die Nachmittagsstunden in denen sich die Schlacht ihrem Ende näherte. Der Rückzug des Feindes endete schließlich in einer wilden Flucht über eine weite Talsenke, die sich nach dem Ende des Waldes auftat. In unserer Nähe war der Kampf überall vorbei und kein Schuß fiel mehr, außer daß man ab und zu einen Kanonenschuß aus der Ferne hörte. Die Kette hatte sich von selbst aufgelöst bevor wir den Waldrand erreicht hatten, und man sammelte nun die einzelnen Mannschaften der Compagnien zum Weitermarsch wieder zusammen.

Eine Laufbrücke war über einen Wasserlauf geschlagen, der durch den Wald nach Süden in das weit geöffnete Tal floß, durch das sich der

Feind zurückgezogen hatte. Über diese Brücke sollten wir nun gehen. Mit dem Gewehr unterm Arm passirten wir sie in allergrößter Vorsicht, Rothschild und ich auf jeder Seite der Brücke. Wir waren bis zur Mitte angekommen, als plötzlich ein Schuß fiel. Ich hatte das Gefühl, als wäre das Geräusch der vorbeifliegenden Kugel direkt an meinem Ohr gewesen, und als ich zu Rothschild sah, ließ er sein Gewehr fallen und sank, in der Brust tödlich getroffen, nieder. Meine Hilfe war überflüßig, wie sein Blick mir sagte. Und dann fielen mir wieder seine Worte über General Schleppegrell von heute morgen ein: „Nur der Herrgott hält seine Hand über ihn!" Nun waren sie beide im Sterben oder tot. Der General war durch eine der ersten Kugeln der Schlacht gefallen, der einfache Soldat von einer der letzten.

Aber die Schlacht von Idstedt war gewonnen!

Gedenkstein für Schleppegrell,
der im Kampf südlich von Stolk fiel
in Flensburg verstarb und auch dort beerdigt wurde.

General Frederik Adolph v. Schleppegrell
Der letzte Brief an seine Frau

Sonderborg, den 14. Juli 1850.

Meine innig geliebte Hanne!

Wahrscheinlich sind diese Linien die letzten, die ich Dir dieses Mal von Alsen schicke. Adressiere Deine Briefe einstweilen hierhin, aber schreib immer drauf: Commandeur der 2. Armeedivision.

Gestern waren der russische kaiserliche Adjutant Oberst *Glasenap* und 2 andere russische Officiere von den 2 hier liegenden Fregatten an Land und statteten mir einen Besuch ab. Am Abend aß ich mit ihnen bei unserem Kammerherren *Bille*. Sie sprachen sehr schönes Französisch und wir waren guter Stimmung. Heute kommt angeblich der Oberkommandirende, Admiral *Balk* an Land. Er liegt mit 6 Linienschiffen und 3 anderen Kriegsschiffen 1 ½ Meilen von dieser Küste entfernt am Eingang zur Kieler Förde. Glasenap sagte, daß von der Ostsee her noch schnell 8 andere Linienschiffe hier eintreffen werden.

Hier ist viel zu überwachen, zu arrangiren, und es ist unter diesen Verhältnissen nicht immer leicht.

Ich hoffe, daß Gott uns alle beschützen und die erforderliche Kraft geben wird. Küß und segne unsere Kinder *Otto, Frederik* und *Wilhelm*; grüß innig *Adolphine* und Frau *Morgenstjerne*. Lebewohl meine teure Hanne. Danke für Deine Liebe und laß uns wieder froh und glücklich zusammenkommen!

Dein Dir innig ergebener
Schleppegrell.

Friedrich von Abercron
(Sohn des bei Wedelspang kommandierenden Oberst Carl F. J. P. von Abercron)

Wenden wir uns jetzt zur 2. Brigade nach Wedelspang. Von der 2. Brigade standen das 2. Jägercorps und eine halbe Escadron in der Nacht vom 24/25. auf Vorposten bei Norder-Fahrenstedt und Böklund, das 5. und 7. Bataillon, sowie die 3. 6pfündige Batterie (Scheffler) und die 3. 12pfündige Batterie (von Held) südlich Wedelspang im Bivouac, das 6. Bataillon mit einer Abtheilung in Eckernförde, mit der andern in Missunde und Ornum. Diese beiden Abtheilungen wurden auf Antrag der Brigade wieder an dieselbe herangezogen, und erhielten dieselben, sowie die in Missunde stationirte halbe 3pfündige Batterie (Brockenhuus) vom Generalscommando directen Befehl noch in der Nacht vom 24/25. zur Brigade zu stoßen. Die erstgenannte Abtheilung traf jedoch erst Morgens, etwas nach 4 Uhr zu Wagen bei Wedelspang ein. - Zur befohlenen Zeit - präcise 4 Uhr - debouchirte die Brigade. Gleichzeitig lief auch die Meldung ein, daß das 2. Jägercorps angegriffen und das Gefecht engagirt sei.

Hören wir zuerst den Bericht des damaligen Stabschefs der 2. Brigade, Hauptmanns von der Heyde. „Anfänglich hatte Willisen den Plan nur im Centrum, beim Idstedt-Krug, in der Defensive zu bleiben, aber gleich mit dem rechten Flügel zur Offensive überzugehen. Es sollte danach die 2. Brigade zuerst aufbrechen, nach Ober-Stolk gehen. Sowie sie dort in's Gefecht kam, sollte die 4. Brigade (von Garrelts) aus dem Gryderholz hervorbrechen und dann das Uebrige zum Angriff vorgehen. Bald aber änderte er seinen Plan dahin, daß anfänglich Alles in Defensive bleiben sollte, und wurden danach Artillerie-Einschnitte und ein Schützengraben bei Wedelspang ausgeführt. Er selbst und von der Tann waren persönlich in Wedelspang und trafen die dazu nöthigen Anordnungen. Das Jägerbataillon sollte das vor Wedelspang belegene Gehölz besetzen, zwei Compagnien des 7. Bataillons als Reserve da, wo der Weg von Süder-Fahrenstedt in den von Wedelspang einmündet, stehen und eine Batterie diesseits des Weges nach Fahrenstedt. Auf der Höhe hinter Wedelspang standen die andern 2 ½ Bataillone und 12 Geschütze (8 Zwölf- und 4 Dreipfünder).

Am Mittage vor der Schlacht kam noch einmal von der Tann zu uns, besah die Stellung und legte uns die Frage vor: Wie viel können Sie abgeben um diese Stellung zu behaupten, wenn Sie nicht zu stark angegriffen werden. - Wir ritten mit ihm nach dem Gehölz, welches zwischen dem Langsee und dem Ahrenholzsee liegt, und er überzeugte sich, daß diese Position mit 1 ½

Bataillonen und 4 Geschützen unbedingt den Tag über zu vertheidigen sei und verließ uns mit den Worten: *Also auf 2 Bataillone und 12 Geschütze kann ich bestimmt rechnen.*

An demselben Tage versammelte der Oberst auch sämmtliche Stabsoffiziere und Abtheilungs-Commandeure auf der Höhe südlich Wedelspang, zeigte ihnen die Stellung, wie er sie zu vertheidigen gedächte, und sagte auch, *auf dieser Stelle, wo wir uns jetzt befinden, werde ich während des Gefechtes halten, und hierher sind alle Meldungen zu senden.*

Am Abend vor der Schlacht wurde ich nach Idstedt-Krug beordert, um die letzten Bestimmungen über den Schlachtplan zu bekommen. Willisen hatte wieder geändert und kam ich um 2 Uhr Nachts mit dem Befehl an, Punkt 4 Uhr morgens aufzubrechen und uns auf Stolk zu dirigiren. Dieser Befehl wurde pünktlich ausgeführt. Als aber der Oberst mit uns bei dem nach Süder-Fahrenstedt abgehenden Wege ankam, kam von der Tann mit dem Befehl *nicht vorzurücken, sondern in der früher verabredeten Stellung uns zu schlagen* und den Befehl zum Vorrücken abzuwarten. Zugleich bekamen wir von den Jägern die Meldung, daß der Feind vorrücke, und erhielten sie den Befehl kein Gefecht anzunehmen, sondern sich in das Gehölz zurückzuziehen und dasselbe zu vertheidigen. Wir nahmen nun unsere alte Stellung ein, die Jäger im Gehölz und außerhalb, die Abtheilung des 7. Bataillons (Grundmann) und die Batterie wie oben angegeben. Der Oberst von Abercron, den ich und die andern Adjutanten nun verließen, um Befehle zu überbringen, hielt auf der gesagten bestimmten Stelle. Nur kurze Zeit hatten wir hier gehalten, als der Lieutenant Möller vom 7. Bataillon heransprengte und uns sagte, der Hauptmann von Wiedburg habe den Befehl zum Vorgehen gebracht, - er sah zugleich wie ich und der Brigade-Adjutant Hauptmann von der Golz die Fanale brennen. Es wurden sofort die Befehle zum Vorrücken gegeben." - Dies der Bericht des Hauptmanns von der Heyde, um zu constatiren, wo sich der Brigade-Commandeur aufgehalten, als der Hauptmann von Wiedburg bei der Brigade gegen 6 Uhr früh eintraf, um den Befehl zum Vorgehen zu überbringen. Auditeur Lüders, der Verfasser von „Willisen und seine Zeit" hat in seiner leidenschaftlichen Gehässigkeit gegen den Oberst von Abercron die Infamie begangen, zu behaupten, das Vorgehen der 2. Brigade sei dadurch verzögert worden, daß der Hauptmann von Wiedburg den Brigade-Commandeur, welcher sorgloser Ruhe weit hinter der Gefechtslinie pflegte, nicht angetroffen habe. - Wie verhält es sich nun damit?

Der General von Willisen, welcher sich auf der Chaussee in der Nähe des Idstedt-Kruges befand, als er gegen 5 Uhr den Befehl zum Anzünden der Fanale gab und sah, daß sie so durchnäßt waren, daß sie nicht brennen wollten, ertheilte wenige Minuten später seinem Adjutanten, Hauptmann von Wiedburg, den Befehl, zur 2. Brigade zu reiten und derselben den Befehl zum Vorrücken zu überbringen. Hauptmann von Wiedburg traf aber *erst wenige Minuten vor 6 Uhr bei der Brigade ein*, zu spät, als daß das Vorgehen noch von irgend welchem Einfluß auf das sein konnte, was sich bei der Brigade von der Horst zugetragen hatte. Hauptmann von Wiedburg gebrauchte beinahe eine volle Stunde, um diesen Weg von etwa einer Meile mit dem so wichtigen Befehle zurückzulegen. Jeder einigermaßen schneidige Reiter würde unter obwaltenden Umständen höchstens 20 Minuten dazu gebraucht haben. Als sich dann herausstellte, was das General-Commando immer zu verheimlichen versucht hat, daß er der Brigade den Befehl so spät überbracht hatte, schützte er die elende Entschuldigung vor, er habe den Brigade-Commandeur nicht finden können. Er traf zuerst den Hauptmann Grundmann*, fragte denselben, wo sich der Brigade-Commandeur befände und erhielt von ihm die Antwort, daß er es nicht wisse, obgleich demselben, sowie sämmtlichen Stabsoffizieren und Abtheilungs-Commandeuren der Brigade dies vom Brigade-Commandeur selbst an Ort und Stelle mitgetheilt war. Hauptmann von Wiedburg ritt nun zum Major von Bassewitz, dem zum Commandeur der Avantgarde designirten Commandeur des 2. Jägercorps, und überbrachte diesem den Befehl, während der Adjutant des Hauptmanns Grundmann, der besser als sein Commandeur Bescheid wußte, sofort in schnellster Gangart nach dem ihm bekannten Platze ritt, wo er den Oberst von Abercron zu Pferde mit seinen Adjutanten antraf. Durch diese Kopflosigkeit des Hauptmanns Grundmann wurde das Vorgehen eher beschleunigt als verzögert, denn Avantgarde und Gros erhielten gleichzeitig den Befehl zum Vorgehen, und Oberst von Abercron rückte sofort mit der ganzen Brigade vor.

Die Dänische 1. Brigade (Krabbe) war, der Disposition gemäß, um 1 ½ Uhr Morgens aus ihrem Bivouak abgerückt. Dieselbe bestand aus 3 Bataillonen, einer 6pfündigen Batterie (Dinesen), ½ Escadron und einem Halbzuge Ingenieurtruppen. Mit 2 Compagnien des 10. leichten Bataillons, einem Halbzuge Dragoner und 2 Geschützen als Avantgarde, schlug dieselbe die Missunder Landstraße ein, während das 3. Jägercorps und ein Zug Dragoner über Loit, Damholm und Ulsby als linke Seitendeckung vorgingen. Weil das Absuchen des Dorfes Klappholz und das Forträumen einer Barrikade dem General Schleppegrell zu lange dauerte, wurden die beiden

---

(Wurde durch kriegsgerichtliches Urtheil aus dem Dienst entlassen, wegen Nichterfüllung seiner Pflicht während der Schlacht bei Idstedt. Um sich dem Gefechte zu entziehen, hatte er dem Brigade-Commandeur die falsche Meldung gemacht, daß sein Bataillon sich verschossen habe, wurde aber mit den bittersten Vorwürfen von demselben sofort wieder vorgeschickt. Aus Rache hierüber suchte er die nachtheiligsten Gerüchte über das Gefecht der 3. Brigade zu verbreiten.)

Compagnien des 10. durch 2 Compagnien des 4. Bataillons abgelöst. Etwa 3 ½ Uhr stieß die Avantgarde vor Böklund auf die Vorposten des 2. Schleswig-Holsteinischen Jägercorps, welche eine Anhöhe besetzt hielten, von der sie die Straße bestreichen konnten. Das 2. Jägercorps war im Begriff seine 4 Compagnien zu concentriren, um die Avantgarde der von Wedelspang vorrückenden Brigade zu übernehmen. Es war kurz vordem der Oberst von der Tann mit dem Befehl über Suspendirung der Disposition eintraf. Der Feind ging sofort zum Angriff über und da gleichzeitig die rechte Flanke durch das über Ulsby vorrückende Dänische Jägercorps ernstlich bedroht wurde, welches den nach der Ulsbyer Straße detachirten Halbzug des Lieutenants Kelter zurückdrängte, er auch eine Compagnie über Fahrenstedter Hof vorsandte, zog sich das 2. Jägercorps nach einem lebhaften Tirailleurgefecht bis südlich Böklund zurück. Die 2. Compagnie besetzte das nordöstlich Wedelspang liegende Holz, die 3. und 4. Compagnie das Terrain westlich desselben bis zur Missunder Straße, die 1. Compagnie das Terrain westlich letzterer. Südwestlich des Kattbecker Holzes, dicht an der Straße, stand das halbe 7. Bataillon (Grundmann) in Reserve. Die 6pfündige Batterie nahm Stellung in den Einschnitten nördlich des Defilees. Nachdem Oberst von der Tann den Befehl zur Suspendirung kurz nach 4 Uhr überbracht hatte, gingen die übrigen Truppentheile der Brigade, welche schon größtentheils das Defilee überschritten hatten, in ihre frühere Stellung, südlich derselben, zurück. - Als um 6 Uhr der durch Hauptmann von Wiedburg überbrachte Befehl eintraf, ging Oberst von Abercron sofort mit der gesammten Infanterie vor, nur die eine Abtheilung 6. Bataillons blieb zur Deckung des Defilees zurück. Das 7. Bataillon ging auf der Flensburger Straße vor, auf den Flügeln desselben je 2 Compagnien Jäger; das 5. resp. halbe 6. Bataillon folgten; die 6pfündige Batterie erhielt Befehl zu folgen. Das 7. Bataillon drang entschlossen und brav vorwärts, gerieth jedoch bald in ein umfassendes Tirailleurfeuer und wurde von der auf der Höhe südlich Böklund aufgefahrenen Batterie so wirksam beschossen, daß es nicht weiter vorzudringen vermochte. Da jedoch gleichzeitig Oberst Krabbe mit dem 3. Jägercorps, dem 10. leichten Bataillon und einer Compagnie des 4. Bataillons vorging und namentlich stark gegen unsere rechte Flanke im Kattbeker Holz, wurde ein Theil unserer Jäger durch diesen ganz unerwarteten Angriff aus dem Walde gedrängt. Bei dem starken Nebel und Regen, der jede Uebersicht selbst auf die kürzeste Entfernung hinderte, hatten Mannschaften des 7. Bataillons und die aus dem Walde kommenden Jäger auf einander geschossen. Hierdurch entstand eine augenblickliche Verwirrung unter den an der Tete befindlichen Mannschaften, die jedoch durch das persönliche Eingreifen des Oberst von Abercron und der Offiziere sofort beseitigt wurde. Der Oberst von Abercron sandte nun 2 Compagnien 7. Bataillons in den Wald, während 2 Compagnien 5. Bataillons auf dem Wege nach Süder-Fahrenstedt abbiegen mußten, um, beim ersten Wege rechts abbiegend, dem Feinde in die rechte Flanke zu fallen. Von Dänischer Seite waren von einer bereits früher vorbeorderten Compagnie des 10. leichten Bataillons die Tirailleurs, verdeckt durch den Nebel und die hohen Knicks, von Süder-Fahrenstedt her so weit an die Missunder Straße herangerückt, daß die 6pfündige Batterie in ihr Feuer gerieth und sich auf kurze Zeit hinter das Defilee zurückzog. Das 7. Bataillon war sehr bald in ein lebhaftes Gefecht verwickelt worden, hatte auch ziemlich bedeutenden Verlust erlitten, als der Hauptmann Grundmann dem Brigade-Commandeur meldete, daß sich sein Bataillon verschossen habe. Dasselbe war wie die übrigen Truppentheile ohne Tornister in's Gefecht gerückt und trug die Munition im Kochkessel. Wenn nun auch der Oberst von Abercron die Richtigkeit dieser Meldung mit vollem Recht sofort bezweifelte und den Hauptmann mit den bittersten Worten gleich wieder vorschickte, so wurde doch um das Vorrücken der Brigade möglichst zu beschleunigen, die 1. Abtheilung 6. Bataillons unter Hauptmann Lettgau sofort vorbeordert und ging derselbe mit der größten Schneidigkeit gleich mit dem Bajonett vor. Unsere 6pfündigen Batterie hatte wiederum ihre Position eingenommen. Während die Dänen auf einer Anhöhe, etwa 500 Schritt südlich von Norder-Fahrenstedt eine günstige Position fanden, wo sie mit 8 Geschützen zu beiden Seiten der Landstraße auffahren konnten und von wo sie das weit tiefer liegende Terrain nördlich Wedelspang's beherrschten, war es der 2. Brigade unmöglich in dem so schwierigen Terrain ihr Artillerie zu verwenden. (Der Verfasser von „Willisen und seine Zeit” muß dies sogar zugeben.) - Das Terrain, in welchem nur eine von hohen Knicks umgebene Straße von Wedelspang nach Nordwesten führt, war für eine zu ergreifende Offensive ein sehr schwieriges. Und doch waren binnen einer Viertelstunde 3 Bataillone in's Gefecht geworfen, in einem Terrain, wo mit großen Massen gar nicht zu operiren ist. Trotz der mehrfachen von Dänischer Seite ausgeführten Gegenstöße, waren die Dänen binnen einer Stunde bis Böklund zurückgedrängt und hatte sich die 2. Brigade ihren Weg nach Norden freigemacht. Sie erlitt dabei binnen einer Stunde einen Verlust von 332 Mann (der ganze Verlust der Schleswig-Holsteinischen Armee im Gefecht bei Kolding betrug 400 Mann). Wahrlich, die Brigade hatte gleich gehörig angebissen. Es war kein laues Tirailleurgefecht, was hier geführt wurde. Mehrfach wurde mit dem Bajonett vorgegangen und der gegenüberstehende Brigade-Commandeur hatte bereits dem Generalcommando berichtet, daß er sich ohne Verstärkung nicht mehr halten könne, als der Prinz Friedrich von Augustenburg mit dem ausdrücklichen Befehl des Generals von Willisen um 7 Uhr eintraf, *daß die Brigade hinter das Defilee zurückzugehen habe, weil das Centrum durchbrochen sei und der General beabsichtige, sich auf Missunde zurückzuziehen.* Zugleich theilte der Prinz dem Oberst von Abercron mit, daß General von der Horst mit seinen beiden Adjutanten wahrscheinlich gefallen oder gefangen sei. -

Oberst von Abercron beschloß nun, vorläufig bis auf die Höhen bei Wedelspang zurückzugehen, um dort weitere Nachrichten abzuwarten. Es wurde dem Prinzen eine halbe Escadron, welche in diesem durchschnittenen Gelände doch nicht zu verwenden war, zu dem Zweck mitgegeben, um die Mannschaften von 1000 zu 1000 Schritt als Relais aufzustellen, damit hierdurch in kürzester Zeit Meldungen über die Lage im Centrum übermittelt werden könnten. Die Brigade zog sich nun allmählich hinter das Defilee zurück; nördlich desselben verblieben die eine Abtheilung 6. Bataillons, unterstützt durch einige Züge des 7. Bataillons und einige Züge Jäger. Die vorstehend genannten Truppen waren noch im Gefecht, als der Souschef Major Wyneken ankam, der sich freute, Alles bei der Brigade in so guter Ordnung zu finden - im Centrum stände es sehr schlimm; - Fugards bedeckten die Straße nach Schleswig. Sie hätten jetzt die Stellung mit einer formidablen Artillerie besetzt und hofften sie dadurch zu halten. Vom General von der Horst, der wahrscheinlich gefallen oder gefangen, wisse man nichts; dessen Brigade sei aufgerieben, die Infanterie geschlagen und zu fernerem Kampfe gleich Null; dieselbe habe sich auf die Furth am Langsee zurückgezogen. An ein allgemeines Vorgehen dachte er nicht, zumal die 2. Brigade nach der Tags vorher vom Oberst von der Tann ertheilten Anweisung noch zur Vertheidigung der Stellung Ahrenholz-Langsee zur Hülfe gerufen werden konnte. - Die nördlich des Defilees verbliebenen Abtheilungen wiesen verschiedene vom Feinde unternommene Angriffe mit Energie zurück, bis dieselben gegen 11 Uhr zurückgenommen wurden und das Gefecht nach und nach ganz aufhörte. - Um 11 Uhr kam der Rittmeister Aye und überbrachte den bestimmten Befehl, das Defilee unter allen Umständen zu halten, indem wieder Aussicht vorhanden sei, die Position am Westergehege zu halten. Gleichzeitig theilte er mit, daß er 9 Compagnien gefunden habe. Später ging durch denselben Offizier die schriftliche Nachricht ein, daß General von der Horst wieder aufgefunden sei. Um 4 Uhr erhielt die 2. Brigade den Befehl zum Rückzuge auf Missunde und wurden 2 Compagnien des 6. Bataillons mit der halben 3pfündigen Batterie vorausgeschickt. Die Brigade führte ihren Rückzug unbelästigt vom Feinde, geordnet, ruhig und ohne Eile aus, mit dem 2. Jägercorps als Arrieregarde.

Hans Henningsen aus Böklund
erzählt von den Erlebnissen seines Vaters

In den Tagen vor der Schlacht bei Idstedt war das Dorf Böklund stark mit Einquartierung belegt. Es wurde manövriert und Vorpostendienst gemacht. Später, etwa am 24. Juli, waren an den Straßen nach Klappholz zu Verhaue und Straßensperren errichtet. Am frühen Morgen des 25. Juli war alles ganz still im Dorfe, es wurde nur ab und zu ein Schuß gehört. Die Magd Catherine Clausen in Böklund wollte nach dem Schleeberg, um die Kühe zu melken. Es waren aber von dem Militär alle Hecktore aufgemacht worden, so daß die Kühe zur Straße austraten. Mein Vater warnte, es könne unruhig werden. Doch beide dachten immer noch an das Manövrieren. Als aber plötzlich die Kühe angelaufen kamen, kehrte die Magd um. Zwischen den Kühen kamen schleswig-holsteinische Soldaten gegangen. Daß die Schlacht so plötzlich anfangen würde, hatte niemand erwartet, da man immer nur an das Manövrieren dachte! – Noch erst am Abend vorher hatten schleswig-holsteinische Offiziere auf Fahrenstedthof eine Festlichkeit veranstaltet, bei der es mit schleswig-holsteinischen Liedern usw. hoch herging. Als nun aber Soldaten und Kühe durcheinander ankamen, schöpfte man Verdacht, daß es ernst werden könnte. Nur unser Nachbar Tams ahnte noch nichts Böses. Er hatte ein Pferd im Stall, welches nachts immer klopfte und lamentierte. Infolgedessen waren die Leute Lärm und besonders Geräusche gewohnt und schliefen immer noch sorglos gut! Als nun aber das Schießen immer mehr wurde, merkten auch sie erst spät den Ernst der Lage. Die Nachbarn waren außerdem keine Morgenmänner und kamen erst hoch, als die Schlacht an ihrem Hause vorbei war!

Nun bereitete mein Vater sich auf einen Kampf vor. Für den Fall eines Brandes füllte er Kübel und Eimer mit Wasser. Auch wurden einige Kisten mit den wertvollsten Sachen vergraben usw. Als Vater hinaus auf die Straße ging, sah er, wie die schleswig-holsteinischen Jäger sich zur Verteidigung anschickten (Örtlichkeit: Der Windbeutelberg). Ein Offizier kommandierte: „Benutzen sie hier den Steinwall!" und rief einen Oberjäger zur Unterstützung! (Es war dies der Steinwall bei der Brücke in Böklund nach Klappholz.) Die Jäger deckten sich hinter diesem Steinwall von dem Berg herunter bis über die Brücke und in den Kohlgarten des Nachbarn Tams. Es ist dies die Stelle, wo jetzt die neue Bäckerei des Bäckers Matthiesen liegt. Mein Vater ging zu den Jägern und fragte, was eigentlich los sei. Sie antworteten einfach: „De Dän kümmt!" Sie zeigten nach dem Rüheholz zu, und Vater sah, wie die Dänen zwei und zwei aus dem Wald herauskamen und über die Koppeln gingen nach dem Wall, der an die Schmiedeteichwiesen grenzte. Mein Vater stellte sich an das Hektor heran und wollte nicht glauben, daß es Dänen seien, sie hatten blaue Uniformen, während die Dänen zu Anfang des Krieges rote Waffenröcke trugen. Die Jäger belehrten ihn aber, daß der Däne jetzt blau gekleidet sei. – Ein Oberjäger legte an dem Hektor neben Vater an und schoß nach den Dänen hinüber. Sogleich kamen von der Gegenseite Schüsse wieder, welche an Vater vorbeisausten in den Lehmwall auf der anderen Straßenseite und dort steckenblieben. Da wurde Vater aber unruhig, er lief, was er laufen konnte ins Haus hinein. Die Jäger verlachten ihn und nannten ihn einen Bangbüchs. Sie schalten zugleich, was er da überhaupt wolle! Nun aber war mein Vater dermaßen eingeschüchtert, daß er sich nicht mehr herauswagte. Ich war damals ein Kind von 1 ½ Jahren und schlief noch. Man nahm mich nun auf und wollte mit mir fliehen. Als ich noch im Schlaf anfing zu lachen, faßten meine Eltern wieder Mut und blieben zu Haus. Sie sahen aber aus dem Fenster, wie unsere Nachbarsfrau Nummensen (Öhlerich) mit ihrer kleinen Tochter über die Koppeln nach Lindebergholz flüchtete. In der Scheune von Nummensen saßen die Schleswig-Holsteiner in Deckung, hatten Steine aus der Mauer gerissen (Schießscharten) und schossen dadurch auf die Dänen. Alle Gebäude lagen im Pulverdampf! Ein Infanterist kam bei Vater an und wollte sich dort verstecken lassen. Er war von der Truppe abgekommen, die Dänen verfolgten ihn und hätten ihm mindestens 60 Kugeln nachgesandt! Er wollte sich doch nicht gefangen nehmen lassen und meinte, die Dänen würden bald zurückgeworfen werden, so daß er wieder zur Truppe käme. Mein Vater versteckte ihn im Heu! Aber am Nachmittag mußte der Soldat sich doch gefangen nehmen lassen. Er stammte aus Rendsburg. Die Dänen gingen zwar einmal zurück, doch nicht so weit, daß die Schleswig-Holsteiner ihre Ausgangsstellung wieder erreichten. Durch die Türspalte sah mein Vater einen dänischen Soldaten mit Tornister und voller Bepackung schwerfällig über die Wiese von Nummensen herüberkommen. Dies kam ihm wunderlich vor, da die Schleswig-Holsteiner sonst im Gefecht nur mit gerolltem Mantel, Brotbeutel und Waffen gingen. Auch sah man einige Abteilungen in Drillichzeug, da es Sommer war. – Unsere Soldaten erschienen immer äußerst sauber und schneidig! – Um dem Feind kein besonderes Ziel zu geben, hatten die Schleswig-Holsteiner alles Blanke an den Helmen schwarz gemacht, damit nichts glänzte. Als Vater nach einiger Zeit mal wieder durch die Türspalte sah, gewahrte er, daß der Hofraum von Kavallerie besetzt war. Sie winkten ihm, und er mußte raustreten. Man fragte, ob in dem Hause Deutsche wären.

Es dauerte nicht lange, so gingen die Dänen zurück, und man hörte „Hurra!" rufen. Die Etappen und Marketender usw. jagten in rasender Eile zurück, und man hatte Siegeshoffnung! Es war aber vergeblich. Die Schlacht stand hauptsächlich südlich von Böklund. Die dänische Artillerie hatte Stellung bezogen auf dem Sandberge bei der Häusergruppe Augustenburg. Die deutsche Artillerie lag in der Nähe von Wellspang in der Koppel bei dem Gewese des Chausseewärters Fischer, genannt Maiholz. Dazwischen und auch im Kattbeker Gehölz tobte der Kampf hin und her. Bei den Gebäuden des Kätners Wilhelm Callsen, Norderfahrenstedt, wurde eine Stalltür demoliert. Die Tür war von vielen Kugeln durchlöchert und ist noch viele Jahre später gezeigt worden. Nach der Beendigung der Schlacht kehrten alle Wagen usw. um und waren zum Rückzuge bereit. Es war der Fehler bei Idstedt geschehen, und der Ausgang der Schlacht änderte sich. Es kamen viele Dänen in unser Dorf. Einer bat um Wasser, er war in ein Moorloch gefallen und wollte sich nun reinigen. Dabei bekamen wir allerlei zu hören. Ein dänischer Sergeant jammerte über ihre großen Verluste. Er nannte es in seiner Sprache mit besonderer Betonung unverschämt.

Etwas nordwestlich von Böklund, kurz vor Böklundfeld, führte ein circa 50 m langer Hohlweg nach einer Koppel, wo sich dänische Offiziersburschen mit dem Offiziersgepäck eingenistet hatten. Ihnen war aus einer Satteltasche Geld gestohlen worden. Die Burschen kamen dadurch in die Klemme! Man hatte eine Frau mit einer Kattunjacke aus Rehsbrück in Verdacht. In ganz Lindeberg wurde Haussuchung gehalten, aber die Frau war nicht zu finden. Rehsbrück blieb von der Haussuchung verschont, so daß die Sache unentdeckt geblieben schien, obgleich jeder nach der Beschreibung wußte, wer die Frau gewesen war. Die Offiziere sind dann mit der Armee weitergezogen, und nachher ist nichts mehr in der Sache unternommen worden. Die können ja auch gefallen sein! –

Noch während der Schlacht kamen Dragoner zu Vater und verlangten von ihm, er solle anspannen und Verwundete nach Flensburg fahren. Als nun Vater, der sich notweise mit den Dänen verständigen konnte, sich weigerte, zogen die Feinde einfach Säbel und Revolver heraus und hielten ihm die Waffen vor die Brust! Da half also nichts, eiligst mußte angespannt werden und das Fuhrwerk südlich vom Dorfe zur Verfügung stehen. So weit wurden die Verwundeten von den Ambulanzen getragen. Vater bekam 4 Verwundete, wovon einer durch ein Geschoß im Magen schwer verwundet war und wegen der Erschütterung mit dem Wagen dauernd jammerte! Ihm folgte ein Verwandter, der sich viel um den Verwundeten mühte. Beide nahmen Abschied voneinander und weinten sehr! –

In Böklundfeld, im Hause, wo jetzt Kätner Johs. Lorenzen wohnt, war ein Feldlazarett, wo man die Verwundeten erst untersuchte und verband. Der Schwerverwundete war eigentlich nicht transportfähig, mußte aber doch den langen Weg mitmachen und starb auf dem Südermarkt.

Unterwegs kamen viele Verwundetenwagen und Gefangene hinzu. Vor Vaters Wagen gingen die gefangenen Mädchen aus Stolk, die beschuldigt waren, den General Schleppegrell erschossen zu haben. Das war aber eine falsche Verdächtigung, da der General gar nicht in ihrer Nähe gehalten hatte! Die Mädchen waren gerade beim Backen, und einige Jäger warfen ihre Gewehre zu ihnen hinein. Die Waffen flogen aber wieder aus dem Fenster hinaus und waren mit Teig beschmiert, weswegen die Mädchen in Verdacht gewesen waren!

Der General Schleppegrell ist nicht dort gefallen, wo der Denkstein steht, sondern in dem Wege südlich von Stolk, welcher in den Fußsteig nach Idstedt endet. Dort wurde der ganze feindliche Stab vernichtet und war schon die Schlacht zu Gunsten der Schleswig-Holsteiner entschieden, so daß der dänische General Krog es nach Flensburg melden ließ, was leider durch den vorzeitigen Rückzug der Schleswig-Holsteiner sich so schmerzlich änderte.

Als mein Vater von der Verwundetenfahrt zurückkam, wagte er aus Furcht vor erneuter Beschlagnahme nicht, direkt nach Hause zu fahren, sondern benutzte den nördlichen Abweg vor dem Dorfe (Th. Hansen) in unser Feld hinein. Hier spannte er aus, ließ das Pferd auf der Weide und ging nach Hause, wo Mutter ihn in tausend Ängsten erwartete!

Kurz danach wurde Vater mit Schaufel und Spaten nach dem Kirchhof bestellt, um die Gruft für die Gefallenen zu graben. Er ging ahnungslos dahin. Bei der Kirchenpforte angekommen, wäre er beinahe umgefallen vor Schreck, als er all die Gefallenen (56) eben hinter der Kirchenpforte aufgestapelt liegen sah, so grausam verblutet und beschmutzt von dem Regen, der in den Tagen des Kampfes niedergegangen war. Nun mußte Vater mit mehreren Nachbarn ein Massengrab graben. Unter den Kulengräbern war auch Claus Asmussen (jetziger Besitzer Hans Erichsen), auch zuweilen – Nishen – genannt /Vater vom Verstorbenen Asmussen, Kornhändler in Schleswig, Gallberg) zugegen.

Asmussen legte nun zuerst einen dänischen und einen deutschen Offizier nebeneinander hin und sagte: „Kön'n i ju nu verdrägen?" – Darauf folgten alle anderen Gefallenen. –

Es liegen im Grab 2 dänische und 1 schleswig-holsteinischer Leutnant. Die beiden dänischen Offiziere haben Gedenksteine. Der schleswig-holsteinische Offizier hatte in meinen Kinderjahren ein hölzernes

Kreuz, welches leider längst nicht mehr vorhanden ist und auch nicht wieder ersetzt worden ist. Ein namentliches Verzeichnis der hier ruhenden Gefallenen ist nicht vorhanden. –

Die Gräber auf dem Friedhof in Böklund.

Es hat dann später eine Beerdigungsfeier stattgefunden, eine Feierlichkeit in der Kirche und am Soldatengrab, wo die Gräber geschmückt, bekränzt und die feindlichen Fahnen aufgepflanzt waren usw. Während der Feier hat man die dänischen Fahnen heruntergerissen, und mit Steinen beschwert, in einem Wasserloch auf einer nahen Koppel versenkt, wo sie vielleicht heute noch ganz tief vermodern! –

Nach der Schlacht geriet das Dorf Böklund und Umgebung in Belagerungszustand, wurde mit Militär belegt, welches unter dem Befehl eines Offiziers mit Namen Hammer stand. Vor dem Offizier mußten alle, die ihm vorbeigingen, den Hut abnehmen. Um dies zu umgehen, gingen alle Böklunder ohne Kopfbedeckung. Darauf wurde befohlen, daß die Entblößten in militärischer Haltung durch Anlegen der Hand an den Kopf vorübergingen.

Befehle über Befehle folgten. – Alle Waffen und waffenähnliche Gegenstände (Jagdgewehre, Pistolen, Säbel usw.) mußten abgeliefert werden. Öfter wurden Haussuchungen nach solchen Sachen abgehalten, auch nach mehrfarbigem Tuch (blau-weiß-rot, oder schwarz-rot-gold, die damaligen deutschen Bundesfarben).

Freundschaftliche Zusammenkünfte durften nicht stattfinden, wenn der Offizier nicht mit eingeladen war.

Regelsen, ein Dorfbewohner aus Nübel/Schleswig berichtet:

Hinter der Front bei Idstedt.

Erinnerungen aus den Juli Tagen von 1850.

Drückende Gewitterschwüle lastet über Südschleswig, lastet über meinem im Grün der Knicks und Gärten halbversteckten Heimatdorfe.

Blauer Rauch steigt von Koppeln und Hofplätzen neben den langgestreckten, strohbedeckten Angler Bauernhäusern empor - grüne schleswig-holsteinische Jäger - ihre Achselklappen besagen, daß sie zum 5. Korps gehören - kochen dort in mächtigen Feldkesseln ihr Mittagsmahl. Soldaten auf allen Dorfstraßen. Posten und Ordonnanzen vor der grün bewachsenen Dorfschule, in der General von der Horst, der graubärtige alte Haudegen aus den deutschen Befreiungskriegen, mit dem Stab der 3. schleswig-holsteinischen Brigade liegt.

Es ist um die Mittagsstunde des 24. Juli 1850. Ich stehe im dämmergrünen Apfelhofe meines Elternhauses und politisiere mit Jochen Heinerath, dem biederen Burschen eines aus Braunschweig stammenden Jägerhauptmanns.

„Jo, Heine," erzählt Heinerath, „nu duert dat nich mehr lang, denn hebbt wie Hannemann hier un de Slacht geiht los. Denn kann dat god warrn."

„Jo, Minsch, Heinerath," antwortete ich überzeugungsvoll, „Ji wüllt de olen Dänen wull op'n Swung bringen."

Noch hat Heinerath meine Meinung nicht besiegelt, als mit einem Male in der Ferne dumpfes, grollendes Rollen und Donnern ertönt. Ist es ein Gewitter, sind es Schüsse?

Die Jäger springen auf oder legen sich mit dem Ohr auf den Erdboden und lauschen; eine ganze Weile hört man kein anderes Geräusch als die fernen, dröhnenden Schläge. Noch fühle ich die unheimliche Spannung jener Augenblicke, in die plötzlich von der Straße herüber wie erlösend Trommel- und Hörnerklang hineinschmettert - Generalmarsch! „Hurra, dat geiht los!"

Und nun - das scheint ebenso unerhört, wie Freund Heinerath - werden die Kochkessel mit der schönen brodelnden Reissuppe umgestoßen - man denke, ohne weiteres umgestoßen! Das Fleisch wird zwar mit Seitengewehren und allem, was man gerade zur Hand hat, herausgefischt, aber die schöne Suppe! Ein paar besonders hungrige Gäste wollen sich noch ihr Teil retten, aber sie holen sich nichts als einen verbrannten Mund. Unter dem Gelächter der Kameraden eilen sie prußtend und mit verzerrten Gesichtern zum Sammelplatz. Und eine Viertelstunde später steht das ganze Dorf am Berender Wege und sieht die lange grüne Jägerkolonne - an der Spitze der alte General und der Stab zu Pferde, im Nachtrab rumpelnde Marketender- und Bagagewagen und Sanitätssoldaten mit blutroten Tragbahren - dem Kanonendonner entgegenmarschieren. Ernste Gedanken hier und dort - obgleich noch manches Scherzwort aus der Kolonne herüberfliegt, fühlt das ein jeder.

„Och, du leewe Gott," jammert ein altes Mütterchen, „all de jungen, smucken Lüd! Nu sünd se noch gesund un öwermödig, un hüt awend liggen se viellicht all dod oder to Kröpels schaten." - Bis zum Abend hallt das Gedonner und Geknatter zu uns herüber. Und dann, als es still wird, sehen wir im Norden blutigrote Feuersbrünste durch die Nacht lodern - durch jene unheimliche, erwartungsvolle Nacht vom 24. zum 25. Juli 1850.

*

Die ersten Kanonenschüsse dröhnen durch die Morgenstille; die Türen meines Alkovenbettes beginnen zu klappern und zu klirren, und ich springe empor und fahre in meine Holzpantoffeln hinein - das Zeug habe ich nicht vom Leibe gehabt.

Der 25. Juli 1850 beginnt zu tagen, die Uhr zeigt auf drei. Kalt und grau ist es draußen, und ein feiner, durchdringender Regen rieselt herab.

Durch die totenstille Dorfstraße gehe ich nach dem alten hölzernen Glockenturm neben unserer Kirche. Da drinnen herrscht noch stockfinstere Nacht. Vorsichtig klettere ich in der Dunkelheit am staub- und spinnwebüberzogenen Gebälk bis zum obersten Schalloch empor, um Ausguck zu halten. Im Zwielicht sehe ich fern im Nordwesten die langgezogenen Blitze der Geschütze durch das Nebel- und Regengeriesel über Heide und Feld zucken, höre ich das lauter und lauter anhebende Donnern, Rattern und Knattern, und leise und gespensterhaft heben die Kirchenglocken über meinem Haupte von selbst an zu klingen und zu summen.

*

Um 6 Uhr morgens will ich wie alltäglich mit dem Milchwagen meines Onkels nach Schleswig fahren. Ich bin aber nicht weiter als Hoheluft an der Wellspanger Landstraße gekommen, als unser Knecht mir nachgesprengt kommt, um mich zurückzuholen. Vater sind im letzten Augenblick doch noch Bedenken gekommen, mich so weit vom Hause zu schicken; wer kann wissen, was der Tag noch bringen mag?

Die Arbeit will heute nicht vorwärts kommen und nach wenigen Stunden geben wir sie ganz auf. Es mag gegen 8 Uhr morgens gewesen sein, als ich mich auf den Weg zu meinem Freund Thomas Hansen auf Berendholz mache. Das erste, was mir da begegnet, sind mehrere Bauernfamilien, die, zum Teil noch nicht einmal ganz angekleidet, ihre Wagen, hoch mit Hausgerät und Bettzeug beladen, aus Oberstolk und Idstedt geflüchtet sind. Der Kampf tobt in ihren Dörfern, und der rote Hahn sitzt auf ihrem Dach. Dumpfe Verzweiflung spricht aus den Gesichtern der Männer, und die Frauen und Kinder weinen laut vor sich hin - es ist ein Bild zum Erbarmen.

Dann kommen mehrere leichter Verwundete schleswig-holsteinische Infanteristen und Jäger, die sich aufeinander stützen, und dann ein Trupp von schleswig-holsteinischen Dragonern geführter gefangener dänischer Infanteristen und Dragoner.

In Berendholz herrscht eine unbeschreibliche Aufregung. Die Nachrichten vom Schlachtfelde widersprechen sich. Die ersten zurückgekommenen Verwundete haben voll Jubel von einem glänzenden Sieg bei Oberstolk berichtet, dann sind andere gekommen haben erzählt, daß man dem General von der Horst die Reserven aus dem Rücken geholt habe und der Däne darauf bereits an den Langsee vorgedrungen sei.

Vielleicht eine halbe Stunde lang helfe ich den Leuten von Berendholz ihre Sachen auf eine niedrige, versteckte Wiese hinaustragen, wo sie, wenn der Kampf sich hierher ziehen sollte, sicherer stehen als im Hause, das in Brand geschossen werden kann. Und kaum haben wir das letzte Stück hinausgeschafft, als es anderes zu tun gibt. Immer mehr Verwundete haben sich vom Schlachtfeld hierher zurückgeschleppt, Haus und Hofplatz haben sich mit Ihnen gefüllt, und die Not ist groß. Besonders bedarf man Wagen zur Weiterbeförderung der schwerer Verwundeten, und ich eile nach Nübel zurück, um dort aufzubieten, was noch an Wagen und Pferden zu haben ist. Vor dem Hause meines Vaters halten gerade vier von einem schleswig-holsteinischen Dragoner geführte dänische Gefangene, drei Dragoner und ein durch die Schulter geschossener Infanterist, dessen Waffenrock vom Blut getränkt ist.

Vater will ihnen mitleidig einen frischen Trunk reichen, aber die Dänen sehen ihn finster und ängstlich an und schütteln die Köpfe. Vater ist gutmütig genug, ihnen vorzutrinken, um sie zu überzeugen, daß kein Gift in dem Trunke ist!

Ist das ein Jammer, als ich nach Berendholz zurückkehre!

Den ganzen Kolonnenweg entlang Verwundete über Verwundete! Manche sind erschöpft an die Wälle hingesunken, andere taumeln, sich gegenseitig stützend, mühsam vorwärts. Langsam kommt ein Wagen angefahren, in dem sich ein in den Kopf geschossener Jäger in Krämpfen windet, und dort - Heinerath, mein Freund Jochen Heinerath! Auf zwei Säbel gestützt, humpelt er langsam vorwärts.

„Minsch, Jochen, wat fehlt di?" eile ich ihm entgegen.

„Och Gott, Heine, min Hauptmann, min arme Stakkels Hauptmann," jammert Jochen, „he is dod oder in Gefangenschaft. In Stolk, in'e Stratenkamp, kemen wi an de Tete mank de dänischen Draguners. Ick harr em ruthaut, dat harr nümmer so kamen kunnt, awers denn keem dor en grote, sware Dragunerpeerd mank uns klabastert und perr mi de Föt toschann eh ik drum wies wör, un in desülwe Ogenblick kreeg ik een mit de Plemp öwer de Kopp - un as ik werrer to mi keem, heff ik min Herr nich werrer sehn - ik kunn em je nich helpen!" Und die treue Seele beginnt zu weinen und zu schluchzen wie ein Kind.

Eben habe ich Jochen nach dem Verbandsplatz geführt, als mich ein schleswig-holsteinischer Fourier nach Berend zurückschickt, um auch von dort alle aufzutreibenden Fuhrwerke für die Beförderung der Verwundeten herbeizuschaffen. Doch bereits auf der Fahrt, bevor ich mit den erhaltenen Wagen Berendholz erreicht habe, werden sie von entgegenkommenden Verwundeten überfüllt, so daß ich ohne ein einziges Gespann dort ankomme. Eben hebt man auf dem Verbandsplatz einen durch fünf Kugeln schwerverwundeten Jägeroffizier, der vor Schmerz das Fahren nicht länger ertragen kann, von einem der vom Schlachtfelde eingetroffenen Wagen. Und während man ihn auf einer Bahre weiterträgt, mahnt der Schmerzverzerrte die umherliegenden Maroden und Leichtverwundeten, unter denen gewiß noch mancher kampftüchtige Mann ist: „Kinder, Kinder, geht an die Front und kämpft für unser Vaterland, es ist bitter nötig!"

Nie vergesse ich diese Worte ...

*

Es mag um 2 Uhr nachmittags gewesen sein, als ich bei Nübel auf Peter Schmidt's hoher Kirchenkoppel stehe und in zitternder Erregung nach dem Schlachtfelde ausspähe. Da - plötzlich - tauchen im Westen unabsehbare Kolonnen auf und wälzen sich auf unser Dorf zu. Es sind Teile der unglücklichen schleswig-holsteinischen Armee, die ihren Rückzug über

Missunde nehmen wollen. In Nübel wird gerastet und Ordnung in die Reihen gebracht, und das ganze Dorf eilt herbei, um die todmüden, noch vom Pulverrauch geschwärzten Soldaten mit Speise und Trank zu laben. Manche von ihnen sind Nübeler Kinder, so plaudere ich mit Asmus Friedrichsen und Peter Feldhoff, die beide beim 5. Jägerkorps stehen. Sie sind in einer verzweifelten Stimmung, es kocht in ihnen vor Grimm und Wut. „De Slacht weer wunnen," erzählen sie, „wi harrn Oberstolk störmt, de dänischen Batterien uteenanner drewen un de Kanonen nahmen. De dänsche General Schleppegrell weer dotschaten, un de ganze Dörpstrat leeg dicht vull von dode dänische Draguner un Peer. Und do war „Torügg" blast - jo, verdammi, wi dachen, wi verhörten uns – „torügg!" Wi wulln je nich un gungen likers wieder vör, awers toltzt mussen wi't. Un dor leegen unse Kameraden in ehr Blod un wunnen sick vör Wehdag, un unse Fähnrich Schwerdfeger leeg mit 'n Kugel in'e Stirn merrn op de Dörpstrat dot, un sin Pudel stunn un hul uns trurig um Hülp an un lick sin Herrn dat Blot vun 'e Wunn aff - och, dat weer tom Gotterbarmen! Un alles umsuns, alles Bedrugg un afkort Spill ..." Und die Stimmen beben vor Erregung.

Kolonne auf Kolonne sammelt sich und marschiert weiter nach Missunde. Um 4 Uhr kommt als letzter geschlossener Truppenteil die Dragonerschwadron des Grafen Baudissin von Berendheide herüber traurig und still durch unser Dorf geritten. Da stehen die Frauen und Mädchen in den Türen und weinen laut, und Knaben und selbst Männern - auch mir - rollen Tränen über die Wangen. Jetzt treten auch viele Bauern mit Frau und Kind und ihrer besten beweglichen Habe und fast alle jungen Leute des Dorfes die Flucht an. Auch mich wollen sie überreden, mit nach Rendsburg zu fliehen, weil der Däne alle jungen Leute zum Militärdienst pressen und gegen ihre eigenen Brüder ins Feld schicken werde. Aber Vater schüttelt den Kopf und rät dringend ab: „Blievt ruhig hier," sagt er den Flüchtlingen, „jüs, wenn Ji weglopt, makt Ji sik bi de Dän verdächti un kamt nahdem nich licht werrer in de Heimat torügg. De Dän schall Ji wull de Kopp sitten laten; Sleswig-holsteensch sind wi all, wenn he uns dorför strafen will, ward he nümmer dormit fardi. Un Jungs, de ewen kunfermeert sünd, nimmt he eben so weni to Suldaten, as de Sleswig-Holsteeners!"

Aber nur wenige lassen sich raten, und die meisten führen die kopflose Flucht aus.

Mehrere Stunden lang kommen jetzt noch hin und wieder versprengte Nachzügler durchs Dorf gezogen - zuletzt elf todmüde Infanteristen vom 10. Bataillon, die bereits abgeschnitten waren und nur noch mit großer Mühe und Gefahr der Gefangenschaft entronnen sind.

Wir reichen ihnen Erfrischungen und lassen uns ihre abenteuerlichen Erlebnisse erzählen. Als sie darauf aufbrechen wollen, versucht der eine von ihnen, sich um die Ecke der Wirtshausscheune davon zu machen.

„Brix!" ruft da einer seiner Kameraden, das Gewehr schußbereit auf ihn anlegend, „ick weet, wat du wullt!" Das hilft, der Drückeberger versteht den Wink und zieht mit seinen Kameraden weiter, und wir schieben voll Angst und Unruhe förmlich nach, um unsere Infanteristen außer Gefahr zu bringen.

Und es ist höchste Zeit. Denn kaum haben die elf Schleswig-Holsteiner die „Gänseweide" vorm Dorf hinter sich, als mit einmal die erste dänische Dragonerpatrouille vorm Wirtshause auftaucht. Ein dicker Wachtmeister ruft mich an: „Er Tysker i Byen?" (Sind Deutsche im Dorfe?) „Nein," antworte ich, und ich lüge nicht, denn sie sind ja wirklich schon aus dem Dorfe heraus. Nun macht der Wachtmeister mir in gebrochenem Deutsch klar, daß ich mir ein Pferd verschaffen und sie als Führer nach Wellspang begleiten soll. Ich will erwidern, daß kein reitbares Pferd im Dorfe zu haben ist, aber der Wachtmeister, dem mein Widerwille in die Augen fallen mag, läßt mich gar nicht erst ausreden und brüllt mich an, die geladene Pistole erhoben haltend: „Lauf, du tyske Abekat, oder ich skieß dir von hinten!"

Was soll ich tun?

Im ganzen Dorfe sind nur noch drei Pferde geblieben - zwei alte „Buttermilchpferde", die keinen Reiter mehr tragen können, und ein vierjähriger Hengst, den noch kaum einer geritten hat.

Aber der Wachtmeister flucht und droht mit der Pistole, und wohl oder übel muß ich mir den Hengst holen und mit den Dragonern gen Wellspang reiten - ein unheimlicher Ritt!

Aber ich komme nicht weiter als Brekling. Da steht vor dem jetzigen Amtsvorsteherhause ein dänischer Infanterieleutnant mit mehreren Gemeinen und dem übel berufenen Johann G. von Haarholm. Der Leutnant ruft mich an und fragte in gutem Deutsch: „Wohin sollst du, mein Junge?"

„Mit den Dragonern nach Wellspang," antworte ich.

„Das ist nicht nötig, mein Junge, dieser Mann hier" - und dabei zeigt der Leutnant auf Johann G. – „wird die Dragoner schon auf den richtigen Weg bringen."

Das lasse ich mir nicht zweimal sagen. Den Hengst am Halfter führend, eile ich nach Nübel zurück.

Am Abend erhält das ganze Dorf Befehl, Speise und Trank nach der „Bygd" zwischen Nübel und Brekling zu bringen, und auch ich muß mit einem Korbe voll Speck, Butter und Brot hinaus.

Fast eine ganze dänische Brigade hat hier Biwak bezogen. In langen Reihen stehen Zelte, Geschütze und Pferde, in unzähligen rot übergossenen Gruppen liegen die Soldaten um die flackernden Lagerfeuer, und da erschallt ihr „Tapprer Landsoldat" durch die Nacht.

Schweigend liefern wir unsere Lebensmittel ab, und schweigend verlassen wir das feindliche Lager. Es drückt uns auf der Brust, es würgt uns im Halse ...

Ach, es ist hart, es ist unbeschreiblich hart und bitter, den Feind nach verlorener Schlacht als Herr und Sieger in der unglücklichen Heimat zu sehen. ...

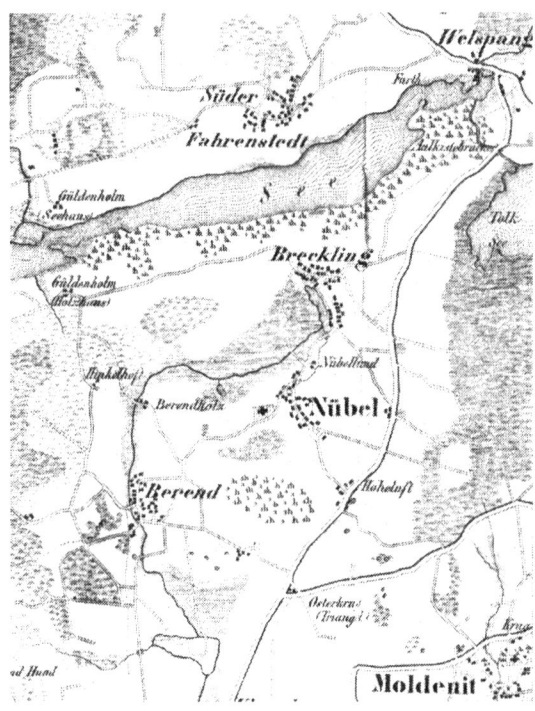

Schleswig-holsteinische Offiziere 1842.

Ein Bataillons-Commandeur
Eintragungen aus seinem Tagebuch

Keines der Trauerspiele aus diesem Kriege, auch selbst nicht die Auflösung der tapfern schleswig-holsteinischen Armee durch ihre deutschen Waffenbrüder und im Namen des deutschen Bundes, erweckt in der Erinnerung so bittere Empfindungen als die Schlacht von Idstedt. Wohl hatte der berühmte Suwarow Recht, wenn er dem Grafen de Maistre antwortete: „Eine verlorene Schlacht ist eine solche, die man verloren zu haben glaubt", allein daß ein Feldherr eine schon so vollständig gewonnene Schlacht für eine verlorene angesehen hat, ist gewiß in diesem Maße ohne Beispiel in der Geschichte.

Sehr natürlich entstand vielfach der Gedanke an Verrath, und unerklärlich wenigstens erschien die Sache selbst den am nächsten Betheiligten; allein für mich, der ich bald nach der Katastrophe durch ein neues Dienstverhältnis in die Nähe des commandirenden Generals gelangte, verschwand alsbald jede Unklarheit und jeder Zweifel. Die ganze Persönlichkeit Willissen's, seine Denkungsweise, selbst seine Werke über den Krieg lieferten vollständige Aufklärung über sein Verhalten bei Idstedt. Sein Ideal, vor wie nach der Schlacht, war Radetzky's Rückzug von Mailand bis in die sichere Stellung hinter der Etsch. In derselben Weise wie die Sardinier sollten die Dänen bis vor Rendsburg gelockt werden und sollten sich an dieser von Willissen trefflich befestigten Stadt die Köpfe zerschellen.

Die Dänen aber hüteten sich, das deutsche Bundesgebiet zu betreten, und Willissen in seiner Befangenheit ließ ihnen alle Zeit, sich in ihrer Stellung hinter der Schlei und Eider festzusetzen und das ganze Schleswig zu occupiren.

Zu dem Vorrücken bis nach Idstedt war der General nur durch den dringenden Wunsch der Statthalterschaft und des ganzen Landes veranlaßt worden. Die Waffenruhe, welche nach der Schlacht von Fredericia eingetreten war, dauerte bis tief in den Sommer von 1850. Die diplomatischen Federn aber waren im Finstern thätig, und plötzlich verließen die preußischen Truppen unter dem General v. Hahn ihre Stellung im südlichen Schleswig und überließen die Herzogthümer ihrem Schicksal. Nun wurde die schleswig-holsteinische Armee in Brigaden zusammengezogen und marschirte Mitte Juli in starken Märschen nach Norden, um sich nördlich der Stadt Schleswig, hinter dem Langsee aufzustellen. Diese Stellung war trefflich gewählt, und die einzelnen Theile der Armee waren eben so trefflich aufgestellt. Auf dem rechten Flügel stand die zweite Brigade am östlichen Ende des Langsee's an dem Defilé bei Wedelspang. Ihr zunächst stand die dritte Brigade hinter dem Langsee, wo der See schmal und seicht ist, so daß wir hier eine Brücke hatten schlagen können. Die vierte Brigade hielt das Dorf Idstedt besetzt, und die erste Brigade stand noch weiter westlich hinter dem Buchholz. Etwas vorwärts, bei Helligbeck, stand die Avantgardenbrigade unter Oberst v. Gerhard. Unsere Artillerie war ziemlich gleichmäßig an die Brigaden vertheilt, ein Theil derselben stand nebst der gesammten Cavallerie rückwärts von Idstedt als unsere Reserve.

Die dänische Armee rückte am 23. Juli von Flensburg aus gegen uns heran. Ihrer Gewohnheit gemäß rückten die Dänen am Abend vor der von ihnen beabsichtigten Schlacht dicht an unsere Stellung, um am folgenden Morgen mit frischen Kräften in's Gefecht zu kommen. Bei dieser Bewegung stand ihnen unsere Avantgarde im Wege, sie griffen also diese am Abend des 24. Juli mit großer Uebermacht an und drängten sie nach tapferer Gegenwehr zurück. Hierbei wurden unsererseits einige Gefangene gemacht, und von diesen erfuhr General Willissen ziemlich genau den Angriffsplan des Feindes. Die dänische Armee stand in zwei gleichen Theilen auf den beiden von Flensburg nach Schleswig führenden Straßen, für beide Theile aber war Idstedt als gemeinschaftlicher Angriffspunct bestimmt, wobei die zweite Division eine Abtheilung zur Beobachtung des Defilés bei Wedelspang zurücklassen sollte.

Zugleich aber war eine feindliche Brigade unter Oberst v. Schepelern im Westen längs des Treeneflusses herum geschickt, um von da aus in unseren Rückzug zu gelangen; von dieser letzteren Bewegung erfuhr

Willissen nichts. Der Feind wollte seinen Angriff um 4 Uhr Morgens beginnen, und General Willissen entwarf nun den Plan, seinerseits selbst zum Angriff vorzugehen, und zwar um 3 ½ Uhr, also dem Feinde zuvorzukommen und ihn auf dem Marsche zu überraschen. Dieser Plan war ein Meisterwerk und wurde, wie wir sehen werden, vom höchsten Erfolge gekrönt. Die entsprechende Disposition wurde den nach Falkenberg berufenen Commandeurs und Adjutanten gegeben und mit Jubel empfangen. Eine andere sehr kluge Maßregel des commandirenden Generals bestand in dem Befehl, daß die Soldaten die Lebensmittel für den folgenden Tag schon am Abend empfangen, fix und fertig kochen und im Feldkessel aufbewahren sollten.

So weit war alles gut; aber leider, und zum Unglück für Schleswig-Holstein, lag zwischen dem Plane und der Ausführung eine Nacht, und diese Zeit war mehr als hinreichend, in dem schwankenden Geiste Willissen's die besten Entwürfe umzuwerfen. Vielleicht auch haben sich in dieser Zeit böse Rathschläge, für welche Willissen nur zu leicht zugänglich war, bei ihm geltend gemacht. In seinem Generalstabe war er schlecht genug berathen. Genug, kurz vor der zum Vorrücken festgesetzten Stunde wurde an die Brigaden der Befehl ertheilt, in ihren Stellungen zu bleiben und den Feind zu erwarten. Zu allem Ueberfluß war die Adjutantur und das Ordonnanzwesen so kümmerlich wie möglich. Die vierte und die Avantgardenbrigade, in und bei Idstedt, erhielten den Befehl rechtzeitig, die zweite Brigade erhielt ihn zu spät, die dritte und erste Brigade erhielten ihn gar nicht. Jetzt also, beim Beginne der Schlacht hatten wir: Ordre, Contreordre und Desordre.

Und dennoch so sehr wurden wir vom Glück begünstigt und so trefflich war Willissen's ursprünglicher Schlachtplan, daß selbst das Wenige, was davon zur Ausführung kam, hinreichte die Schlacht zu gewinnen. Sehr zu Statten kam uns hierbei, daß der Feind für sein Spionirsystem, das ihm im vorigen Feldzuge so große Dienste geleistet hatte, hier kein Terrain fand. Die Bevölkerung von Süd-Schleswig war vorzugsweise für die schleswig-holsteinische Sache begeistert.

Die Stärke der schleswig-holsteinischen Armee betrug 26.000 Mann, die des Feindes 38.000.

Die zweite Brigade, bei welcher der Schreiber als Hauptmann und Bataillonscommandeur sich befand, stand am frühen Morgen des 25. Juli auf beiden Seiten des Defilés von Wedelspang unter den Waffen und harrte mit Ungeduld des Befehls zum Vorrücken. Ihr Commandeur war der Oberst v. Abercron. Mit dem Schlage halb 4 Uhr rückte die Brigade auf und zu beiden Seiten der Flensburger Straße vorwärts, wurde schon nach kurzem Marsche mit dem ebenfalls vorrückenden Feinde handgemein und warf ihn im ersten

Angriff zurück, wozu freilich keine große Bravour gehörte, da die hier gegenüberstehende dänische Brigade nur halb so stark war als unsere. Alsbald aber langte der Befehl zum Zurückgehen in die Stellung hinter Wedelspang an, die Officiere zogen mit unsäglicher Mühe ihre im vollen Siegeslauf befindlichen Leute aus dem Gefecht, und die zweite Brigade stand während des übrigen Theils des Tages müßig auf dem Felde, mit schwerem Herzen dem Toben der Schlacht zuhörend.

Wellspang mit Blick auf Böklund. Rechts liegt das Kattbeker Gehölz.

Die dritte Brigade unter General v. d. Horst ging auf einer Bockbrücke über den Langsee (wobei sie ihre Artillerie zurücklassen mußte) gegen das Dorf Oberstolk vor und stieß hier sogleich auf die dänische zweite Division (die Hälfte der feindlichen Armee) unter General v. Schleppegrell, welche auf dem Marsche gegen Idstedt begriffen war. Der Angriff des Generals v. d. Horst traf also in Oberstolk die feindliche linke Flanke. Ein Theil des Feindes hatte Oberstolk bereits passirt, zuletzt eine Zwölfpfünder-Batterie und der Divisionsgeneral selbst mit seinem Stabe. Im Dorfe befand sich das dänische 13. Bataillon; dies hatte also den ersten Schlag auszuhalten. Das Bataillon, obgleich auf dem Marsche und völlig unvermuthet überrascht, setzte sich gleichwohl herzhaft zur Wehr, wurde dafür aber auch so übel zugerichtet, daß es für den ganzen übrigen Theil des Tages aus dem Gefechte gezogen werden mußte.

General Schleppegrell, welcher das heftige Feuer im Dorfe hörte, schickte nach einander fünf Adjutanten dahin, um Nachricht zu erhalten, aber keiner von diesen kehrte aus dem Feuer zurück.

Der General schickte dann eine Cavallerie-Schwadron, die sich bei ihm befand, dem 13. Bataillon zu Hülfe; aber diese verlor 70 Mann im ersten Anlauf.

Unterdessen war auch die dänische Zwölfpfünder-Batterie aufgefahren, allein sie hatte kaum noch Zeit, einige Granaten unter unsere heranstürmenden Jäger zu werfen, so war sie erstürmt und genommen, und alles, was sich nicht durch Flucht zu retten vermochte, wurde gefangen, darunter auch der Batterie-Chef Capitain v. Baggesen.

Jetzt kam die Reihe an das Divisions-Commando selbst. General Schleppegrell fiel zuerst und bald nach ihm der Sous-Chef seines Stabs, Capitain v. Kranold. Der erste Chef des Stabs, Oberstlieutenant v. Bülow, wurde schwer verwundet und gefangen. Die inzwischen herangekommenen übrigen Truppen der dänischen zweiten Division waren regelmäßig mit starkem Verluste zurückgeschlagen worden. Die Officiere, welche an Schleppegrell's Stelle nach einander das Commando übernahmen, waren die Obersten v. Trepka und v. Laessoe, letzterer ein ausgezeichneter Officier. Allein der Tod schien es hier besonders auf die Commandeurs abgesehen zu haben: beide fielen sobald sie ihre Truppen geordnet und in den Kampf geführt hatten.

Diesem rasenden Kampfe bei Oberstolk mußte unsere zweite Brigade aus geringer Entfernung unthätig zusehen, mit welchen Gefühlen, brauche ich nicht zu schildern. Der Chef des Generalstabes von der Tann, erschien zwar auf kurze Zeit an dieser Stelle, aber ein Befehl wurde nicht gegeben.

In welcher Verfassung sich die dänische zweite Division nach allen diesen Schlägen befand, kann sich Jeder ungefähr selbst denken, es geht dies aber am besten aus dem Umstande hervor, daß der General de Meza später von dieser ganzen Division nur 5000 Mann zu sammeln vermochte.

Aber die Dänen erhielten jetzt Hülfe von einer Seite, von welcher sie dieselbe am wenigsten erwarten konnten. Der zweite Chef unseres Generalstabes, Major Wyneken, erschien persönlich bei der dritten Brigade, um den Befehl zum Zurückgehen in die Stellung hinter dem Langsee zu überbringen. Einstweilen schickte er die Reserve der dritten Brigade Hals über Kopf zurück.

General v. d. Horst nahm seinen Rückzug in der Richtung nach Idstedt, weil er dort ein heftiges Feuern wahrnahm, und machte auf diesem Wege eine große Anzahl Gefangener.

In unserem Centrum, in und bei Idstedt, fielen zwar heftige Kämpfe vor, aber nichts Entscheidendes. Es war dies der einzige Punct, wo der Feind anfänglich einige Vortheile errang, weil ihm hier die neugebildeten aus den verschiedenen Truppentheilen bunt zusammengesetzten Bataillons der vierten Brigade (unter Oberst v. Garrell's) gegenüberstanden. Indessen kam auch an dieser Stelle das Gefecht wieder zum Stehen, als die Avantgarden-Brigade der vierten Brigade zu Hülfe kam und das fünfzehnte Bataillon das Dorf Idstedt mit stürmender Hand zurückeroberte, während die Energie des Feindes durch die auf anderen Puncten des Schlachtfeldes erlittenen Schläge bedeutend gelähmt wurde. Leider war dieses Zurückweichen der vierten

Brigade das Erste (und fast auch das Einzige!), was General Willissen von der Schlacht wahrnahm.

Von den siegreichen Kämpfen unserer dritten und ersten Brigade erfuhr er nichts, denn an Adjutanten und Generalstabsofficieren litt unsere Armee den äußersten Mangel, nachdem die meisten preußischen Officiere mit General Bonin abgegangen waren.

Die erste Brigade unter dem General Graf Baudissin bildete den linken Flügel unserer Stellung und war nur durch das Buchholz und das Buchmoor von der Straße getrennt, auf welcher die dänische erste Division gegen Idstedt marschirte. Als daher die Brigade zum Angriff vorrückte traf ihr Stoß, ähnlich wie bei der dritten Brigade, in die Flanke des von dieser Seite keinen Angriff erwartenden Feindes. Die erste Brigade war durch Detachirungen zur Sicherung der Uebergänge über die Treene bis auf 2 ½ Bataillons geschwächt, aber ihr Führer, der Bayard der schleswig-holsteinischen Armee, hatte nicht die Gewohnheit, seine Feinde zu zählen. Sein Angriff war so heftig, daß sich der Feind nur durch das Heranziehen seiner ganzen Reserve vor einer völligen Niederlage retten konnte.

An dieser Stelle befand sich auch der Obergeneral der dänischen Armee, General v. Krogh, und dieser erhielt jetzt - während er sah, daß seine Truppen bei Idstedt keinen Fußbreit Terrain gewinnen konnten, und während er gegen die stürmischen Angriffe des Generals Baudissin seine letzte Reserve aufzubieten genöthigt war - die ersten Meldungen von der Katastrophe bei Oberstolk und gab die Schlacht verloren. Seine einzige Sorge war jetzt, die in unseren Rücken entsandte Brigade zu retten, und nur so lange, bis diese in Sicherheit war, wollte er sich zu halten suchen. Dorthin also entsandte er den Befehl zum schleunigsten Rückzuge. Das Standhalten der dänischen Armee würde indessen nicht lange gedauert haben, wäre nicht unsrerseits die dritte Brigade aus ihrer Siegesbahn gerissen und die zweite Brigade in Unthätigkeit gehalten worden. Aber in diesem verhängnißvollen Moment, als jene dänische Brigade den Rückzug ausführte, erhielt Willissen die erste Meldung von ihrem Dasein und hielt es jetzt für die höchste Zeit sich zurückzuziehen.

Das Märchen von einem gewaltigen Angriffe, welches der dänische Bericht mittheilt, ist geradezu lächerlich. Kein Mensch hat diesen Angriff gesehen. Wir zogen so ungenirt wie möglich vom Schlachtfelde, und von einer Verfolgung war so wenig die Rede, daß z. B. die zweite Brigade eine Aufstellung nördlich der Schlei nehmen konnte (sie that dies in dem guten Glauben, daß wenigstens die Schlei-Linie vertheidigt werden sollte!) und dort ungestört blieb bis gegen 11 Uhr in der Nacht der Befehl zur Fortsetzung des Rückzuges nach Rendsburg eintraf.

So schmachvoll endete diese Schlacht, die so ruhmvoll begonnen hatte und von der das Schicksal des ganzen Feldzuges, aber auch das Schicksal jenes unvergleichlichen Landes abhing, das von Deutschland im Stiche gelassen war und dessen Söhne hier mit Muth und Todesverachtung den eingedrungenen Feind bekämpften.

Willissen selbst fühlte am wenigsten, wie viel er muthwillig geopfert hatte. In seiner Unkenntniß der Verhältnisse, sowie in der Vergangenheit durch eine vorgefaßte Idee glaubte er vielmehr einer großen Gefahr entronnen zu sein und einem gewissen Siege entgegen zu gehen. Sein Generalstab theilte seine Ansicht, und Major Wyneken erschien wochenlang täglich mit Tagesanbruch auf den Duvenstedter Höhen, um gleich bei der Hand zu sein wenn die Dänen den sicher erwarteten Angriff beginnen würden. Natürlich hüteten sich diese, vor Rendsburg zu erscheinen, aber sie benutzten die Ruhe, die wir ihnen gönnten, um ihre Stellung an der Schlei zu befestigen, und so groß war Willissen's Verblendung, daß er sogar Friedrichstadt, und damit auch die wichtige Landschaft Eiderstedt, in Feindeshand fallen ließ. Daß Friedrichstadt der Schlüssel zu der Stellung bei Schleswig ist, weiß jeder Lieutenant von der Kriegsschule her, und einem Strategen wie Willissen konnte es unmöglich unbekannt sein. Der General war eben nur Theoretiker und kein Mann der That, was General Bonin in so ausgezeichnetem Maße war.

Der Oberst v. d. Tann war ohne Zweifel ein tapferer und entschlossener Führer, aber kein Generalstabsofficier. Wäre er bei Idstedt commandirender General gewesen und Willissen sein Chef des Stabes, die Sache wäre gewiß anders gekommen.

Wie wenig Willissen die Verhältnisse kannte, wird ferner noch bewiesen durch sein unseliges Diplomatisiren noch wenige Tage vor der Schlacht.

Auch die Einführung eines neuen Reglements war jedenfalls ein arger Fehler. Der Uebergang von der dreigliedrigen Aufstellung zu der zweigliedrigen wäre ohne Zweifel ein Fortschritt gewesen, wären alle diese Veränderungen nur nicht wenige Wochen vor dem Ausbruche des Krieges eingeführt worden.

Wegen seiner späteren Unthätigkeit verdient General Willissen, glaube ich, keinen Vorwurf, denn die weit stärkere dänische Armee in ihrer befestigten Stellung anzugreifen, hätte menschlichem Ermessen nach nur zu einer Niederlage geführt; allein es hätte niemals dahin kommen dürfen, daß eine tapfere Armee in diese schlimme Lage gerieth.

Teil III: Militärische Berichte

Ein englischer Beobachter
auf dem Schlachtfeld von Idstedt

Man wußte, daß die Dänen den Angriff bald nach Tagesanbruch beginnen würden, aber sie weckten die Vorposten auf dem rechten Flügel der Holsteiner durch ein unregelmäßiges Feuer bald nach Mitternacht, was die Leute unter den Waffen hielt und einigermaßen ermüdete, bevor die Schlacht selbst begann. Der Morgen war umwölkt; um halb 3 Uhr in der Frühe fing es heftig zu regnen an, und es fuhr fort herabzugießen bis beinahe 9 Uhr; das Wetter, weit entfernt, so schwül zu sein wie in den letzten 10 Tagen, war sogar kalt, und was Tags zuvor erstickender Staub gewesen, verwandelte sich schnell in Koth. Um halb 3 Uhr ritt ich hinaus gegen Idstedt, an der Hauptstraße von Schleswig nach Flensburg, wo das Centrum des holsteinischen Heers die Höhe eines dichtbewaldeten Hügels besetzt hielt, in der Fronte eine weite Ebene, die sich nordwärts bis an das Dorf Helligbeck, westlich bis Bollingstedt und an den kleinen Fluß Treene ausdehnt, an welchen sich in der Nähe von Gammelund der linke deutsche Flügel anlehnte. In kurzer Entfernung vor der Schlachtordnung waren die holsteinischen Batterien aufgefahren, des Angriffs der Dänen gewärtig. Diese rückten mit Kanonen, Infanterie und Jägern aus ihrer Stellung zwischen Helligbeck und Bollingstedt in der Richtung der Chaussee vor und eröffneten gerade um 3 Uhr ein heftiges Feuer aus ihren Feldstücken; die Batterien der Holsteiner antworteten, und fast zwei Stunden lang war es bloß eine Artillerieschlacht, in welcher die Kugeln rechts und links den Damm und den darauf laufenden Hochweg bestrichen. Das in dichten Kolonnen vorrückende dänische Fußvolk erlitt schweren Verlust, besonders durch eine wohlbediente Batterie Vierundzwanzigpfünder, deren Kugeln, wo sie einschlugen, ganze Reihen niedermähten. Die Infanterie ging zurück, um sich neu zu formiren, und das beiderseitige Feuer ließ auf diesem Punkte nach. Mittlerweile ward, um 5 Uhr Morgens, der rechte Flügel des Generals Willisen bei Unterstolk und Wedelspang angegriffen, aber die holsteinischen Jäger, welche mit äußerster Entschlossenheit den Tag über kämpften, behaupteten sich in den Gehölzen und eingehegten Gründen gegen jeden Versuch, sie aus ihrer Stellung zu werfen. Sie hatten keine so schwere

Kanonade gegen sich, und die Leute sind durchgehend gute Schützen. Sie gingen oft verfolgend vor, mußten sich aber eben so oft in ihre frühere Position zurückziehen. Später am Tage ward es offenbar, daß der Hauptangriff der Dänen nicht gegen diesen, den rechten Flügel beabsichtigt war. Auch auf der äußersten Linken wurden die Dänen auf eine beträchtliche Distanz nordwärts zurückgeschlagen, und da die holsteinischen Tralliörs augenscheinlich vorrückten, während das Feuer vom dänischen Centrum nachgelassen hatte, so faßte man holsteinischerseits sanguinische Hoffnungen. Sie waren voreilig. Die Dänen gingen wieder vor, und die Schlacht entbrannte mit erhöhter Wuth. Der Donner der schweren Kanonen, das Brummen und Pfeifen der Kugeln durch die Luft betäubten das Ohr; das unregelmäßige Kleingewehrfeuer knatterte dazwischen wie das Rasseln einer Klapper, verglichen mit dem Schall einer großen Dampfmaschiene. Eine weitere Stunde verging, und die Schlacht stand ohne Wanken im Geschützdonner. Alles, was durch den Blitz und Donner das Auge wahrnahm, waren die von Punkt zu Punkt über das Feld galoppirenden Batterien; man sah sie Posto fassen und feuern, während sie gleich darauf eine Rauchwolke einhüllte, oder vom Wind gehoben darüber schwebte. Inzwischen zeigten sich uns im Hintergrunde des Gefechtes mehr und mehr die traurigen Scenen, wie sie im Rücken eines kämpfenden Heeres gewöhnlich sind: Gruppen von Soldaten führten oder trugen auf den Armen oder Flintenläufen schwergetroffene Kameraden; andere trugen die Todten und legten sie sanft und sorgsam nieder, als schliefen sie nur und könnten durch eine zu raue Bewegung aufgeweckt werden. Es fehlte an Wagen, um die Verwundeten nach Schleswig zurückzubringen, und überdieß behagte es den Bauern nicht, bis in die Schußweite zu fahren, so daß die Soldaten sie manchmal mit Drohungen herbeitreiben mußten. Die schwerverwundeten Pferde wurden erschossen, und da und dort ist der Knall einer mitleidigen Muskete, die dem Todeskampf eines solchen armen Thiers ein Ende macht, eine von den vielen Episoden (Zwischenstücken) der Schlacht, die ein Zuschauer zu beobachten Muße hat. Aber es sind bloß Episoden; der große Sturm der Schlacht braust fort, unbekümmert um Leben und Leiden. -

Um 7 Uhr zeigten sich die Wirkungen des Geschützfeuers über das ganze Feld; zerstreut liegende Hütten und Bauernhäuser waren durch Bomben in Brand gesteckt und flammten unbeachtet. In einer holsteinischen Batterie zur Linken der Chaussee zersprang ein von einer Granade getroffener Pulverwagen und tödtete vier Pferde und zwei Mann. Ich hörte später wie ein zu dieser Batterie gehöriger Subaltern-Offizier einigen Kameraden sein „furchtbares Pech" auf diesem Punkte schilderte. Drei Kanonen waren ihm demontirt, sein Pferd ihm unter dem Leibe erschossen worden, und der Pulverwagen aufgeflogen - Alles binnen einer Viertelstunde. Die Schlacht ging ihren Gang, immer noch ohne augenfälliges Resultat. Die Dänen waren weder auf der Rechten noch auf der Linken vorgerückt, und es wurde klar, daß das Centrum der Punkt war, auf den sie sich mit all' ihrer Kraft zu werfen vorhatten. Zur Linken des Schlachtfeldes schlugen sich die Jäger beider Heere auf dem offenen Grunde gegen Bollingstedt und Helligbeck, aber ihr Feuer wurde kaum beachtet unter dem Kanonendonner des Centrums. Gegen 7 Uhr wurden die ersten dänischen Gefangenen hinter die Armee gebracht; die meisten verwundet. In diesem Falle **wurden sie von ihren Gegnern so gut behandelt, wie Kameraden.** So schnell als möglich schickte man sie nach Schleswig, und oft lag der verwundete Däne auf einem und demselben Strohbunde mit dem verwundeten Deutschen. Inmitten des Nationalhasses in seiner wildesten Form gewahrte man keine Spur persönlicher Erbitterung und kein Wort des Schimpfs fiel zwischen diesen Hunderten von Verwundeten zweier sich befeindenden Stämme: Es war, als unterwürfen sie sich mit Stillschweigen demselben übermächtigen Schicksal.

Die Veränderungen der Schlachtreihen von 8 bis 10 oder 11 Uhr Vormittags waren kaum merklich. Die Dänen hatten wieder eine rückgängige Bewegung gemacht, und auf dem rechten und linken Flügel dauerte der Kampf unentschieden fort; die Holsteiner behaupteten ihr Feld. Aber der seit dem ersten Tagesgrauen fortgesetzte Kampf hatte die physische (körperliche) Kraft der deutschen Truppen sehr in Anspruch genommen, und man merkte nachgerade, daß sie mit einem Feind zu thun hatten, der ihnen keine Zeit zum Atem holen gönnen wollte. Andere Zeichen, daß nicht Alles mehr in Ordnung war, fingen gleichfalls an, sogar dem Auge eines Laien sichtbar zu werden. Die Zahl der Offiziere war von vornherein zu gering, und jetzt waren ganze Kompanien von Serschanten und Korporälen befehligt, welche nicht das gleiche Ansehen übten, wie die von den dänischen Scharfschützen weggeschossenen Offiziere. Mehrere der Infanterie-Bataillone bestanden aus jungen Rekruten, die zum ersten Male im Feuer waren. Sie fingen an zu wanken. Einzelne Haufen der Soldaten von verschiedenen Regimentern wurden in den Rücken der Armee gedrängt, und Niemand sammelte sie wieder; Andere irrten über die Felder in's Gehölz, oder gingen weiter zurück; der Stab war allzu gering an Zahl, die meisten der Stabsoffiziere hatten je drei oder vier Pferde zu Schanden geritten, und doch beklagten sich die Feldoffiziere an entfernten Punkten über den Mangel an Ordren. Die Munition hatte zu fehlen angefangen; zwar war augenblicklich Zufuhr von Schleswig abgegangen, die Wagen geriethen aber unter die Stroh- und Furaschewagen, welche den Dammweg bedeckten und konnten nicht schnell genug aus diesem Gewirre loskommen. Bis jetzt hatten die Dänen noch kein Terrän gewonnen, aber ebenso gewiß war, daß sie nicht geschlagen waren, und zu Mittag, als sie ihren letzten und erfolgreichen Angriff machten, sah man, warum es unmöglich gewesen, sie zuschlagen. Sie hatten eine starke Reserve, welche nun, frisch und kräftig gegen das holsteinische Heer anrückte, in welchem jeder verfügbare Mann schon seit vielen Stunden kämpfte. Ihr Vorrücken wurde durch eine größere Anzahl Kanonen, als bisher in's Gefecht gebracht worden war, und durch eine starke Reiterschaar gedeckt. Das Feuer war nun eine Stunde lang heftiger, als je zuvor und endlich wich das holsteinische Centrum und retirirte auf Schleswig. Der rechte Flügel bog sich rückwärts, und ging ebenfalls auf die Stadt, der linke Flügel zog sich über das offene Feld westwärts zurück. Ein Viertel nach 2 Uhr war die Armee in vollem Rückzug, aber nicht in Unordnung auch wurde sie auf ihrer Retirade vom Feinde nicht beunruhigt. Ein Zug von Karren, Munitionswagen und Kanonen ging von 3 bis 5 Uhr Abends langsam durch die Stadt; die Einwohner brachten Erfrischungen heraus und vertheilten sie unter die ermüdeten Streiter. Nachts zwischen 9 und 10 Uhr rückten die Dänen ein, die Schlacht war auf beiden Seiten mit Hartnäckigkeit geschlagen und die holsteinischen Truppen hielten sich für ein so junges Heer vortrefflich. Die dänischen Soldaten sind im Durchschnitt viel ältere Leute. Die Holsteiner müssen die Streitmacht der Dänen an Zahl zu gering geschätzt haben, denn sie können sich bis jetzt nicht erklären wie es dem Feinde möglich war, nach drei Angriffen frische Truppen in den Kampf zu führen.

Der Verlust der Dänen an diesem Tage beträgt nach dem endlichen eigenen Bekenntniß des dänischen Kriegsministeriums: 439 Todte, darunter 44 Offiziere, 2718 Verwundete, darunter 90 Offiziere, 614 Vermißte, das heißt meistens von den Schleswig-Holsteinern Gefangene. Der Verlust der Schleswig-Holsteiner beläuft sich auf die Hälfte dieser Summe.

Friedrich v. Jess (vermutlich)
Eine kurze Einführung

Am 2. Juli 1850 war der Friede zwischen Dänemark und Preußen Namens des deutschen Bundes abgeschlossen worden.

Derselbe überließ es den Herzogthümern, ihre Sache mit Dänemark selbstständig auszufechten.

In Voraussicht dieses Ereignisses und in Folge einer vertraulichen Mittheilung des königl. Preußischen Kabinets, wonach beim Abschluß des Waffenstillstandes vom 10. Juli 1849 die geheime Vereinbarung getroffen, daß Preußen verpflichtet sei, seine Officiere aus der schleswig-holsteinischen Armee abzuberufen, wenn die Herzogthümer sich nicht dem Waffenstillstande fügen würden, hatte die Statthalterschaft bereits im Winter 1850 einen Ersatz für den General von Bonin gesucht und glaubte ihn in der Person des Generals von Willisen gefunden zu haben, der in Folge dessen am 9. April den Oberbefehl übernahm. Mit Bonin verließen leider eine nicht unbedeutende Zahl sehr tüchtiger Officiere die Reihen unserer Armee, so groß aber auch deren Verlust gefühlt, war es doch besser, daß es zu diesem Zeitpunkte geschah und nicht erst beim Ausbruch des Krieges.

„Hat nun die Statthalterschaft in Willisen einen für die voraussichtlichen Verhältnisse passenden Oberbefehlshaber gefunden?" das war die Frage, welche sich jeder denkende Schleswig-Holsteiner vorlegen mußte.

Der königl. Preußische Generalmajor a. D. von Willisen hatte als Militairschriftsteller und Stratege sich einen glänzenden Namen erworben, aber als Praktiker in Posen sich nicht bewährt und wurde deshalb außer Dienst gesetzt; es war somit sehr zweifelhaft, ob er der rechte Mann sei, da sehr selten beide Eigenschaften mit einander verbunden sind und wir nur eines tüchtigen Praktikers, nicht aber eines Theoretikers benöthigt waren.

Kaum hatte nun Willisen das Armeecommando übernommen, begann er die feste Organisation unserer jungen Armee gänzlich zu zerstören, indem er die von Bonin bereits auf dem Papier organisirten zehn mit allem Kriegsmaterial ausgerüsteten Bataillone auflöste, die vorhandenen 20 Bataillone übermäßig verstärkte und jedes Bataillon in zwei Abtheilungen formirte, die als selbstständige taktische Bataillonskörper auftreten sollten, und solches zu einer Zeit, wo jeden Augenblick der Krieg auf's Neue ausbrechen konnte. Waren der Armee schon durch den Abgang der zurückgerufenen preußischen Officiere die besten Kräfte entzogen, so erheischte die Organisation noch eine größere Zahl bewährter, höherer Führer, die aber nicht so leicht zu finden waren.

Hatte nun unsere Statthalterschaft dem unberechtigten Verlangen Willisen's zu einer veränderten Organisation nachgegeben, so sollte man doch von ihr erwartet haben, daß sie das Verlangen einer sofortigen Mobilmachung als Bedingung stelle, damit Führer und Mannschaften sich in die neue Organisation hineinleben könnten; aber auch dieses geschah nicht.

In der Bildung seines Generalstabes bewies Willisen die gleiche Unfähigkeit passende Persönlichkeiten zu finden. Zu seinem Stabschef wählte er erst beim Ausbruche des Krieges den königl. Baierischen Obersten von der Tann, welcher sich durch Glück, persönliche Tapferkeit und Liebenswürdigkeit in den Jahren 1848 und 49 einen guten Namen im Lande erworben, aber zu dem genannten Posten auch nicht die geringste Befähigung hatte. Zum Souschef des Stabes hatte er gleich nach der Uebernahme des Obercommando's den früheren königl. Hannover'schen Premierlieutenant Wyneken, der als Major im Stabe eintrat, erwählt, dem es zwar nicht an Fähigkeiten fehlte, aber kein Geheimnis daraus machte, daß ihm die Sache der Herzogthümer als eine ungerechte erschien und er nur gekommen sei um zu lernen.

Der ganze mit der Oberleitung der Armee betraute Generalstab bestand somit aus Officieren, die weder Landes- noch Personen-Kunde hatten und so kann man sich nicht gar zu sehr über die folgenden Ereignisse, welche wir darzustellen haben, wundern.

Erst nach bekannt gewordenem Friedensschlusse wurde die Mobilmachung verfügt, und schon am 13. Juli stand die Armee bei Rendsburg und Kiel in einer Stärke von 20 Bataillonen, 12 Schwadronen, 10 ½ Batterien mit 84 Geschützen und 1 Pionier-Bataillon in fünf Brigaden, eine Kavallerie- und eine Artillerie-Reserve eingetheilt, zusammen 26.000 Mann, zum Einmarsch in das Herzogthum Schleswig bereit. Leider aber fehlte den Truppentheilen der innere Halt, indem außer der neuen Organisation erst 4 Wochen vorher jeder Kompagnie 50 Rekruten, die natürlich nur nothdürftig ausgebildet, und jetzt wieder 100 Reservisten zugetheilt wurden, die fast ebenso unbekannt mit den Verhältnissen waren.

Diesem erst zu spät erkannten Umstande durfte es wohl beizumessen sein, daß Willisen sich weigerte in Schleswig einzurücken, sondern den Feind unter den Mauern von Rendsburg erwarten wollte.

Nach langen Unterhandlungen zwischen der Statthalterschaft und dem Obergeneral ward endlich der Einmarsch in Schleswig für den 14. Juli angeordnet und in richtiger Würdigung aller in Betracht kommender Verhältnisse die Stellung bei Idstedt als die zweckentsprechendste erwählt.

Kaum aber war diese eingenommen, so begann der Obergeneral auf eigene Hand mit dem dänischen Obercommando diplomatische Verhandlungen einzuleiten, die natürlich zu keinem Resultate führen konnten, aber zur Genüge bewiesen, daß Willisen weder Vertrauen zu sich noch zur Armee hatte, da er sich sonst hierzu nicht herbeigelassen haben würde. Unter anderen Verhältnissen hätte dieser Schritt mindestens seine Entlassung nach sich ziehen müssen. Die von Natur sehr feste Stellung bei Idstedt hatte nur den großen Fehler, für unsere Kräfte zu ausgedehnt zu sein, indem die Armee sich in einer Länge von 2 ½ Meilen aufzustellen hatte; aber eben deshalb hatte es dem Obercommando einleuchten müssen, bei der numerisch geringeren Stärke unserer Armee dem Feinde gegenüber sich rein auf die Vertheidigung zu beschränken und erst, wenn durch beharrlichen Widerstand die Kraft des Gegners gebrochen, vielleicht einen Vorstoß zu versuchen.

Die Stellung von Sollbro über Bollingstedt, Engbrück, Hilligbeck über Idstedt bis an den Langsee hätte deshalb nicht als das Schlachtfeld betrachtet werden müssen, sondern die viel günstigere Stellung zwischen dem Ahrenholz- und dem Langsee, die nur eine Ausdehnung von 3500 Schritt hat. Die Truppen hätten somit angewiesen sein müssen, nach erstlichem Angriffe ihre Stellungen zu räumen und in diese von der Natur bereits fest, aber durch Kriegskunst verstärkte Stellung sich langsam kämpfend zurückzuziehen. Statt dessen aber wurde die ganze Armee folgendermaßen auseinander gezogen: Die erste Brigade und die Kavalleriereserve als linker Flügel bei Ahrenholz zur Vertheidigung von Sollbro bis Engbrück, die Avantgardenbrigade von Engbrück bis Idstedt und den Langsee als Centrum, die dritte Brigade bei Güldenholm an der Furth des Langsee's, die zweite Brigade bei Wellspang, beide Brigaden als rechter Flügel, die vierte Brigade im Westergehege beim Langsee, anscheinend als Armeereserve, jedoch hierzu nicht verwendet, mithin die Armee bereits ohne Reserven aufgestellt. Die Artilleriereserve am Westergehege neben der Chaussee.

Unser rechter Flügel war durch den Langsee von Idstedt bis Wellspang in einer Ausdehnung von 8000 Schritt vollkommen sicher gestellt, und wenn der Engpaß von Wellspang und die Furth bei Güldenholm mit 2 Bataillonen, 1 Batterie und 2 Schwadronen besetzt worden wären, so würden die übrigen 6 Bataillone und 1 Batterie zur Verstärkung des Centrums zwischen dem Ahrenholz- und Langsee vollkommen hingereicht und ein anderes Resultat bewirkt haben, aber die unglückliche Idee des Obercommandirenden, den feindlichen Angriff durch Vorbrechen unseres rechten Flügels zu begegnen, ließen ihn diese fehlerhafte Aufstellung selbst dann noch festhalten, als des Feindes Absicht, unser Centrum zu durchbrechen, am Abend des 24. einem Jeden klar sein mußte.

Die dänische Armee, welche am 16. in zwei Kolonnen von Kolding und der Insel Alsen in Schleswig einrückte, besetzte am 17. Flensburg und stand am 18. in und bei Oeversee, eine gute Meile südlich dieser Stadt, in der Stärke von 31 Bataillonen, 19 Schwadronen, 12 Batterien mit 96 Geschützen, 1 Ingenieur- und 1 Brücken-Abtheilung und in 2 Armeedivisionen von 6 Brigaden, 1 Kavallerie- und 1 Artillerie-Reserve eingetheilt, zusammen 36.000 Mann, und somit um 10.000 Mann stärker wie wir.

Übergang südlich des Idstedter Sees

Leopold von Gerhardt
Befehlshaber der Avantgarde

Es ist im Allgemeinen zu bedauern, daß von Hause aus der feste Plan der Defensive gefaßt war. Es wäre gut und hinlänglich gewesen, bloß die Nachricht davon in Umlauf zu bringen, daß dies die Absicht der diesseitigen Armee sei. Dann aber mußte man schon am 17ten oder 18ten mit der Armee nach Flensburg aufbrechen und den Feind, der damals noch nicht konzentrirt war, angreifen und einzeln zu schlagen versuchen, und wenn dies letztere nicht glückte, *dann* wenigstens so viel als möglich Terrain zu gewinnen bemüht sein. So aber verlor man eine schöne und günstige Zeit, während welcher die dänische Armee sich ruhig bei Flensburg zusammenziehen konnte, und da diese von dem Vorhaben der Schleswig-Holsteinischen Armee gewiß genau unterrichtet war, so konnte sie auch um so sicherer einen angemessenen Plan zum Angriff und zur Schlacht bei Idstädt entwerfen.

Am 23ten wurde Oberst *v. d. Tann* zum Kommandeur der Avantgarde geschickt, um diesem den Befehl zu überbringen, er möge sich mit den Vorposten bis Helligbeck zurückziehen, weil diese letzteren in der genommenen Aufstellung zu gefährdet und gewissermaßen in der Luft ständen. Ich schickte mich mit großem Mißmuth an, diesen Befehl auszuführen und machte dem Oberst *v. d. Tann* dringendsten Gegenvorstellungen, jedoch umsonst, und demnach blieb als Soldat nichts Anderes übrig, als, wenn auch mit großem Widerwillen, zu gehorchen. Wer aber das Terrain kannte (die Höhen sind leider auf der Karte nicht angegeben) und die Vortheile, welche eine solche Stellung für die Uebersicht wie für das Gefecht darbot, wird mir gewiß beipflichten, daß es mir mindestens sehr leid thun mußte, meine so zu sagen von der Natur vorgezeichnete Aufstellung ohne Schwertschlag dem Feinde zu überlassen, um dieselbe gegen eine ganz unhaltbare, wie die unmittelbar darauf folgende bei Helligbeck ist, zu vertauschen. Dabei muß noch bemerkt werden, daß im Westen bis nördlich von Jalm, und östlich bis gegen Ulsby, das Terrain durch stete Patrouillen beobachtet war. Im Westen stand General Graf *v. Baudissin* und hatte Truppen seiner Brigade bis Bollingstädt vorgeschoben, die ihre Patrouillen wieder weiter vorschickten; wie war also wohl die Avantgarde gefährdet?

Dem unbefangenen Beurtheiler muß es nach dieser Sachlage nicht so auffallend erscheinen, wenn den Morgen nach dieser Anordnung, als am 24ten, die Avantgarde von den Dänen angegriffen wurde, nachdem die letztern wahrscheinlich von dieser veränderten unvortheilhaften Aufstellung in Kenntniß gesetzt waren. In Folge des am 23ten erhaltenen Befehls zum Zurückziehen der Vorposten bis Helligbeck, erhielt das im Elmholz gelegene Bataillon nunmehr von mir den gemessenen Befehl, sofort das Dorf Idstädt zu besetzen, im Falle des Angriffs der Vorposten aber sofort aufzubrechen und dem Feinde in die linke Flanke zu fallen, durch welche Maßregel ich mir mindestens eine günstige Offensiv-Bewegung aus der neuen so ungünstigen Vorposten-Aufstellung vorzubehalten gedachte. Auf meine eigene Verantwortung war außerdem noch eine Jäger-Kompagnie in Popholtz (ein aus wenigen Gehöften bestehendes, etwa 700 Schritt nördlich von Helligbeck gelegenes Dörfchen) als vorgeschobener Posten zur Beobachtung stehen geblieben.

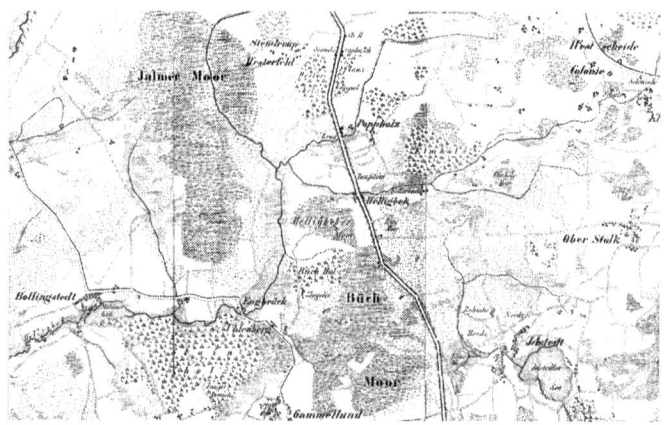

Das Kampfgebiet zwischen Poppholz und Idstedt.

Als mir nun am 24ten, Morgens um 9 Uhr, die Meldung vom Anrücken des Feindes zukam, ritt ich sogleich in Begleitung des Hauptmann *v. Stutterheim* nach Popholtz, ließ wenigstens die südliche Lisière des mehrerwähnten Buchengehölzes besetzen, traf hier und dort noch einige Anordnungen, als auch schon der Feind mit stark überlegenen Kräften die diesseitigen Tiralleurs zurückdrängte und sogleich am Ausgang des Gehölzes einige Geschütze aufstellte, womit er die bei Helligbeck aufgestellten Truppen lebhaft beschoß. Hier ergab sich also sofort der Nachtheil, in welchen man durch unnöthige Aufopferung einer guten Stellung kommen mußte.

In diesem Augenblicke sah und sprach ich den Obersten *v. d. Tann*, der aber sehr bald seiner anderweitigen Bestimmung folgen mußte, die ihn zum kommandirenden General nach Bollingstädt rief. Oberst *v. d. Tann* war nicht allein in der Armee allgemein geehrt und geachtet, sondern auch das ganze Land verehrte in ihm den höchst braven und tüchtigen Offizier.

Das Gefecht hatte begonnen, und ich führte es bis gegen 12 Uhr mit größter Anstrengung und nur wenigen Truppen fort; da gegen diese Zeit das Elmholz verloren ging, Helligbeck aber nicht zu halten war, so zog ich mich einige hundert Schritt zurück, die südöstlich von diesem Gehöfte gelegene Anhöhe besetzend, hier die ferneren Fortgänge erwartend. Der Feind drängte nicht weiter, und so schien das Gefecht für diesen Tag beendigt zu sein. Entscheidend war jedoch für dies Gefecht der Verlust des Elmholzes gewesen, was um so mehr zu bedauern war, da es zu halten war, wenn man berücksichtigt, daß das in Idstädt stehende Bataillon nach der ihm gegebenen Instruktion rechtzeitig genug hätte eintreffen können, um nicht allein den Verlust dieses Gehölzes zu vermeiden, sondern auch dem vorrückenden Feinde auf eine entscheidende Art in die Flanke zu fallen, wozu es ausdrücklich den schriftlichen und menschlichen Befehl von mir selbst, mit Angabe des Weges zu dieser Bewegung, erhalten hatte. Unbegreiflicher Weise hatte aber dies Bataillon, unter Führung eines Hauptmanns, nicht allein diesen in Gegenwart des Hauptmann *von Stutterheim* deutlich erhaltenen Befehl durchaus unbefolgt gelassen, sondern auch gar keinen Antheil am Gefecht genommen und war ruhig in Idstädt stehen geblieben. Nachdem nun das Gefecht, wie schon gesagt, gegen 12 Uhr Mittags beendigt schien, Helligbeck von Freund und Feind unbesetzt geblieben und alles Weitere angeordnet war, begab ich mich sogleich nach Idstädt und machte dem betreffenden Kommandeur in sehr gemessenen aber auch ernsten Worten gerechte Vorwürfe über dessen gänzliche Nichttheilnahme an dem stattgehabten Gefecht. Der Kommandeur wollte sich mit ganz nichtigen Gründen entschuldigen, welche natürlich zurückgewiesen wurden, und es wäre auch die Entfernung von seinem Posten sogleich ausgesprochen worden, wenn ein Stellvertreter nur gleich zur Stelle gewesen wäre. So aber fungirte dieser Kommandeur noch einige Zeit als solcher, bis ihm später ein Ersatz-Bataillon zugetheilt wurde. Die Offiziere seines Bataillons waren über das Verhalten ihres Kommandeurs außer sich, und dies ging so weit, daß sein Adjutant, ein höchst braver und ehrliebender Offizier, sogleich seine Stellung aufgab und in Reihe und Glied eintrat.

Kaum hatte ich hier alles Nothwendige angeordnet und befohlen und war wieder in die Gegend von Helligbeck an die Spitze meiner Avantgarde zurückgeeilt, so begann doch wiederum im Elmholze ein Gewehrfeuer, was anfänglich wohl nur durch Patrouillen entstanden zu sein schien, später indeß immer heftiger wurde. Ich begab mich auf die vorliegende Höhe, von wo man das gesammte Elmholz deutlich übersehen konnte. Es zeigte sich hier sogleich, daß nicht unbedeutende Detachements diesseitiger Truppen mit den Dänen um den Besitz des Elmholzes in Kampf gerathen waren. Einzelne Abtheilungen waren bereits ins Gehölz eingedrungen, als sich mehrere dänische Bataillone in der unzweifelhaften Absicht zeigten, daß gedachte Gehölz zu umgehen und so die vorgerückte diesseitige Infanterie gefangen zu nehmen. Unter solchen Umständen nahm ich, mit 2 Bataillonen und der 12pfündigen Batterie, kommandirt von dem braven Hauptmann *Hoyms*, vorgehend, das Gefecht wieder auf, um die im Gehölz stehenden Truppen zu degagiren und ihr Zurückgehen zu ermöglichen. Das Terrain, mit Kniks (Kniks sind 4 bis 5 Fuß hohe Erd- oder Steindämme, meistens mit Strauchwerk bepflanzt) unterbrochen, erlaubte die Annäherung nur auf großen Umwegen. Die Batterie, indessen angemessen aufgestellt, beschoß die feindlichen Bataillone wirksam mit Shrapnels, die Jäger des 3ten Korps feuerten mit Erfolg in die Flanken des Feindes, und so gelang es dann nach großer Anstrengung, den Feind zurückzuwerfen und die im Holz bedrängten Truppen zu befreien. Das Gefecht endete nun erst gegen 7 Uhr Abends, und es stellte sich heraus, daß gerade das Idstädter Bataillon, welches unverantwortlicher Weise am Morgen keinen Theil an Gefecht genommen hatte, jetzt ohne Befehl, auf eigene Veranlassung sich erlaubt hatte, das Gefecht um das Elmholz anzufangen, was demselben 2 Hauptleute, mehrere Offiziere und über 200 Mann und Todten und Verwundeten kostete. In jeder andern Armee würde der Bataillons-Kommandeur, der so unverantwortlich eigenmächtig und pflichtvergessen gehandelt hätte, vor ein Kriegsgericht gestellt worden sein; hier geschah es nicht, er wurde später als unfähig zur Reserve geschickt. Uebrigens muß bemerkt werden, daß der Verlust der Dänen an diesem Tage noch größer gewesen sein muß, weil besonders deutlich die Wirkung der Shrapnels ersichtlich war. Um 8 Uhr wurden die Vorposten ausgesetzt und es trat völlige Ruhe ein. Der Feind begnügte sich heute hinter dem Buchenwalde seine Armee zusammenzuziehen, von wo aus er am folgenden Tage auf der kürzesten Linie die nöthigen Operationen zur Schlacht bewerkstelligen konnte; auch war er Herr des Elmholzes geblieben. Beides war für denselben von großer Wichtigkeit.

Der Führer der Avantgarden-Brigade brachte die Nacht an einem Hünen-Hügel, auf halbem Wege zwischen Helligbeck und Idstädt-Krug, zu, woselbst auch die 12pfündige Batterie eine ziemlich gute Position eingenommen hatte. An diesem Abende meldete sich noch um 10 Uhr ein Lieutenant *v. St. Paul*, der bei der Avantgarde, und zwar dem 1ten Bataillon derselben, seine Bestimmung erhalten hatte. Da ich denselben noch von früheren Zeiten her aus Glogau kannte, so war er mir sehr willkommen, und bat ich ihn, an meinem frugalen Abendessen teilzunehmen. Am andern Tage bei Idstädt unangenehm verwundet, wurde derselbe doch in einigen Monaten wieder hergestellt und konnte sich noch auf den Vorposten sehr auszeichnen; überhaupt war Lieutenant *v. St. Paul* ein wissenschaftlich gebildeter und talentvoller Offizier.

Gegen 2 ½ Uhr Morgens regnete es etwas. Als Führer der Avantgarde, nach Ausgang des gestrigen Gefechts, mit meinen Vorposten in so mißlicher Lage und im Gefühl der großen Verantwortlichkeit, hatte ich keine besondere Ruhe und ordnete daher um diese Zeit an, daß auf der gesammten Vorpostenlinie so weit Patrouillen vorgeschickt werden sollten, bis sie auf den Feind stießen. Dieser Fall trat bald ein. Denn kaum konnten die Patrouillen über die nahe vorliegende Höhe hinaus sein, so fiel bereits Schuß auf Schuß, und es währte keine halbe Stunde, so war auch die Schlacht in vollem Gange, da die Dänen unsern vorgehenden Patrouillen bereits entgegengekommen waren. Es wurden nun alle Mittel angewandt, um sie aufzuhalten. Alart war ich mit den Truppen, die ich um mich hatte. Das Gefecht dauerte hier stehend etwa 2 Stunden. Als der Feind aber auf beiden Flügeln unserer Armee vordrang, erhielt die Avantgarde Befehl zum Rückzuge. Um 8 ½ Uhr rückte dieselbe bei Idstädt-Krug in die ihr eigentlich angewiesene Schlachtlinie, woselbst auch der kommandirende General der besseren Uebersicht wegen auf einen Hünen-Hügel gestiegen war. Als ich mich bei demselben meldete, sagte er mir in sehr freundlichem Tone: „Ich danke Ihnen und werde Ihnen den heutigen und gestrigen Tag nicht vergessen; Sie werden jetzt etwas Ruhe genießen, indem die 3 rechts stehenden Brigaden en échellon vorgehen, wie dies in der ersten Disposition bestimmt ist, und Sie werden zur angemessenen Zeit dieser Bewegung folgen."

In der That muß hier zum Ruhme der Truppen gesagt werden, daß sie im Allgemeinen sich ausdauernd gut schlugen und von meistens tüchtigen, braven und zuverlässigen Offizieren geführt wurden; um so mehr ist es zu bedauern, daß die Schlacht verloren ging und die aufopfernden Anstrengungen der braven Truppen keinen besseren Erfolg hatten.

In der neuen Position bei Idstädt-Krug stand nun das Gefecht abermals mehrere Stunden. Als aber der Feind nach und nach immer mehr vordrang, gaben sich doch einige Unbestimmtheiten im Befehl kund. So sollte links nördlich von der 12pfündigen Batterie der Avantgarde die reitende Batterie auffahren, es kamen jedoch nur 2 Geschütze dazu, und nachdem ich auf eigene Hand einige Infanterie zu deren Deckung und eine Eskadron Dragoner in der Nähe davon à portèe aufgestellt hatte, kam auch schon wieder der Befehl zum Zurückgehen der reitenden Geschütze. Auch waren den beiden zur Avantgarde gehörenden Eskadronen von mir ihre

Stellungen hinter einer Anhöhe angewiesen worden. Als ich mich aber nach ihnen umsah, um sie nöthigenfalls rechtzeitig verwenden zu können, waren selbige auf höheren Befehl, wie es hieß, fortgeholt worden. Ferner hatte die rechte Flügel-Brigade schon am Morgen um 5 Uhr den Befehl erhalten, vorzugehen, dann wieder später, zurückzugehen, wofür kein Grund vorlag, und so schien keine Festigkeit in den Anordnungen zu liegen; von wem aber diese Unsicherheit ausging, ist nicht mit Bestimmtheit anzugeben. Dem kommandirenden General muß man alle Gerechtigkeit widerfahren lassen. Er ist ein ritterlicher Ehrenmann, überall im stärksten Feuer ruhig und besonnen; ein Chef, der so zu befehlen verstand, daß man den Befehlen allgemein gern gehorchte; ein im geselligen Umgange höchst nobler, liebenswürdiger Charakter. Würden etwa von diesem oder jenem dem Kommandirenden Fehler in der Kriegsführung beigemessen, so sind diese nicht von ihm, sondern von Andern begangen worden, die dessen öftere Nachgiebigkeit, vielleicht in bester Absicht, in Fehlgriffe umkehrten. Zu wünschen wäre gewesen, daß die eminenten theoretischen Befähigungen des Kommandirenden auch in gleichem Verhältniß mit seiner Praxis gestanden hätten. Diese unvorgreifliche individuelle Ansicht kann vielleicht falsch sein; da hingegen ist es sicherlich eine grobe Unwahrheit, wenn sich Meinungen geltend machen wollen, als hätte der Kommandirende ein falsches Spiel mit der von ihm erfaßten Sache der Herzogthümer gespielt.

Nach dieser kleinen Abschweifung, die ja aber wohl auch durch die Erlebnisse eines Einzelnen als motivirt erscheinen dürfte, kommen wir zur Schlacht zurück. Diese stand also für die Avantgarde bei Idstädt-Krug einige Stunden. Noch waren große Unglücksfälle nicht abzusehen; die dem Feinde am nächsten stehenden Truppen der Avantgarde waren den Verhältnissen gemäß aufgestellt; demnach ritt ich in Begleitung des Hauptmann *v. Stutterheim* und einer Ordonnanz der sogenannten Brigade-Flagge (einer empfehlenswerthen Einrichtung zur bessern Erkennung des Brigade-Kommandeurs im Gefecht) auf meinem rechten Flügel nach Idstädt, um zu sehen, wie es hier stände und um den hier befehlenden Offizier anzuweisen, sich sogleich links nach der Straße an seine Avantgarden-Brigade mit dem Bataillon heranzuziehen, sobald er der dazu beorderten Brigade des Obersten *v. Garls* seine Gefechtsposition übergeben haben würde, um sodann zur Reserve für die Avantgarden-Brigade zu dienen. Wer denkt sich aber mein Erstaunen, als ich nach Idstädt kam und Niemand fand? Der Bataillons-Kommandeur war mit seinen Truppen verschwunden, ohne anzufragen, wo er sich aufstellen solle, oder sich andere Befehle einzuholen; später hieß es, er wäre mit dem Bataillon in das rückwärts gelegene coupirte Terrain gezogen, um dort frische Munition zu empfangen. Kurz und gut, ich sah dies

Bataillon nicht wieder. Ob die Schuld allein diesem Kommandeur beizulegen, oder ob derselbe auf ausdrücklich höhern Befehl so gehandelt hat, ist nicht ermittelt worden; die Mannschaft trug keine Schuld daran, denn sie hatte sich in Idstädt brav und lange geschlagen. Der Oberst *Garls* sollte mit seiner Brigade diese Truppen in Idstädt ablösen, von diesem Punkt aus vorgehen, oder ihn wenigstens zu halten suchen. Augenzeugen haben gesagt: es sei zu diesem Zwecke mit 2 Bataillonen in Sections abmarschirt (d. h. mit den sogenannten spanischen Sections, wo 4 lose Rotten mit einem Mann Intervalle eine Section bilden), habe so das Dorf nehmen und das Bataillon ablösen wollen; kurz, sei in dieser trostlosen mangelhaften Formation zum Gefecht vorgegangen. Die vordersten Leute hätten konzentrirtes Feuer bekommen; hätten dies natürlich nicht erwidern können, wären ins Stocken, respective Kehrt machen ohne Befehl, gekommen, und so vollständig davon gelaufen. Dies Letztere, daß nämlich das Dorf Idstädt verloren war, und unserer Truppen statt vorwärts, zurückgingen, sah ich mit eigenen Augen, sprengte zurück, dies dem Kommandirenden zu melden, der es sehr ruhig, aber doch unwillig aufnahm und mich ersuchte, mit ihm zur Stelle zu reiten.

Der Kommandirende ritt bis dicht an die vordersten Häuser und überzeugte sich durch das heftige Gewehrfeuer des Feindes, wie dadurch, daß die diesseitigen Mannschaften hier gar nicht mehr vorgehen wollten, sogar davon liefen, von dem unglücklichen Thatbestand der Meldung; empört über diesen Anblick, rief er den Leuten zu: „Ihr seid ja infame Hundsfotter." Man möchte der Meinung sein, daß nicht Mangel an Bravour der Leute, vielmehr unverantwortliche stupide Führung dieser Truppen den so bedeutenden Unfall herbeiführte. Der Kommandirende sah nun wohl ein, daß selbst seine Anwesenheit nicht im Stande war, für den Augenblick etwas Entscheidendes zu bewirken; er ersuchte mich daher, ein halbes Bataillon meiner Avantgarden-Brigade sofort nach Idstädt zu schicken. Dies geschah, aber natürlich, wie vorauszusehen, zu spät, um eine günstige Entscheidung zu erzielen; nur eine ungünstige hinauszuschieben, war das noch zu erreichen Mögliche. Mittlerweile war ich wieder zu meiner Brigade an der Straße gekommen, und fand hier, bei einem Bataillon, neben welchem eine Batterie im Feuer stand, den Statthalter Grafen *v. Reventlow*. Ich unterhielt mich einige Augenblicke mit demselben und bat ihn, sein Leben hier nicht nutzlos aufs Spiel zu setzen, denn sein Tod könnte und würde der Armee wie dem Lande nur Schaden bringen. Zu gleicher Zeit, oder wenigstens sehr bald darauf, erhielt ich vom Kommandirenden persönlich den Befehl, ebenfalls eine Abtheilung, d. h. ein halbes Bataillon, nach Gamelund links von der Straße zu senden, wo die Brigade des General Grafen *v. Baudissin* focht. Das Gehölz von Gamelund wurde auch wieder genommen. Inzwischen war aber die Meldung gekommen, daß der linke Flügel bedeutend zurückgedrängt sei. Dies bewog den Kommandirenden, mir den Befehl zu geben, mit der 12pfündigen Batterie von Idstädt-Krug abzufahren. Ich erbat mir die Erlaubniß, damit noch eine halbe Stunde warten zu dürfen, indem meine Artillerie noch nicht gefährdet sei, und auch die große Straße für den etwaigen Rückzug zur Seite hätte. Diesem Vorschlag nachgebend, ritt der Kommandirende nach dem linken Flügel, schickte aber nach kurzer Zeit einen Offizier abermals mit dem Befehl, die 12pfündige Batterie der Avantgarde abfahren zu lassen. Da ich zur Stelle den Gang des Gefechts genau beobachten konnte, antwortete ich in Gegenwart meines ganzen Stabes und des Obersten *v. d. Tann*, dem Ordonnanz-Offizier: „Sagen Sie Sr. Excellenz, er möge es nicht als eine Widersetzlichkeit ansehen, wenn ich noch eine halbe Stunde mit der 12pfündigen Batterie Stand hielte, die Verhältnisse könnten sich während des Herreitens vielleicht geändert haben; wenn ich aber nochmals denselben Befehl erhielte, werde ich auf der Stelle die Batterie zurückziehen." Kaum war eine halbe Stunde verflossen, als auch schon wieder der bestimmte Befehl kam, nunmehr ungesäumt abzuziehen, weil der Feind Jübeck genommen und über Schuby in den Rücken zu kommen drohe. Natürlich wurde diesem Befehle sogleich Folge geleistet, und die Batterie unter Befehl des Hauptmann *Hoyms* zurückgezogen, was um so eiliger ausgeführt werden mußte, als die noch übrige Infanterie der Avantgarden-Brigade bereits das hier coupirte, sehr vortheilhafte Terrain ohne hartnäckige Vertheidigung, ja ohne mein Vorwissen, auf das Umgehungs-Gerücht verlassen hatte. Es ergab sich später, daß diese Truppen direkten Befehl des kommandirenden Generals zum Zurückgehen gefolgt waren, ohne daß dem Führer der Avantgarden-Brigade hierüber eine Mittheilung gemacht worden wäre; ein Verfahren, welches nur die größten Nachtheile haben konnte. Alles, was ich in diesem Augenblicke zur Stelle hatte, bestand nur aus einer Kompagnie und zwei Eskadrons, mit denen Rückzug zu decken war. Ich ritt demnach nun auf der Straße zurück, um meine Truppen möglichst zu ordnen und an geeigneter Stelle wieder Position zu nehmen. In dieser Absicht begriffen, begegnet mir der Sous-Chef des General-Stabs, Major *v. Wineke*, der ganz eigenthümlich fragte: „Haben auch Sie, Herr Oberst, Ihre Stellung schon ganz aufgegeben?" Gereizt durch diese Frage, erwiderte ich kurz: „Ich denke, wenn man ein und denselben Befehl drei Mal erhält, muß man ihm doch endlich Folge geben." Major *v. Wineke* meinte aber ganz bestimmt, daß dies gewiß ein Mißverständniß sein müsse, und daß der kommandirende General nur gemeint habe, einen Theil der Truppen zurückzuziehen. Dies veranlaßte mich, von der 6pfündigen Batterie, die gerade zur Stelle war, 4 Geschütze im Galopp dorthin zu führen, wo die

12pfündige Batterie gestanden hatte. Kaum hier angelangt, und wie früher bemerkt, von der Infanterie bis auf eine Kompagnie verlassen, ging der Feind im Sturmschritt auf diese 4 Geschütze los. Die beiden Eskadrons konnten aus Mangel an Raum nicht zugleich vorgehen, weshalb nur die eine Eskadron unter dem braven, tüchtigen Rittmeister *v. Keudel* eine Attake ausführte, die aber nicht reüssirte, indessen doch *so viel* bewirkte, daß wenigstens eins von den 4 Geschützen gerettet wurde. Die andern 3 Geschütze nahmen die Dänen.

Etwa 800 Schritt von der verloren gegangenen Stellung traf ich mit dem Kommandirenden wieder zusammen, der beschäftigt war, hier auf einer Anhöhe einige Mannschaft bei den aufgestellten Geschützen zu sammeln. Der Feind folgte jedoch keinen Schritt weiter.

Was während dieser ganzen Zeit bei den ihm rechts stehenden 3 Brigaden vorgefallen ist, davon kann der Verfasser dieses nur vom Hörensagen Mittheilung machen. Die Brigade auf dem äußersten rechten Flügel hat, namentlich zuletzt, müßig und unschlüssig dagestanden; nur wenige Truppen von derselben sollen ins Feuer gekommen sein. Was dieselbe übrigens im Laufe der Schlacht für Befehle erhalten hat, ist dem Verfasser nicht bekannt geworden. So viel aber scheint gewiß, daß, da sie nicht heftig angegriffen war und der Feind fast ganz von ihr abgelassen hatte, sie hätte, eine Linksschwenkung machend, selbst auf den Feind stark eindringen und die Brigade des General *v. Horst* unterstützen müssen, welche nach der großen Straße zu mit der Brigade des Oberst *v. Garls* in Verbindung stand, wodurch jedenfalls ein energischeres Zusammenwirken in der Schlacht selbst erzielt und diese dadurch gewonnen werden mußte. Aus dem hier Angeführten sowohl, sowie aus dem Grunde, daß die Avantgarden-Brigade schon am 24ten sich anhaltend geschlagen hatte und am 25ten von 3 Uhr Morgens an wiederum ununterbrochen im Feuer gewesen war, dann noch von ihren Truppen rechts und links detaschiren mußte, von Hause aus gar keine Reserve aufgestellt war, ferner die Truppen ohne Vorwissen der Brigade- Kommandeure verwandt wurden, sowie aus dem Umstand, daß die erste fest bestimmte Disposition nicht inne gehalten worden, vielmehr häufig sich widersprechende Befehle ertheilt wurden, aus diesem Allem geht hervor, weswegen die Schlacht verloren ging, und unter solchen Umständen auch nicht gewonnen werden konnte. Die Disposition zur Schlacht war mehrere Tage vorher mit dem Befehle gegeben, die Herren Offiziere und besonders die Herren Kommandeure sollten sich mit dem Terrain genau bekannt machen. Sie lautete buchstäblich: „Sobald die Avantgarde sich fechtend bis Idstädt-Krug, der eigentlichen Schlachtlinie, zurückgezogen haben würde, sollten die Brigaden des rechten Flügels und zuletzt die Avantgarden-Brigade en èchellon vorrücken." Auf diese Weise sollte der Feind geschlagen werden. Dabei war kein Fall angenommen, welche Abänderung die Disposition erleiden müsse, wenn der Feind anders angreifen würde, als man es als wahrscheinlich angenommen hatte, es war keine Reserve bestimmt, und endlich ist noch zu verwundern, weshalb auf dieser lang ausgedehnten Stellung keine einzige Schanze angelegt war, da man doch von vorn herein die Absicht hatte, eine Defensiv-Schlacht zu schlagen und man hierzu 8 Tage Zeit hatte. Der Verfasser dieses ist der Meinung, die Dänen, obgleich stärker, mußten durch andere Anordnungen geschlagen werden.

Der Feind war jedenfalls von dem Vorhaben der Schleswigschen Armee und deren Disposition unterrichtet. Hätte man nun in der Nacht zum 25ten von jeder der 5 Brigaden ein Bataillon bei Idstädt-Krug, nebst 6 Schwadronen als Reserve, aufgestellt, und diese in dem Augenblick vorrücken lassen, wo die Dänen den letzten Angriff machten, und zwar in *der Art*, daß die Eskadrons in Zugkolonnen mit 100 Schritt Distanz auf der Straße nach Helligbeck vorgingen und ihnen die 5 Reserve-Bataillone im schnellen Sturmschritt folgten, so wurden die Dänen nicht allein geschlagen, sondern vollständig gesprengt, weil sie ihre Armee ebenfalls von Anfang an sehr weit auseinander gezogen hatten. Uebrigens wollte man durch aus eine Defensiv-Schlacht liefern, so ist der Verfasser der Meinung, ob es dann überhaupt nicht besser war, sich anstatt vor den Defiléen vielmehr hinter denselben aufzustellen, die Schlei vor sich habend, an bestimmten Punkten befestigt, Schleswig festhaltend und dann den Feind in seiner rechten Flanke tüchtig fassend, wenn er sich irgend eine Blöße gegeben hätte.

Auf der Höhe südlich von Schleswig sammelte sich die Avantgarden-Brigade und erhielt den Befehl, nunmehr den Rückzug zu decken, falls der Feind Miene machen sollte, zu verfolgen. Nachdem die Armee sich auf Rendsburg zurückgezogen hatte, erhielt auch ich als Führer der nunmehrigen Arriergarde den Befehl, mich um 11 Uhr Nachts zurückzuziehen und zwar östlich von Rendsburg bis zu den Defiléen von Sehestedt.

A. v. Gagern
Oberstlieutenant in der 1sten Brigade

Inhalt

Vorwort.

Einleitung.

Der Antheil der 1sten Schl.-Holst. Infanterie-Brigade an der Schlacht bei *Idstedt* am 24. und 25. Juli 1850.

Erster Abschnitt.   Der 24. Juli. - Das Gefecht bei *Sollbro*.
Zweiter Abschnitt.   Der 25. Juli. - Die Schlacht bei *Idstedt*.
I. Moment.
                Von 3 bis 7 Uhr.
                Die 1ste Brigade am 25sten. - Der Kampf im *Buchholz*.
II. Moment.
                Von 7 bis 1 Uhr.
                Die 1ste Brigade concentrirt sich bei *Ahrenholz-See*. -
                Deren Zerstückelung und Entsendung gegen *Treia*.
III. Moment.
                Von 1 bis 5 Uhr Nachmittags.
                Die 1ste Brigade. - Flankenmarsch von der Treiaer Straße
                nach Dannewerken. – Concentrirung daselbst und
                Rückmarsch nach *Rendsburg*.

Vorwort

Das Beiheft des Militär. Wochenblatts für die Monate Juli, August und September 1851, die Darstellung der Schlacht von Idstedt enthaltend, mußte mich veranlassen, der Redaction desselben Wesentliches zur Mittheilung anzubieten, um das vorherrschende Dunkel zu klären, da ein gründlicher officieller Schlachtbericht durch die Verhältnisse bisher unmöglich geworden war. - Mein Erbieten wurde dankend angenommen, dem sofortige

Einsendung der erforderlichen Berichtigungen, Front- und Stärke-Rapporte etc. meiner Seits im September folgten.

Es sind seitdem 4 Monate verflossen, ohne daß ein Gebrauch davon zu machen nöthig erschien, denn die folgenden Beihefte bringen uns fernere Darstellungen der Gefechte des Feldzuges in Schleswig. Wenn indessen die Mitglieder der aufgelösten Schleswig-Holsteinischen Armee der Redaction im hohen Grade Dank schulden, daß sie unsere schwache Thätigkeit zu einer gründlichen Bearbeitung vermochte, so sehr halte ich es indessen für eine mir gebotene Pflicht, die erforderlichen Berichtigungen nicht ferner zurückzuhalten, indem ich hierdurch die Thatsachen, den rühmlichen Antheil, den die Truppentheile der 1sten Infanterie-Brigade an der Schlacht nahmen, der Oeffentlichkeit übergebe.

Im Januar 1852

A. von Gagern.

Einleitung.

Das 2te Infanterie-Bataillon.
Die Deckung der linken Flanke an der Treene durch
ein selbständiges Detachement.
Der Geist der Truppen.
Erste Disposition des Generals v. Willisen zur Schlacht bei Idstedt.
Dislocation der 1sten Brigade vom 20. bis 24. und 25. Juli.

Es scheint erforderlich, ehe zu den eigentlichen Mittheilungen übergegangen werden kann, einige Berichtigungen vorauszuschicken, die der Zeit vor den Schlachttagen angehören. Hierher rechnen wir, daß dem 2ten Infanterie-Bataillon sein bisheriger Commandeur, der Verfasser, am 15. Juli genommen und zum Brigade-Major - eine neu creirte Charge - ad latus des Generals Grafen *Baudissin* ernannt wurde, wohingegen das Bataillon mehrere Tage später den Königl. Bairischen Hauptmann *Aldosser* - der Armee aus den Feldzügen von 1848 und 1849 bekannt - als Major zum Commandeur erhielt, aber heftig erkrankt, das Bataillon in der Schlacht nicht zu führen vermochte, so daß dasselbe unter dem Commando seiner Abtheilungs-Commandeure (Hauptmann *Friederich von Jeß* und *v. Wenck*) so Ausgezeichnetes leistete.

Das Bataillon langte am 15ten Abends 9 Uhr mit dem Eisenbahn-Zuge von Altona in Rendsburg an. Es erhielt Befehl, bis weiter zur

Besetzung der Außenwerke vor Rendsburg stehen zu bleiben, während die Armee am 16ten bis in die Cantonnements von Schleswig marschirte. Auf mein dringendes Verlangen wurde jedoch das Bataillon am 22ten mittelst Wagen nach Bustorff geschafft, wo die 2te Compagnie, welche zur Bewachung der Munitions-Colonnen abcommandirt war, wieder zum Bataillon stieß. Am 24sten Morgens 10 Uhr vereinigte sich das Bataillon erst in der Rendez-vous-Stellung am Ahrenholzer See mit der 1sten Brigade. Dieselbe hatte daher bis da nur das 1ste Jägercorps, das 3te und 4te Infanterie-Bataillon zur Verfügung.

Die Deckung der eigentlichen linken Flanke, der Stellung am Langsee, die Treene bei Treia (Silberstedt), war ursprünglich dem 4ten Jägercorps, welches vom 15ten an bei Silberstedt und Treia stand, übertragen. Dieses Corps wurde aber am 20ten zur 4ten Brigade gezogen und die Beobachtung der Treene der Cavallerie-Brigade mit aufgegeben. Die Uebergangspuncte aber durch schwache Jäger-Detachements des 1sten Jägercorps besetzt.

In dieser unzureichenden Maaßregel zur Sicherung des schwächsten Theiles der Stellung liegen unverkennbar die Motive zum übereilt gegebenen Rückzug am 25ten. Die Deckung der linken Flanke der Stellung am Langsee liegt nicht auf dem **linken**, sondern **auf dem rechten Treene-Ufer**. Es mußten **stärkere** Cavallerie-Patrouillen das ganze Terrain westlich der Treene auf Flensburg **unter Augen festhalten !** In Verbindung hiermit mußte zur Deckung dieser linken Flanke ein **in sich selbständiges Detachement aller drei Waffen**, z. B. ein Jägercorps, ein Escadron, zwei Geschütze, einem gewandten Führer diese wichtige Aufgabe zu Theil werden. Dies Detachement hatte sich aber nicht auf dem linken Ufer der Treene durch Besetzung der verschiedenen Uebergänge zu verzetteln, sondern längs dem rechten Treene-Ufer zwischen Chaussee und derselben eine vorgeschobene beobachtende Stellung bei Jerrishoe und Tarp zu nehmen, um die beiden großen Straßen von Flensburg nach Husum und Schleswig genau beobachten zu können. Hätte dies Detachement seine Schuldigkeit gethan, so hätte das Hauptquartier genaue sichere Meldungen über die Unternehmungen gegen seinen linken Flügel erhalten müssen.

Dies Unterlassen hatte den commandirenden General veranlaßt, schon am 24ten die 1ste Brigade zu zerreißen, am 25sten die 4te Brigade um ein Bataillon zu schwächen, damit es wiederum das im Buchholz kämpfende 2te Bataillon der 1sten Brigade unterstützte, was um so schwerer in die Waage bei dem Angriffe dieser Brigade auf Idstedt fiel. Endlich aber, als die übertriebenen Meldungen von der Umgehung der feindlichen Brigade unsers linken Flügels eintrafen, um den Rückzug besorgt, hauptsächlich darin bestärkt wurde, den Befehl dazu voreilig erneut zu ertheilen.

Es muß dieser Unterlassungs-Sünde um so mehr Einfluß beigemessen werden, da bereits nach der ordre de bataille die Armee **keine Infanterie-Reserve** kannte und am 25sten mit allen 5 Brigaden in der Front gegen den Feind in dem Bogen von Silberstedt, Sollbro, Bollingstedt, Engbrück, Helligbeck, Idstedt, Oberstolk, Wellspang, ohne eine solche im Feuer stand. Es ist wenigstens kühn, wenn der Berichterstatter in den „Beiträgen zur Charakteristik des Feldzuges in Schleswig im Jahre 1850" so häufig von einer Reserve spricht und dazu das 2te Bataillon rechnet.

Der angeführten Ansicht über den Geist der Truppen muß ich in Betreff meiner persönlichen Wahrnehmungen entschieden widersprechen. Die Truppen der 1sten Brigade waren von dem herrlichsten und besten Geiste beseelt, wovon die Schlachttage und vor allen der Rückmarsch auf Rendsburg, wo Ordnung und Disciplin vorherrschten, das beste Zeugniß geben. Als Beispiel des vorherrschenden Geistes muß ich abermals das 2te Bataillon hier vorführen. Das Bataillon, welches gewissermaßen zur Sicherung Rendsburgs als besonders tüchtig zurückbleiben mußte, war so außer sich, daß mehrfach um Versetzung zu einem Bataillon in der Front gebeten wurde und als der Befehl in der Nacht zum Vorgehen eintraf, ein namenloser Jubel sich kund gab. Durch den Kampf im Buchholz, durch die musterhafte Ordnung auf dem Rückmarsch hat das brave Bataillon diesen Geist besthätigt. Von Desertationen irgend einer Art ist mir nichts bekannt.

Der General von Willisen hatte am 18ten die Brigade-Commandeure im Schloß Gottorf bei sich versammelt, um folgende Disposition zu ertheilen:

„Die Stellung am Langsee wird besetzt, künstlich verstärkt und in derselben der Angriff des Feindes erwartet. Hat derselbe seine Kräfte erschöpft, so geht die Armee, denselben umfassend, zur Offensive und zur Vernichtung der Dänischen Armee vor. - Die Brigaden nehmen ihre Stellungen (wie in dem Beiheft ausgegeben) ein, - die Avantgarden-Brigade geht vor den Angriffen des Feindes fechtend in die Stellungen bei Helligbeck und Idstedt bis zum Wester-Gehäge zurück. Sucht der Feind diese letzte Stellung zu forciren, so hat die Avantgarden-Brigade ihn hier festzuhalten und durch die Unterstützung der Reserve-Artillerie die Angriffe zurückzuschlagen. Es brechen die 4te, 3te und 2te Brigade resp. gegen Idstedt, Oberstolck und Bocklund-Stenderup zur Offensive vor, indem die Armee, ihren rechten Flügel verschiebend, den Feind umfaßt; gleichzeitig soll die erste Brigade von Idstedt-Krug westlich der Chaussee vorgehen, um ihn in seiner rechten Flanke zu

fassen, während gleichzeitig eine Abtheilung des 1sten Jägercorps von Gammelund durch's Buchholz gegen Helligbeck vordringt, hier folgt die Reserve-Cavallerie-Attaquen auszuführen und den Sieg zu sichern, wozu das Terrain geebnet, die Knicks geräumt und die Gräben zugeworfen werden."

Um die hierdurch beschlossene Endentscheidung durch den Cavallerie-Angriff möglich zu machen, war der Avantgarden-Brigade nachstehender Befehl schon am 15ten Abends 9 Uhr ertheilt:

„Es ist durch den Generalstabs-Officier folgende Strecke zu recognosciren:

1) Vom Idstedter Holzkrug der Weg nach Gammelund, sowohl der eigentliche Fahrweg, sowohl der südlich davon laufende Weg direct durch das Moor, dieser Weg ist nur ein Nebenweg.

2) Von Gammelund über die Ziegelei und das Buchholz nach Helligbeck; dieser Weg geht dicht bei Uhlenberg (einige Häuser) rechts vorbei, durch das Helligbecker Moor nach Helligbeck.

Es wird ad 1 und 2 in Betracht kommen, „ob Infanterie in Colonnen marschiren, ob Cavallerie und Geschütz passiren können."

Hauptquartier *Schleswig*, den 15. Juli 1850

Der commandirende General.

J. A.

Grunewald,

Hauptmann im Generalstabe."

und da nach dem hierauf eingehenden Bericht die bezeichneten Wege für alle Waffen practicabel waren, im Terrain zwischen Buchholz und Helligbeck sämmtliche Knicks und Gräben zugeworfen, Colonnen-Wege eingerichtet und diese Arbeiten durch die 1te Brigade, dem 1sten Jägercorps, Hauptmann *Hennings*, ausgeführt.

Bei dieser Disposition des commandirenden Generals war kein Rückzug vorgesehen, keine Befehle für den Fall ertheilt, wenn die Stellung etwa geräumt werden sollte.

Die erste Infanterie-Brigade war dislocirt:

Vom 20. bis 24. Juli.

Brigade-Stab Lürschau
1stes Jägercorps.

I. Abtheilung.
Hauptmann *Schöning*:
Bollingstedt.
Feldwache in Langstedt, Jersbeck
Hünningen.

II. Abtheilung.
Hauptmann *Hennings*:
Gammelund.
½ Comp. in Engbrück u. Ziegelei
im Buchholze.
Det. in Treia und Sollbro.

4tes Infant.-Bat.
Arnholz.

3tes Infant.-Bat.
Schubye

2tes Infant.-Bat.
In Rendsburg.
Stößt am 24ten Morgens zur
Brigade.

1 Escadron.
Husbey.

1ste 6pfünd. Batterie.
Lürschau.

Am 24ten von 9 Uhr Morgens bis 2 Uhr Nachmittags.
1tes Jägercorps.

Wie am 20ten auf Vorposten.

4tes Bataillon.

3tes Bataillon.
Batterie und Escadron.
Rende-vous-Stellung bei der Nordspitze des Ahrenholzer Sees
am Straßenknoten-Punct.

2tes Bataillon.

Am Abend und Nacht des 24. Juli.

1tes Jägercorps.
Wie oben.

4tes Bataillon.
Im Bivouak bei
Jübeck.

3tes Bataillon
Bivouak bei Sollbro.
Feldwachen Esperstoft,
Sollbro, Höninger Schule.

2tes Bataillon.
Bivouak bei
Ahrenholzer See

1 Escadron.
Ahrenholz-See in Bivouak.

1ste 6pfünd. Batterie.
4 Geschütze: Bivouak bei Jübeck
4 Geschütze: Bivouak am Ahrenholzer
See.

Der Antheil
der 1sten Schleswig-Holsteinischen Infanterie-Brigade an der Schlacht bei Idstedt am 24. und 25. Juni 1850.

Erster Abschnitt.
Der 24. Juli.   Das Gefecht bei Sollbro.

2 Bataillone und 4 Geschütze der ersten Brigade marschiren nach Sollbro.
Kurzes Gefecht.
Rückzug des Feindes.
Das 3te Bataillon bezieht die Vorposten an der Treene.
Neue Disposition für den 25sten.
Abänderung derselben durch die 1ste Brigade, wornach sie sich im Buchholz
concentriren, nur 1 Bataillon an der Treene läßt.

Gegen 3 Uhr Nachmittags erhielt die 1ste Brigade in der Rendez-vouz-Stellung beim Ahrenholz-See den Befehl, mit 1 Bataillon und 4 Geschützen sofort nach Sollbro zu marschiren, um im Verein mit 2 Escadronen der Reserve-Cavallerie und ½ reitenden Batterie den Feind, den ein Peloton Jäger so lange tapfer aufgehalten hatte, über die Treene zurückzuwerfen. Ein Bataillon sollte auf 1000 Schritt als Reserve folgen. Das 4te Bataillon und 4 Geschütze erhielten den Befehl zum Abmarsch, vom General *Baudissin* selbst geführt, der Brigade-*Major v. Gagern* den Auftrag zur Führung der Reserve, dem 3ten Bataillon. Es blieben also nur das 2te Bataillon, 1 Escadron und ½ Batterie in der bisherigen Stellung.

In Bezug des Gefechtes bei Sollbro ist nur zu bemerken, daß dasselbe hauptsächlich durch die Artillerie geführt wurde; die Leitung des Angriffs mit der 1sten Compagnie des 4ten Bataillons auf die von und selbst abgebrochene Brücke, war eine irrige; er konnte selbstredend nicht gelingen und wurde durch den Tod des Hauptmanns *Unruh* und 12 Verwundeten gebüßt. Der Angriff wurde indessen feindlicherseits nicht abgeschlagen, er brach vielmehr das Gefecht ab und überließ uns Sollbro. - Der commandirende General, der selbst zur Stelle bei mir, der Reserve, eintraf, um sich vom Stand des Gefechts zu überzeugen, war mit dem Resultat sehr zufrieden und der Einwurf, daß wir bis jetzt noch nichts erreicht, nicht in Betracht gezogen. Das 3te Bataillon war von mir westlich Jübeck an der Aubrücke aufgestellt; es erhielt nach Beendigung des Gefechts den Befehl, das 4te Bataillon abzulösen und die Vorposten bei Sollbro und Esperhof zu beziehen, während das 4te Bataillon nebst dem Brigade-Stabe bei Jübeck das Bivouak bezog.

Das Resultat des Gefechtes war, daß wir die Stärke des uns gegenüberstehenden Feindes ziemlich genau wissen konnten, und daß die Meldungen von einer 8 - 10.000 Mann starken Umgehungs-Colonne falsch seien. Von mir wurde der Feind 3 Bataillone, 2 Escadrons und 8 Geschütze stark geschätzt, und darüber eine Meldung an das General-Commando abgesendet.

Nach der in der Nacht 2 Uhr dem Brigade-Commando in Jübeck zugegangenen Disposition zur Schlacht, erhielt die 1ste Brigade folgenden Auftrag:

„Die erste Brigade vertheidigt mit einer Abtheilung und 4 Geschützen der 1sten 6pfünd. Batterie Sollbro. Als Replis für die Treene-Uebergänge stehen in Jübeck 1 ½ Bataill. Eine Jäger-Abtheilung, Hauptm. *v. Schöning*, mit 2 reitenden Geschützen vertheidigt Bollingstedt.“

„Die Reserve-Cavallerie und die reitende Batterie sind beauftragt die erste Brigade zu unterstützen und stehen unter dem Oberbefehl des Generals *v. Baudissin*. - Das 2te Bataillon und eine Jäger-Abtheilung, Hauptmann *Hennings*, mit 4 Geschützen der 1sten 6pfünd. Batterie rücken durch das Buchholz und Helligbecker Moor gegen Helligbeck vor, um den Angriff der Avantgarde zu unterstützen und des Feindes rechte Flanke anzugreifen. Hauptmann Hennings zerstört den Uebergang bei Engbrück.“

Die Darin gegebenen Bestimmungen wurden dahin geändert daß das 4te Bataillon mit zum Offensivstoß vom Buchholz auf Helligbeck bestimmt wurde und um 3 Uhr Morgens das Bataillon dorthin seinen Marsch antrat. Dem Major *Lauer von Münchhofen*, Commandeur des 3ten Bataillons, wurde mit demselben die Deckung der Treene übertragen und zur Durchführung der Chef des Stabes der Brigade, Hauptmann *v. Beeren*, nebst der halben 6pfünd. Batterie und 2 Escadrons beigegeben, indem die Sicherung höchst wichtig und durch die Umsicht dieser leitenden Offiziere die Brigade auf eine gute Durchführung, genaue und richtige Meldung rechnen durfte.

Zweiter Abschnitt.
Der 25. Juli.   Die Schlacht bei Idstedt

Beurtheilung der Schlacht nach 3 Momenten.
Erster Moment von 3 bis 7 Uhr.
Die erste Brigade am 25sten.
Der Kampf im Buchholz.
General Graf Baudissin schwer verwundet, übergibt das Commando der
Brigade dem Major v. Gagern.
Zweiter Moment, von 7 bis 1 Uhr.
Die erste Brigade concentrirt sich beim Arenholz-See.
Deren Zerstückelung und Entsendung gegen Treia.
Dritter Moment, von 1 bis 5 Uhr Nachmittags.
Die erste Brigade, Flankenmarsch von der Treiaer Straße nach den
Dannewerken; Concentrirung daselbst, Rückmarsch nach Rendsburg.

Nach meiner Anschauung der Schlacht muß dieselbe nach folgenden drei
Hauptmomenten beurtheilt werden.

Erster Moment, von 3 bis 7 Uhr Morgens.

Angriff der Dänen um 3 ½ Uhr, der Schleswig-Holsteinischen
Avantgarde auf der Chaussee, des Buchholzes sowohl als auf der linken
Flanke an der Treene bei Sollbro. Die Schleswig-Holst. Heeresabtheilungen
behaupten sich siegreich; es werden Gegenstöße geführt.
Die 3te Brigade gegen Ober-Stolk.
Die 1ste Brigade im Buchholz,
so daß als Resultat dieses Kampfes um 7 Uhr die Schlacht steht, Schleswig-
Holst. Seits das Terrain behauptet wird, ja Verwirrung, Unordnung in der
3ten dänischen Angriffs-Colonne eingerissen, die 1ste und 2te derselben
nicht weiter vorzudringen vermögen.
Der Sieg der Schlesw.-Holst. Armee ist vollständig entschieden,
wenn die gegebene Disposition befolgt wird.
Wenn die 2te Brigade gegen Stenderup vorgeht, und
die 4te Brigade den Angriff auf Idstedt siegreich ausführt.
Beides unterbleibt oder mißlingt.
Der Anblick zweier zurückweichenden, in Unordnung gerathenen
Bataillone der 4ten Brigade läßt den commandirenden General die

Zuversicht an der Bravour und Ausdauer seiner Armee verlieren, raubt ihm das so nöthige Zutrauen zu derselben ! Der General sieht um 7 Uhr bereits die Schlacht als verloren an.

Die erste Brigade am 25sten. Der Kampf im Buchholz.

Des Morgens 3 Uhr wurden die Vorposten des Hauptm. *Hennings* an der Lisiere des Buchholzes und bei Engbrück stark und heftig angegriffen; es gelang dem Hauptmann sich im Besitz der Ziegelei und eines Theils des Buchholzes und bei Engbrück zu behaupten.

Das 2te Bataillon im Bivouak am Ahrenholz-See hatte rechtzeitig, wie die Disposition befohlen, ohne einen Gegenbefehl zu erhalten, den auch die erste Brigade nicht erhielt, den Marsch um 2 Uhr nach Gammellund angetreten und traf in der Stellung um 4 ½ Uhr ein.

Dies Bataillon, mit glatten Gewehren bewaffnet, hatte mit der 2ten Abtheilung des 1sten Jäger-Corps hier die ersten zwei Stunden den heftigsten Kampf, die andauernden Angriffe von 9 feindlichen Bataillonen der 5ten und 6ten dänischen Brigade anerkennungswerth bestanden.

In Zugcolonnen, nach der neuen *Willisenschen* Methode eingeschult, setzten diese Colonnen in zwei Treffen, die Tirailleure des ersten Treffens stark entwickelt vor sich, im ersten Anlauf sich in den Besitz des Buchholzes. Das Terrain gut benutzend, machte es so dem Bataillon möglich, bei der hohen Bravour seiner Offiziere, mit so viel Ausdauer und Erfolg sich zu schlagen, wobei die Umsicht des Hauptm. v. Jeß besonders hervortritt. Nicht minder Ruhmes würdig ist das Verhalten der Offiziere und Jäger des bekannten braven 1ten Jäger-Corps. Ihre mit kaltem Blut gerichteten Büchsen stecken den Feind nieder. Der Verlust des Feindes in diesem Kampf liefert den Beweis hierzu: die 5te dänische Brigade verlor hier 39 Offiziere und 1006 Mann.

Die Unterstützung des 3ten Jäger-Corps unter dem Hauptmann *Aller* und der 2ten Abtheilung des 12ten Bataillons, welche westlich der Chaussee im Buch-Moore am letzten Theile des Kampfes Theil nahmen, gab um so mehr Zuversicht sich in der Stellung ausdauernd behaupten zu können.

Gegen 4 ½ Uhr traf der General *Baudissin* mit seinem Generalstabe auf dem Kampfplatze ein. Wir fanden die Truppen im heißesten Kampfe, der Hauptmann *Jeß* führte in diesem Moment die 4te Compagnie zum erneuten Bajonett-Angriff gegen den auf der Westseite des Buchholzes auf die Ziegelei vordringenden Feind, begleitet vom General, unaufhaltsam vor. Der Feind war abermals geworfen. Hier befahl mir der General zurückzureiten, um den Marsch des 4ten Bataillons zu beschleunigen, sowie die ½ 6pfünd.

Batterie wirksam zu placiren, um die errungenen Vortheile behaupten und **neuen Stößen Nachdruck geben zu können**. Die ½ 6pfünd. Batterie, Hauptmann *Seweloh*, führte der Major *Dalitz* herbei und nahm Stellung rückwärts der Ziegelei auf einer Anhöhe. Die Batterie konnte indeß nicht wirken, indem der Nebel stark auflag und wir nicht 100 Schritt im Moore sehen konnten, so daß der Kampf nur allein mit dem Kleingewehr durchgeführt werden mußte. Um 5 ½ Uhr langte das 4te Bataillon am Gammelunder Wege bei Uhlenberg an. Ich führte die 2te Abtheilung, Hauptmann *Schneider*, in zwei Colonnen zur Unterstützung vor, wo derselbe bei der Ziegelei Stellung nahm, während die erste Abtheilung als Reserve am Knie des Helligbecker Weges gedeckt aufgestellt wurde. Um diese Zeit wurde der General *Graf Baudissin* in den vordersten Reihen der Tirailleure im Buchholze blessirt. Auf der Tragbahre, weiß wie der Tod, die Cigarre rauchend, voller Muth, mit der Gewißheit des Sieges, übergab er mir das Commando der Brigade um 6 Uhr mit den Worten: „Halten Sie aus und behaupten Sie diesen Posten."

Der General wurde nach Schleswig zurückgebracht.

Der Feind entwickelte immer neue Kräfte; er drang östlich vom Buchholz in starken Colonnen auf dem Buchmoore uns flankirend vor. Die Stellung in der eingenommenen Position vom Feinde in der ganzen Ausdehnung von Engbrück an umfaßt, **wurde trotz dem behauptet**. Die Flankirung des Feindes sah ich um so ruhiger an, da die Colonne direct im Bereich meiner Batterie marschirte und einige Schrapnell-Schüsse ihnen hier das Ziel ihres Marsches setzen mußten. Das Gefecht blieb ein stehendes; daß die Brigade Herr des Abschnittes war, beweist daß von den 8 Infanterie-Compagnien nur 6, - 4 des zweiten und 2 des vierten Bataillons (die Reserve) gar nicht von mir in's Gefecht gezogen worden sind und später den befohlenen Rückzug decken mußten.

Nach 7 Uhr langte der Lieutenant *Zimmermann* mit dem Befehl des commandirenden Generals an:

die Stellung zu räumen und die Truppen der Brigade in der Rende vous-Stellung derselben am Ahrenholzer See zu concentriren.

Die erste Brigade hat daher nur allein in Folge dieses erhaltenen Befehls den mit so viel Bravour und Ausdauer gegen eine fast fünffache Uebermacht behaupteten Terrain-Abschnitt in der Flanke des vordringenden Feindes die Stellung geräumt und das Aufgeben derselben veranlaßt.

Zweiter Moment von 7 bis 1 Uhr.

Schleswig-Holsteinischer Seits werden den siegreichen Truppen Befehle zum Rückzug auf ihre Stellungen ertheilt.

Die erste Brigade geht aus ihren Stellungen im Buchholze und der Ziegelei, Engbrück und Bollingstedt nach dem Ahrenholzer See, die dritte Brigade hinterm Langsee zurück.

Die Hauptstellung vom Idstedter Krug am Wester-Gehege mit der Reserve-Artillerie besetzt. Artilleriekampf. Die erste Brigade wird zerrissen, entsendet nach Norden, Süden und Westen ihre Bataillone, sie erhält den Auftrag, die umgehende Dänische Brigade über die Treene zu werfen. Die übrigen Brigaden ordnen sich in ihren Stellungen hinterm Langsee, zugleich werden mehrfach Befehle zum Rückzug am Wester-Gehege ertheilt, die Stellung aber durch des Oberst *Wissel* Artillerie behauptet.

Die erste Brigade concentrirt bei Ahrenholz-See, deren Zerstückelung und Entsendung gegen Treia.

Dieselbe steht um 10 Uhr in der befohlenen Stellung mit dem 2ten, 3ten, 4ten und 12ten Infanterie-Bataillon, dem 1sten Jäger-Corps, der 1sten 6pfünd. Batterie und der 24pfünder Batterie unter meinem Commando concentrirt und zwar:

mit dem 2ten Bataillone auf dem Wege am Reeth-See bei der Chaussee,

das 3te Bataillon hielt das Dorf Ahrenholz besetzt,

der übrige Theil der Brigade an der Nordostspitze des Sees à cheval der Lührschauerstraße,

die Escadron der Brigade war zur Concentrirung der Reserve-Cavallerie abcommandirt.

Die befohlene Concentration, der Rückzug von Buchholz und Gegend wurde mit Ruhe und Ordnung ohne Verluste ausgeführt, indem das Terrain benutzend, Aufstellungen genommen wurden.

Dieser concentrirte Rückzug auf Ahrenholz giebt das beste Zeugniß der Schlagfertigkeit der 1sten Brigade, er berechtigt zu dem sichersten Vertrauen zur Erkämpfung des Sieges.

Die Bataillone, welche im Buchholze gekämpft zogen sich auf Gammelund und auf den Colonnenweg nach Ahrenholz direct zurück, während das 3te Jäger-Corps und die 1ste Abtheilung des 12. Bataillons den Rückzug auf dem Gammelund-Idstedter Wege nach der Chaussee nahmen.

Auf dem Gammelunder Wege kam der Obrist *von der Tann* zu mir und brachte mir die erste erschütternde Nachricht über die Unfälle im Centrum, mit der Äußerung:

„Der General baue allein nur auf die Ausdauer der 1sten Brigade, da bereits alle anderen Brigaden erschüttert seien, von der 2ten Brigade wisse man Nichts. - Er wolle selbst nach Bollingstedt um Schöning zurückzuholen. Trotz meiner Mahnung, daß dies unnöthig, da der Befehl ihm schon zugegangen sei, ließ sich der Oberst nicht zurückhalten es selbst auszuführen."

Es mußte einen unangenehmen Eindruck auf mich machen, den Chef des Stabes der Armee Adjutanten-Dienste verrichten zu sehen. Selbst die Voraussetzung den weit vorgeschobenen Posten von Bollingstedt vor einem Abschneiden zu bewahren kann dies in keiner Weise rechtfertigen, indem dies die alleinige Aufgabe des Heere-Abtheilungs-Commandeurs, hier des Commandeurs der ersten Brigade war, der dafür verantwortlich ist, daß der ihm gewordene Auftrag ohne Verlust ausgeführt wird, dahin gehörte hier, daß die Stellung am Straßenknotenpunct bei Gammelund von den Truppen der Brigade besetzt gehalten wurde, um hier den Hauptmann *Schöning* erwartend aufzunehmen.

Indessen läßt sich aus der Eile des Obersten der andere wohlberechtigte Schluß ziehen, daß zu dieser Zeit in dem Schleswig-Holsteinischen Hauptquartier die Schlacht als verloren angesehen war. Wie konnte man sonst die so wichtigen Uebergänge bei Bollingstedt und Engbrück jetzt schon preis geben, wo der Feind mit zwei seiner Hauptangriffs-Colonnen vergebens bereits vier Stunden lang gekämpft hatte um vorzudringen.

Nach dieser Anschauung wird es auch erklärlich, warum nichts Entscheidendes geschah, die Stellung am Langsee zu behaupten, welches durch die Zusammenziehung 13 schlagfertiger Bataillone auf der Chaussee am Wester-Gehege bis 12 Uhr sehr gut möglich war.

Indem man den Uebergang bei Bollingstedt dem Feinde überließ, wo derselbe mit zwei Cavallerie-Brigaden stand, gaben wir ihm die Umgehung unsers linken Flügels in die Hand; wir gaben ihm das linke Treene-Ufer, so wie wir auch nicht mehr Herren des rechten Ufers waren! Das 3te Bataillon bei Solllbro und Jübeck war dem Feinde preis gegeben und die Umgehung der 3ten Dänischen Reserve-Cavallerie verstärkt, daher das diesseitige Detachement seiner Aufgabe nicht gewachsen.

Daß der Feind diesen ihm gebotenen Schlag gegen uns auszuführen nicht benutzte, ja nicht zu benutzen wagte, verdanken wir lediglich der Zähigkeit des Widerstandes den er bei Bollingstedt und Engbrück durch die braven Jäger gefunden.

Der Feind wagte es nicht hier weiter vorzugehen, die aufgegebenen Uebergänge wurden von ihm nicht überschritten, selbst Gammelund nicht einmal besetzt.

Der Verlust des Feindes, namentlich an Offizieren, ist hier so verhältnismäßig groß gewesen, daß er jede Nachfolgung von selbst aufgab.

Auf dem Rückmarsch der Brigade nach dem Ahrenholzer See langte die Meldung des Hauptmanns *v. Beeren* vom Detachement bei Sollbro an, daß der Feind durch Umgehung die Stellung an der Treene genommen und dieselbe überschritten und das Detachement zum Rückzug auf Jübeck gezwungen habe, daß dasselbe ihn auf Arnholz fortsetzte und der Feind durch die beiden Escadrons, Rittmeister Weise, beobachtet würde. Die Stärke des Feindes wurde auf 3 Bataillone, 4 Escadrons und 2 Batterien angegeben.

Diese Meldung wurde sogleich mit dem Bemerken von mir „gelesen (10 Uhr)" durch meine Dragoner-Ordonnanz in's Hauptquartier befördert, und dort von einem Offizier des Stabes in Empfang genommen.

Außer dem sind vom Oberst *Fürsen-Bachmann* wenigstens drei Meldungen über die Bewegung dieser Dänischen-Brigade ans General-Commando übersendet, die bei mir passirten, und eine von dem Adjutanten der Cavallerie, Lieutenant *Levetzow*, überbracht wurde. Es ist daher eine Unmöglichkeit, daß die betreffenden Nachrichten über des Feindes Passiren der Treene und dessen Marsch auf Silberstedt, resp. Schubyer-Straße **den Offizieren des Stabes im General-Commando unbekannt geblieben wären**. Die Kanonade in der Gegend von Schubye kann daher unmöglich eine Ueberraschung gewesen sein und scheint die Ansicht mehr für sich zu haben, daß das unaufhörliche Melden über den (**langsamen**) Marsch dieser Dänischen Brigade den General *Willisen* bestärkte den Befehl erneut zum Aufgeben der so wichtigen Stellung bei Idstedter-Krug am Wester-Gehege zu geben.

Ehe diese verschiedenen Meldungen bei mir eintrafen, war ich der Ansicht, und bin es auch heute noch, daß eine so unbedeutende Umgehungs-Abtheilung für uns ganz indifferent sein mußte; ich sagte mir: wer mit schwachen Kräften außerhalb des tactischen Gefechtsfeldes Umgehungen ausführt, nicht abschneidet, sondern selbst abgeschnitten ist. Wir erinnern an der Ausführung des Fürsten *Blücher* an der Katzbach, daß die Auskämpfung die Entscheidung **nicht rückwärts**, sondern **vorwärts**, hier in unserer Schlacht, an der Chaussee im Wester-Gehege bei Idstedtkrug lag. Außerdem erschien zur Stelle die vereinigte diesseitige Reserve-Cavallerie nebst der reitenden Batterie vollständig gewachsen die 3te Dänische-Brigade unschädlich zu machen.

Es ist hier aber zugleich am Platz ausdrücklich zu berichten, dass, sobald die erste Meldung des Obersten *Fürsen-Bachmann* eintraf, so schwer mir auch die Detachirung wurde, der Chef des Stabes der Brigade, *v. Beeren*, mit der 2ten Abtheilung des 1sten Jäger-Corps und vier Geschützen der 1sten 6pfünder Batterie von Lührschau zur Besetzung von Schubye entsendet wurde, wodurch eine jede Gefährdung unseres Rückzuges hinlänglich gesichert war. Trotz dem wurde vom General-Commando befohlen, daß auch das 4te Bataillon als Reserve folgen solle und eine Apportez-Stellung des Knotenpuncts am Decker-Kruge nahm. Dies mogte bis 12 Uhr ausgeführt sein und hier also, vereinigt mit der Reserve-Cavallerie, so viel Kräfte disponibel, um die Dänische-Brigade mit Verlust über die Treene zu werfen.

Ich muß daher durchaus den Einfluß, der dem Vorgehen der Brigade mit seiner äußersten Spitze bis Schubye gegeben wird, als ungerechtfertigt erklären, zugleich fühlte man es durch, daß der Feind hier zag und unentschlossen war. Er mußte das Gefährliche seiner Umgehung fühlen und es würde uns sicher nicht schwer geworden sein, ihn, wenn wir „**ihm auf den Pelz gegangen**", an die Treene zu werfen, wenn der Feind auch nicht den Befehl zum Rückzug erhalten hätte.

In meiner Stellung bei Lührschau hatte ich nun wieder die Erfahrung zu machen, die so oft bei den Friedens-Manoeuvern uns vorgeführt wird, wo man zur Ausfüllung von Lücken Hülfe bei dem rückwärts stehenden Truppenkörper sucht. **Die erste Brigade, um 10 Uhr Morgens ein geschlossener Körper von 5000 Mann in der Hand seines Commandeurs, war um 10½ Uhr durch besondere Befehle des General-Commandos nach drei verschiedenen Seiten zerstreut, so daß ich, der Commandeur, allein in der Stellung verblieb.**

Der Hauptmann Schöning mit der ersten Abtheilung des 1sten Jäger-Corps erhielt den Befehl Gammelund wieder zu besetzen, dem das dritte Bataillon als Reserve zu folgen bestimmt wurde.

Das 12te Bataillon mußte statt des 3ten Ahrenholz besetzen.

Das 2te Bataillon dagegen erhielt Befehl im Wester-Gehege an dem Knie der Chaussee zur Verstärkung der dortigen Stellung zu dienen.

Die 2te Abtheilung des 1sten Jäger-Corps und das 4te Bataillon nebst 4 Geschützen waren, wie bereits erwähnt, nach Schubye dirigirt.

Die 24pfün. und ½ 6pfünd. Batterie, Hauptmann *Seweloh*, waren zur Stellung bei Idstedt-Krug vorgegangen.

Das 3te Bataillon auf dem Marsche nach Gammelund begriffen, erhielt hier den Befehl, nach Idstedt-Krug, in die dortige Stellung, zu marschiren, um unter den Befehl des Obersten *von Gerhard* zu treten.

Diese Zerreißung der ersten Brigade giebt zu den ernstesten Betrachtungen Veranlassung. Wenn die 5 Bataillone bei Ahrenholz-See eingetroffen, nach Idstedt-Krug sofort zum Angriff vorgeführt wurden, so konnte der Erfolg mit so braven Bataillonen nicht zweifelhaft gewesen sein. Oder wenn diese Bataillone vereinigt zur Hand behalten wurden, gleichzeitig drei Bataillone der 2ten Brigade mit Zurücklassung eines Bataillons und der Batterie bei Wellspang nach der Stellung von Idstedt-Krug als Reserve gezogen wurden, so konnten wir hier mit 13 Bataillonen, von denen 4 noch nicht im Feuer gewesen waren, unterstützt von 36 Geschützen zum Angriff um 12 Uhr vorgehen und **ein vollständiger Sieg unzweifelhaft errungen werden.**

In der Absicht, die Bataillone der Brigade, die möglicher Weise wieder vereinigt werden konnten, bei Idstedt-Krug zu concentriren (das 2te, 3te und 12te), so ritt ich für meine Person nach Idstedt-Krug. Hier begegnete ich auf der Chaussee am Wester-Gehege dem 2ten Bataillon **auf dem Rückmarsch** (11 Uhr). Ich gab dem Bataillon Befehl, „**Halt**" und „**Front**" zu machen. Der zeitige Commandeur desselben, Hauptmann *von Franckenberg* meldete, er habe den Befehl erhalten, nach Schubye zu marschiren. In der Unterredung begriffen, kam der General *Willisen* allein die Chaussee geritten und erneuerte den Befehl, indem der General mir den Auftrag ertheilte, mit dem 2ten und 4ten Bataillon, dem halben 1sten Jägercorps, der Cavallerie und einer Batterie den Feind, der bis Schubye vorgedrungen sei, über die Treene zurückzuwerfen. Die Vorstellung, daß der Feind nur eine Brigade stark, demselben wir durch die bereits getroffenen Anordnungen völlig gewachsen seien, führte zu keiner Aenderung. Der gegebene Befehl sollte ausgeführt werden. Ich begab mich eiligst zum 4ten Bataillon diesseits des Decker Krugs, während das 2te Bataillon den Marsch dorthin fortsetzte. Am Decker Kruge eingetroffen, fand ich die Dänische-Brigade bereits im vollständigsten Rückzuge durch den Hauptmann *v. Beeren* munter verfolgt. Um solchem noch mehr Nachdruck zu geben, ließ ich eine Compagnie des 4ten Bataillons nördlich längs dem Silberstedter Wege vorgehen, um möglichst die Arriére-Garde des Feindes flankiren zu können, mit der wir es hier nur noch zu thun hatten. Nachdem das 2te Bataillon am Decker Kruge eingetroffen war und ruhte, langte abermals der General *Willisen* **allein** auf dem Lührschauer Wege bei mir an, um sich persönlich von der Stärke des Feindes zu überzeugen. Er machte hier die zuversichtliche Wahrnehmung, **daß der Feind, von unsern Truppen munter verfolgt, im völligen Rückzuge nach der Treene auf der Straße nach Treya sich befand. Der General erneuerte hier nochmals den Befehl, die Dänische-Brigade über die Treene zu werfen.**

Der General ritt darauf auf der Straße nach Lührschau zurück, ohne mir die geringste Andeutung, daß er bereits den Befehl zum Zurückziehen aus der Stellung gegeben, zu machen. Es ist Thatsache, daß man im General-Commando noch am 25sten spät Nachts die 1ste Brigade als abgeschnitten (?!) betrachtete, da der Hauptmann *Wiedburg* und Lieutenant *Reed* erst am 26sten Morgens zum commandirenden General gelangten, um den beruhigenden Bericht erstatten zu können.

Dritter Moment von 1 bis 5 Uhr Mittags.

In Folge früheren Befehls zur Räumung der Stellung bei Idstedt-Krug wird die Vertheidigung derselben geringen Kräften überlassen und durch Zurückziehen der Artillerie ausgeführt.

Als die Dänischen Colonnen angreifen, ist die Stellung nur noch schwach mit 1 Bataillon, 4 Schützen und 2 Escadrons besetzt.

Allgemeiner Rückzug der Armee auf Schleswig, des rechten Flügels auf Missunde. Die erste Brigade zum Zurückwerfen des Feindes über die Treene bestimmt, wird ihrem eigenen Schicksale überlassen. Dieselbe handelt den Verhältnissen gemäß. Sie wird durch einen Flankenmarsch von der Treiaer Straße in die Stellung der Dannewerke vereinigt mit der Reserve-Cavallerie geführt. Sie erlangt so die eigenen Verbindung mit der Armee und deckt zugleich deren Rückzug und die Chaussee auf Rendsburg (5 Uhr). Hier trifft der Befehl des commandirenden Generals ein: die erste Brigade, die Reserve-Cavallerie und Artillerie solle den Rückzug auf Rendsburg antreten und diese Festung sichern.

Die erste Brigade.
Flankenmarsch von der Treiaer Straße nach den Dannewerken.
Concentrirung daselbst und Rückmarsch nach Rendsburg.

Stellung der Truppen der 1sten Brigade Mittags 1 Uhr.
Ad int. Brigade-Commandeur Major *von Gagern* mit

2 Comp. Jägern, Avantgarde Hauptmann *Beeren*

2 Escadrons, Avantgarde Hauptmann *Beeren*

4 reit. Geschützen, Avantgarde Hauptmann *Beeren*

1ste und 2te Abtheilung des 4ten Bataillons in 2 Treffen

in Zugcolonnen, als Gros-Maj. *Stackemann*,

1ste und 2te Abtheilung des 2ten Bataillons und

4 6pfünd. Geschütze als Reserve, auf dem Wege von Schubye nach Treia in Verfolgung der abziehenden Dänischen Brigade begriffen.

Die Avantgarde ist bis in gleicher Höhe von Friederichsfeld auf der Straße gelangt.

Das 3te Infanterie-Bataillon ist zur Vertheidigung der Stellung bei Idstedt-Krug aufgestellt.

Eine Abtheilung des 12ten Bataillons - Major *Brackel* - von Ahrenholzer See nach Lührschau gezogen.

Die 1ste Abtheilung des 1sten Jägercorps ohne Befehle bei Gammelund.

Die Escadron noch bei der Reserve-Cavallerie nicht der Brigade zurückgegeben.

Bei dem Marsche auf Treia an der Tete des 2ten Bataillons richtete ich persönlich meine volle Aufmerksamkeit auf das anhaltende Geschützfeuer bei der Stellung von Idstedt-Krug. Ich bemerkte sehr bald Feuern im Wester-Gehege, die Scheune von Idstedt-Krug in Brand. Sofort faßte ich Beschluß und beorderte meine Adjutanten und Ordonnanzen an die verschiedenen Truppenbefehlshaber mit dem Befehl ab:

„Die Brigade nebst der Cavallerie und Artillerie stellen die Verfolgung des Feindes ein; die Truppen concentriren sich in der Stellung zwischen Groß- und Klein-Dannewerk. Das 2te Bataillon über Decker-Krug auf Schubye und deckt hier den Flankenmarsch, die andern Truppen auf Husbye. Eine Cavallerie-Patrouille behält den Feind im Auge. Eine Escadron deckt die linke Flanke der Brigade gegen Ellingstedt."

An der Spitze des 2ten Bataillons und der 4 Geschütze, trat ich den Flankenmarsch mit der Brigade auf Decker-Krug an. Hier wurde die erste Stellung genommen und geruht, während die Reserve-Cavallerie und die Batterie den Marsch fortsetzten. In Husbye wurde die zweite Stellung zur Aufnahme sämmtlicher Truppentheile der Brigade, welche bei Idstedt-Krug gekämpft und sich hierher zurückgezogen hatten, aufgenommen und dann erst der Marsch nach den Dannewerken fortgesetzt.

Ueber die Ereignisse des 3ten Bataillons bei Idstedt-Krug habe ich nach dem dienstlichen Bericht zu erwähnen, die 2te Abtheilung des Bataillons ist auf Befehl des Obersten *Gerhard* in Tirailleurs aufgelöst; die erste Abtheilung wird, während sie im Zurückgehen eine andere Stellung einnehmen soll, von der zurückgeworfenen in der Carrière zurücksprengenden Dragoner-Escadron zusammengeritten und auseinander gesprengt. In diesem Moment rückt das Dänische-Garde-Grenadier-Bataillon zum Angriff vor. Die 5te Escadron des 2ten Dragoner-Regiments, statt zu attaquiren, folgt der abgeschlagenen Dragoner-Escadron. Der Hauptmann *Seweloh* mit seiner Batterie feuert bis zum letzten Augenblick bis auf 10 Schritt Entfernung. Nie sind Geschütze ruhmwürdiger verloren gegangen. Die Dänischen Bataillone gelangen in die Stellung von Idstedt-Krug, ohne daß sie ihnen Infanterie-Vertheidigung streitig macht. --- Die Offiziere des 3ten Bataillons, namentlich Premier-Lieutenant *Langer*, sammeln ihre Leute an der Chaussee im Wester-Gehege und ein geregelter Rückzug unter dem stärksten Kartätschen- und Kugelfeuer wurde von den Bataillons-Commandeuren hergestellt.

Das 3te Bataillon nimmt eine Ausnahme-Stellung am Lührschauer und Schubyer Wege an der Chaussee; es wird hier aber im Rückzuge auf Befehl getrennt, indem die 2te Abtheilung sich weiter auf der Chaussee nach Schleswig, der Major *v. Lauer* mit der ersten Abtheilung auf Schubye abzieht und hier von der Colonne der 1sten Brigade aufgenommen wird.

Die 1ste Abtheilung des 12ten Bataillons, Major *Brackel*, welche bei der Nordost-Spitze am Ahrenholzer See bei Lührschau zuletzt aufgestellt war, nahm hier die zurückkehrenden Abtheilungen auf, zog sich auf Schubye ab und vereinigte sich hier mit der ersten Brigade.

Die 1ste Abtheilung des 1sten Jägercorps, Hauptmann *v. Schöning*. Bekanntlich war diese Abtheilung, nachdem sie eben sieggekrönt von Bollingstedt, in der schönsten militairischen Haltung, bei der Brigade bei Arnold-See eingerückt war, durch Befehl des General-Commando's wieder nach Gammelund vorgesendet, von wo sie, die Verhältnisse richtig erkennend, rechtzeitig ihren Rückzug bewerkstelligte und in Husbye mit der Brigade sich vereinigte.

Eine Verfolgung Seiten des Feindes in Schubye und Husbye fand, mit Ausnahme eines schwachen Zuges feindlicher Dragoner nicht statt. Auf dem Höhenrande bei Schubye, wo ich bei dem nunmehr klaren Himmel die ganze vorliegende Niederung übersehen konnte, überzeugte ich mich, daß eine Umgehung Seitens der feindlichen Cavallerie bisher nicht stattfand; der ganze Terrain-Theil war frei von feindlichen Truppen.

Die Bataillone der 1sten Brigade, von denen das dritte nur sehr schwach zur Stelle war, waren vollständig geordnet und kampffähig, obgleich **sie seit 2 Uhr Morgens nicht zur Ruhe gekommen waren.**

Südlich des rothen Kruges ließ ich die Brigade Stellung nehmen. Während die Reserve-Cavallerie in Regiments-Front, die Artillerie dahinter, durch den Hauptmann v. Alten des Generalstabs des General-Commando's, der sich meiner Person angeschlossen hatte, aufgestellt wurden. In dieser Achtung gebietenden concentrirten Stellung, - 5 Uhr Nachmittags, - wurde geruht.

Gleichzeitig hatte ich den Adjutanten der Brigade, Lieutenant Reed, mit der Meldung meines Handelns dem commandirenden General gesendet.

Auf den Dannewerken langte der Hautpmann *Wiedburg* vom General *Willisen* mit dem Befehl bei mir an, daß die 1ste Brigade, die Reserve-Cavallerie und Artillerie ihren Marsch sofort auf Rendsburg fortzusetzen habe, um die Festung zu sichern; die Armee zöge sich auf die Eider zurück.

Die Brigade trat, wie befohlen, ihren Rückmarsch auf Rendsburg an; die Tete die Cavallerie; die Artillerie, die Infanterie in geschlossenen Bataillons-Colonnen; das 1ste Bataillon von der Avantgarden-Arrièregarde. Bei Cropp wurde abermals und hinter Sorgbrück zuletzt geruht und daselbst mit dem 1sten Bataillon, 1 Escadron und 4 Geschützen an der Sorge die Vorposten aufgestellt. Gleichzeitig das 1ste Jägercorps nach Duvenstedt, Bünstdorf und Schiernau detachirt, um zugleich die Verbindung mit der Armee im Osten von Rendsburg an der Eider zu erhalten.

Die Cavallerie, Artillerie, das 2te, 3te, 4te und 12te Bataillon mit den Brigade-Stäben rückten zwischen 10 und 11 Uhr Nachts mit klingendem Spiele in Rendsburg ein, indem dieser Marsch in bester Ordnung ausgeführt wurde.

Zum Schluß meines Berichts erlaube mir der Herr Verfasser der Darstellung der Schlacht von Idstedt im Beihefte, als Leser die Antwort auf die Frage (...) zu ertheilen, daß der supponirte unternehmende Unterbefehlshaber des Generals Krogh in Schubye dieselben Helden vom Buchholze und Engbrück gefunden hätte, die am frühen Morgen der 5ten Dänischen Brigade den 5ten Theil ihrer Streiter raubte.

Es dürfte Schleswig-Holsteinischer Seits wenigstens jetzt der Beweis geliefert sein, daß die 3te Dänische Brigade viel eher auf einen ungünstigen Ausgang im Gefecht, als auf Lorbeeren sich Rechnung machen durfte; ja wenn sie mit ihren Bataillonen wirklich bis Schubye vorzudringen vermochte, um so mehr der Gefahr ausgesetzt war, durch die 1ste Brigade, der Reserve-Cavallerie und Artillerie von ihrem Rückzuge abgedrängt und abgeschnitten zu werden.

Schleswig-Holstein.

Dragoner.

Ulrich Freiherr v. d. Horst
(geb. 16.11.1793, gest. 09.05.1867 in Braunschweig)

Gefecht bei Oberstolk.

3te Brigade. (Generalmajor *Freiherr v. d. Horst.*)

Die 3te Brigade versammelte sich, auf den hierzu erhaltenen Befehl, am Nachmittage des 24sten Juli bei Berend, Fronte gegen den Langsee. Die über diesen See bei Holzhaus geschlagene Laufbrücke war durch die nöthigen Wachen gesichert.

Die Brigade bestand aus dem 5ten Jägerkorps, dem 9ten, 10ten und 11ten großen Bataillon, der 6ten Schwadron des 2ten Dragoner-Regiments und der 2ten 6pfdgen Batterie. Sie betrug circa 4400 Feuergewehre.

Gegen Mitternacht überbrachte ein aus dem Hauptquartier rückkehrender Adjutant, der Lieutenant *v. Binzer*, den bereits erwähnten Angriffsbefehl für den 25ten Juli, welchem gemäß die Brigade zwischen 1 und 2 Uhr gegen den Uebergang bei Holzhaus, in Marsch gesetzt wurde; die Batterie jedoch in der Direktion nach der Steinbrücke am Idstedter-See, von wo aus sie dann, sofern es die Umstände gestatten würden, sich wieder mit der Brigade vereinigen sollte.

Dies erschien mir von Hause aus als eine mißliche Sache und ich habe nie auf die Wiedervereinigung mit der Batterie während der Schlacht Rechnung gemacht.

Durch die Furth konnte sie indessen auf keine Weise passiren, einestheils wegen der sumpfigen Ufer und dann auch wegen der Tiefe der, überdem nur schmalen, Furth, die, trotz aller angewandten Mühe, in der Mitte niemals unter 3 bis 3 ½ Fuß Tiefe gebracht werden konnte.

Das Wasser würde mithin in die Protzen gelaufen sein.

Vielleicht wäre es besser gewesen die Batterie schon am Abend des 24sten nach Welspang zu senden, von wo sie leichter und ohne örtliche Hindernisse, bei Tagesanbruch zu mir nach Seehaus hätte gelangen können.

Zwar war mir der Mangel an eigener Artillerie im Gefecht sehr fühlbar; späterhin jedoch, als meine Situation schwierig wurde war es mir lieb, sie nicht bei mir zu haben, weil sie mich in dem sumpfigen, von Knicks durchschnittenen Terrain, an der nothwendig gewordenen Schnelligkeit der Bewegungen gehindert haben würde und ich sie vielleicht gar nicht mit durchgebracht hätte.

Auf ihrem Wege nach der Steinbrücke begegnete die Batterie dem kommandirenden General, welcher, verwundet sie hier zu sehen, dem Batterie-Chef sagte: „daß ja nicht debouchirt würde", ihn darauf aber dennoch weiterfahren hieß.

Dieses, an sich unwichtigen, Umstandes geschiehet nur deshalb hier Erwähnung, um zu zeigen, daß man damals bereits angefangen habe in den Entschlüssen schwankend zu werden.

Am Westergehege traf die Batterie auf die sich nach Idstedt zu bewegende 4te Brigade, welcher sie folgte um späterhin, rechts abbiegend, und durch das Gryder Holz gehend, sich wieder mit der 3ten Brigade zu vereinigen.

Dies ward jedoch durch die Ereignisse unmöglich gemacht; die Batterie fand im Gryder-Holz das Gefecht bereits in vollem Gange, schloß sich demselben, so wie den darauf im Centrum sich weiter entwickelnden Begebenheiten an, und traf erst am Abend bei Messunde, bei der 3ten Brigade wiederum ein.

Anfangs hatte man die Absicht gehabt, auch die Infanterie durch das Wasser marschiren zu lassen. Auf die dagegen erhobenen Vorstellungen jedoch, besonders von der Unnöthigkeit dieser Maßregel, indem man ja Zeit und Mittel zum Schlagen einer Laufbrücke habe und im Nothfall das Durchwaten ja noch immer übrig bliebe, ward das Brückenschlagen genehmigt.

Ohne allen Aufenthalt passirte die Brigade mit möglichster Schnelligkeit den Langsee (die Kavallerie durch die links von der Laufbrücke befindliche Furth) und formirte sich jenseit(s) desselben, jede Abtheilung sobald sie hinüber war, gleich zum Weitermarsch gegen Oberstolk. Zur Bewachung der Brücke wurden 50 Mann unter einem tüchtigen Unteroffizier bestimmt, welche bei dem weiteren Vormarsch, bei derselben zurückblieben.

Schon vor 4 Uhr stand Alles auf dem nördlichen Ufer marschbereit; die beiden Jäger-Abtheilungen vorne, darauf in den üblichen Abständen das 9te, 10te und 11te Bataillon, jedes zu zwei Abtheilungen; etwas links davon die Kavallerie.

Jetzt, es mochte 4 Uhr sein, erschien der Oberst *v. der Tann* mit dem mehrerwähnten abändernden Befehle, welchen er mich ersuchte, durch einen meiner Adjutanten der, in der Nähe von Idstedt zu vermuthenden, 4ten Brigade zu mehrerer Sicherheit nochmals überbringen zu lassen, was auch geschah.

Dieser Befehl zum einstweiligen Rückhalten des Vorgehens war mir aus mehreren grünen Gründen so überraschend als unangenehm. Außerdem, daß es mich schmerzlich berührte und mir als keine gute Vorbedeutung erschien, die Schlacht gleich mit einer Contreordre beginnen zu sehen, mußte ich auch der Meinung sein, daß bei der mir vorbeschriebenen Bewegung gerade sehr viel auf die Schnelligkeit und das Ueberraschende derselben ankam.

Bei einer größeren Aufmerksamkeit feindlicher Seits hätte ich überdem gleich von Hause aus, und zwar eine sehr unvortheilhaften Stellung, mit dem Rücken am Langsee, auf die Defensive geworfen werden können, welchem Uebel ich aber unter allen Umständen glaubte vorbeugen zu müssen.

Aus diesem Grunde setzte ich mich daher eine solche Verfassung, welche es mir gestattete, gleich zum Angriff vorrücken zu können, sobald sich der Feind vor meiner Fronte zeigen würde. Zu einer solchen Abweichung von der Contreordre hätte ich mich für vollkommen befugt gehalten.

Der Feind schien jedoch von dem Dasein der 3ten Brigade, auf diesem Flecke, keine Ahnung zu haben; dieselbe blieb wenigstens in ihrer unvortheilhaften Situation unangefochten.

Es ist mir nicht gelungen, einen Grund für den befohlenen Stillstand zu erfahren; ich kann mir auch keinen dafür denken. Im Gegentheil ist es nachzuweisen, daß dieser Aufenthalt wahrscheinlich sehr üble Folgen nach sich gezogen hat.

Es gehet nämlich aus dem Dänischen Bericht über die Schlacht hervor, daß diejenigen drei feindlichen Bataillone, welche vom General *v. Schleppegrell* nach dem Paß zwischen dem Idstedter- und Langsee – nach dem Gryder-Holze – detachirt wurden und denselben auch mit so günstigem Erfolge angegriffen, erst von Oberstolk aus dorthin gesandt wurden. Hätte ich daher mit meinem Vormarsch nicht so lange inne halten müssen, so würde ich Oberstolk vor dem Feinde erreicht haben und die ganze Lage der Sache hätte dann eine andere Gestalt erhalten. Jedenfalls würde ich wenigstens die feindliche Division dergestalt festgehalten haben, daß sie nicht im Stande gewesen wäre, einen Theil unseres Centrums so, wie geschehen, zu brüsquiren und sich gleich am Anfang der Schlacht in einem so empfindlichen Winkel unserer Stellung einzuschieben.

Nach langem ungeduldigen Warten brannten endlich die Fanale, es mochte 5 ¼ oder auch schon 5 ½ Uhr sein, und ohne Verzug trat die Brigade ihren Vormarsch gegen Oberstolk in der schon bemerkten Ordnung an; in nördlicher, nordöstlicher und nordwestlicher Richtung kleine Patrouillen vorschiebend.

Das Gefecht zu meiner Linken hatte damals schon begonnen; man hörte und sah deutlich das Kanonenfeuer; ja sogar wurde ein, anscheinend zurückgehendes, Infanterie-Gefecht bemerkbar. Um so mehr glaubte ich daher mich beeilen zu müssen, um das durch den Aufenthalt etwa Versäumte möglichst wieder nachzuholen.

Es ward daher absichtlich jede weitläufige Rekognoszirung unterlassen, um dem Feinde um so unerwarteter auf den Hals fallen zu können.

Auch auf meiner rechten Seite, in nordöstlicher Richtung, ließ sich nun das Gefecht der 2ten Brigade vernehmen; dasselbe zog sich aber sehr bald südlich.

Die nur auf kurze Strecken gegen das Dorf vorgesandten Patrouillen, brachten keine sichere Nachrichten zurück; sie wollten im Dorfe Kavallerie, jenseit(s) desselben aber Infanterie-Massen gesehen haben.

Sowohl das durch Knicks und Hecken verdeckte Terrain, in welchem das Dorf versteckt liegt, als auch das jetzt eingetretene trübe und regnige Wetter, hinderten jede freie Uebersicht, und es war daher über Das, was vom Feinde im Dorfe oder jenseit(s) desselben stand, eine bestimmte Nachricht nicht zu erwarten.

Aus diesem Grunde wählte ich das Sicherste, nahm das Dorf für besetzt an, und ging demgemäß zum Angriff vor.

Bevor derselbe aber ausgeführt wurde, ward eine Abtheilung des 9ten Bataillons unter dem Hauptmann Rodowitz rechts ab gegen Niederstolk mit dem Befehl abgeschickt, dies Dorf, falls es vom Feinde besetzt sei, zu nehmen, die rechte Flanke der Brigade zu decken und stets auf die möglichste Weise in jede Unternehmung derselben einzugreifen.

Die Schwadron blieb circa 6 bis 700 Schritt südlich des Dorfes halten, da sie mir bei dem dortigen, für sie ganz inpraktikablen, Terrain nur hinderlich gewesen wäre.

Das 5te Jägerkorps erhielt einige hundert Schritt vor dem Dorfe Feuer und ging nun schnell zum Angriff über. -

Um diese Zeit zeigten sich jedoch schon Spuren eines ungünstigen Gefechts zu meinen linken, indem mir Nachricht zukam, daß bereits vom Gryder-Holze aus feindliche Abtheilungen längs des nördlichen Ufers des Langsees, also völlig in meinem Rücken, sich nach der Furth zu bewegten. Ob in diesem Augenblicke, von dem der 2ten Brigade gegenüberstehenden Feinde aus der Richtung von Süder-Fahrenstedt nach demselben Punkte auch bereits Abtheilungen zogen, kann mit Bestimmtheit nicht angegeben werden. Etwas später ist es jedoch der Fall gewesen und findet dies auch darin seine Erklärung, daß, wie wir gesehen haben, während des Gefechtes der 2ten

Brigade bei Wedelspang, deren linker Flügel durch die Wegnahme der dort stehenden Jäger-Kompagnie entblößt wurde, wodurch es dem Feinde möglich ward, Süder-Fahrenstedt zu erreichen.

Obwohl ich nun, trotz dieses Zwischenfalles, für meinen Rücken nicht im mindesten besorgt war, da ich, selbst im unglücklichsten Falle, niemals würde gerade über den Langsee zurückgegangen sein - als den schlechtesten Rückzug, den ich hätte wählen können - die sich dort umhertreibenden Feinde auch wohl bald wieder fortzuschaffen gewesen wären, so schickte ich doch, zur Beruhigung Derer, die gleich Alles für verloren halten, wenn sie einen Feind im Rücken sehen, die zweite Abtheilung des 11ten Bataillons nach der Brücke mit dem Befehle zurück, den in der Nähe sich etwa eingenistelten Feind fortzutreiben und die Brücke unter allen Umständen zu halten. Zu weiteren Detachirungen oder gar zu einem Rückzuge dorthin, würde ich mich aber unter keinen Umständen haben bewegen lassen. Alles was später dahin seinen Weg genommen hat, ist ohne mein Wissen und Willen dorthin dirigirt worden

Der Angriff auf Oberstolk fand nun folgendermaßen statt, wobei jedoch vorab zu bemerken ist, daß Alles mit größter Schnelligkeit ausgeführt wurde, soweit dies die tapfere Gegenwehr des Feindes nur irgend zuließ.

Die beiden Abtheilungen des Jägerkorps, in Zugkolonnen formirt, drangen rasch vorwärts. Die 1ste Abtheilung unter dem Hauptmann v. *Köppen* mit der 1sten Kompagnie voran, die 2te als Soutien folgend, warf sich auf die Knicks und Gehöfte westwärts, während die 2te Abtheilung unter Hauptmann v. *Holy* sich mehr nordwärts dirigirte.

Auf kurze Distance, nicht allein um dem Angriffe den gehörigen Nachdruck zu geben, sondern auch, um nordwärts des Dorfes, sobald es genommen sein würde, gleich mit einer kompakten Masse durchbrechen zu können, während sich die Jäger wieder raillirten, ließ ich die 1ste Abtheilung des 9ten Bataillons, unter Hauptmann *Lütgen* und dem Oberbefehl des Majors v. *Hagen*, in nördlicher Richtung nahe hinter den Jägern folgen.

Die 1ste, westwärts vorgedrungene Jäger-Abtheilung gerieth gleich in ein scharfes Gefecht, welches einen immer heftiger werdenden Charakter annahm, indem der überraschte Feind sich tapfer vertheidigte. Sogar schwankte es auf diesem Punkte einmal, jedoch nur auf einen Augenblick, indem der, die 2te Kompagnie führende, Hauptmann v. *Kolden*, von augenblicklicher Uebermacht zurückgedrückt, auf das Muthigste sogleich wieder vordrang. Es ward nun hier Gehöft bei Gehöft genommen. Bei einem derselben fand der Kommandeur der 1sten Abtheilung, Hauptmann v. *Köppen*, an der Spitze seiner Leute stürmend, den Heldentod.

Auch die nächsten Knicks südwestwärts des Dorfes, wurden auf ähnliche Weise nach einander genommen

Während dies hier geschah, war die 2te Abtheilung des Jägerkorps mehr nordwärts vorgedrungen und hatte dort das Gefecht, auf gleiche Weise vorwärts schreitend, aufgenommen.

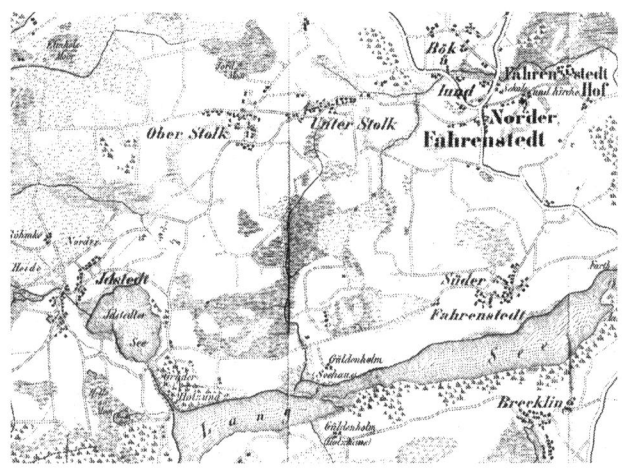

Hinter der einen Jäger-Kompagnie mit kurzem Abstand folgend, rückte die 1ste Abtheilung des 9ten Bataillons, die ganze Breite der Straße einnehmend, geschlossen nach, als, etwas über den Punkt hinaus, wo der Hauptweg mehr nach Norden einbiegt, sich ein Akt zutrug, der, zu Ehren des wackeren Feindes, besonderer Erwähnung verdient. Plötzlich sprengte nämlich feindliche Kavallerie in der ungefähren Stärke von 60 bis 80 Mann (mit Gewißheit ist dies nicht anzugeben) von Norden her auf diesem Dorfwege wie rasend daher und gerade auf die, vor dem 9ten Bataillon marschirenden Jäger los.

Diese warfen sich schnell in die zu beiden Seiten befindlichen Knicks, demaskirten so die Fronte des 9ten Bataillons und feuerten in die durchsprengende feindliche Kavallerie. Nur 25 bis 30 Mann entkamen diesem mörderischen Feuer; sie kehrten aber nicht um, sondern sprengten weiter auf das geschlossen stehende 9te Bataillon ein, ritten den vor der Fronte haltenden Kommandeur der Abtheilung nebst dem Adjutanten zu Boden, erhielten aber darauf von der Tete des Bataillons ein ganz nahes Feuer.

Nach dieser Salve blieben nur noch 3 Mann zu Pferde; aber auch diese sprengten weiter bis in die Tete hinein, wo sie sämmtlich erstochen wurden.

Die tapferen Männer waren in der Hitze des Gefechtes nicht zu retten. So endigte mit dem Untergang der Braven, die ihn unternahmen, ein Kavallerie-Angriff, der, obwohl nicht den gewöhnlichen Regeln gemäß, mit einer Tapferkeit ausgeführt wurde, welcher die höchste Bewunderung von Freund und Feind gebührt.

Hierauf nun übernahm nach Norden hin das 9te Bataillon in Verbindung mit den dort befindlichen Jägern die weitere Eroberung des brennenden Dorfes, unter sehr heftigem, blutigem Gefecht.

Während der ganzen Dauer des Kampfes in und um Oberstolk war die Brigade zugleich einem steten feindlichen Geschützfeuer ausgesetzt, ohne dasselbe auch nur mit Einem Kanonenschuß erwiedern zu können, da, wie bereits erwähnt wurde, ihre Batterie nicht mit über den See genommen werden konnte, sie mithin ohne alle Artillerie war.

Bevor nun der Darstellung der Ereignisse bei Oberstolk selbst fortgefahren wird, muß der Vorgänge bei Niederstolk Erwähnung geschehen, nach welchem Dorfe bekanntlich die 2te Abtheilung des 9ten Bataillons, unter dem Hauptmann *Rodowitz* entsandt worden war.

Am Lüngmoor südlich von Niederstolk

Die Abtheilung erreichte das Dorf ohne auf den Feind zu treffen, während das Gefecht in Oberstolk bereits im Gange war, wovon außer dem starken Feuer, mehrere lose, von dort hergesprengt kommende Dänische Dragonerpferde ein deutliches Zeichen für sie waren.

Weiter in das Dorf vorrückend, erhielt sie jedoch von einem nordwärts liegenden Gehöft und den daran stoßenden Knicks aus, starkes Feuer, während zugleich eine feindliche Kolonne nordostwärts vordrang und zwei feindliche 12pfder von nordwärts her ihr Feuer auf sie richteten.

Die Abtheilung dirigirte nun sofort ihren Angriff nach den angedeuteten Richtungen hin und warf den Feind zurück.

Derselbe drang jedoch alsbald verstärkt und unter großem Geschrei wiederum vor. Unsere an den Knicks aufgestellten Schützen hielten aber Stand, und so ereignete es sich, daß stellenweis Freund und Feind an einer und derselben Hecke sich gegenüberstanden und sich so in unmittelbarer Nähe beschossen und mit dem Bajonett erreichten.

Zugleich zog sich der Feind immer mehr links, um uns rechts zu flankiren.

Das Gefecht blieb hier nun lange Zeit stehend, bis, in Folge der weiteren Begebenheiten bei Oberstolk, ich der Abtheilung den Befehl überschickte, mir in der Richtung nach Idstedt schnell zu folgen.

Unter fortwährendem Gefechte bewerkstelligte die Abtheilung ihren Abzug; sie konnte jedoch die ihr aufgegebene Richtung nicht mehr gewinnen, und zog sich deshalb unter stetem scharfen Gefechte nach der Furth des Langsees.

Dies hatte allerdings nicht meinen Beifall, indessen habe ich keinen Grund, die Angabe des braven und unerschrocken Kommandeurs, von der Unmöglichkeit, die ihm bezeichnet gewesene Richtung einzuschlagen, nur im mindesten zu bezweifeln.

Nunmehr kehre ich zu dem Kampfe bei Oberstolk zurück.

Als die 1ste Abtheilung des 9ten Bataillons, kämpfend den Nordrand von Oberstolk erreicht hatte, warf sich eine starke feindliche Kolonne von Nordwest her nochmals mit Ungestüm auf das Dorf und suchte sich so zwischen das Bataillon und die westwärts eingedrungenen Jäger zu schieben.

Diese Bewegung konnte gefährlich werden und, obgleich der Major v. *Hagen* sofort einen Theil des Bataillons dem Feinde entschlossen entgegen warf, fühlte ich doch die Nothwendigkeit, dem Dinge mit aller Gewalt hier ein Ende zu machen, indem es mir im höchsten Grade wichtig erschien, mit diesem ersten Theil meiner Aufgabe rasch fertig zu werden, um dann unverweilt zu dem zweiten Theil schreiten zu können.

Demgemäß nahmen sich das hinter dem Dorfe in Reserve stehende 10te Bataillon vor, um durch einen kräftigen Angriff den noch immer widerstehenden Feind über den Haufen zu werfen.

Dieser Stoß, welchem sich alle übrigen in und neben dem Dorfe stehenden, Abtheilungen anschlossen, brachte auf eine eklatante Weise die

Entscheidung, indem er mich in den völligen unbestrittenen Besitz des Dorfes setzte und dem Feinde eine nachhaltige gründlicher Erschütterung beibrachte.

Die 1ste Abtheilung des 10ten Bataillons unter Hauptmann *v. Braunschweig* ward nordwärts durch das Dorf dirigirt, die 2te Abtheilung, unter Hauptmann *v. Lupinski*, westwärts um das Dorf herum.

Von der 1sten Abtheilung ward die vordere Kompagnie etwas mehr rechts gegen die nordöstliche Dorfspitze dirigirt; die 2te Kompanie dagegen an der Fronte der brennenden Häuser entlang in nordwestlicher Richtung quer durch das Dorf.

Diese letztgenannte Kompagnie unter dem Hauptmann *Blauel*, trieb den Feind mit dem Bajonett etwa 1000 Schritte über das Dorf hinaus, als sie sich plötzlich in der Flanke einer feindlichen Batterie befand. – Im Begriff sich gegen diese zu wenden, ward sie von feindlicher Kavallerie mit großer Kühnheit angegriffen.

Die Kompagnie formirte Quarree und gab auf ungefähr 15 Schritt eine Salve, durch welche die mehrsten der Angreifer niedergestreckt wurden. Nur 3 Mann brachen durch und unter diesen ein Offizier, welcher darauf in persönlichem Kampfe von dem Fähnrich *Schäffer* zum Gefangenen gemacht wurde.

Während dieses hier geschah, war die 2te Abtheilung des 10ten Bataillons westwärts um das Dorf mit dem Befehle gesandt, hier auf jede Weise reine Bahn zu machen. Sie führte ihren Auftrag vortrefflich aus, indem die 3te Kompagnie unter dem Premier-Lieutenant *v. Häfeler* drei Knicks hinter einander im Sturm nahm. Hier stand eine feindliche Batterie-Abtheilung. Mittlerweile war auch der Theil der 2ten Kompagnie des 9ten Bataillons, welcher vorhin von dem Major *v. Hagen* dem aufs Neue anstürmenden Feinde entgegen gesandt war, so wie ein Theil der Jäger unter dem Hauptmann *v. Holy*, bis hierher vorgedrungen und ohne weiteres Bedenken warfen sich diese Braven vereint auf die feindlichen Geschütze, nahmen den Batterie-Kommandeur, Hauptmann *v. Baggesen*, gefangen und eroberten 3-12pfd. Geschütze, wovon jedoch nur noch eines bespannt, die beiden anderen dagegen unbespannt waren.

Zur Befreiung derselben stürmten abermals feindliche Dragoner heran; aber trotz ihrer glänzenden Tapferkeit, zerschellte auch dieser wiederholt unternommene Angriff an dem Muthe und dem kalten Blute der Schleswig-Holsteiner. Die feindliche Kavallerie ward abermals mit dem empfindlichsten Verluste zurückgeschlagen.

Es muß hier eingeschaltet werden, daß alle die zuletzt geschilderten Vorfälle in und neben Oberstolk, gleichzeitig und mit reißender Schnelligkeit ausgeführt wurden und sämmtlich gut in einander griffen.

Es ist unmöglich, den Eifer, die Hingebung und den Muth genügend zu schildern, welchen hier meine tapferen Schleswig-Holsteiner, Offiziere wie Soldaten, bewiesen, und es wäre zu wünschen, daß sich manche Berichterstatter in jenem Momente in meiner Nähe befunden hätten. Sie würden dann vielleicht die Armee mehr achten gelernt haben und nicht die Spalten der Blätter mit Erzählungen von einzeln vorgefallenen Unordnungen ausfüllen, die nicht einmal immer Schuld der Soldaten waren und die in jeder, auch der ältesten und besten Armee, in kritischen Momenten und nach verlorenen oder in solch' verwickeltem Terrain plötzlich abgebrochenen Schlachten, wohl schon ebenso und noch schlimmer vorgekommen sind.

Es darf nun und nimmermehr zugegeben werden, daß die Schuld des Unglücks, die ganz wo anders liegt, der zwar unglücklichen aber durch und durch tüchtigen Armee aufgebürdet werde.

Der feindliche Bericht selbst giebt den Verlust an Pferden bei den verschiedenen Angriffen auf wenigstens 90 an. Nach meinem Dafürhalten war er eher größer als geringer, denn alle Wege waren voll von Menschen- und Pferdeleichen; fast neben jedem Pferde lag der brave Reiter. -

Es waren viele Gefangene gemacht, jedoch hatte man keine Zeit sie zu zählen; auch mögen wohl späterhin manche wieder entschlüpft sein, worauf es indeß auch eben nicht ankam.

An feindlichen Offizieren fielen hier in Stolk fünfe in meine Hände, nämlich der schwer verwundeten Oberstlieutenant *v. Bülow*, Chef des Stabes des Generals *v. Schleppegrell*, der Hauptmann *v. Baggesen*, Kommandeur der theilweise genommenen 12Pfder-Batterie, der Dragoner- Lieutenant *v. Karstenskiöld*, der Infanterie-Lieutenant Quist und noch ein Infanterie-Offizier, dessen Name mir entfallen ist.

Welchen empfindlichen Verlust der Feind außerdem noch an ausgezeichneten Offizieren hier erlitt, gehet aus seinem eigenen Berichte hervor.

Mitten im glücklichsten Gefecht – die Stunde weiß ich nicht - kam einer meiner Adjutanten, der Hauptmann *v. Wangenheim*, den ich mit einer Bestellung hinter das Dorf geschickt hatte, zu mir mit der Meldung zurück, daß er dort den Major *Wynecken*, Souschef des Stabes des Generalcommando's, angetroffen habe und von ihm beauftragt worden sei mir zu sagen, ich möge das Gefecht abbrechen und mich wieder über den Langsee zurückziehen.

Diese Zumuthung wies ich um so bestimmter und kürzer zurück, als ich im entschiedensten Vortheil war, meine Ordre auch auf Vorgehen und nicht auf Zurückgehen lautete; es überdem sich leichter sagen als thun läßt, ein so verbissenes Gefecht in solchem Terrain abzubrechen, ohne darüber zu Grunde zu gehen.

Von einer weiteren ähnlichen Absicht des Majors *Wynecken* auf einzelne Theile meiner Brigade hat mir der Hauptmann *v. Wangenheim* nicht ein Wort mitgetheilt; ich würde ebenso Mittel gefunden haben diese zu hintertreiben, wie ich den mir zugemutheten eigenen Rückzug von der Hand wies.

Als sich kurz darauf die direkte Zurückberufung einzelner Theile meiner Brigade herausstellte, waren es gerade meine Adjutanten, und unter ihnen der Hauptmann *v. Wangenheim*, die meine gerechte Entrüstung darüber theilten; keiner von ihnen wußte etwas davon, keiner konnte sich die Sache erklären. Späterhin habe ich diese Angelegenheit bei dem kommandirenden General mündlich zur Sprache gebracht, indem ich natürlich nur unterstellen konnte, daß der fragliche Befehl von ihm selbst ausgegangen sei. Da ich jedoch bemerkte, daß man diese Saite nicht gern berührt sah, so schwieg ich.

Jedenfalls ist es sehr zu bedauern daß, wie ich jetzt höre, der Major *Wynecken* mich damals nicht hat finden können. Meiner Meinung nach hätte er aber nur mit meinem Adjutanten, den er ja sprach, mitreiten dürfen; der wußte wo ich zu finden war.

Bei dieser Gelegenheit muß ich noch einer Andeutung in dem Beiheft pro Juli, August und September des Preußischen Militair-Wochenblattes, pag. 41 – als sei ich bei meinem Stoßen auf den Feind über mein Verhalten um deswillen zweifelhaft gewesen weil der General *v. Willisen* die Dänen in solcher Frühe hier noch nicht erwartet habe, - entschieden dahin widersprechen, daß ich auch nicht einen Moment in Ungewißheit darüber war was beim Treffen auf den Feind in Oberstolk zu thun gewesen sei.

Ich vermuthete gar nichts anderes als den Feind dort zu treffen, hatte Alles auf das bevorstehende Rencontre eingerichtet und bedauerte nur den gezwungenen Aufenthalt am Langsee, nach dem Passiren desselben. Eines Rathes dabei bedurfte ich nicht.

Es erscheint hier am rechten Ort, nunmehr auch noch eine Einschaltung in Bezug auf den Dänischen Bericht vorzunehmen.

Dieser Bericht sagt nämlich, daß der General *v. Schleppegrell* die Batterie Baggesen auf einer Anhöhe, 1000 Ellen südlich von Stolk, habe auffahren und nach Idstedt feuern lassen.

Hieran liegt, glaube ich, ein Irrthum. – Wenn die Batterie südlich von Oberstolk gestanden hätte und noch dazu 1000 Schritte weit vor dem Dorfe auf einer Höhe, so mußte sie meinen Anmarsch deutlich sehen, denn ich kam gerade von Süden her und erst dicht vor Stolk wendet sich der Weg kurz gegen Osten um. Als die Batterie zum Theil genommen wurde, stand sie auch nicht südlich sondern mehr westlich und auch nicht 1000 Ellen vom Dorfe entfernt, sondern in dessen Nähe.

Von dem Flecke aus wo ich sie fand konnte sie auch wohl nicht bis nach Idstedt reichen, wohl aber bekam meine Brigade selbst ganz gehöriges Feuer aus dieser Richtung.

Ferner spricht der Dänische Bericht nur von zwei genommenen Geschützen der Batterie *Baggesen*; ich aber muß auf deren drei bestehen bleiben; zwei davon waren unbespannt, das dritte bespannt.

Wenn ich nun auch zugeben will, daß ich persönlich in der Zahl der Geschütze irren könnte, obwohl ich selbst bei den genommenen Kanonen war, so haben doch, sowohl Offiziere als Unteroffiziere und Soldaten, welche ich darüber habe vernehmen lassen, dasselbe ausgesagt.

In dem Dänischen Bericht ist auch hinterher noch dreimal von der Batterie *Baggesen* die Rede und werden dann immer nur fünf Geschütze genannt.

Es fehlten mithin drei.

Uebrigens ist die Sache an sich um so weniger von Wichtigkeit, als ich die genommenen Geschütze doch wieder stehen lassen mußte; wobei ich aber noch bemerke, daß der Feind sie keineswegs zurückerobert, wie er angiebt, sondern nur wiedergefunden hat; ein Kampf um ihren Wiederbesitz hat gar nicht Statt gefunden.

Auch ist es nicht richtig wenn der Bericht sagt, daß meine Infanterie in den Häusern versteckt gewesen sei. Dieselbe ging vielmehr gerade auf Oberstolk los und erhielt auch schon Gewehrfeuer ehe sie dasselbe reichte. Hätte der Feind nur eine einzige Patrouille in südlicher Richtung vorgeschickt, so würde diese meinen Anmarsch unbedingt haben sehen müssen.

Daß dies nicht geschah, ist um so unbegreiflicher, als der Feind selbst zugiebt, von dem Schlagen der Laufbrücke über den Langsee Kenntniß gehabt zu haben.

Wenn daher mein Angriff zu einem Überfall wurde, so ist die eigene Unvorsichtigkeit des Feindes daran Schuld gewesen.

Ebenso sind die beiden feindlichen Geschütze, welche noch während des Gefechtes im Dorfe, in dasselbe hineingefahren und gegen von mir besetzte Häuser chargirt haben sollen, weder von mir noch von irgend Einem der Brigade bemerkt worden.

Es ist dies wahrscheinlich eine Verwechslung mit den Geschützen, welche mir bei meinem Marsche gegen das Gryder-Holz von Stolk aus das Geleite gaben.

Wenn nun aber der mehrerwähnte Dänische Bericht sagt, daß die in und bei Oberstolk befindlich gewesenen Bataillone meiner Brigade hierauf „gänzlich gesprengt" worden seien, so muß ich dieser Behauptung mit einem entschiedenen „Nein" entgegentreten. Wer in Folge des Gefechtes der eigentlich Gesprengte war, gehet aus dem weiteren Verfolg desselben Berichtes übrigens sattsam hervor.

Die Erschütterung, welche der bei Stolk geführte Stoß durch die ganze feindliche Armee erzeugte, wird auch in dem Dänischen Bericht keineswegs in Abrede gestellt, vielmehr offen zugestanden.

Die augenblickliche Zurückbeorderung der 3ten Dänischen Brigade, mittelst welcher unserem linken Flügel eine Umgehung zugedacht war, war die unmittelbare Folge davon. Durch jenen Stoß ward daher der gefürchtete Gast aus unserer Nähe verbannt. Es half uns dies, wie wir gesehen haben, aber nichts.

Wurde meine Brigade wirklich gesprengt (wenn wir diesen Ausdruck gebrauchen wollen), so geschah dies nicht durch den Feind, sondern durch diesseitige direkte Befehle von oben her, durch welche mir, gerade im entscheidenden Momente ohne Noth und ohne mein Wissen, Truppentheile entrissen und zurückbeordert wurden.

Mein tapferer Feind, wirklich sein Verhalten mir übrigens die höchste Achtung abnöthigte, wolle mir diese Bemerkung vergeben, die ich meinen gleich tapferen Truppen schuldig war.

Welche Truppentheile übrigens jenen direkten Rückgangsbefehl speciell erhalten haben, ist auffallender Weise nicht genau zu ermitteln gewesen.

Die amtlichen schriftlichen Meldungen davon liegen mir nur vom Major *v. Steensen*, Kommandeur des 5ten Jägerkorps, und vom Major *v. Cramm*, Kommandeur des 11ten Bataillons, vor.

Wahrscheinlich aber haben sich die anderen Abtheilungen der Brigade, welche denselben einschlugen, durch den Abmarsch Jener verleiten lassen, ebenfalls dieser Richtung zu folgen.

Jedenfalls ist es sehr zu beklagen, daß dergleichen ohne mein Wissen stattfinden konnte; denn es zerriß die vortreffliche Disposition des kommandirenden Generals und hinderte mich zunächst an ihrer Ausführung.

Nach dieser nicht zu umgehenden Einschaltung nehme ich den Faden der Darstellung wieder auf. –

In dem zuletzt geschilderten Moment war nunmehr das Dorf ganz in meiner Gewalt und der Feind überall in vollständigem Rückzuge. Wenn dagegen der Dänische Bericht der Vermuthung Raum zu geben, geeignet ist, als sei dies wohl nicht durchweg der Fall gewesen, so muß ich Dem als Augenzeuge widersprechen, da ich den vollständigen unzusammenhängenden Rückzug des Feindes selbst gesehen und persönlich die Ueberzeugung gewonnen habe, daß von seiner Seite damals nur noch Todte und Gefangene im Orte waren.

Es war überaus schwierig, unsere, durch den erbitterten Kampf auf das Aeußerste aufgeregten Leute, von einer ungeregelten Verfolgung des Feindes abzuhalten und dies zwar umso mehr, als bis dahin kein anderes Kommando als stets nur der Ruf: „Vorwärts!" zu hören war, dem nun mit einem Male Einhalt gethan werden mußte.

Leider konnten nicht alle so in Heftigkeit vorwärts stürzende Abtheilungen mehr zurückgehalten werden und gerade die bei dem Nehmen feindlichen Geschütze unter dem Hauptmann v. Holy sich so rühmlich hervorgethanen Mannschaften eilten, durch den noch nicht verstummten Ruf: „Vorwärts!" irre geleitet, in wilder Hast dem fliehenden Feinde gegen Idstedt zum Theil nach, geriethen dort mitten unter die Feinde, und nach tapferer Gegenwehr und vielem Verlust, größtentheils in feindliche Gefangenschaft.

So sehr der Verlust so tapferer Männer auch zu beklagen war, so wenig kann diese ein anderer Vorwurf treffen, als der: zu großer Heftigkeit; und die heftigen Soldaten sind wahrlich nicht die schlechtesten.

Wenn die unglückliche Zerreißung der Brigade nicht stattgefunden hätte, würden sie auch wahrscheinlich nicht lange in feindlichen Händen geblieben sein.

Nunmehr wollte ich unverweilt zu dem zweiten Theil meiner Aufgabe, zu dem Vorgehen nach Stenderup, schreiten und mir hierzu so viel Verzug gönnen, als nöthig war, um die Truppen zu railliren und zu sehen, wie es rechts und links von mir aussah.

Da sah und hörte ich aber weder links noch rechts etwas Tröstliches.

Links waren alle Zeichen eines geschehenen Unglücks, eines Durchbruches Seitens des Feindes, einer völligen Umgehung meines linken Flügels vernehmbar. Auf eine Mitwirkung der 4ten Brigade bei meiner weiteren Bewegung war also nicht zu rechnen.

Rechts war von der 2ten Brigade nichts zu sehen und zu hören; ihr Gefecht schien bereits rechts hinter mir zu ersterben und gab nur noch wenige Lebenszeichen.

Also auch auf die 2te Brigade, welche sogar die erste Staffel des weiteren Angriffes bilden sollte, war ebenfalls nicht zu rechnen.

Eine Fortsetzung der Vorwärtsbewegung, für welche drei Brigaden bestimmt waren, allein mit der so geschwächten 3ten Brigade, ohne alle Artillerie, war unmöglich.

Aber es mußte ein Entschluß gefaßt werden und zwar ein schneller. Und so entschloß ich mich denn, wenn ich auch behindert worden war, meinen ganzen Auftrag zu erfüllen, wenigstens so viel wie möglich in seinem Sinne zu handeln.

Dies glaubte ich nicht besser ausführen zu können, als wenn ich mich mit der Brigade auf Idstedt würfe, wodurch unser bedrängtes Centrum degagirt worden wäre.

In diesem Sinne traf ich schnell meine Anordnungen, aber jetzt kamen die, währenddeß stattgefunden, direkten Detachirungen mit ihren Folgen ans Licht.

Da erst ward meine Lage kritisch; früherhin war sie es noch gar nicht in dem Grade, wie man sie andernwärts gehalten hat.

Ueberdem drang gerade jetzt der Feind von Nordost her mit Macht wieder gegen das Dorf vor. Ob dies die Reserve der 2ten feindlichen Division oder der nur noch sehr unbedeutend beschäftigte Gegner der 2ten Brigade war, weiß ich nicht, habe Letzteres jedoch damals vermuthet und vermuthe es noch.

Nunmehr war wirklich kein Augenblick Zeit mehr zu verlieren. - Von allen Seiten verlassen, konnte ich mit so weniger Mannschaften das Dorf gegen den andrängenden Feind nicht halten; gerade über den See mochte ich nicht.

Daher wählte ich den einzig mir außerdem noch möglich erscheinenden Ausweg, indem ich schnell Alles zusammen raffte, was zu erreichen war, um mich damit auf den links hinter mir zwischen dem Idstedter- und Langsee, (Gryder-Holz) sich eingedrängten Feind zu werfen.

Ob dieser plötzlich gefaßte Entschluß der richtige war, will ich gern dahin gestellt sein lassen und bin auf Tadel gefaßt; ich hielt mich jedoch verpflichtet, den, leider nöthig gewordenen, Abzug noch möglichst zu nutzen und ihn dem Feinde zugleich so empfindlich als möglich zu machen.

Alles was ich für die eben ausgesprochene Absicht Zeit hatte schnell zusammen zu raffen, waren die zuletzt gerade bei mir im Gefecht gewesen Theile des 9ten Bataillons unter Major *v. Hagen*, des 10ten Bataillons unter den Hauptleuten *v. Lupinski* und *Blauel* und eines Jäger-Detachements unter dem Premierlieutenant *Lenz*.

Diese ganze Masse betrug *höchstens* zwischen 4 und 500 Mann und es ist mir unbegreiflich, wie der Major Wynecken dazu kommen konnte, sie au 2 ½ Bataillone zu veranschlagen und diese Angabe der Oeffentlichkeit zu übergeben.

Noch während ich im Abziehen begriffen war, stürzte, wie schon angedeutet, der Feind von Ost und Nordost her auf das Dorf ein.

Die von Niederstolk zurückgehende Abtheilung, mit noch anderen dort postirten Schützen, hielt ihn zwar nach Möglichkeit ab, aber dies konnte bei der großen feindlichen Uebermacht nicht lange vorhalten.

Unterdessen hatte ich meinen Abmarsch gegen das Gryder-Holz begonnen; er war mit unendlichen Schwierigkeiten verknüpft und noch heute erscheint es mir als ein Räthsel, daß die kleine Schaar nicht vollständig zu Grunde ging.

Der Feind folgte mit Infanterie, während er mir auch mit Artillerie das Geleite gab. Zu meiner Rechten, im Südwesten von Oberstolk, war feindliche Kavallerie, gegen welche ich jedoch durch das Terrain geschützt war. Zwischen mir und dem Gryder-Holz hatten sich ebenfalls feindliche Abtheilungen postirt, die erst in das Holz hindurchgeworfen werden mußten, und zudem mußte nach aller Wahrscheinlichkeit das Gryder-Holz selbst stark vom Feinde besetzt sein. So fand es sich dann auch wirklich

Das östliche Ende des Idstedter Sees.

Unter fortwährendem Geplänkel ward der Marsch fortgesetzt. Der Hauptmann *v. Lupinski* mit dem Theil der 4ten Kompagnie 10ten Bataillons und den Jägern unter Lieutenant *Lenz*, deckte den Rücken und hielt den verfolgenden Feind ab. Beide führten ihren schwierigen Auftrag musterhaft aus. Alles ging gut; der Feind hinter uns ward abgehalten, der vor uns zurückgetrieben und hierbei durch das 9te Bataillon sogar ein feindliches Detachement von 40 Mann zu Gefangenen gemacht, welche (wohl übertrieben) aussagten, daß der Wald von drei feindlichen Bataillonen besetzt sei. Jetzt kam aber der schwerste Theil. Der Wald ward erreicht (es war 9 Uhr) und im ersten Anlauf genommen. Der Hauptmann *v. Lupinski* ward an der Lisiére postirt, machte Fronte gegen seine Verfolger und hielt sie vom Nachdringen ab.

Nun mußte aber rücksichtslos auf den Feind im Walde eingedrungen werden um unsere Schwäche zu verbergen. Alles ward als Schützen aufgelöst und hinterher folgten die Tamboure, fortwährend Trupp schlagend.

Der Feind, völlig decontenancirt, ward nicht allein überall zurückgetrieben, sondern es ergaben sich sogar starke Abtheilungen zu Gefangenen; auf einem Fleck unter anderen 85 Mann.

Durch eine theilweise Linksschwenkung war ein starker Trupp Feinde gegen das Defilee gedrängt worden, wo er sich ergab und von einem dort postirten Theile des 4ten Jägerkorps abgeführt wurde.

So ward der Feind zum nördlichen Ende des Gryder-Holzes mit lautem Hurrah hinausgebracht und unser Abzug über die Brücke am Idstedter See somit frei.

Nun aber drängte der Feind, unter gleichzeitigem fortwährenden Kartätschfeuer, wieder mit Macht von Norden her gegen das Holz an; das gebrauchte Blendwerk konnte unmöglich länger vorhalten und so zog ich mich denn langsam ab und über die Brücke am Idstedter See zurück, wo das 4te Jägerkorps theilweise postirten war.

Etwas hinter dem Defilee, auf einem geeigneten Fleck, sammelte ich meine zum Tode erschöpften Leute, die durchaus etwas verschnaufen mußten, wenn irgend wie noch Ansprüche an sie erhoben werden sollten.

Während der Zeit, wo, wie eben erzählt, der Wald gesäubert wurde, hielt der Hauptmann *v. Lupinski* unseren Rücken frei.

Dann aber, als wir über das Defilee zurück waren, trat für ihn eine Krisis ein, denn er konnte nicht mehr über die Brücke. Der umsichtige und brave Offiziere wußte sich aber zu helfen. Sich rechts um wendend, schlug er sich durch seine Gegner und erreichte so, am nördlichen Ufer des Langsees fortgehend, unter stetem Gefechte die Laufbrücke.

Gefangene wurden, wie gesagt, viele gemacht, auch im Walde Haufen von Dänischen Gewehren in der Eile zusammengeschleppt. Die in Stolk und im Gryder-Holz von der Brigade gemachten Gefangenen betrugen mehrere hundert.

Wie mir hinterher mitgetheilt wurde, sollen fast alle feindlichen Gefangenen des Tages auf die dritte Brigade kommen. Für diese Brigade war es ein sehr übler Umstand, daß sie keinen Wagen mit über den Langsee hatte nehmen können, weshalb ihr, außer den wenigen vorhandenen Tragbahren, alle Mittel zur Fortschaffung ihrer schwer Blessirten fehlten, die aus diesem Grunde auch größtentheils späterhin in feindliche Hände fielen.

Bei Gelegenheit unseres Rückganges über das bezeichnete Defilee, fanden wir deutliche Spuren davon, wie weit der Feind auf seiner Exkursion hierher am frühen Morgen vorgedrungen gewesen war, denn sogar im Katharinen-Holze lagen feindliche Leichen.

Dies schnelle Vordringen des Feindes so weit in das Herz unserer Stellung hinein, ist mir stets unerklärlich geblieben. Zwar wurde er durch die Anstrengungen des 4ten Jägerkorps, und namentlich dessen 4te Kompagnie, wieder zurückgetrieben; das Gryder-Holz behielt er jedoch, bis er durch die 3te Brigade momentan daraus vertrieben wurde.

Wenigstens stehet so viel fest, daß beim Betreten des Gryder-Holzes durch die 3te Brigade, der Feind dasselbe vollständig besetzt hatte und das 4te Jägerkorps nur die westlichen Ausgänge desselben bewachte.

Sobald ich mit Bestimmtheit erfuhr, daß der andere Theil der Brigade südlich der Laufbrücke glücklich angelangt sei, schickte ich dem dort kommandirenden Offizier den Befehl zu, den Uebergang natürlich zu halten, außerdem aber alle entbehrlichen Truppen mir zuzusenden.

Nach ziemlich langem Warten erschienen auf diese Weise eine Abtheilung (zwei Kompagnien) des 11ten Bataillons und circa drei Kompagnien des 5ten Jägerkorps, alle in hohem Grade fatiguirt, und das Jägerkorps durch den bei Oberstolk bestandenen und Kampf außerdem in numerisch sehr geschwächtem Zustande.

Hiernach würde nun auch die in dem Beiheft pro Juli des Militair-Wochenblattes angenommene Stärke der Brigade im Centrum, zu berichtigen sein.

Währenddeß hatte der Kampf im Centrum seinen Fortgang.

Als der bezeichnete kleine Theil der 3ten Brigade das Defilee am Idstedter See, wie oben erzählt, passirte, fand sie Letzteres durch Theile der 4ten Brigade unter dem Oberstlieutenant *v. Grotthuß* besetzt, welcher nunmehr einstweilen die Vertheidigung dieses Punktes übernahm.

Sobald meine Leute sich nur ein wenig erholt hatten, griffen sie jedoch auf das Kräftigste in das Gefecht wiederum ein.

Der Oberstlieutenant *v. Grotthuß* ward hart bedrängt und vermochte nicht länger das Defilee zu halten. Da ließ ich den Major *v. Hagen* mit der mitgebrachten Abtheilung des 9ten und der, mittlerweile herbeigeholten, Abtheilung des 11ten Bataillons, sowie einzelnen Theilen der 4ten Brigade, zum Angriffe gegen das vom Feinde genommene Defilee vorgehen.

Vergebens waren aber alle, mit der rühmlichsten Tapferkeit und unter großem Verlust wiederholt unternommenen Angriffe der erschöpften Truppen.

Der Feind behielt das Defilee, ward dagegen aber am weiteren Vordringen gehindert, bis der allgemeine Rückzug befohlen wurde.

Die, den Zug nach dem Gryder-Holz mit unternommene, durch das fortwährende Gefecht jedoch sehr geschwächte und ermüdete 2te Kompagnie des 10ten Bataillons unter dem Hauptmann *Blauel*, war nach ihrem Rückmarsche über die Brücke am Idstedter See, einstweilen im Katharinen-Holz als Reserve postirt worden um sich von der übergroßen Erschöpfung nur einigermaßen zu erholen.

Nach nur kurzem Halten sandte ich sie jedoch nordwestlich durch den schmalen Theil des Westergeheges, um der, nördlich auf den Höhen vor dem Gehege postirten Artillerie zur Bedeckung zu dienen.

Dieses Auftrages hat sich die Kompanie mit Umsicht und Muth auf eine Weise entledigt, die alles Lob verdient.

Sie blieb bei der Artillerie, und namentlich bei der 2ten 6pfdigen Batterie, bis zur Beendigung der bekannten Kanonade, und trat dann erst auf Befehl den Rückzug an.

Hier möchte es wohl am Orte sein, eine Bemerkung hinsichts des Dänischen Berichtes einzuschalten:

Es ist auffallend, mit welcher Leichtigkeit dieser Bericht nicht allein über das Gefecht mit der 3ten Brigade, vor und im Gryder-Holze, hinweggehet, sondern auch, in welche Widersprüche er sich, in Bezug auf das frühere Gefecht daselbst mit dem 4ten Jägercorps, verirrt.

Der Bericht sagt nämlich: „daß das 12te leichte, 2te Reserve- und 5te Linienbataillon beim Forciren des Passes zwischen dem Idstedter- und Langsee (der bereits um 6 Uhr Morgens nebst dem vorliegenden Plateau in ihren Händen gewesen sei) von der aus Oberstolk retirirenden Infanterie beschossen worden wären."

Um die genannte Zeit aber ward Oberstolk erst durch die 3te Brigade angegriffen, und es ist gar nicht abzusehen, was unter der „aus Oberstolk retirirende Infanterie" eigentlich verstanden sein soll.

Der Bericht widerspricht sich gleich darauf auch selbst, indem er weiter sagt:

„daß die vorgenannten Truppen mehrere Stunden im Besitze des Passes geblieben wären, während dessen man fortwährend den Kampf im Rücken war Oberstolk beobachtet habe. Die Berücksichtigung dieses Umstandes, vereint mit noch anderen Reflexionen, habe dann auch den Rückzug aus dem Gryder-Holz veranlaßt, bei welcher Gelegenheit mehrere

Offiziere und Soldaten beim Repassiren des Defilees gefangen worden seien." -

Wenn nun aber der Feind wirklich schon um 6 Uhr im Besitz des Defilees war und bei dem Forciren desselben, von der damals aus Stolk bereits „retirirende" Schleswig-Holsteinische Infanterie beschossen wurde, wie war es dann möglich, daß man mehrere Stunden darauf den „fortwährenden" Kampf bei Oberstolk noch beobachten konnte?

Mit der damals schon aus Oberstolk sich auf dem Rückzuge befunden haben sollenden diesseitige Infanterie, ist es daher nichts. Dagegen ist es klar, daß der Feind bei der unbefangenen Schilderung seines Abzuges aus dem Gryder-Holz und der Gefangennehmung mehrerer Offiziere und Soldaten beim „Repassiren" des Defilees, eigentlich den Angriff der 3. Brigade auf das genannte Gehölz im Sinne hatte.

Nach Vergleichung aller stattgefundenen Verhältnisse und strenger Prüfung sämmtlicher vorliegenden bezüglichen Berichte, muß ich übrigens der festen Meinung sein, daß der Feind nicht allein von Hause aus wirklich in den Besitz des Gryder-Holzes gelangte, sondern daß er auch bis zum Angriff durch die 3te Brigade darin verblieben ist, und daß die diesseitigen Specialberichte sich irren, wenn sie angeben, daß das Gryder-Holz gleich wieder genommen worden sei. Wahrscheinlich ist aber hiermit der vom Feind ebenfalls genommen gewesene Theil des Catharinen-Holzes gemeint gewesen und dieser Irrthum auch wohl ein verzeihlicher.

Daß der Feind aber wirklich ziemlich weit in dies letztere eingedrungen war, deß bin ich Zeuge; denn ich fand daselbst, wie gesagt, bei meiner Ankunft die unverkennbaren Spuren eines stattgefundenen Gefechtes - Dänische Leichen.

Es war wohl etwas nach 1 Uhr, als der Befehl zum allgemeinen Rückzuge überbracht wurde.

Der 3ten Brigade ward derselbe ausdrücklich auf Messunde vorgezeichnet.

General von Willisen
Oberkommandirender der Schleswig-Holsteinischen Armee
(3. Armeebericht)

Nachdem der Feind sich in den Tagen bis zum 23. Juli in der Gegend von Flensburg concentrirt hatte, zeigte er sich am 24. vor unserer Avantgarde, welche am Abend vorher von Stenderup und Stenderupaue bis Helligbek zurückgezogen worden war.

Es entspann sich ein lebhaftes Gefecht mit unserer Avantgarde, welche Befehl hatte, sich auf nichts Ernsthaftes einzulassen, den Feind vielmehr an die Position heranzuziehen. Nur als der Feind nachließ, anzudrängen, ging unserer Avantgarde wieder vor, um zu sehen, ob der Angriff ernsthaft gemeint sei und um den Feind nicht aus dem Auge zu verlieren.

Entschlossen den Angriff des Feindes in der Stellung abzuwarten und zum günstigen Zeitpuncte in die Offensive überzugehen, war die Armee auf folgende Weise vertheilt:

Die Avantgarde mit ihrem rechten Flügel in und um Idstedt, mit dem Gros auf der Chaussee nach Flensburg.

Die erste Brigade in der Rendezvous-Stellung bei Lürschau.

Die vierte Brigade in der Rendezvous-Stellung an der Südwestspitze des Langsees.

Die dritte Brigade bei Behrend hinter dem Langsee.

Die zweite Brigade bei Wedelspang.

Die erste Brigade hatte mit einer Jäger-Abtheilung Gammellund und mit einer anderen Böllingstedt und Langstedt besetzt.

In der Stellung selbst waren folgende Vorbereitungen getroffen:

Bei Wedelspang waren die Wiesen durch Abstauung eine halbe Meile abwärts schwer zugänglich gemacht, nördlich Wedelspang waren zwei zweckmäßig gelegene Anhöhen mit Artillerie besetzt, um eine Art Brückenkopf für das Debouchiren zu haben.

Bei Gyldenholm-Holzhaus fand sich eine Furth durch den Langsee. Zur größeren Bequemlichkeit wurde eine Laufbrücke angefertigt, um hier mit der 3. Brigade debouchiren und angreifen zu können. Es sollte dies mit der 2. Brigade von Wedelspang aus, zu einer Zeit geschehen, wann dies am zweckmäßigsten schien. Die Hauptstellung von Idstedt fand sich dadurch bedeutend geschwächt, daß das vorliegende Moor durch die große Hitze wenigstens für Infanterie ganz zugänglich geworden war. Das Gryauer Holz war mit einem Jägercorps besetzt; die Gemeinschaft mit der Stellung durch eine steinerne Brücke hinter Idstedt und durch eine neuerbaute Laufbrücke, da, wo der Bach, welcher aus dem Idstedter See kommt, in den Langsee fällt, gesichert. So sollte auch dieser Wald als Debouchee für die 4. Brigade benutzt werden können.

Als am 24. Nachmittags das Gefecht vor der Stellung beendet war, lief die Meldung ein, daß eine feindliche Abtheilung von Cavallerie und Infanterie im Rücken des linken Flügels bei Sollerup über die Treene gegangen sei. Nachdem ein Detachement von 80 Jägern, welches den Posten lange sehr tapfer vertheidigt, zurückgedrängt war, hatten 6 Schwadronen der Reserve-Cavallerie, 4 reitende Geschütze und das 4. Bataillon nebst 4 Fuß-Geschützen gegen Abend dies Detachement mit Leichtigkeit über die Treene zurückgeworfen. Alle eingegangenen Meldungen und Nachrichten sagten aus, daß der Feind einen bedeutenden Theil seiner Kräfte gegen unsern linken Flügel gewendet habe. Die Wahrscheinlichkeit dieser Angabe, da hier der angreifbarste Punct unserer Stellung lag, veranlaßten am Abend des 24. der Disposition zum Angriff für den 25. mit unserem rechten Flügel auszugeben.

Als sich jedoch im Laufe der Nacht jene Nachrichten, worauf sich diese Disposition begründete, nicht bestätigten, wurde sie suspendirt. – Es war aber durch Fanale und durch andere Mittel dafür gesorgt, daß sie zu jedem Augenblick wieder aufgenommen werden konnte. - So erwartete man den Angriff des Feindes am 25. früh Morgens. Er begann auch bald nach halb 4 Uhr bei unsern Vorposten. Es entspann sich zuerst eine heftige Kanonade mit unserer 12pfündigen Batterie in der Stellung, und mit einer 2., welche auf einem vorspringenden Terrainabschnitt westlich von Idstedt aufgefahren war.

Der Feind hatte in der Nacht und am Abend vorher den größten Teil seiner Kräfte bei Unter- und Ober-Stolk und Böklund concentrirt, mindestens 3 Brigaden. Seinen ersten heftigen Angriff machte er auf das Gryauer-Holz, und nahm es, durch einen noch nicht aufgeklärten Umstand im ersten Anlaufe. Es war ihm dabei der Umstand zu Statten gekommen, daß Nebel und ein heftiger Regen jede Übersicht unmöglich machten. Es gelang indeß dem 4. Jägercorps, nachdem es den Befehl dazu bekommen, das Holz wieder zu nehmen.

Das heftige Gefecht und der Umstand, daß der Feind einen großen Theil seiner Kräfte in diese, wie es schien, sehr gefährlich Richtung geworfen, gaben nunmehr die Veranlassung, in die beabsichtigte Offensive überzugehen.

Die 3. und 4. Brigade wurden dazu durch Fanale in *einem* Moment beordert, und beide begannen ihre Bewegungen sofort. Die 2. Brigade debouchirte über Wedelspang gegen Böcklund, die 3. von ihrem Uebergangspuncte gegen beide Stolck.

Der Feind war durch diese Bewegung sichtlich überrascht. Die 4. Brigade sollte 2 Bataillone zu gleicher Zeit auf Idstedt, wo sich ein heftiges Gefecht mit dem 15. Bataillon der Avantgarde entsponnen hatte, debouchiren, und wäre diese Bewegung ebenso gelungen, so wären die Kräfte des Feindes, welche sich gegen das Gryauer Holz gewendet, wohl leicht gänzlich aufgerieben worden, und die combinirte Bewegung der 3 Brigaden, der 4., der 3. und 2., während die Avantgarde und die 1. Brigade auch ihrer Seits die Offensive ergreifen sollten, hätte wohl die Aussicht auf ein völliges Gelingen geboten. Dieser Angriff der 4. Brigade mißlang aber vollständig, als jenseits des Debouchees die Tèten vom Feinde heftig angefallen wurden. Der Gryauer Wald und Idstedt gingen abermals verloren. Es schien in diesem Augenblick möglich, daß die Stellung in ihrem Centro durchbrochen würde. Es hat auch wohl nur die Bewegung der 3. und 2. Brigade den Feind abgehalten, hier nicht heftiger nachzudrängen, ja sogar die Möglichkeit gegeben, selbst mit unsern zurückgeschlagenen Truppen die steinerne Brücke unterhalb des Idstedter Sees nochmals zu nehmen. – Die 3. Brigade hatte mit großer Tapferkeit bei Ober-Stolck den Feind rasch zurückgeworfen, drei 12pfünder erobert, eine feindliche Escadron, welche wiederholt im Dorfwege eine kühne Attaque gemacht, gänzlich zu Grunde gerichtet; 2 Stabsofficiere, den Batterie-Chef und den Escadrons-Chef gefangen. Als aber ein Theil des Feindes, welcher die 4. Brigade zurückgedrängt, sich längs des Sees in der Richtung gegen Süderfahrenstedt wandte und so den linken Flügel und im Rücken der 3. Brigade bedrohte, während er sich auch ihr gegenüber immermehr mit neuen Kräften verstärkte, mußte diese ihr Vorgehen einstellen. Zu dieser Zeit und durch diese Bewegung stellte sich auch das Gefecht bei der 4. Brigade wieder her. Die 3. Brigade ging nun theils über die Idstedter Brücke, theils über die Furth zurück, die 2. Brigade, welche ebenfalls mit großer Entschlossenheit vorgegangen war, stieß später auf eine bedeutende Uebermacht und zog sich nun auch auf die Stellung von Wedelspang zurück, ohne irgend einen bedeutenden Verlust zu erleiden.

Von dem Plateau von Idstedt wurde die rückgängige Bewegung unseres rechten Flügels durch ein wiederholtes Vorschieben der Avantgarde und der schweren Batterien unterstützt. Von der 1. Brigade hatte zu gleicher Zeit das 1. Jägerkorps und das 2. Bataillon, unterstützt von dem 12. Bataillon, welches von der 4. Brigade herüber gezogen war, eine Bewegung von Gammelund gegen das Buchholz gemacht und drängte da den Feind in Helligbeck zurück.

So hatte denn die Schlacht von Tagesanbruch bis gegen 11 Uhr gedauert, als der Feind auf seinem linken Flügel nicht mehr gedrängt, neue Kräfte gegen die Idstedter Stellung entwickelte.

Diesem gegenüber wurde nach und nach der größte Theil der Reserve-Artillerie verwendet. Es entspann sich hier der heftigste Geschützkampf des Tages, und man glaubt es noch nicht aufgeben zu dürfen, diese Position zu halten, da hier noch ein großer Theil der 1. Brigade zur Reserve stand. Als aber plötzlich die Meldung einging, daß der Feind abermals bei Treya die Treene forcirt und schon besetzt, so schien es, obschon er hier von der Reserve-Cavallerie und einigen Geschützen aufgehalten wurde, nicht zweckmäßig es auf's Aeußerste kommen zu lassen, im Gegentheil wurde gegen 1 Uhr der Entschluß gefaßt, die Schlacht abzubrechen und zurückzugehen.

Bei der numerischen Ueberlegenheit des Feindes schien die Bewegung in unserm Rücken große Kräfte bekommen zu können.

Es wurde also zunächst der noch disponible Theil der 1. Brigade, bestehend aus dem 3. und 4. Bataillon, dazu verwendet, die Umgehung des Feindes zurückzuwerfen, und diese auch dadurch so weit zurückgedrängt, daß sie für den Rückzug nicht mehr schädlich werden konnte. Der Rückzug wurde zwischen 1 und 2 Uhr Mittag angetreten, ohne andern Verlust an Material als 3 demontirte Geschütze. Bei Falkenberg wurde durch eine Aufstellung der Reserveartillerie die Avantgarde und die 4. Brigade aufgenommen, und die rückgängige Bewegung durch ein theilweises Anrücken der 3. Brigade von Behrend gegen die Chaussee und specieller Leitung des Obersten und Chef des Stabes, v. d. Tann, so unterstützt, daß sie nicht mehr vom Feinde gedrängt wurden. Es erging nun an die 2. und 3. Brigade der Befehl, sich nach Missunde, an die 4. und an die Avantgarde sich nach Schleswig, an die 1. Brigade und die Cavallerie sich von Schubye nach Rendsburg zurückzuziehen. Bei Schloß Gottorf angekommen, zog sich die 4. Brigade und die Avantgarde (nunmehr Arrieregarde) seitwärts hinter den starken Abschnitt von Fahrdorf, um auf diese Weise einmal die Verbindung mit der 2. und 3. Brigade nach Missunde sicher zu haben, um ferner durch diese Seitenstellung den Feind zu verhindern, auf gerader Straße nach Rendsburg schnell vorzudringen, und zuletzt um der 1. Brigade, der Reserve-Cavallerie und der großen Bagage ihren Rückzug zu erleichtern und das Terrain zu vermeiden, wo die überlegene feindliche Cavallerie der Armee hätte gefährlich werden können.

Alle diese Absichten sind glücklich erreicht worden; sämmtliche Bagage ist ohne Verlust nach Rendsburg gekommen; die Reserve-Cavallerie und die 1. Brigade sind auf dem Rückzuge wenig beunruhigt worden und die

4 Brigaden des Gros der Armee mit der Reserve-Artillerie fanden sich am Abend der Schlacht völlig vereinigt. Da es aber die Absicht bleiben mußte, die gesicherte Stellung von Rendsburg sobald als möglich zu erreichen, so trat das Corps nach 10 Uhr in 2 Colonnen seinen Marsch nach Cluvensieck und Königsförde an. Der große Park ging über Eckernförde und Gettorf und dann über die Eider. So befand sich die Armee am 26. Morgens vereinigt und in gesicherter Verbindung mit Rendsburg.

So groß auch ihr Verlust gewesen, so ist der schmerzlichste doch der, daß verhältnismäßig viele Officiere todt oder verwundet auf dem Platze blieben. Wenn dieser Verlust ersetzt worden, wird sich die Armee bei dem Sinn, der sie belebt, bald wieder eben so stark und eben so schlagfertig finden, wie vor der Schlacht. Der Verlust an Mannschaften hat aus den Ersatzcompagnien gleich gedeckt werden können. Für die Verpflegung ist reichlich Sorge getragen, so daß ich mit vollem Vertrauen den künftigen Begebenheiten entgegen sehe. Ich werde das Vergnügen haben, einzelne hervorragende Thaten, die in Menge vorgekommen, Einer Hohen Statthalterschaft zur Belohnung vorzulegen.

Das Genauere über unsere Verluste werde ich erst in einigen Tagen nachliefern können. Gefangene haben wir wenig verloren, deren aber zwischen 4- und 500 gemacht.

Rendsburg, den 27. Juli 1850.

Willisen.

Das Idstedt-Denkmal. Von diesem Hügel aus soll General v. Willisen zeitweise die Schlacht geleitet haben. Links die Straße nach Idstedt.

Gerhard Christopher von Krogh
Kommandierender General der dänischen Armee

Nachdem das Obercommando der Armee den 13ten Juli in Colding die zuverlässige Nachricht erhalten hatte, dass die Insurgenten im Begriff wären, in den nächsten Tagen die Eider zu überschreiten, und als darauf, den 14ten Juli, das bereits am 13ten stattgefundene Vorrücken nach der Umgegend von Eckernförde, als durchaus unzweifelhaft mitgetheilt worden war; wurden die Abtheilungen der Armee, welche im Süden von Jüttland, in der Umgegend von Assens und auf der Insel Alsen concentrirt waren, beordert, gleichzeitig den 16ten Juli so in das Herzogthum Schleswig einzurücken, dass die Stadt Flensburg den 17ten von der 2ten Armeedivision besetzt sein könne und daß sich die ganze Armee den 18ten bei und südlich dieser Stadt befände.

Obgleich die Nachrichten, welche man von den Absichten der Insurgenten hatte, nicht darauf hindeuteten, dass sie bis Flensburg vorrücken würden, um den 1sten Widerstand in der vortheilhaften Stellung bei Bau zu versuchen, welche überdies noch während des vorjährigen Feldzuges durch Verschanzungen verstärkt worden war, musste man es dennoch für nothwendig erachten, namentlich um die wohlgesinnte Stadt Flensburg vor einer feindlichen Occupation zu schützen, dass die Concentrirung der Armee möglichst beschleunigt wurde. Nach zum Theil sehr angestrengten Märschen, bei einem ungewöhnlich hohen Wärmegrad, stand die Armee den 18ten in der befohlenen Stellung in vollkommen schlachtfertigem Stande: die 2te Armeedivision Süden von Flensburg in Bivuak, mit einer Vorpostenlinie über Christiansheide, Hyllerup, Obersee, Klein Solt und Ausacker; die 1ste Armeedivision in Cantonnement in und westlich von Flensburg, so wie die Reserve-Cavallerie und Reserve-Artillerie nördlich dieser Stadt.

Denselben Tag fand das erste Zusammentreffen zwischen unseren Patrouillen und denen der Insurgenten s(t)att; indessen deutete Nichts darauf hin, dass sich eine bedeutendere, feindliche Stärke in der Nähe befände.

Die von der Armee jetzt behauptete Stellung, bot so viel Sicherheit für den guten Erfolg einer Schlacht dar, falls die Insurgenten dennoch einen Angriff auf Flensburg versuchen würden, dass der 19te als allgemeiner Rasttag bestimmt wurde und man die nächsten Tage zum Recognosciren, zum Aussenden weitgehender Patrouillen und zur Einbringung zuverlässiger Nachrichten, über des Feindes Stellung benutzen konnte.

Es ergab sich, dass sich seine Vorpostenkette von Havetoft über Sieverstedt nach Langstedt, und von da längs der Trene bis Treia erstreckte. Ueber die Hauptstärke erfuhr man, dass dieselbe hinter dem, von dem Langensee und Ahrenholzersee gebildeten Abschnitte concentrirt sei, so wie auch, dass derselbe, durch Verschanzungen bei Vedelspang und nördlich vorm Idstedter Holze, gestärkt sei. Ferner erhielt man die Nachricht von der Anlage einer Laufbrücke ungefähr über die Mitte des Langensees, so wie von der Existenz einer Schiffsbrücke bei Missunde. Die Vertheilung der feindlichen Hauptstärke in dieser Stellung wurde dahin angegeben, dass sich eine Brigade bei Vedelspang und die übrigen zwischen Schleswig und den Seen befänden.

Um den Angriff auf die feindliche Stellung vorzubereiten, wurde befohlen, dass am 23ten Juli folgende Eintheilung der Armee mit den dafür bestimmten Bivuaks stattfinden sollte:

Die 1ste Armeedivision
in 2 Treffen:

4te und 6te Brigade,
2 Batterien und
2 Schwadronen der Gardehusardivision
bei der Chaussee nördlich vom Obersee;

Detachirt:

3te Brigade, welcher zugetheilt wurde:
die Batterie Glahn,
1 Schwadron der Gardehusardivision,
1   -   des 4ten Dragonregiments,
1 Abtheilung des Feldingenieurdetachements
nebst dem mobilen Brückentrain
bei Vandrup;

Die 2te Armeedivision
in 2 Treffen:

1ste und 2te Brigade,
3 Batterien und
3 Schwadronen des 4ten Dragonregiments
in der Umgegend von Klein-Solt;

Die Hauptreserve, directe unter dem Obercommando:

5te Brigade bei Munkvolstrup,

die Reserve-Cavallerie,

mit der ihr zugetheilten Batterie und

20 Ellen Brückentrain beim Bilsholzer-Kruge,

die Reserve-Artillerie,

nördlich von der Reserve-Cavallerie bei der Schleswiger Chaussee,

mit ihren Vorposten so wenig wie möglich von den früheren abweichend.

Nachdem diese Bivuaks bezogen waren, wurde am 23ten Abends folgende Disposition zum Angriffe ertheilt:

„Aus der heute eingenommenen Bivuakstellung bricht die Armee folgendermaasen auf:

Die 3te Brigade rückt Nachts 12 Uhr über Jörl Kirche Sollbrücke und Espertoft nach Silberstedt vor,

Um 3 Uhr werden die Divisionen und die Hauptreserven in folgender Ordnung aufbrechen:

die erste Division in 2 Treffen längs der Chaussee nach Schleswig, und die 2te Division in 2 Treffen auf dem Wege nach Missunde zu.

Beide Divisionen werden auch die mit dem Hauptwegen parallel laufenden Nebenwege benutzen, und beim Vorrücken eine gegenseitige Verbindung zu unterhalten suchen. Die 2te Division entsendet in östlicher und südliche Richtung Patrouillen und Sicherungs-Commandoes. Die 1ste Division hält Verbindung mit der Reserve-Cavallerie.

Wenn die Divisionen respective bei Helligbek und Klapholz angekommen sind, wird die 2te Division, dem Feinde so verborgen als möglich, ihre Hauptstärke über Ober-Stolk gegen das westliche Ende des Langsees zu dirigiren suchen, während die erste Division vorrückt und den Krug von Idstedt passirt

Die 2te Division hinterlässt eine Stärke, welche genügend ist, um ein stehendes Engagement mit dem Feinde zwischen Süder-Fahrenstedt und Vedelspang zu unterhalten

Sobald beide Divisionen bei dem Gehölz zwischen Ahrenholz und Langsee in gleicher Höhe sind, wird der Feind mit aller Kraft angegriffen.

Die Reserve-Cavallerie marschirt von Obersee über Tarup, Langstedt, Engbrücke nach dem Idstedter Kruge, woselbst sie gleichzeitig mit der 1sten Division eintreffen wird. Während des Marsches wird die Verbindung mit dem Hauptcorps zu erhalten gesucht und wo möglich, jedoch jedenfalls durch einzelne Ordonanzen, mit der 3te Brigade herstellig gemacht.

Die 5te Brigade und die Reserve-Artillerie folgen auf der Chaussee der Bewegung der 1sten Armeedivision.

Während des Gefechts zwischen Ahrenholz und Langsee wird die 3te Brigade sich bemühen, einen forcirten Flanken-Angriff auf den Feind auszuführen und seine Retraite gegen Süden abzuschneiden.

Durch vereinte Kraft der Armee, wird der Feind in östlicher Richtung, oder so kräftig geworfen, dass er beim Uebergange über die Schlei in Schleswig oder bei Missunde in Unordnung geräth.

Der commandirende General folgt auf der Schleswiger-Chaussee."

Die Divisionsgeneräle und die Brigadecommandeure waren beordert, sich den 23ten Juli Abends im Kruge bei Bilsholz einzufinden, woselbst ihnen der commandirende General specielle Instructionen ertheilen wollte. Als sich hier im Laufe der Discussionen die allgemeine Ansicht geltend machte, dass die Armee dem Feinde noch nicht nahe genug sei, um bereits am nächsten Tage einen kräftigen Angriff auf die feindliche Stellung ausführen zu können, so wurde beschlossen, dass den 24ten nur mit den Colonnen bis zur Umgegend von Sieverstedt und Havetoft vorgerückt werden, und der Hauptangriff erst am 25ten statt finden sollte; jedoch sonst Alles in Uebereinstimmung mit der gegebenen Disposition.

Diese Disposition wurde auch, wie dies aus dem Nachfolgenden erhellt, in ihren Hauptzügen befolgt, obgleich die sich nach und nach entwickelnden Gefechtsverhältnisse einige Modificationen bedingten.

Die beifolgende Karte, welche verfertigt wurde, nachdem die Armee in Schleswig eingerückt war, enthält das Terrain auf welchem der Hauptkampf stattfand. Um indessen von dem Schlachtfelde und seinen Umgebungen ein deutlicheres Bild zu entwerfen, erlaubt man sich hier eine Terrainbeschreibung zu geben, welche, rücksichtlich ihrer Details das Resultat einer, nach der Schlacht vorgenommenen Recognoscirung ist

Derjenige Theil der großen Ebene in Mittelschleswig, welcher sich zwischen Flensburg und Schleswig hin erstreckt, wird im Osten und Süden von Angelns Auländern längs des Flensburg-Eckernförder Weges und von dem Abschnitte des Idstedter Holzes begrenzt, doch so, dass einzelne hügeliche Strecken, welche gleichzeitig von hohen dicht bewachsenen Hecken durchschnitten sind, sich westlich dieses Weges über die Ebene hin erstrecken, was namentlich bei Stolck und nördlich vom Langsee der Fall ist. Gleichfalls erheben sich, gleich Inseln in der Ebene, einzelne hügeliche Strecken der Chaussee entlang, sowie bei Obersee und Smedeby und zum Theil auch, bei Stenderup und Popholz. Diese bergigen Parthien sind gleichfalls von Hecken und kleineren Hölzungen durchschnitten.

Die Ebene selbst ist frei zu überschauen und dem Anschein nach offen, bietet indessen dennoch einer freien Truppenbewegung unzählige Schwierigkeiten dar. Sie wird nicht allein von der Trene vom Norden nach dem Süden bei Eggebek in einer Breite von 20 - 30 Ellen und bei Sollbrück und Treia in einer Breite von 30 - 50 Ellen durchschnitten, sondern namentlich von Osten nach Westen von ihren vielen Zuflüssen, von den der bedeutendste, die Au bei Bollingstedt, südlich vom Stenderup Kruge, eine Breite von 8 – 15 Ellen misst. Doch sind es weniger diese Wasserläufe, als vielmehr deren weiche Ufer und ein Reichthum von Heidmooren die diese Ebene besitzt, welche die Truppenbewegungen erschweren, ohne ihnen eine verbergende Deckung zu gewähren, wie dies in holzigen und mit Hecken durchschnittenen Gegenden der Fall ist.

Da die Hauptwege von Flensburg divergiren, so muss dies eine, gegen ein nord von Schleswig stehendes feindliches Heer, vorrückende Armee sehr geniren, da dieselbe gezwungen ist, sich hauptsächlich auf die Schleswiger Chaussee und dem Wege von Eckernförde zu beschränken, indem die Husumer Chaussee und der Weg von Obersee über Tarup und Langstedt zu weit vom Ziele abführen würden. Jedoch können diese Wege, welche theilweise in Verbindung mit kleinen Zwischenwegen sind, sehr vortheilhaft zu drohenden Bewegungen gegen die linke Flanke des Feindes benutzt werden. Der Feind dahingegen ist im Besitz der convergirenden Wege und ihm steht ein Wegenetz zu Gebote, welches eine vollständige Verbindung nach allen Seiten darbietet

Geht man nun nach dieser allgemeinen Uebersicht zu einer näheren Anschauung des Schlachtfeldes über, so findet man, dass die durchschnittene und unübersehbare Gegend bei Stendrupbusch und Helligbek den gewöhnlichen Charakter dergleichen Gegend hat, dass sie nemlich einerseits freilich dem Angreifenden verschiedene Hindernisse in den Weg legt, jedoch ihm wiederum andererseits wesentliche Vortheile darbietet, sobald er ihrer Herr geworden ist.

Dahingegen gewährt der Abschnitt bei Idstedt dem Feinde eine ganz ungewöhnlich gute Stellung, da er in demselben in gleicher Leichtigkeit die Offensive als Defensive ergreifen kann, schon von Weitem die Bewegungen des Angreifenden übersehen und wo er versteckt und gedeckt von den kleinen Hölzungen Idstedt-, Catharine- und Gryde-Holz seine Reserven pläciren und bewegen kann. Seine linke Flanke wird durch die Trene und Bollingstedter Au sehr vortheilhaft gedeckt, indem er deren wenigen Uebergänge mit einer geringen Stärke gegen einen überlegenen Angriff vertheidigen kann, wohingegen diejenigen unseres Corps, welche entweder westlich von der Trene, oder zwischen diesem Flusse und der Bollingstedter

Au operiren, weder von anderen Abtheilungen unterstützt werden, noch den Umstände nach schnell anderswo gebraucht werden können, ohne zuvor einen weiten Umweg zu machen. Vor der Fronte des feindlichen Centrums hat die Gegend ganz den Charakter der Ebene, allein die Zugänge werden doch bedeutend, von den grossen Heidenmooren westlich von der Chaussee, so wie von dem Abzug der Idstedter Au, samt dem Idstedter See beschränkt. Diese beschränkten Zugänge zur eigentlichen Stellung konnten von hinterliegenden Batterien, Verschanzungen, Erdwällen und kleinen Gehölzen, sehr kräftig mit einem rasirenden Feuer bestrichen werden, während das schnelle Vorrücken unserer Truppen durch die unwegbaren Heidemooren gehemmt wurde. Dem rechten Flügel des Feindes stand das sehr coupirte Terrain nordwestlich von Vedelspang zu Gebote und für den Fall einer gezwungenen Retraite, der Vortheil des starken Passes bei Vedelspang.

Um den Umständen gemäss schnelle unerwartete Gegenangriffe entweder auf unseren linken Flügel oder auch auf unser linkes Centrum ausführen zu können, so wie auch zur Benutzung beim Rückzuge, hatte der Feind eine Brücke für Infanterie über den Langsee in der Nähe der Furthe bei Gyldenholm geworfen, mit der mehrere Colonnenwege in Verbindung standen. Andere ebenfalls wichtige Colonnenwege waren im Süden und Osten der Bollingstedter Au angelegt, wodurch die zur Vertheidigung der Defilés bei Bollingstedt und Engbrück disponiblen Truppen rasch zum Angriff oder zur Vertheidigung im Centrum benutzt werden konnten, oder umgekehrt. Wie die Karte zeigt waren außerdem noch mehrere Colonnenwege senkrecht auf die feindliche Stellung angelegt, um die Verbindung über die, von kleinen Bächen, Gräben und impassablen Stellen durchschnittenen Heidemooren zu erleichtern.

Weg nördlich von Güldenholm.

Des Feindes von Natur schon so feste Stellung war ferner noch auf folgende Art verstärkt:

durch Abwerfen von Brücken (Eng-, Bollingstedt-, Soll- und Treia-Brücke),

durch Stauung von Wasserläufen (die Au bei Bollingstedt, Idstedter Au und die Trene bei Treia),

durch Barricaden (bei Bollingstedt, Vedelspang etc.); und ferner durch Verschanzungen, nemlich:

beiderseits der Chaussee bei Sortehöh:

Brustwehr mit Schiessscharten und Britschen für 8 Kanonen, sowie deckende Einschnitte für Infanterie;

auf 2 Hühnengräbern bei der Chaussee, Hviilhöhe und in einem sich dort befindlichen Grusgraben, Einschnitte für Infanterie;

700 Ellen weiter zurück eine Brustwehr mit Schiessscharte für 8 Kanonen hinter eine Hecke, welche der Infanterie als Brustwehr diente und auf dem linken Flügel etwas gestärkt war;

auf der Höhe süd von Idstedt und in gleicher Linie mit der oben erwähnten Batterie ein Einschnitt für 4 Kanonen auf einem Hühnengrabe, so wie vorliegende Einschneidungen für 1 Bataillon;

etwas weiter zurück als die beiden letztgenannten Werke erstreckten sich längs des Weges nördlich vom Idstedter Holze starke Erdwälle mit dichter Bepflanzung gleichsam wie ein Courtine zwischen zwei Bastionen, so daß die ganze Stellung des Feindes im Centrum auf eine Weise sehr gut mit einer grossen Bollwerksfronte nebst detachirten Werken verglichen werden kann;

auf dem linken Flügel fand man: bei Treia ost von der Trene 2 Einschnitte für Infanterie, bei Bollingstedt südlich von der abgebrochenen Brücke und dem Mühlendamme einen Einschnitt für Infanterie;

bei Engbrück südlich von der Au einen Einschnitt für Infanterie;

und auf dem rechten Flügel vor und hinter Vedelspang Einschnitte für Kanonen und für Infanterie.

Noch muss bemerkt werden, dass die Hecken auf dem Wege von Idstedt nach Süderfahrenstedt, nördlich von der Brücke über den Langsee zwischen dem Centrum und rechten Flügel, so wie zwischen dem Centrum und dem linken Flügel, das kleine Holz Bögholz und einige Hecken südlich davon, eine so ausnehmend günstige Vertheidigung gegen einen Angriff vom Norden über die flachen Heidestrecken darbieten, dass es dort keineswegs künstlicher Verstärkungsmittel bedurfte.

Zufolge den vorausgeschickten Erläuterungen wird man nun in dem Nachstehenden ein Bild des Kampfes entwerfen, indem man dem Bewegungen der Hauptabtheilungen der Armee folgt.

Der Kampf am 24ten Juli.

Die 3te Brigade (Oberst v. Schepelern), welcher außer ihren 5 Bataillonen:
    6tes Linien-Bataillon (Major v. Rodenburg),
    7tes   -   -   (Major v. Wörishöffer),
    8tes   -   -   (Oberstlieutenant v. Lemmich),
    4tes Reserve-Bataillon (Major von Thrane) und
    1stes Jägercorps (Major von Wilster),
noch zugetheilt wurde :
die 6-pfündige Batterie Glahn, 1 Husarenschwadron unter Rittmeister v. Dahl, 1 Schwadron des 4ten Dragon-Regiments unter Rittmeister v. Kopp, ein Brückentrain unter Ingenieurcapitain v. Hedemann und die 5te Feldingenieur-Theilung unter Primierlieutenant v. Carstensen, marschirte Morgens 3 Uhr von Vandrup ab. Der Vortrapp bestand aus dem 1sten Jägercorps und einem halben Zug Husaren.

Beim „Zollhause" süd von Kragstedt wurde die Husumer-Chaussee verlassen und es wurde nur längs der Chaussee nach Römmersberg eine halbe Schwadron Dragoner geschickt um dort einen Observationsposten zu hinterlassen, während die Colonne über Janneby und Jörl Kirche gegen Sollerup und Sollbrück vorrückte.

Die Tete der Colonne erreichte Jörl Kirche um 6 Uhr Morgens. Kleine feindliche Cavallerie-Abtheilungen welche sich vor uns zeigten, wichen zurück und die Infanterie unseres Vortrupps rückte in Sollerup ein und besetzte es, während die Cavallerie auf einer Anhöhe circa 1000 Ellen westlich dieses Dorfes eine beobachtende Stellung einnahm. Der Vortrapp, welcher inzwischen mit einer halben Schwadron verstärkt war, observirte Sollbrück mittelst eines vorgeschobenen Postens und übernahm den Vorpostendienst. Von der Colonne selbst, machten 2 Bataillone und 1 Schwadron bei der Jörler Kirche Halt und 2 Bataillone mit der Batterie und dem Brückentrain, nördlich von der Solleruper Mühle auf dem östlichen Ufer des Jerris Bachs, wo die nördliche Mühlenbrücke sogleich passabel gemacht wurde.

Vormittags etwas über 8 Uhr wurde der Vortrupp zur Recognoscirung gegen Sollbrück, unter Befehl des Capitain von Caroc vorgeschickt, traf indessen hier einen harten Widerstand, indem er in der Fronte von einem vor der Brücke belegenen Hofe und in der Flanke von einem Hause anderseits der Trene beschossen wurde. Ueber den erwähnten Hof dessen Besitz uns wegen des Ueberganges wichtig war, entspann sich jetzt ein Gefecht, welches mit kurzen Pausen den Tag hindurch fortgesetzt wurde.

Um 9 ¼ Uhr nahm Capitain v. Caroc mit der 1. Compagnie des 1sten Jägercorps den Hof und da dieser dennoch fortwährend von feindlichen Tirailleuren heftig beschossen wurde, wurde die Besatzung mit einem Theil der 3ten Compagnie des 1sten Jägercorps verstärkt, während der Rest des Corps hinter den angrenzenden Hecken und in dem östlichen Theile der Stadt Sollerup als Reserve verblieb.

Ferner wurden 2 Compagnien des 6ten Linien-Bataillons in den nördlichen Theil dieser Stadt vorgeschickt.

Zwischen 11 und 12 Uhr fuhr der Feind eine Theilung 12pfündiger Granatkanonen und eine Theilung 6pfündiger Kugelkanonen auf, welche ein heftiges Feuer gegen den Hof und unsere Tirailleurketten eröffneten. Allein eine Theilung der Batterie Glahn, welche befehligt von Premierlieutenant v. Falbe zur Assistance vorrückte, zwang zuerst die feindlichen Kugelkanonen und darauf die Granatkanonen zum Rückzuge. Dieser Augenblick wurde benutzt um wiederum den Capitain v. Dreyer mit einer Compagnie des 1sten Jägercorps des vorzuschicken, um den Feind am weiteren Abbrechen der Brücke zu hindern.

Das Gefecht hörte endlich Nachmittags zwischen 3 und 4 Uhr auf.

Nach dem jetzt eingetretenen Stillstande wurde der Capitain v. Hedemann beordert Sollbrück und den Aulauf daselbst zu recognosciren, ob etwa etwas südlicher eine Brücke zu schlagen sei. Indessen fand man dies nicht statthaft, da das dortige Terrain höchst ungünstig für uns, dem Feinde eine geschützte Aufstellung bot.

Nach kaum einer Stunde Verlauf, ließ der Feind abermals starke Infanterie-Colonnen mit Cavallerie und Artillerie gegen Jübek vorrücken. Von der 3ten Brigade war das 1ste Jägercorps, 2 Compagnien des 6ten Linien-Bataillons, eine halbe Schwadron Dragoner und 2 Kanonen in unmittelbarer Nähe von Sollbrück. Eine größere Stärke wollte die Brigade ungerne auf diesem Punkte entwickeln, theils durch die empfangene Instruction, theils durch die Terrainverhältnisse davon abgehalten; da man sich indessen davon überzeugte, dass die feindliche Stärke 2 a 3 Bataillone, 2 Schwadronen und 2 Batterien enthielt, sowie ferner der Ansicht sein musste, dass es unrichtig sein wurde, die bereits errungenen Vortheile ohne Weiteres aufzugeben, welche, mit Bezug auf den am nächsten Morgen beabsichtigten Uebergang über die Trene, von grosser Wichtigkeit waren; so entschloss sich die Brigade Verstärkung heranzuziehen. Die beiden übrigen

Compagnien des 6ten Linien-Bataillons sowie die Granatkanonen-Theilung der Batterie wurden nach Sollerup beordert, das 4te Reserve-Bataillon wurde vor der Sollerup Mühle zur unmittelbaren Unterstützung aufgestellt und das 8te Linien-Bataillon wurde von der Jörler-Kirche bis norden von der Sollerup Mühle vorgeschoben. Um 5 ½ Uhr nahm Major v. Wilster mit dem 1sten Jägercorps und 2 Kanonen das Gefecht wieder auf, gegen eine überlegene von 6 Kanonen unterstützte Infanterie-Stärke. Der Feind eröffnete ein heftiges concentrisches Feuer und eine Sturmcolonne von 2 feindlichen Compagnien versuchte es die Brücke zu forciren, wurde indessen so nachdrücklich von Capitain v. Dreyer empfangen, dass sie mitten auf der Brücke, nach einem nicht unbedeutenden Verlust an Todten und Verwundeten, umkehren musste. Nachdem die Granatkanonen-Abtheilungen unter Capitain v. Stjernholm aufgefahren war und in Verbindung mit den beiden Kugelkanonen ihr Feuer eröffnet hatte, führte der Feind eine sehr überlegene Artilleriekraft ins Feuer, muthmaaslich 2 Batterien, und beschoß unsere Artillerie concentrisch aus zwei Positionen. Dieser heiße Artilleriekampf dauerte eine Stunde lang, da indessen zuletzt unsere Halbbatterie sehr nahe auch von feindlicher Infanterie beschossen wurde, sah Capitain v. Stjernholm sich genöthigt seine 4 Kanonen aus dem Feuer zu ziehen und da man annehmen musste, dass es die ernste Absicht des Feindes war, die Brücke zu forciren, so hielt die Brigade es am richtigsten, das Gefecht ungefähr 8 Uhr Abends abzubrechen. Das 1ste Jägercorps wurde successive aus dem Feuer gezogen und ging mit der Halbbatterie zurück, ohne vom Feinde verfolgt zu werden. Während des Gefechts wurde die Gegend gegen Süd und Ost, namentlich das Dorf Hünning vom 6ten Linien-Bataillon observirt.

Hiermit war das Gefecht beendigt und die Brigade stellte sich während der Nacht in Sollerup in Bivuak.

Von der gesammten Stärke der 1sten Division (Generalmajor v. Moltke), welche nördlich von Obersee bevuakirte, war die 4te Brigade (Oberst v. Thestrup), bestehend aus:

dem 9ten Linien-Bataillon (Major v, Harbou),
- 11ten   -   -   (Oberst v. Staggemeyer),
- 5ten Reserve-Bataillon (Major v. Scharffenberg),
- 6ten   -   -   (Oberstlieutenant la Cour),
und dem 2ten Jägercorps (Oberstlieutenant v. Branner)

beordert, die Avantgarde zu bilden, und wurde ihr die 6-pfundige Batterie Schultz, samt 2 Husarschwadronen unter Oberstlieutenant v. Torp zugetheilt. Nachdem diese Avantgarde bereits vor 3 Uhr Morgens die Gegend bis Tarp und Smedeby hatte absuchen lassen, rückte sie längs der Chaussee vor, ihr folgte die 6te Brigade (Oberst v. Irminger), welche zusammengesetzt war aus:

Der Leibgarde zu Fuß (Oberstlieutenant v. Kirchhoff),

das 1ste leichte Bataillon (Oberstlieut. v. Walther),

- 2te - - (Oberstlieut. v. Hindenburg),

- 1ste Verstärkungs-Bataillon (Oberstl. V. Stockfleth),

- 4te - - (Major v. Saint-Aubain),

und 2 Compagnien vom 1sten Reserve-Jägercorps unter Capitain v. Lövenfeldt (2 Compagnien waren unter Befehl des Corpscommandeuren Major v. Bonnez nach dem Tonder Amt detachirt).

Der 6ten Brigade war annoch die 12-pfundige Batterie Lund zugetheilt.

Die Avantgarde marchirte in folgender Ordnung:

Das 9te Bataillon und 1 Husarschwadron (Rittmeister v. Brekwoldt) als Vortrapp;

11te Linien-Bataillon und 2 Kanonen als dessen Soutien;

Das Uebrige gesammelt in gehörigem Abstande.

Bei dem südlichen Ausgange von Smedeby angekommen, wurde das 5te Reserve-Bataillon mit einer halben Theilung Husaren gen Siverstedt dirigirt, mit dem Befehl, den Pass im Süden dieses Dorfes zu besetzen, und eine Verbindung mit der 2ten Division bei Holming zu errichten.

Das Vorrücken auf der Chaussee wurde indessen bis zum Kruge bei Süderholz fortgesetzt, woselbst man die Nachricht erhielt eine feindliche Patrouille habe ihn so eben verlassen, und daß das Gehölz bei Stenderup (Vesterholdt &c.) wahrscheinlich vom Feinde besetzt sei. Der Vortrapp machte Halt bei dem Wasserlauf süd vom Gehölz, die übrige Stärke im Südholz, und das 5te Reserve-Bataillon bei Siverstedt Pass. Die gen Süden und Westen vorgeschickten Cavallerie-Patrouillen meldeten, dass das Gehölz von Stenderup von feindlicher Infanterie und einigen vorgeschobenen Cavallerieposten besetzt sei, welche letztere von unseren Husaren auf das Gehölz zurück geworfen seien. Gleichfalls entdeckte man in Südwest von Claushof feindliche Cavallerie.

Die Division fand es misslich die Nacht hindurch das vom Feinde besetzte Gehölz in der Fronte zu behalten und befürchtete außerdem, dass die Einnahme des Gehölzes am nächsten Morgen ein Gefecht veranlassen könnte, welches das ganze Vorrücken verspäten könnte, höchst gefährlich für einen glücklichen Erfolg des gleichzeitigen Flankenangriffs der 3ten Brigade. Obgleich man nicht verkennen konnte, dass das Gehölz leichter bei einem gleichzeitigen Vorrücken der ganzen Armee genommen werden könnte, wurde dennoch die Division durch obige überwiegende Gründe dahin bestimmt, sich sogleich in dessen Besitz zu setzen. Eine Meldung davon wurde an das Obercommando in Smedeby geschickt, so wie auch der 2ten Division und der Reservecavallerie die Nachricht mitgetheilt wurde, mit dem Anliegen, die Flanken der Division zu decken

10 ½ Uhr Vormittags wurde die 4te Brigade beordert, das Stenderup Gehölz zu reinigen und bis zur Au bei Helligbek vorzurücken, um in der südlichen Lisière des Elmholter Holzes mit Vorposten längs des Wasserlaufs eine Stellung einzunehmen. Die Brigade formirte sich südlich vom Wasserlauf beim Stenderup Krug (Bollingstedter-Au), von den dortigen Anhöhen versteckt. Das 9te und 11te Linien-Bataillon, befehligt von Oberst v. Staggemeyer, deplojirte als erstes Treffen in Compagniecolonnen zu beiden Seiten der Chaussee, und 2 Kanonen nebst ihrer Bedeckung auf der Chaussee selbst. Das 6te Reserve-Bataillon in Bataillonscolonne folgte als 2tes Treffen, und das 2te Jägercorps nebst den 6 Kanonen, verblieb vorläufig hinter dem Au-Uebergange.

Während die Husardivision, welche westlich vom 1sten Treffen aufgestellt war, eine umgehende Bewegung über die Ebene west vom Gehölz machte, um sich später beim Popholzer Kruge mit der Brigade zu vereinigen, rückten beide Treffen rasch vor, vom 5ten Reserve-Bataillon unterstützt, welches in gleicher Höhe auf den östlichen Gehölzwegen von Siverstedt über Stenderup vordrang. Der Feind, welcher hier muthmaaslich 2 Bataillonen stark war, wurde nach einem schwachen Widerstand aus dem Stenderuper Gehölz geworfen, und sobald dieses in unserem Besitz war, rückte das 2te Jägercorps nebst den 6 Kanonen bis zur nördlichen Lisière des Gehölzes vor, mit dem Befehl, später den Bewegungen der Treffen zu folgen.

Bei diesem obenerwähnten Engagement wurde der Commandeur des 9ten Linien-Bataillons, Major v. Harbou, von einer Gewehrskugel verwundet, Capitain v. Nörager übernahm demzufolge das Commando des Bataillons.

Die 6te Brigade war aus ihrer Bivuakstellung längs der Chaussee der Avantgarde bis Smedeby gefolgt. Hier wurde Halt gemacht, und das 1ste leichte Bataillon wurde über Smedeby detachirt, um dem 5ten Reserve-Bataillon, beim Vorrücken gegen Stenderup, als Reserve zu folgen. 9 ¼ Uhr Vormittags wurde die Brigade nach der südlichen Lisière des Süderholzes beordert, woselbst sie den Brückenpass süd von Siverstedt besetzte, während die 4te Brigade das Stenderuper Holz angriff. Zufolge Divisionsbefehl wurden aus dieser Stellung 2 Compagnien des 1sten Verstärkungs-Bataillons unter Capitain v. Fries über Tarp und Langstedt entsandt, um der Reserve-Cavallerie das Passiren der dortigen Brücke zu erleichtern. Sobald dieser

Auftrag ausgeführt war, sollte die eine Compagnie bei der Reserve-Cavallerie verbleiben, die andere dahingegen zur Brigade zurückkehren.

Als unsere Truppen Popholz erreichten entwickelte der Feind eine bedeutende Macht, wurde aber nichtsdestoweniger durch einen kräftigen Angriff der ganzen Linie der Avantgarde aus dem Popholter Gehölz vertrieben und über die Helligbeker Au gegen die Anhöhen im Süden dieses Terrainabschnittes zurückgeworfen, unter welchem Rückzuge er zugleich von den beiden Kanonen des Vortrapps beschossen wurde.

Während des Rückzuges hatte indessen der Feind fortwährend Verstärkung an sich gezogen, und auf den Anhöhen süd von Helligbek erhielt er eine noch bedeutendere Verstärkung von der hinter derselben stehenden Infanterie, circa 5 Bataillonen, so wie er gleichfalls 4 Stück schweres Feldgeschütz auffuhr, welche ein starkes Granatfeuer auf unsere Stellung eröffneten, namentlich gegen den Krug von Helligbek, woselbst unsere beiden Kanonen, in Ermangelung eines guten Emplacements, nur so gut wie thunlich aufgestellt waren. Da wir demzufolge den Artilleriekampf unter höchst ungünstigen Verhältnissen bestehen mussten, wurde ein Angriff auf die Anhöhen bes(c)hlossen, welcher mit vieler Bravour vom 11ten Linien- und dem 5ten Reserve-Bataillon ausgeführt wurde. Der Feind musste sich zurückziehend die Anhöhen verlassen

1 Uhr Nachmittags stellte die 4te Brigade ihre Vorposten längs der Helligbeker Au aus. Das 5te Reserve-Bataillon besetzte den südlichen Rand vom Popholter Gehölz; das 6te Reserve-Bataillon, welches das 11te Linien-Bataillon im ersten Treffen abgelöst hatte, besetzte die Strecke vom Popholter Gehölz bis zum Kruge bei Helligbek und das 9te Linien-Bataillon, das Terrain hinter dem Wasserlauf west vom erwähnten Kruge. Die beiden Kanonen und die Cavallerie der Avantgarde, wurden hinter dem Popholter Kruge postirt, und das 11te Linien-Bataillon, das 2te Jägercorps und die 6 Kanonen, nahmen eine Bivuakstellung nördlich von Vesterholt ein.

Die 6te Brigade nahm eine Bivuakstellung hinter der 4ten ein, mit Ausnahme des 1sten leichten Bataillons, welches Stenderup besetzt hatte, und dem 5ten Reserve-Bataillon als Reserve diente.

Kaum war eine Stunde verflossen, als der Feind mit bedeutender Verstärkung wiederum gegen den Krug bei Helligbek vorrückte, und ein heftiges Kanonen- und Gewehrfeuer auf unsere Vorposten eröffnete. Diese zogen sich etwas zurück, um eine mehr geschützte Stellung hinter den Hecken südlich vom Popholter Kruge einzunehmen, welcher vom 2ten Jägercorps besetzt worden war. Noch 2 Kanonen der Batterie Schultz rückten bis zum Kruge vor, woselbst sie, in Verbindung mit den beiden Kanonen des Vortrapps, die feindliche Artillerie engagirten.

Gleichzeitig mit diesem directen Angriff auf Helligbek suchte der Feind uns in der linken Flanke zu umgehen. Das 5te Reserve-Bataillon und das zu dessen Assistance vorrückende 1ste leichte Bataillon wurden mit Granaten beschossen und heftig von feindlicher Uebermacht gedrängt. Die Brigade entsandte augenblicklich das 11te Linien-Bataillon zur Verstärkung, und außerdem schickte, zufolge Befehl der Division, die 6te Brigade, die Leibgarde zu Fuß und das 4te Verstärkungs-Bataillon nebst der 2ten Husarescqadron über Stenderup zur Unterstützung unseres linken Flügels vor, über den jetzt der Oberst v. Irminger das Commando übernahm, während Oberst v. Thestrup den rechten Flügel bei Popholt und Helligbek commandirte. Von der 2ten Division war auch das 13te Linien-Bataillon zur Assistance unseres linken Flügels entsandt.

Die feindliche Uebermacht hatte unterdessen unseren linken Flügel geworfen und bemühte sich, sich der Klapholter Heide zu bemächtigen; allein als nun das 4te Verstärkungs-Bataillon in unserer äussersten linken Flanke vorrückte, und sich hiemit gleichzeitig des 11te Linien-Bataillon auf den rechten Flügel des 5ten Reserve-Bataillons begab, wurde der Feind dermaassen geworfen, dass er einen jeden Versuch aufgab hier wiederum vorzudringen. Unsere Tirailleurkette hielt die Hecken und die südliche Lisière des Holzes besetzt, und Oberst v. Irminger ließ die Bataillone ordnen und entsandte die hinter dem Gehölz als Reserve erforderliche Stärke.

Während sich dies auf dem linken Flügel zutrug, war der Kampf nicht weniger heiß bei Popholt auf unserem rechten Flügel. Die Division schickte das 2te Bataillon längs der Chaussee vor, um den dortigen Theil der 4ten Brigade zu unterstützen, welcher darauf, jetzt in seiner linken Flanke durch das 1ste und 2te leichte Bataillon gestärkt, wiederum die Offensive ergriff, die sehr überlegene feindliche Macht über die Anhöhen süd von der Au bei Helligbek zurückwarf und den Wasserlauf besetzte. Dies gelang indessen erst nach einem sehr hartnäckigen Kampfe, namentlich beim Helligbeker Kruge, welcher vom 2ten Jägercorps genommen wurde.

Die 12-pfundige Batterie Lund, welche unter Bedeckung einer Compagnie des 1sten Reserve-Bataillons bis Popholt vorgeschoben war, wurde gar nicht gebraucht.

Auf diese Weise war das Gehölz wieder erobert, und Nachmittags zwischen 6 und 7 Uhr wurde die frühere Vorpostenstellung wieder besetzt. Ungefähr um 8 Uhr wurde die Division von der 5ten Brigade abgelöst, welche den ganzen Tag in Reserve geblieben war und jetzt, den Vorpostendienst nebst der Besetzung des Gehölzes übernahm, zur großen Erleichterung der 4ten und 6ten Brigade, welche fast 8 bis 9 Stunden gekämpft hatten, und deshalb der Ruhe sehr bedurften.

Die 1ste Division ging darauf in eine Bivuakstellung nord von Vesterholt zurück, woselbst sie die Nacht verblieb, mit Ausnahme des 5ten Reserve-Bataillons, welches nördlich vorm Pass bei Siverstedt bivouakirte.

Von der 2ten Division bildete die 5te Brigade (Oberst v. Raeder) die Infanterie der Hauptreserve.
Die Brigade bestand aus:
Dem 3ten Linie-Bataillon (Major v. Vett),
dem 2ten Verstärkungs-Bataillon (Oberstlieutenant du Plat),
-        3ten   -   (Oberstlieut. v. Gerlach),
-        5ten   -   (Major v. Dau),
-        1ten Verstärkungs-Jägercorps (Major v. Schepelern) und
-        2ten   -   (Major v. Lange),
marschirte Morgens 3 Uhr aus ihrem Bivouak bei Munkvolstrup und folgte der 1sten Division auf der Chaussee. Nachmittags wurde erst bei dem Süderholter Kruge eine kurze Bivouakstellung, als Reserve für die bei Popholt und Helligbek kämpfende 1ste Division, eingenommen, und später von da in ein Bivouak beim Stenderuper Baumhause gerückt. Aus dieser Stellung wurde, das 3te Lin.-Bataillon, das 3te Verstärkungs-Bataillon und das 1ste Verstärkungs Jägercorps zur Ablösung der Vorposten der 1sten Division detachirt.
Die übrige Stärke der 2ten Division (Generalmajor v. Schlepegrell), nemlich:
die 1ste Brigade unter Oberst v. Krabbe:
4tes Linie-Bataillon (Major von Neergaard),
10tes leichtes Bataillon (Oberstlieutenant v. Raeder),
1tes Reserve-Bataillon (Oberstlieutenant v. Henckel),
2 Compagnien des 3ten Reserve-Bataillons unter Major v.
        Krieger (2 Compagnien, unter Befehl des Bataillons-
        Commandeuren (Oberstlieutenant v. Lorentzen),
        waren in Flensburg) und
3tes Jägercorps (Oberstlieutenant v. Coch),
und die 2te Brigade, unter Oberst v. Baggesen:
5tes Linien-Bataillon (Major v. Bülow),
12tes leichtes -   (Oberst v. Laessöe),
13tes Linien   -   (Oberst v. Trepka),
2tes Reserve   -   (Major v. Dodt), und
3tes Reserve-Jägercorps (Major v. Gosch),
rückte mit der ihr zugetheilten Cavallerie und Artillerie p. p. in eine Bivouakstellung bei Hostrup, mit einer Avantgarde bei Havetoft, welche aus

dem 4ten Linien-Bataillon, dem 10ten leichten Bataillon, dem 3ten Jägercorps, 2 Kanonen und 1 Schwadron bestand.

Von der ganzen Division war nur das 13te Linien-Bataillon mit im Gefecht, da dieses Bataillon, Vormittags aus dem Bivouak bei Hostrup, über Havetoft und den Colonie-Häusern, nach der Heide bei Klapholt zur Unterstützung des linken Flügels der ersten Division vorgeschickt war. Das Bataillon kehrte Nachts 12 Uhr zur 2ten Brigade zurück

Die Reserve-Cavallerie, mit der Batterie Wegener, ging den 24ten Juli nach Tarp, ohne auf den Feind zu stoszen.

Ebensowenig war die Reserve-Artillerie (Oberst v. Fibiger) den Tag engagirt, sondern folgte der 5ten Brigade auf der Chaussee nach Smedeby, wo Nachts bivouakirt wurde, mit Ausnahme der 12-pfundigen Batterie Marcussen, welche den 24ten Abends der 5ten Infanterie-Brigade attachirt wurde und desshalb mit dieser bivouakirte.

Das Hauptquartier war von 10 Uhr Vormittags und die Nacht vom 24ten auf den 25ten Juli in Smedeby. Abends 9 Uhr wurde nachstehender Befehl ertheilt, welcher die nothwendigen Modificationen der allgemeinen Disposition enthielt:

„Der Angriff auf den Feind, wird morgen den 25ten Juli in seinen Hauptzügen, übereinstimmend mit der unterm 23ten ertheilten Disposition, ausgeführt. Die in Kraft tretenden Modificationen sind folgende:

Die 5te Brigade, welche nach dem heutigen Gefecht die 1ste Division abgelöst und eine Stellung bei Helligbek eingenommen hat, wird der 2ten Division untergeordnet.

Der Angriff zwischen Ahrenholz und Langsee, sowie die Bewegung gegen Vedelspang wird von der nun vereinten 2ten Armeedivision unternommen. Die 1ste und 2te Brigade bricht demzufolge 1 ½ Uhr Morgens auf, während die 5te Brigade zu einer solchen, näher von der Division zu bestimmenden Zeit vorrückt, dass der Angriff gleichzeitig geschehen kann.

Die 1ste Division, mit der Reserve-Artillerie und Reserve-Cavallerie, bildet die Hauptreserve des Angriffs.

Die Reserve-Cavallerie wird beim Idstedter Kruge die Chaussee erreichen, sobald das dortige Geholz in seiner nächsten Umgebung in unserem Besitze ist; so viel wie möglich, wird dieselbe vorher auf die Bewegung der 3ten Brigade achten.

Die 3te Brigade führt ihr Vorrücken nach Silberstedt und ihren Angriff von da aus, indem sie 3 Uhr Morgens aufbricht."

Der Kampf am 25ten Juli.

Die 5te Brigade eröffnete das Gefecht 4 Uhr Morgens gerade bei Anfang der Morgendämmerung. Es wurde in 2 Treffen vorgerückt, nemlich: das 5te Verstärkungs-Bataillon, das 3te Verstärkungs-Bataillon und das 1ste Verstärkungs-Jägercorps im ersten, das 3te Linie-Bataillon, das 2te Verstärkungs Bataillon und das 2te Verstärkungs Jägercorps im zweiten Treffen.

Die feindlichen Vorposten, welche 3 bis 400 Schritte südlich von Helligbek standen, wurden von unseren Tirailleurs in einem raschem Anlauf geworfen; allein gleich darauf entspann sich ein heftiges Tirailleurfeuer, da der Feind seine Reserven verschob, und die umliegenden Anhöhen besetzte. Gleichfalls wurde westlich von der Chaussee eine feindliche Batterie aufgefahren, welche später von dem Kanonenfeuer der feindlichen Verschanzungen unterstützt wurde. Unsererseits nahm die Batterie Marcussen gedeckt von einer Compagnie des 1sten Reserve-Jägercerps (Capt. v. Lövenfeldt) eine Stellung auf der Chaussee und während der Fortdauer des Tirailleurgefechts, entspann sich ein langer Artilleriekampf. Als die Batterie Lund zur Unterstützung herbeieilte, hatte sich die Batterie Marcussen bereits in mehreren Stunden gegen 16 feindliche Kanonen gehalten. Das ganze Artilleriegefecht dauerte demnach ungefähr 5 Stunden.

Das starke Kanonenfeuer zwang die Infanterie-Abtheilungen der Brigade die Chaussee zu verlassen, und da Generalmajor von Schleppegrells Colonnen von Oberstolk noch nicht auf dem linken Flügel der Brigade zum Vorschein kamen, erachtete man es für nothwendig, sich etwas links zu halten; da indessen darauf der Feind im Moore vor unserem rechten Flügel (Bögmoor) eine Masse Tirailleure entwickelte, wurden die Abtheilungen der Brigade wiederum rechts dirigirt. Das 5te Verstärkungs-Bataillon, das 3te Linie-Bataillon und zuletzt der größte Theil des 3ten Verstärkungs-Bataillons, bestanden hier ein sehr heißes anstrengendes Tirailleurgefecht.

Zu Anfang der Schlacht versprach die Witterung, bis kurz nach Sonnenaufgang, einen günstigen Ueberblick des Terrains, auf dem der Kampf sich entwickeln sollte, allein bald wurde der Kampfplatz in dichte Nebel gehüllt; - der Pulverdampf stand unbeweglich auf den Feldern; es regnete anhaltend und durchdringend, man sah nur das Blitzen der Geschütze, das Feuer der feindlichen Signale und an mehreren Stellen die emporwirbelnden Rauchsäulen brennender Gebäude, - es wurde sehr schwierig die Truppenbewegungen zu übersehen und zu leiten. Unmöglich war es die Stärke zu beurtheilen, welche der Feind plötzlich in dem großen

Bögmoore westlich der Chaussee, so wie im Rücken der Brigade, im Unterholze bei Bögholt, entwickelte. Der Widerstand des Feindes in diesem Terrain, schien eine starke offensive Bewegung anzudeuten, welche die Entwicklung und das Vorrücken der Colonnen zu hemmen drohte. Unter diesen Umständen wurden, wie später specieller erwähnt werden wird, die Abtheilungen der 6ten Brigade, welche bereits mit der Hauptreserve nachgerückt waren, in südlicher Richtung zur Unterstützung der 5ten Brigade geschickt.

Der Kampf wurde darauf in längerer Zeit in dem unwegbaaren Moore und Unterholze fortgesetzt, bis zuletzt der Feind zurückwich und darauf Abtheilungen der Brigade wiederum geordnet und zum weiteren Vorrücken gegen den Idstedter Krug auf die Chaussee beordert werden konnten.

Auf dem linken Flügel galt der Kampf namentlich das Dorf Idstedt, woselbst das 1ste und 2te Verstärkungs Jägercorps und das anfangs als Reserve aufgestellte 2te Verstärkungs Bataillon mit großer Ausdauer fochten, jedoch auch nur mit wechselseitigem Glücke. Hier war der Kampf auch heftig und langwierig; das brennende Dorf wurde nach 2-stündigem Kampfe genommen, musste aber wieder aufgegeben werden, weil der Feind fortwährend Verstärkung an sich zog und namentlich ein starkes Granat- und Kartäschen-Feuer unterhielt. Nichtsdestoweniger wurde das Gefecht sowohl hier, wie auf dem rechten Flügel, zu einem für uns günstigen Ausfall gebracht, nachdem mehrere Abtheilungen, namentlich das 3te Reserve-Jägercorps von der 2ten Brigade und später auch das 5te Reserve-Bataillon von der 4te Brigade, an demselben Theil genommen hatten. Der Feind wurde durch einen kräftigen Bajonetangriff aus dem Dorfe vertrieben und machte uns später dessen Besitz nicht mehr streitig.

Die 4te und 6te Brigade der 1sten Division, waren Morgens 3 ½ Uhr aus ihren Bivuaks gerückt. Von der 6ten Brigade wurden sogleich zwei Compagnien des 1sten Verstärkungs-Bataillons, unter Capitain v. Sperling, nach dem Helligbeker Kruge detachirt, um von da aus, sobald die 5te Brigade Terrain gewonnen hatte, den Pass bei Engbrücke zu besetzen, welcher von der Reserve-Cavallerie passirt werden sollte. Eine Compagnie dieses Bataillons war bereits Tags zuvor der Reserve-Cavallerie attachirt worden und eine Compagnie wurde später der Batterie Mossin zur Deckung übergeben.

Die 6te Brigade ging auf der Chaussee vor, von den Batterien Lund und Schultz gefolgt, die 4te Brigade ging auf den östlichen Gehölzwegen über Stenderup und nahm unter dieser Bewegung das 5te Reserve-Bataillon auf. Nachdem das Gehölz passirt war, wurde in Bataillonscolonnen, in

2 Treffen, eine Reservestellung hinter den Anhöhen süd von der Helligbeker Au, eingenommen, woselbst eine Husarschwadron zur 4ten Brigade stieß und hinter dem 2ten Infanterie-Treffen aufmarschirte.

Die 5te Brigade war, wie oben erwähnt, allein und ohne Unterstützung von der zweiten Division, in ein heftiges Gefecht verwickelt. Kurz nach dem die 6te Brigade bei Helligbek debouchirt war, wurde der rechte Flügel der 5ten Brigade hart bedrängt und das 2te leichte Bataillon wurde über das Moor beim Bögholter Kruge zur Assistance entsandt. Das Bataillon gerieth sogleich in ein starkes Feuer, indem es das 3te Linie-Bataillon und das 5te Verstärkungs-Bataillon, welche der Uebermacht weichen mussten, aufnahm. Ebenfalls waren die nach Engbrücke detachirten beiden Compagnien des 1sten Verstärkungs-Bataillons in ein Engagement, zur Unterstützung des 3ten Linie-Bataillons, verwickelt worden.

Der Feind, welcher den Pass bei Engbrück und das daran grenzende Unterholz stark besetzt hatte, fuhr indessen mit vermehrter Kraft fort unseren rechten Flügel zu drängen. Die 6te Brigade schickte darauf annoch das 1ste leichte Bataillon und etwas später eine disponible Compagnie des 1sten Reserve-Jägercorps, (Capitain v. Arntz), zur Unterstützung. Nach einem sehr heftigen Gefechte, wurde jetzt freilich der Feind aus dem Unterholze bei Engbrück vertrieben, jedoch mit erneuerter Verstärkung nahm er es wiederum in Besitz und zwang unseren rechten Flügel, eine zurückgezogene Stellung einzunehmen, worauf nun das Gefecht eine Zeitlang stand.

Gegen 6 Uhr musste auch die 4te Brigade, das 9te und 11te Linie-Bataillon, unter Oberst v. Staggemeyers Commando, abgeben, um den in westlicher Richtung vorrückenden Bataillonen der 6ten Brigade als Soutien zu dienen. Zu diesem Zwecke nahmen diese beiden Bataillone gleich westlich von der Chaussee eine Stellung ein, und nachdem das letzte Bataillon der 6ten Brigade (doch mit Ausnahme der Garde zu Fuß) nemlich das 4te Verstärkungs-Bataillon zur Verstärkung unseres rechten Flügels vorgeschickt war, wurde dazu auch das 11te Linien-Bataillon verwandt, und die ganze Linie ging darauf zum Angriff auf Bögholt in der Richtung nach Gammelund, vor. Der Feind wurde geworfen und wich überall, unser rechter Flügel gewann wieder Terrain, und Engbrück wurde von den beiden Compagnien des 1ste Verstärkungs-Bataillons besetzt.

Kaum war, nachdem das Obercommando über die meisten Abtheilungen der Reserve-Brigade disponirt hatte, der Angriff des Feindes auf unserem rechten Flügel abgewiesen, als die ersten Nachrichten, über den Kampf der Colonnen der 2ten Armee-Division, welche über Oberstolk vorrücken sollten, einliefen.

Wie befohlen war, hatte die gesamte Stärke der 2ten Division Morgens 1 ½ Uhr ihre Bivuaks verlassen. Bei Klopholt angekommen, wurde das 4te Linien-Bataillon, das 10te leichte Bataillon und das 3te Jägercorps, die 6-pfundige Batterie Dinesen, eine halbe Schwadron Dragoner unter Premierlieutenant v. Deichmann und die Hälfte der 4ten Ingenieur-Abtheilung unter Capitain v. Thulstrup, gegen Vedelspang detachirt. Das Ganze unter Befehl des Brigadecommandeuren Oberst v. Krabbe.

Das Gros der Division marschirte dahingegen von Klapholt in folgender Ordnung:

Als Vortrapp unter Oberst v. Laessöe, das 12te leichte Bataillon mit einer Theilung Dragoner unter Secondlieutenant v. Crone, 2 Granatkanonen der Batterie Baggesen, unter Premierlieutenant v. Lönborg, und ½ Ingenieur-Abtheilung.

Die Hauptstärke unter dem Brigadecommandeur Oberst v. Baggesen, in folgender Ordnung:

½ Dragon-Schwadron (Buchwaldt) und
½   -   -   (Meyer),
    eine Ingenieur-Abtheilung unter Primierl. v. Bauditz,
    6 Kanonen der Batterie Baggesen, mit einer Compagnie (Capitain v. Middelboe) des 2ten Reserve-Bataillons als Deckung,
    die 3 übrigen Compagnien des 2ten Reserve-Bataillons,
½ Theilung Dragoner,
3tes Reserve-Jägercorps,
5tes Linien-Bataillon.
½ Ingenieur-Theilung und
13tes Linien-Bataillon.

Zufolge Befehl des Divisionsgenerals, sollte diese Stärke von Oberstolk in 2 Colonnen gen Idstedt rücken: die rechte, bestehend aus dem 12ten leichten Bataillon, 2ten Reserve-Bataillon und 13tem Linien-Bataillon, sollte geradewegs das Dorf Idstedt angreifen und die linke, bestehend aus dem 3ten Reserve-Bataillon und dem 5ten Linien-Bataillon, diesen Angriff dadurch kräftigen, indem sie östlich um den Idstedter See, auf den Pass zwischen diesem und dem Langsee losginge.

Hinter beiden Colonnen folgte als Reserve unter unmittelbarem Befehl des Divisionsgenerals:

das 1ste Reserve-Bataillon,

2 Compagnien des 3ten Reserve-Bataillons und

die 6-pfundige Batterie Just.

Bereits von den, südlich von Klapholt liegenden Anhöhen, sah man die 5te Brigade in südöstlicher Richtung vor Helligbek in ein starkes Engagement verwickelt und es dauerte auch nicht lange, ehe man auch bei Bögland eine Kanonade hörte, welche sich jedoch bald nach Vedelspang hierüber zog. Der Divisions-General, welcher inzwischen das Commando der Reserve dem Oberstlieutenant v. Henckel übertragen hatte, ritt an der Tete der Brigade und beeilte das Vorrücken mit großem Eifer. Als der Vortrapp Oberstolk erreichte, wurde die Cavallerie-Theilung in das Dorf geschickt und eine Division des 12ten Bataillons in der linken Flanke südwärts nach dem Langsee zu. Die Cavallerie fand und berichtete, dass das Dorf unbesetzt sei; das 12te Bataillon schritt so schnell als möglich hindurch, damit die nachfolgenden Abtheilungen Platz zur Entwickeln gewinnen konnten.

Hier wurde zufolge Befehl des Divisions-Generals eine Veränderung in der Disposition vorgenommen. Das 12te Bataillon, anstatt an der Tete der rechten Colonne auf Idstedt loszurücken, zog sich mehr südlich stieß schon, 600 Ellen südlich vom Dorfe, auf den Feind, welcher das Unterholz nord vor Idstedt besetzt hatte. Das Bataillon ging sogleich zum Angriffe über und die Granatkanonentheilung chargirte gegen eine feindliche 6-pfundige Batterie, welche ungefähr 1800 Ellen südwestlich des Dorfes eine Position behauptete. Bei diesem Angriffe fiel Oberst v. Laessöe in der Tirailleurkette seines Bataillons.

Als die Tete der Hauptstärke der 2ten Brigade den nördlichen Eingang von Oberstolk - da wo der Weg sich theilt - erreichte, befahl der Divisions-General, sogleich ein Bataillon, - welches es auch sei - nach Romeck zu schicken, worauf die Brigade augenblicklich das 3te Jägercorps und ½ Cavallerie-Theilung in südwestlicher Richtung abmarschiren ließ. Unter Ausführung dieses Befehls, ritt Generalmajor v. Schleppegrell mit seinem Stabe durch das Dorf, gefolgt von den beiden halben Schwadronen, 6 Kanonen der Batterie Baggesen und dem 2ten Reserve-Bataillon: Auf einer Anhöhe circa 1000 Ellen süd vom Dorfe, welche soeben von unserer Granatkanonen-Theilung verlassen war, liess er die Batterie auffahren und auf Idstedt feuern. Die 3 Compagnien des 2ten Reserve-Bataillons folgten indessen dem 12ten Bataillon und das 5te Bataillon erhielt gleichfalls vom Generalen den Befehl, in derselben Richtung zu folgen.

Kurz nachdem diese Bataillone engagirt worden waren und die Batterie Baggesen ihr Feuer eröffnet hatte, fielen Schüsse in und bei Oberstolk und gleichzeitig gerieth ein Haus in Flammen. Es hieß, die Bauern schössen auf das, durch das Dorf marschirende 13te Bataillon und der General ertheilte den Befehl, das Dorf zu säubern. Der Stabschef der 2ten Brigade, Capitain v. Kranold, sprengte nach Oberstolk zurück und fiel beim Eingange von einer Kugel durch die Brust getroffen. Der Divisions-Adjutant, Premierlieutenant v. Vaupell, war mit einer halben Schwadron, unter Premierlieutenant v. Nellemann, ins Dorf zurück beordert, allein die Dragoner kehrten bald mit bedeutendem Verluste zurück. Bei dieser Attaque fiel Lieutenant v. Nellemann, Lieutenant v. Vaupell wurde verwundet und der Divisions-Adjutant Capitain v. Bauditz, welcher gerade angekommend, sich derselben anschloss, wurde, nachdem sein Pferd erschossen, übergeritten.

Unmittelbar darauf, wurden wir in unserer linken Flanke, von feindlicher Infanterie, mit vorgeschobenen Tiarailleuren, angegriffen.

Dieselbe kam theils aus Oberstolk und war vermuthlich dort in den Häusern versteckt gewesen, theils aus den Saatfeldern südöstlich vom Dorfe, wohin sie wahrscheinlich von der feindlichen Laufbrücke aus, welche bei Gyldenholm über den Langsee führt, dirigirt worden war. Die Kanonbedeckung, unter Capitain v. Middelboe, die einzigste augenblicklich vorhandene Infanterie, nahm den feindlichen Angriff auf, war indessen zu schwach, um den weit überlegenen Feind aufzuhalten. Der Divisionsgeneral, welcher nicht weichen wollte, beschloss nun die Cavallerie, ja sogar die Artillerie zur unmittelbaren Vertheidigung dieser Stellung zu verwenden, indessen dies gelang ebenso wenig. Die feindlichen Tirailleure, gedeckt hinter Hecken, schossen mit gezogenen Riffeln auf 100 - 150 Ellen. - Vergebens wurden von einigen Kanonen, auf ganz kurzer Distance, Granaten unter die feindlichen Schützen geworfen; vergebens machte ein Theil der Cavallerie, aufgefordert vom Generalen, 3 Attaquen; und vergebens bemühte man sich aus Oberstolk, wo ein heftiger Strassen - und Häuser-Kampf wüthete, Infanterie herbeizuholen. Wir erlitten hier, in weniger als einer Stunde, einen grossen Verlust: der tapfre General v.

Schleppegrell fiel, unter einer der Attaquen, tödlich verwundet; sein Stabschef, Oberstlieutenant v. Bülow, wurde schwer verwundet; der Batteriechef, Capitain v. Baggesen gefangen genommen und zwei seiner Kanonen vom Feinde erobert. Außer mehreren anderen Officieren, fiel der Premierlieutenant v. Carstensen, welcher mit Aufopferung seiner selbst, Capitain v. Baggesen zu befreien suchte und von Unterofficieren und Leuten ungefähr 70 Mann; wenigstens 90 Pferde waren erschossen, verwundet oder vom Feinde erbeutet.

Das 13te Linien-Bataillon war in Oberstolk beim Durchrücken überfallen worden. Als die Tete den südlichen Ausgang der Stadt erreicht hatte, wurde das Bataillon aus den nächsten Häusern und Gärten dermaassen in seiner linken Flanke beschossen, dass das Vorrücken sich von selbst verbot. Ein paar Compagnien besetzten die nächsten Höfe nebst Gärten, der übrige Theil des Bataillons, die Mitte des Dorfes und den nördlichen Eingang. Die Tirailleure wurden in östlicher Richtung vorgeschickt und warfen anfangs den Feind rasch zurück; indessen wurde das Bataillon, nach einem hartnäckigen Kampfe, nach der nördlichen Seite des Dorfes gedrängt. Hierbei fiel der Bataillons-Commandeur, Oberst v. Trepka.

Der Oberstlieutenant v. Henckel, war indessen mit der Reserve gegen Oberstolk vorgerückt. Nachdem sich das 13te Bataillon ungefähr eine halbe Stunde lang im nördlichen Theile des Dorfes gehalten hatte, hörte man in der linken Flanke Kanonenschüsse von der Batterie Just.

Oberstlieutenant v. Henckel führte darauf in Verbindung mit der Reserve das Bataillon zum Angriff vor und bemächtigte sich bald der nördlichen Hälfte des Dorfes Oberstolk; allein bei einem brennenden Gehöft, ungefähr in der Mitte des Dorfes, stand das Gefecht wieder, weil der Feind wiederum Verstärkung erhielt. Kurz darauf wurden indessen mitten im Dorfe von der Batterie Just, unter Premierlieutenant v. Thestrup 2 Kanonen aufgefahren, welche heftig gegen die südlichen vom Feinde stark besetzten Häuser chargirten, die demnächst auch gestürmt wurden.

Hierauf wurden die in und bei Oberstolk sich befindenden feindlichen Bataillone gänzlich gesprängt; die beiden vom Feinde genommenen Kanonen der Batterie Baggesen, wurden, in der Nähe des Dorfes, auf dem Idstedter Wege, vom 1sten Reserve-Bataillon wieder erobert, und beim Vorrücken unserer Truppen, wurde hier ein grosser Theil, der während der Schlacht gemachten Gefangenen, genommen.

Nachdem Generalmajor v. Schleppegrell gefallen war, hatte der Commandeur der 2ten Brigade, Oberst v. Baggesen, einstweilen das Commando der 2ten Division übernommen, deren Abtheilungen indessen, zum Theil ohne alle gegenseitige Verbindung waren. Mit der Granatkanon-Theilung der Batterie Baggesen und deren Bedeckung, ½ Compagnie des 12ten leichten Bataillons unter Capitain v. Bie, so wie mit Dem, was sonst noch von der 2ten Brigade schleunigst herangezogen werden konnte, nahm der Oberst eine vorläufige Stellung bei Romeck ein, und entsendete von hier aus eine Meldung des Vorgefallenen. Die übrigen Kanonen der Batterie Baggesen, welche sich in einem augenblicklich unkampffähigen Zustande befanden, geführt von einem verwundeten Officier und zwei verwundeten Theilungs-Führern, ohne gehörige Ammunition und Bespannung, wurden vom Obersten, auf den Weg nach Helligbek dirigirt, um wiederum kampftüchtig gemacht zu werden, was auch in kurzer Zeit geschah.

Das 12te leichte Bataillon, 2te Reserve-Bataillon und 5te Linien-Bataillon, welche von Generalmajor v. Schleppegrell nach dem Pass zwischen dem Idstedter und Langsee dirigirt worden war, waren östlich um den Idstedter See vorgedrungen. Beim Forciren des Passes wurden sie aus 2 Schanzen, jede mit 2 Kanonen besetzt, und von der aus Oberstolk und Idstedt retirirenden Infanterie beschossen. Demunerachtet waren dieselben bereits 6 Uhr Morgens in Besitz des vorliegenden Plateaus und behauptete dasselbe, sowie die nordöstliche Ecke des Catharinen Holzes mehrere Stunden lang. Die Artillerie des Feindes wurde mit 2 Kanonen verstärkt, und da man fortwährend den Kampf im Rücken bei Oberstolk beobachtete, so musste man es um so mehr für wichtig anerkennen, sich zurückzuziehen, da man keineswegs darauf rechnen konnte, dass die Unsrigen fürs Erste über Idstedt vorrücken würden, dessen nördlicher Eingang damals nur mit einer Compagnie des 2ten Verstärkungs-Jägercorps, unter Capitain v. Falkenskjold, und der Schwadron Buchwaldt vom 4ten Dragon-Regimente, besetzt war.

Während des Gefechtes zwischen den Seen, eroberte eine Abtheilung des 12ten leichten Bataillons, unter den Premierlieutenanten v.

Fönss und v. Brackel, eine von Infanterie vertheidigte feindliche Kanone, deren Bespannung abwesend war. Gleichfalls wurde hier an verschiedenen Orten mehrere Feinde zu Gefangenen gemacht; allein auch wir verloren in diesem Gefechte mehrere Officiere und Soldaten, wovon einige vom Feinde zu Gefangenen gemacht, indem sie beim Repassiren des Defilés abgeschnitten wurden.

Das 3te Reserve-Jägercorps, welches zufolge Befehl des Generalmajor v. Schleppegrell in Verbindung mit einer halben Schwadron über Romeck geschickt war, hatte es, infolge des starken Feuerns bei Oberstolk, für richtig erachtet, sogleich zum Angriff auf Idstedt zu schreiten, woselbst, wie oben erwähnt, bereits 3 Abtheilungen der 5ten Brigade in längerer Zeit mit dem Feinde um den Besitz des Dorfes gekämpft hatten. Nach einem freilich heißen aber kurzem Kampfe, wurde das Dorf nebst vorliegenden Anhöhen genommen; allein wie die Abtheilungen der 5ten Brigade, so musste auch dieses Corps das Dorf wiederum aufgeben. Das Corps zog sich über den Wasserlauf nordwestlich von Idstedt zurück, und nahm darauf eine Stellung bei der Chaussee ein.

Der commandirende General hielt von Morgens 5 Uhr mit seinem Stabe auf den Anhöhen bei der Chaussee süd von Helligbek, und 8 Uhr Morgens, wurden hier die ersten Meldungen des Oberst v. Baggesen über die Ereignisse bei Oberstolk empfangen. Von der 1sten Division wurde sogleich der Brigadecommandeur Oberst v. Thestrup, mit dem 2ten Jägercorps, dem 5ten und 6ten Reserve-Bataillon, nebst 2 Schwadronen Husaren, der zweiten Division zur Assistance geschickt, wo durch die Infanterie der Hauptreserve für den Augenblick bis auf die Leibgarde zu Fuß und das 9. Linien-Bataillon reducirt wurde.

Generalmajor de Meza, welcher sich im Gefolge des commandirenden Generals befand, wurde sogleich beordert die 2te Division in der Nähe von Idstedt zu sammeln, und demnächst das Commando derselben zu übernehmen. Capitain v. Hirsch als Stabschef, und Capitain v. Krieger als Adjutant, wurden ihm, aus dem Stabe des commandirenden Generals, überlassen.

Die erhaltenen Meldungen und Nachrichten über die 2te Division waren dermaassen beunruhigend, dass abseiten des Obercommandoes Dispositionen getroffen werden mussten, welche einem ungünstigen Ausfalle der Schlacht, nicht allein die Vereinigung der 3ten Brigade mit der Hauptstärke sicherte, sondern die namentlich auch das Obercommando befähigten, eventualiter über eine Stärke disponiren zu können, welche noch nicht ernsthaft an der Schlacht Theil genommen hatte. Es wurde also beschlossen die 3te Brigade zu rappeliren, obgleich man dadurch auf deren directe Einwirkung verzichtete, sobald es durch einen erneuerten Angriff, den man zu unternehmen fest entschlossen war, glücken sollte, den Feind aus seiner Position zu werfen und ungeachtet man vor Einbruch der Nacht die Ankunft der Brigade nicht erwarten konnte. Es wurde der Brigade der Befehl ertheilt, bald möglichst eine Vereinigung mit der Hauptstärke der Armee bei Idstedt zu erzielen, indem sie, wenn thunlich, ihren Marsch über Egebek dirigiren solle. Dieser Befehl wurde durch eine zuverlässige Ordonanz, von einem Wegweiser begleitet, übersandt.

Oberst v. Thestrup dirigirte seine Bataillon über das Moor nord von Romeck gerade auf den Pass; hier wurden 2 Compagnien des 6ten Reserve-Bataillons nach Steensholz detachirt, welches noch angeblich vom Feinde besetzt war, während die anderen Compagnien dieses Bataillons als Soutien beim Passe hinterlassen wurden. Mit der übrigen Stärke rückte Oberst v. Thestrup auf das Dorf Idstedt los, das 2te Jägercorps deplojirte in Compagnie-Colonnen mit dem 5ten Reserve-Bataillon als Reserve. Der Oberst bemühte sich hier mit dem Theil der 5ten Brigade in Verbindung zu kommen, welcher sich ost von der Chaussee befand. Diese Verbindung wurde dadurch erreicht, dass das 2te Jägercorps etwas westlicher und etwas mehr vorgeschoben eine gedeckte Stellung einnahm, während das 5te Reserve-Bataillon die Anhöhen nordwest von Idstedt besetzte. In dieser Stellung fanden sich 5 Kanonen der Batterie Baggesen, unter Premierlieutenant v. Lönborg ein, welche zwischen dem 5ten Reserve-Bataillon und dem 2ten Jägercorps postirt, den Feind beschossen. Beim Vorrücken aus dieser Stellung kam namentlich das 5te Reserve-Bataillon in ein lebhaftes Engagement mit dem Feinde.

Generalmajor de Meza hatte indessen die Abtheilungen der 2ten Armee-Division gesammelt, und übersandte ungefähr 9 ½ Uhr dem Obercommando die Meldung, dass er circa 5000 Mann schlachtfertiger Truppen zu seiner Disposition habe, so wie, dass Oberst v. Krabbe, welcher à tout prix den Pass bei Vedelspang zu halten gesonnen sei, die linke Flanke decke.

Ungefähr 10 Uhr Vormittags, nachdem Oberstolk nebst Umgegend von feindlichen Truppen gesäubert war, waren die Abtheilungen der 2ten Division folgendermaassen aufgestellt:

Das 12te leichte Bataillon, 5te Linien-Bataillon, 1ste und 2te Reserve-Bataillon, eine halbe Schwadron des 4ten Dragoner-Regiments und die Batterie Just, waren gegen den Pass zwischen dem Idstedter und Langsee vorgeschoben. Die Batterie war beiderseits des Weges auf Anhöhen aufgefahren; die übrigen Truppen standen, mit ihrer Tirailleurkette vor sich, auf beiden Seiten der Batterie, durch ein kleines gleich östlich vom Idstedter

See sich befindlichem Unterholze gedeckt. Der Feind hatte die andere Seite des Passes besetzt und tiraillirte auf unsere Stellung, namentlich auf die Batterie, welche dadurch mehrere Mann ihrer Bedienung verlor. Feindlicherseits nahmen die 4 Kanonen am Gefechte Theil.

An der westlichen Seite des Idstedter Sees stand das 3te Reserve-Jägercorps, und von der 5ten Brigade, welche ebenfalls das Gefecht in der Richtung gegen Idstedt fortgesetzt hatte, von den Batterien Marcussen und Lund unterstützt, standen längs der Chaussee, das 1ste Verstärkungs-Jägercorps und das 2te Verstärkungs-Bataillon, so wie etwas mehr westlich nach Gammellund hin, das 3te Linien-Bataillon und das 5te Verstärkungs-Bataillon.

In der Nähe von Oberstolk war das 13te Linien-Bataillon.

Endlich stand als Reserve gleich west von Idstedt Oberst v. Thestrup mit dem 5ten Reserve-Bataillon, dem 2ten Jägercorps, dem 6ten Reserve-Bataillon und 5 Kanonen der Batterie Baggesen.

Der Feind hatte sich nach und nach dem seine vortheilhafte und dominirende Stellung süd von Idstedt zurückbegeben. Das Obercommando hatte den Befehl ertheilt, diese Stellung durch einen Bajonet-Angriff zu forciren, allein um der 1sten Armee-Division Zeit zu lassen ihre Bataillonen zu ralliren, welche den Angriff des Feindes west der Chaussee im Bögmoor und in dem Unterholze bei Bögholt abgewiesen hatten; so wie ferner um der ziemlich entkräfteten Infanterie einige Ruhe zu gönnen, war bestimmt worden, den allgemeinen Angriff bis 10 ½ Uhr auszusetzen und das Gefecht solange stehend zu unterhalten. Gegen die feindlichen Batterien in dem Emplacement nördlich vom Gehölz, fuhren die Batterien Haxthausen und Lund, und etwas später auch noch die Halbbatterie Jonquières auf. Die 6te Brigade zog ihre Bataillone nach der Chaussee hin, und ordnete sie daselbst in Colonnen, um sogleich mit der 2ten Division anzugreifen, sobald das Artilleriefeuer genügend gewirkt hatte. Von der 6ten Brigade wurde das 1ste leichte Bataillon detachirt, um dem 5ten Reserve-Bataillon (5te Brigade) als Reserve zu folgen, welches durch das Gehölz vorgehen und den Feind in seiner linken Flanke angreifen sollte.

Nachdem der Artilleriekampf ungefähr 1 ½ Stunden gedauert hatte, ohne daß es gelungen war das feindliche Geschütz zum Schweigen zu bringen, wurde ungefähr um 11 Uhr zu dem befohlenen Hauptangriffe vorgeschritten.

Der Nebel war gefallen, der Regen hatte aufgehört, der Kampfplatz war wieder überschaulich geworden: geordnet und zum Vorrücken bereit sah man unsere Colonnen auf der Ebene vor des Feindes Position.

Von der ersten Division waren 1 Compagnie des 1sten Reserven-Jägercorps, das 4te Verstärkungs-Bataillon und die Leibgarde zu Fuß im ersten Treffen in Compagniecolonnen mit vorgeschickten Schützen formirt; das 2te leichte Bataillon folgte zur unmittelbaren Unterstützung, und das 9te und 11te Bataillon waren in Reserve. Diese Abtheilungen griffen, in Verbindung mit der 5ten Brigade sammt dem 5ten und 6ten Reserve-Bataillon, dem 2ten Jägercorps und 5 Kanonen der Batterie Baggesen, das Idstedter Gehölz an, während unter Befehl des Oberstlieutenant von Henckel des 12te leichte Bataillon, 5te Linien-Bataillon, so wie das 1ste und 2te Reserve-Bataillon, 2 Compagnien des 3ten Reserve-Bataillons und die Batterie Just den Pass zwischen Idstedt- und Lang-See einnahmen und darauf durch das Catharinen Gehölz verdrangen.

Der Sturm wurde mit einer unwiderstehlichen Kraft und in vortrefflicher Ordnung ausgeführt, ohne daß die Colonnen einen wesentlichen Verlust erlitten. Unter den Gefallenen war der Commandeur des 4ten Verstärkungs-Bataillons Major de Saint-Aubain, der von einem Granatstück tödlich verwundet wurde. Der Feind wurde bei dem ersten Anlauf auf der ganzen Linie geworfen und lebhaft durch das Gehölz verfolgt. Das erste Treffen der 6ten Brigade nahm 3 Kanonen in einer feindlichen Verschanzung, und, als eine halbe Schwadron Insurgent-Dragoner in demselben Augenblicke zum Angriff hervorsprengte, formirte die Kette schnell Kreis und empfing die feindlichen Cavallerie auf nahe Distance mit einem so wohl gezielten Feuer, dass ein Theil der Reiter und der Pferde fielen und der Rest die Flucht ergriff.

Mit diesem Sturm war das Resultat des Tages so gut wie entschieden, der Widerstand des Feindes war gebrochen und hörte nach und nach ganz auf.

Die 6te Brigade, welche bis an den südlichen Rand des Idstedter Gehölzes vorgedrungen war, wurde von dort über Lürholz nach Schuby beordert, welches Dorf sie indessen bei ihrer Ankunft bereits von der Reserve-Cavallerie besetzt fand, welche, wie später erwähnt werden wird, schon unter dem Vorrücken beider Divisionen zur Verfolgung des Feindes vorbeordert war.

Die Reserve-Cavallerie unter Generalmajor von Flindts Befehl, bestehend aus:
dem 3ten Dragon-Regiment (Oberst v. Juel)
- 5ten   -   (Oberstlieutenant v. Voigt) und
- 6ten   -   (-   v. Frieseleben),
zugleich mit der 12-pfundigen Granatkanon-Batterie Wegener, war nemlich Morgens 2 Uhr von Tarp aufgebrochen und nach Langstedt marschirt,

welches Abends vorher mit einer halben Compagnie des 1ste Verstärkungs-Bataillon besetzt worden und woselbst die Brücke vom Brückentrain unter Ingenieurcapitain von Schröder passabel gemacht worden war. Von Langstedt ward weiter marschirt bis Bollingstedt, welches um 4 Uhr erreicht wurde. Der Vortrapp, von der 2ten und 3ten Schwadron des 6ten Dragoner-Regiments gebildet und von Oberstlieutenant von Honnens befehligt, fand Bollingstedt von den Insurgenten besetzt. Der Stabschef Oberst von Müller wurde darauf vorgeschickt, um den Angriff auf das Dorf zu leiten und wurden ihm zwei Kanonen unter Premierlieutenant v. Lunn, sowie eine Compagnie des 1sten Verstärkungs-Bataillons mitgegeben. Als unsere Granatkanonen ihr Feuer gegen das stark besetzte Dorf eröffneten, fuhr auch der Feind 2 Kanonen bei der Windmühle im Westen des Dorfes auf, welche indessen bereits nach wenigen Schüssen zum Schweigen gebracht wurden.

6 ½ Uhr stürmte die Compagnie, von Capitain v. Görtz geführt, unter Mitwirkung unsere Granatkanonen, Bollingstedt, welches verbarricadirt und von 2 Compagnien feindlicher Jäger besetzt war, zu deren Soutien 2 andere Jäger-Compagnien im Steenholter Gehölz standen. Freilich versuchte es der Feind Bollingstedt wieder zu erobern, allein sein Angriff wurde abgewiesen und die Compagnie Görtz, zu behufs deren Unterstützung die halbe Schwadron Barth abgesessen und Kette formirt hatte, hielt das theilweise in Brand gerathene Dorf.

Da die Brücken abgebrochen waren und man wußte, dass das Steenholter Gehölz von feindlicher Infanterie besetzt war, konnte, ohne eine vermehrte Infanteriestärke, nicht davon gedacht werden, auf diesem Wege vorzudringen. Eine Meldung wurde an das Obercommando gesandt, welches dieselbe gerade empfing, als sich das heftige Gefecht in der rechten Flanke der ersten Armeedivision entwickelt hatte. Als man daher keine Sicherheit hatte, dass die Mitwirkung der Reserve-Cavallerie erreicht werden könnte, wenn man dieselbe, den in der Disposition vorgeschriebenen Weg, befolgen ließ, wurde sie beordert von Langstedt über Jalm und der Chaussee nach Helligbek zu rücken. Bei Bollingstedt wurde Oberstlieutenant v. Honnens mit 2 Schwadronen, der Compagnie Görtz, 2 Kanonen und dem Brükentrain unter Ingenieur-Capitain Schröder, zurückgelassen. Nach Ausführung dieser Bewegung wurde eine Aufstellung süd von Helligbek zu beiden Seiten der Chaussee hinter der 1sten Armee-Division genommen. Als diese vorrückte und die feindliche Position stürmte, rückte die Cavallerie nach, bis sie beim Idstedter Kruge beordert wurde den Feind auf seiner Flucht zu verfolgen. Da wo der Weg nach Lyrskov die Chaussee verlässt, empfing die Cavallerie den Befehl, zum Verfolgen durch dieses Dorf vorzurücken. Es war indessen von feindlicher Infanterie und 2 Kanonen besetzt und musste daher erst durch einige Granatenschüsse der Batterie Wegener gesäubert werden, worauf das Vorrücken über Schuby ausgeführt wurde. Bei Husby wurde ein Theil feindlicher Infanteristen gesprengt, von denen jedoch die Meisten entkamen, indem sie Gewehre etc. etc. im Stich ließen und eiligst über Zaun und Hecken sprangen.

Die Verfolgung wurde von hier durch Klein-Dannewerk nach Gross-Dannewerk fortgesetzt. In diesem sehr durchschnittenen Terrain fand man indessen die Wege verbarricadirt und mit feindlicher Infanterie besetzt, welche unsere Cavallerie mit einem wirksamen Gewehrfeuer empfing. Ohne Unterstützung von Infanterie, war es unmöglich durchzudringen, und die Reserve-Cavallerie sah sich daher gezwungen jede weitere Verfolgung aufzugeben.

Die Dörfer Klein-Dannewerk und Husby wurden jedes mit einer Schwadron besetzt, und die übrige Stärke nahm eine Bivuakstellung bei Lyrholz ein.

Die 5te Brigade mit dem 2ten leichten Bataillon rückte auf verschiedenen Wegen durch das Idstedter Gehölz und später längs der Chaussee nach Schleswig, mit Ausnahme das 3ten Linien- und 5ten Verstärkungs-Bataillons, welche den Bewegungen der 1ste Division folgten.

Die übrige Stärke der zweiten Division avancirte, nachdem die Abtheilungen, welche den Pass zwischen dem Idstedter- und Lang-See forcirt hatten, in gleicher Höhe mit den Abtheilungen gekommen waren, welche westlich des erstgenannten Sees vorgedrungen, nach Neu-Behrent, woselbst die Batterie Baggesen, welche dem Oberst von Thestrup durch das Dorf Idstedt gefolgt war, wiederum zum 12ten leichten Bataillon stieß und mit der 2ten Brigade vereinigt wurde. In Neu-Behrent waren während des Gefechts mehrere Häuser in Brand gerathen; indessen leistete der Feind hier nur schwachen Widerstand und wich gegen 4 ½ Uhr Nachmittags ganz zurück.

Von Neu-Behrent wurden 4 Uhr Nachmittags unter Oberstlieutenant von Saurbrey 2 Schwadronen des 4ten Dragon-Regiments (die Rit(t)meister v. Krieger und v. Buchwaldt) über Nyböl nach Vedelspang detachirt, um sich Oberst v. Krabbe zur Disposition zu stellen, dem kurz vorher der Befehl ertheilt worden war, den Feind bis Missunde zu verfolgen und den Pass daselbst zu besetzen.

Nach einem kurzen Aufenthalte bei Neu-Behrent, rückte die 2te Division über Katt und Hund und auf dem feindlichen Colonnenwege, nord von St. Jürgen, auf die Chaussee und nahm ihre letzte Stellung beim Tater-Krug ein, in Verbindung mit den auf der Chaussee vorrückenden Colonnen.

Während das Pöhler-Gehege und der Thiergarten vom 3ten Linie-Bataillon, dem 3ten Verstärkungs-Bataillon und dem 1sten Verstärkungs-Jägercorps, die von Schuby abgeschickt waren, um sich wieder mit der 2ten Division zu vereinigen, abgesucht wurden, rückte diese, mit der 2ten Brigade in der Tete, durch die Stadt Schleswig und das Dorf Bustorf in eine Bivuakstellung bei Dannewirke.

Die 1ste Division hatte schon früher eine Bivuakstellung bei Schuby eingenommen.

Die unter Oberst von Krabbe in unserer äußersten Linken gegen Vedelspang detachirte Truppenmacht, hatte die Aufgabe, den Feind hier und bei Süder-Fahrenstedt zu beschäftigen, jedoch ohne näheren Befehl sollte der Pass nicht forcirt werden.

Von Klapholt, wo die Hauptstärke der 2ten Division den Weg nach Oberstolk einschlug, wurde der Marsch auf dem Missunder-Wege fortgesetzt. Das 4te Linie-Bataillon, 2 Kanonen und einige Dragoner, bildeten den Vortrapp; das 3te Jaegercorps als linke Seitendeckung ging durch das Ulsebyer Gehölz. Gleich nachdem Klopholt passirt war, fand man die Wege verbarricadirt, welches Hinderniß indessen bald geräumt wurde. Etwas weiter vor enfilirte der Feind von einer Anhöhe die ganze Landstrasse und hielt das Terrain auf beiden Seiten besetzt. Morgens 3 Uhr gerieth der Vortrapp hier in Engagement. Die Kanontheilung beschoß die feindliche Stellung und das 4te Linie-Bataillon vertrieb darauf den Feind von Zaun zu Zaun bis nach Böglund. Auch wurde dies Dorf bald genommen, namentlich durch einen gleichzeitigen Angriff des 3ten Jägercorps auf der östlichen Seite, und der Feind zog sich nun eiligst nach den süd vom Dorfe belegenen Anhöhen zurück, welche er mit 4 bis 5 Bataillonen Infanterie und einer Batterie besetzte.

Der Angriff auf diese feste Position wurde vom 10ten leichten Bataillon auf dem rechten und vom 3ten Jägercorps auf dem linken Flügel ausgeführt, während die Batterie Dinesen von einigen kleinen Anhöhen ost von der Landstrasse chargirte, und das 4te Linie-Bataillon mit der Cavallerie in Reserve verblieb. Der Feind leistete kräftigen Widerstand, wurde indessen dennoch, durch das unverzagte Vorrücken unserer Infanterie, in das Gehölz vor Vedelspang zurückgedrängt. Auf den vom Feinde verlassenen Anhöhen fand man einige unbedeutende Einschneidungen und Laufgräben, welche sogleich geschleift wurden. Unterdessen führte der Feind frische Truppen ins Feuer, wodurch das Gefecht 4 ½ Uhr Morgens zum Stehen gebracht wurde.

Als darauf die Insurgenten durch wiederholte Angriffe, namentlich durch des Katbeker-Gehölz, unsern linken Flügel zu umgehen suchten, wurden 2 Compagnien des 4ten Linien-Bataillons unter Capitain v. Müller nach der nördlichen Seite dieses Gehölzes dirigirt. Die Batterie Dinesen beschoss das von Vedelspang befindliche Gehölz und bestrich zugleich den Eingang zum Pass. Ferner wurde ein Peloton des 4ten Linien-Bataillons westenum gegen Süderfahrenstedt geschickt, um mit der 2ten Brigade Verbindung zu erhalten und wo möglich die vom Feinde über den Langsee geschlagene Brücke zu besetzen. Dadurch gerieth dies Peloton in ein lebhaftes Gefecht, bei dem einzelne Abtheilungen des 1sten und 3ten Reserve-Bataillons behülflich waren. Die Cavallerie war auf den Höhen, ost von der Landstrasse vor dem feindlichen Feuer geschützt.

In dieser Stellung empfing man die Nachricht des Unfalls bei Oberstolk, und Generalmajor de Meza sandte, nachdem er das Commando der 2ten Division übernommen hatte, der Brigade den Befehl, sich im Notfall auf die 2te Brigade zu repliiren.

Die Stellung der 1sten Brigade war unter diesen Verhältnissen nicht ohne Schwierigkeit. Seit 3 Uhr Morgens war die Brigade fortwährend im Feuer gewesen; das 3te Jaegercorps und das 10te leichte Bataillon wurden stark bedrängt und man hatte nur die Cavallerie und eine Compagnie des 4ten Linie-Bataillons in Reserve.

Die feindliche Stärke bei Vedelspang musste, zufolge der gefangen Genommenen und der gefundenen Kanonen, wenigstens 5 Bataillone, so wie eine 6-pfundige und eine 12-pfundige Batterie betragen. Demunerachtet gelang es den Anstrengungen der Brigade, das Gefecht bis 4 Uhr Nachmittags stehend zu erhalten, worauf der Feind anfing, seine Truppen aus dem Defilee zu ziehen, als er erfuhr, dass sein Centrum erstürmt und geworfen sei.

Obgleich die Brigade über 12 Stunden im Feuer gewesen und demzufolge ziemlich erschöpft war, wurden dennoch die Truppen zur Forcirung des Defilés geordnet. Der Feind verließ indessen den Pass, noch ehe der beabsichtigte Angriff zur Ausführung gebracht werden konnte, und die Brigade, eine Compagnie des 10ten leichten Bataillons in Vedelspang zurücklassend, rückte zum Verfolgen nach, allein die Retraite des Feindes geschah in solcher Eile, dass unsere müden Truppen nicht zu folgen vermogten, weshalb man den Rest des 10ten leichten Bataillons und 2 Kanonen in Tolk hinterließ, und mit der übrigen Stärke nahm Oberst v. Krabbe für die Nacht eine Bivuakstellung bei Nyböl ein.

Während des Gefechts an diesem Tage, machte die 1ste Brigade ungefähr 200 Gefangene.

Die 3te Brigade stand Morgens 3 Uhr wieder auf ihrem Allarmplatze bei Sollerup zum Vorrücken bereit.

Da die Meldung von den Vorposten eingetroffen war, dass Hünning vom Feinde besetzt sei, wurde das 8te Bataillon in der linken Flanke detachirt, eine Bewegung, die zugleich das Forciren von Sollbrück erleichtern konnte. Die abgebrochene Brücke bei Sollerup über die Jerrisbecker-Au, wurde sogleich von den Ingenieuren reparirt; wohingegen das Bataillon durch die Trene waten musste.

Unmittelbar nach dem Abmarsch des 8ten Linien-Bataillons setzte sich das 1ste Jägercorps, von der Kanon-Theilung des Premierlieutenant v. Petersen gefolgt und vom 6ten Linie-Bataillon unterstützt, in Bewegung, um den Uebergang bei Sollbrück zu forciren. Mit starken Infanterie-Abtheilungen und 4 Granatkanonen hielt der Feind das östliche Treneufer besetzt, und hatte bereits am Morgen dem bei der Brücke belegenen Hof in Brand gesteckt. Unter dem heftigsten Granat- und Gewehrfeuer rückte das 1ste Jägercorps vor. Eine Division der ersten Compagnie unter Premierlieutenant v. Ludvigsen, lief theils über die brennenden Balken der Brücke, und watete theils bis unter die Armee durch die Au; der übrige Theil der 1sten Compagnie, welcher kurz darauf nachfolgte, durchstreifte Espertoft und beschoss den Feind in der Flanke. Nach und nach war das ganze erste Jägercorps hinübergekommen und der Feind wich vor dessen nicht zu hemmendem Vordringen bis nach Jübek, von wo aus er, durch die kräftige Unterstützung des 8ten Linien-Bataillons, bis über 3000 Ellen jenseits dieses Dorfes geworfen wurde.

Während auf diese Weise der Uebergang bei Sollbrück forcirt wurde, wurde die abgebrochene Brücke von dem Premierlieutenant v. Carstensen vom Ingenieur-Corps reparirt, und etwas südlicher, aus dem Material des mitgeführten Brückentrains, unter der Leitung des Ingenieur-Capitain v. Hedemann, eine andere Brücke geschlagen. Diese Arbeiten wurden, obgleich anfangs unter feindlichem Feuer unternommen, doch sehr bald vollendet. Nach dem Uebergange der Brigade, nahm man doch die Biragosche Brücke wieder auf, weil man doch nicht wissen konnte, ob man nicht möglicherweise dieselbe bei Silberstedt gebrauchen würde. Erst später erfuhr man, dass die dortige Brücke unbeschädigt sei.

Nachdem gegen 6 Uhr Morgens alles Feindliche über Jübek nach Ahrenholz zurückgeworfen war, rückte die Brigade nach Silberstedt vor und hinterließ bei Sollbrück den Brückentrain mit einer Compagnie des 4ten Reserve-Bataillons, um den Uebergang zu decken und Jübek zu observiren. Ebenfalls wurde eine Compagnie des 8ten Linie-Bataillons und 1 Schwadron Dragoner zur Observation nach Treia geschickt, wo der Feind sich hatte blicken lassen. Das ganze Observationscorps wurde unter den Befehl des Major von Pontavice gestellt.

Bereits unter dem Vorrücken von Silberstedt nach dem Jägerkruge wurden Feindliche entdeckt, die sich langsam zurückzogen. 2000 Ellen vor Schuby angekommen, wurde Befehl ertheilt, dass 2 Kanonen einige Schüsse thun sollten, um die Aufmerksamkeit des Hauptcorps auf das Vorrücken der Brigade zu leiten. Da indessen dieses Schiessen kurz darauf sehr lebhaft von 4 feindlichen Kanonen beantwortet wurde, so wurden gleichfalls die 6 übrigen Kanonen der Brigade vorgeschickt. Allein kaum hatten diese zu chargiren angefangen, als die feindliche Artillerie, unter einem lebhaften Feuer unserer Batterie, aufprotzte und gegen Norden retirirte, worauf Capitain v. Stjernholm mit der Granatkanon-Theilung, vom 6ten Linien-Bataillon gedeckt, bis auf 800 Ellen von Schuby vorgeschoben wurde, woselbst sich der Feind mit einer Stärke von ungefähr drei Bataillonen, 3 Schwadronen und 4 Kanonen befand.

Das 6te Linien-Bataillon war bereits in Schuby eingerückt, die Granatkanonentheilung gerade in Begriff vorzurücken, als die Brigade gegen 12 Uhr Mittags den Befehl vom Obercommando erhielt, sich sobald wie thunlich und wo möglich über Egebek, mit der Hauptstärke bei Idstedt zu vereinigen. Demzufolge wurde das Gefecht abgebrochen und die Brigade ordnete ihren Rückmarsch, welcher in Uebereinstimmung mit dem empfangenen Befehl, ohne Hinderniß über Silberstedt, Espertoft, Sollbrück, Jörl Kirche, Egebek, Langstedt, Bollingstedt, Gammellund und dem Idstedter Kruge nach ausgeführt wurde. Bei Neukrug kam sie den 26ten Nachmittags an und verblieb in Bivuak als Reserve für die Stellung bei Dannevirke.

Wie oben mitgetheilt worden, war der Feind überall unseren auf Schleswig und Missunde vorrückenden Colonnen gewichen. Von den nördlichen Anhöhen Schleswigs, sah man die Abtheilungen, welche zum Theil aufgelöst in großer Unordnung durch die Stadt retirirten, sich wieder östlich von der Haddebyer Dämmung sammeln, um von hieraus ihren weiteren Rückzug zu ordnen.

Es stand nicht in der Macht der Armee die Verfolgung kräftig südlich der Stadt Schleswig fortzusetzen, da man bereits einer außerordentliche Leistung unserer Truppen erzielt hatte, indem dieselben 2 Tage hindurch gegen eine feste Position und gegen eine Stärke gekämpft hatten, welche dem Theil der unsrigen gleichkam, die den directen Angriff auf die feste Position ausgeführt hatten. Das Opfer, welches gebracht werden musste, indem man während der Schlacht die 3te Brigade rappelirte, um dieselbe und die Hauptstärke, bei einem eventuel unglücklichen Ausfalle der Schlacht zu sichern, lag gerade darin, dass man auf die Mitwirkung der vollständig kampffähigen Brigade bei der Verfolgung des Feindes, wenn er erst aus seiner Position geworfen, verzichtete; denn als drohende Demonstration im Rücken des Feindes, musste die Brigade bei Empfang der Contraordre bereits ihre Bestimmung erfüllt haben.

Wenn desshalb freilich, das Heer der Aufrührer befähigt war, sich durch einen beeilten Rückzug der Vernichtung zu entziehen, so war dennoch dessen Niederlage in der Schlacht bei Idstedt vollständig, und die dänische Armee hatte ihre Waffen in dieser Schlacht wiederum mit neuem Ruhme bedeckt und sich eine Position erkämpft, welche sie so gut wie zum Herren vom ganzen Herzogthume Schleswig machte.

Hauptqvartier Schleswig, den 28. September 1850.

Krogh,
Generallieutenant und commandirender General.

Zufolge der Stärkelisten vom 15ten Juli, bestand die combattante Stärke der Armee, welche gegen den Feind marschirte, aus 794 Officieren, 36 Obercommandiersergeanten, Oberfeuerwerkern und Conducteuren, 1613 Unterofficieren, 3381 Untercorporalen, 530 Spielleuten und 31.679 Gemeinen, oder in Allem aus 37.983 Mann, wovon indessen einige Todte und Kranke, nach den höchst angreifenden Marschtagen nach Flensburg, so wie die, zur Bedeckung des Trains während der Schlacht zurückgelassenen circa 9000 Mann, abgehen.

Die Stärke der Insurgenten wird auf 30.000 Mann geschätzt.

Unser Verlust an beiden Schlachttagen war: 140 Officiere, 3.657 Unterofficiere und Gemeine, zusammen 3.797 Mann, nemlich 441 Todte, 2.748 Verwundete und 608 Vermisste.

In den verschiedenen Abtheilungen und Waffengattungen der Armee, zeigt sich dieser Verlust folgendermaassen:

Armeeabtheilungen und Waffengattungen.	Officiere.								Unterofficiere und Gemeine.							
	Todte.		Verwundete.		Vermisste.		Ausser Stand zu kämpfen.		Todte.		Verwundete.		Vermisste.		Ausser Stand zu kämpfen.	
	Anzahl.	pr.1000.	Anzahl.	pr.1000.	Anzahl.	pr.1000.	Anzahl.	pr.1000.	Anzahl.	pr.1000.	Anzahl.	pr.1000.	Anzahl.	pr.1000.	Anzahl.	pr.1000.
1ste Infanterie-Brigade .	5	55	8	85	"	"	13	138	58	12	273	59	22	5	353	76
2te — — . .	12	125	18	188	2	21	32	333	98	19	602	116	271	52	971	187
3te — — . .	"	"	2	22	"	"	2	22	8	2	60	12	"	"	68	13
4te — — . .	"	"	15	156	"	"	15	156	58	11	355	68	34	7	447	86
5te — — . .	11	96	28	246	"	"	39	342	83	14	748	122	175	29	1006	164
6te — — . .	7	70	18	180	"	"	25	250	78	14	533	99	66	12	677	126
Die Infanterie	35	59	89	151	2	3	126	213	383	12	2571	81	568	18	3522	111
Die Cavallerie	1	10	4	38	1	10	6	58	14	5	40	15	27	10	81	30
Die Artillerie	2	58	1	19	1	19	4	75	5	2	34	15	9	4	48	21
Die Ingenieure	"	"	"	"	"	"	"	"	"	"	6	12	"	"	6	12
Das Obercommando und die Stäbe der Division	1	56	3	107	"	"	4	145	"	"	"	"	"	"	"	"
Summa	39	49	97	122	4	5	140	178	402	11	2651	71	604	16	3657	98

Auf die verschiedenen militair Chargen vertheilt, stellt sich der Verlust folgend dar:

Militaire Chargen.	Todte.		Verwundete.		Vermisste.		Ausser Stand zu fechten.		Todte gegen 100 Verwundete.
	Anzahl.	pr.1000.	Anzahl.	pr.1000.	Anzahl.	pr.1000.	Anzahl.	pr.1000.	
Stabsofficiere	4	55	3	41	"	"	7	96	"
Capitaine und Rittmeister	6	35	19	112	1	6	26	153	"
Premierlieutenants	16	52	35	115	2	7	53	174	"
Secondlieutenants	13	53	40	163	1	4	54	219	"
Subaltern-Officiere	35	49	94	130	4	6	133	183	"
Officiere	39	49	97	122	4	5	140	178	42
Obercommandiersergeanten	1	28	3	84	"	"	4	111	"
Unterofficiere	24	15	139	86	14	9	177	109	"
Untercorporale	36	11	241	72	36	11	313	94	"
Spiellente	3	6	25	47	11	21	39	74	"
Gemeine	337	11	2224	70	522	16	3083	97	"
Noncombattanten	1		19		21		40		
Unterofficiere und Gemeine	402	11	2651	71	604	16	3657	98	15
Officiere, Unterofficiere und Gemeine	441	12	2748	72	608	16	3797	100	17

233

Auch der Verlust des Feindes war gross, kann aber nicht genau angegeben werden. 1.704 Insurgenten, worunter 15 Officiere geriethen in Gefangenschaft. Den 26ten und 27ten Juli wurden in Schleswig und Flensburg 17 feindliche Officiere und 205 Unterofficiere und Gemeine begraben. Den grössten Theil der Verwundeten, hatte der Feind mit sich geführt, doch blieben dennoch 5 Officiere und 534 Unterofficiere und Gemeine in unseren Lazarethen zurück.

In dem 3ten Armee-Bericht vom 27ten Juli bemerkt General Willisen, dass der Verlust erst nach einigen Tagen angegeben werden könne und fügt unrichtigerweise hinzu, dass die Insurgenten nur wenige Gefangene verloren haben. Indessen ist später keine officielle Angabe des Verlustes veröffentlicht worden; nur berührt General Willisen in seinem 4ten Armee-Berichte, vom 4ten August, dass besonders der Verlust der Officiere gross gewesen sei. Im Altonaer Mercur vom 27ten und 30te Juli, wird der ganze Verlust der Insurgenten zu 3000 Mann angeschlagen; allein dieser Angabe fehlt dieselbe Sicherheit als einer späteren desselben Blattes vom 3ten August, wo die Rede von 1.200 Gefallenen, 1000 Gefangenen und 1.400 Verwundeten ist. Das Missverhältniss zwischen den Todten und Verwundeten bezeugt genügend die Unzuverlässigkeit dieser Angabe.

Aller Wahscheinlichkeit nach kann der Verlust der Insurgenten auf 4000 Mann angeschlagen werden.

Auf dem Schlachtfelde wurden 3 6-pfundige Eisenkanonen und 1 6-pfundige Metalkanone genommen, ausser den 2 12-pfundigen Eisenkanonen, welche bei Oberstolk bereits einmal im Besitz des Feindes waren.

Ausser einer grossen Anzahl von Handwaffen, die mit dänischem Stempel versehen waren und von denen man annehmen muss, dass dieselben in den Händen der Insurgenten gewesen, wurden noch 2.180 Infanteriegewehre und Carabinen, so wie 727 Säbel und Hirschfänger eingebracht. Annoch ferner: 15 Trommeln, 1.026 Helme, Pikkelhauben und Chacots, 1.255 Patrontaschen und 613 Kochkessel, alles mit fremden Stempeln.

Auf Gottorp und in Schleswig fand man vom Feinde, 8 militair Wagen und einige Verpflegungsgegenstände, hinterlassen, worunter 16.200 Pfund Biscuit, 35.000 Pfund Heu, 8000 Pfund Stroh, 2.004 Tonnen Hafer, 204 Tonnen Roggen und 4.040 Kannen Branntwein.

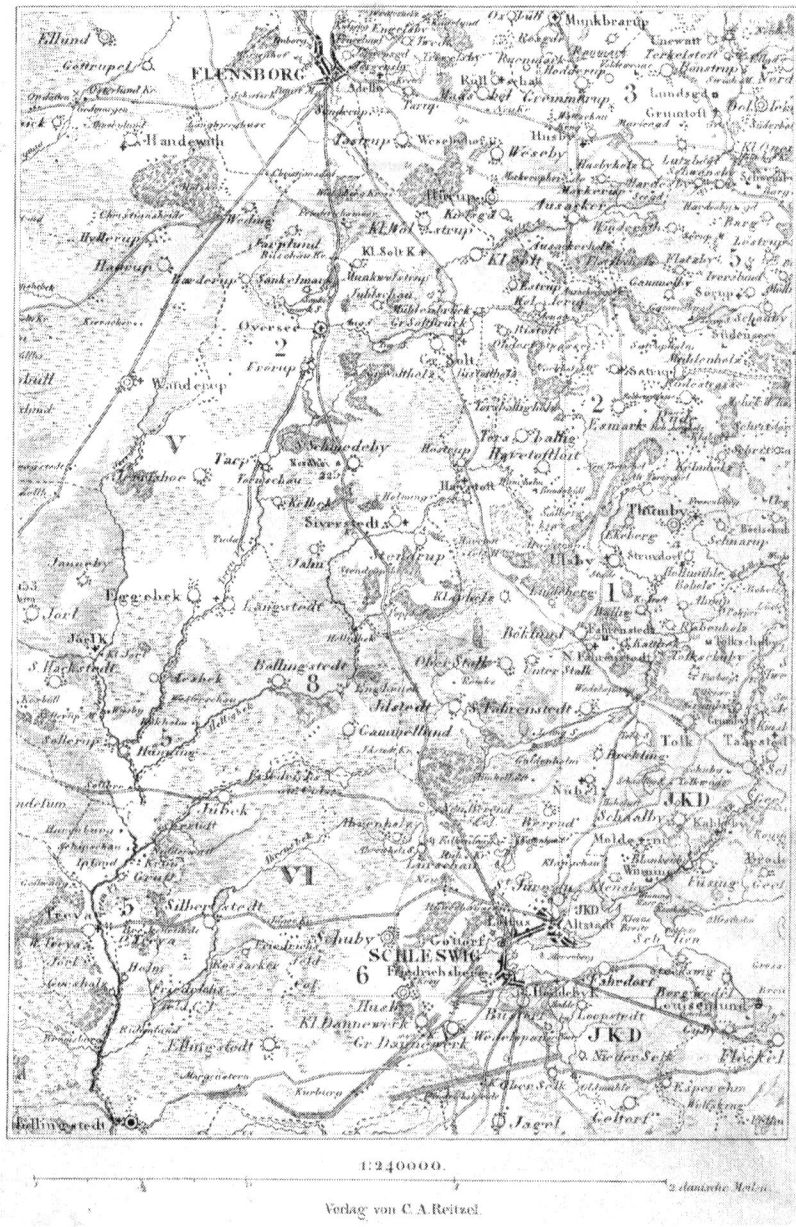

1:240000.

Verlag von C. A. Reitzel.

UEBERSICHT

der Zusammenstellung, des Commandoes und der Stärke der dänischen activen Armee unter Gewehr, gegen den Feind den 24sten Juli 1850.

(Die Bedeckung des Trains inclusive).

Commandirender General: Generalmajor v. Krogh.

Stabschef: Oberst v. Flensborg.   Cavallerie-Obercommando: Generalmajor v. Flindt.   Artillerie-Obercommando: Oberst v. Fibiger.   Ingenieur-Obercommando: Major v. Dreyer.

Die Brigaden und deren Commandeure.	Namen und Commandeure der Bataillone, Jägercorps, Regimenter und Batterien.	Anzahl			Unter Gewehr		Anmerkungen.
		Bataillone.	Schwadronen.	Batterien.	Officiers.	Unteroff. und Gemeine.	
1ste Division Generalmajor v. Moltke.	**3te Brigade** Oberst v. Schepelern.						
	6tes Linien-Bataillon . . . . Major v. Rodenburg.						
	7tes — . . . . — v. Wörishöffer.						
	8tes — . . . . Oberstl. v. Lemmich.	5	. . . .	. . . .	92	5206	
	4tes Reserve-Bataillon . . . . Major v. Thrane.						
	1stes Jägercorps . . . . — v. Wilster.						
	4te Brigade Oberst v. Thestrup.						
	9tes Linien-Bataillon . . . . Major v. Harbou.						
	11tes — . . . . Oberst v. Staggemeyer.						
	5tes Reserve-Bataillon . . . . . . Major v. Scharffenberg.	5	. . . .	. . . .	96	5211	
	6tes — . . . . Oberstl. in Cour.						
	2tes Jägercorps . . . . — v. Branner.						
	6te Brigade Oberst v. Irminger.	Die Leibgarde zu Fuss . . . . . . Oberstl. v. Kirchhoff.						
	1stes leichtes Bataillon . . . . . — v. Walther.						
	2tes — . . . . . — v. Hindenburg.	5½	. . . .	. . . .	100	5307	
	1stes Verstärkungs-Bataillon . . . . — v. Stockfleth.						
	4tes — . . . . Major de Saint-Aubain.						
	Divisions-Artillerie Oberstlieutenant v. Lüttichau.	1stes Reserve-Jägercorps (2 Comp.) Capt. v. Lövenfeldt.		3		16	388	2 Comp. des 1sten Reserve-Jägercorps, unter Major v. Bonnez, waren nach Tönder Amt detachirt.
	Die Gardehusar-Division . . . . . Oberstl. v. Torp.						
	Die 12-pfündige (12te) Batterie . . Capt. v. Lund.			3	13	666	
	6-pfündige (2te) — . . . . . v. Schultz.						
	6-pfündige (3te) — . . . . . v. Glahn.						
2te Division Generalmajor v. Schleppegrell.	**1ste Brigade** Oberst v. Krabbe.	4tes Linien-Bataillon . . . . Major v. Neergaard.					
	10tes leichtes Bataillon . . . . . . Oberstl. v. Ræder.						
	1stes Reserve-Bataillon . . . . . — v. Henckel.	4½	. . . .	. . . .	94	4615	2 Comp. des 3ten Reserve-Bataillons, unter Oberstlieutenant v. Lorentzen, waren in Flensburg.
	8tes — (2 Compagn.) Major v. Krieger.						
	3tes Jägercorps . . . . Oberstl. v. Coch.						
	2te Brigade Oberst v. Baggesen.	5tes Linien-Bataillon . . . . Major v. Bülow.						
	12tes leichtes Bataillon . . . . . Oberst v. Lasale.						
	13tes Linien-Bataillon . . . . — v. Trepka.	5	. . . .	. . . .	96	5199	
	2tes Reserve-Bataillon . . . . . . Major v. Dodt.						
	3tes Reserve-Jägercorps . . . . . — v. Gosch.						
	3te Brigade Oberst v. Ræder.	7tes Linien-Bataillon . . . . Major v. Vett.						
	3tes Verstärkungs-Bataillon . . . . Oberstl. du Plat.						
	5tes — . . . . . — v. Gerlach.	6	. . . .	. . . .	114	6131	
	6tes — . . . . Major v. Dau.						
	1stes Verstärkungs-Jägercorps . . . — v. Schepelern.						
	2tes — . . . . — v. Lange.						
	Divisions-Artillerie Oberstlieutenant v. Fuhrmann.	4tes Dragonregiment . . . . Oberst v. Nielsen.		4		19	519	
	Die 12-pfündige (7te) Batterie . . Capt. v. Baggesen.						
	6-pfündige (6te) — . . . . . v. Dinesen.			3	15	657	
	6-pfündige (11te) — . . . . . v. Just.						
Reserve-Cavallerie Generalmajor v. Flindt.	3tes Dragon-Regiment . . . . . . Oberst v. Juel.		12		64	1602	
	5tes — . . . . . . Oberstl. v. Veigt.						
	6tes — . . . . . . — v. Freieslieben.						
Reserve-Artillerie Oberst v. Fibiger.	Die 12-pfündige (10te) Granatk.-Batt. Capt. v. Wegener.			1	3	184	
	Die 12-pfündige (4te) Batterie . . Capt. v. Marcussen.						
	6-pfündige (8te) — . . . . . v. Mossin.						
	6-pfündige (1te) — . . . . . v. Lunholtz.			5	22	929	
	6-pfündige (6te) — . . . . . v. Haxthausen.						
	24-pfd. halbe (9te) Granatk. Batt. — de Jonquires.						
	— v. Kauffmann.						
Ingenieur-Detachement Major v. Dreyer.	. . . . . .	. . . .	. . . .	. . . .	19	482	
Ordonnans-Corps Rittmeister v. Gulstad.	. . . .				4	214	
	Summa mit dem Stabe	30	19	12*)	794	37189	

*) Mit 40 Granatkanonen og 56 Kugelkanonen.

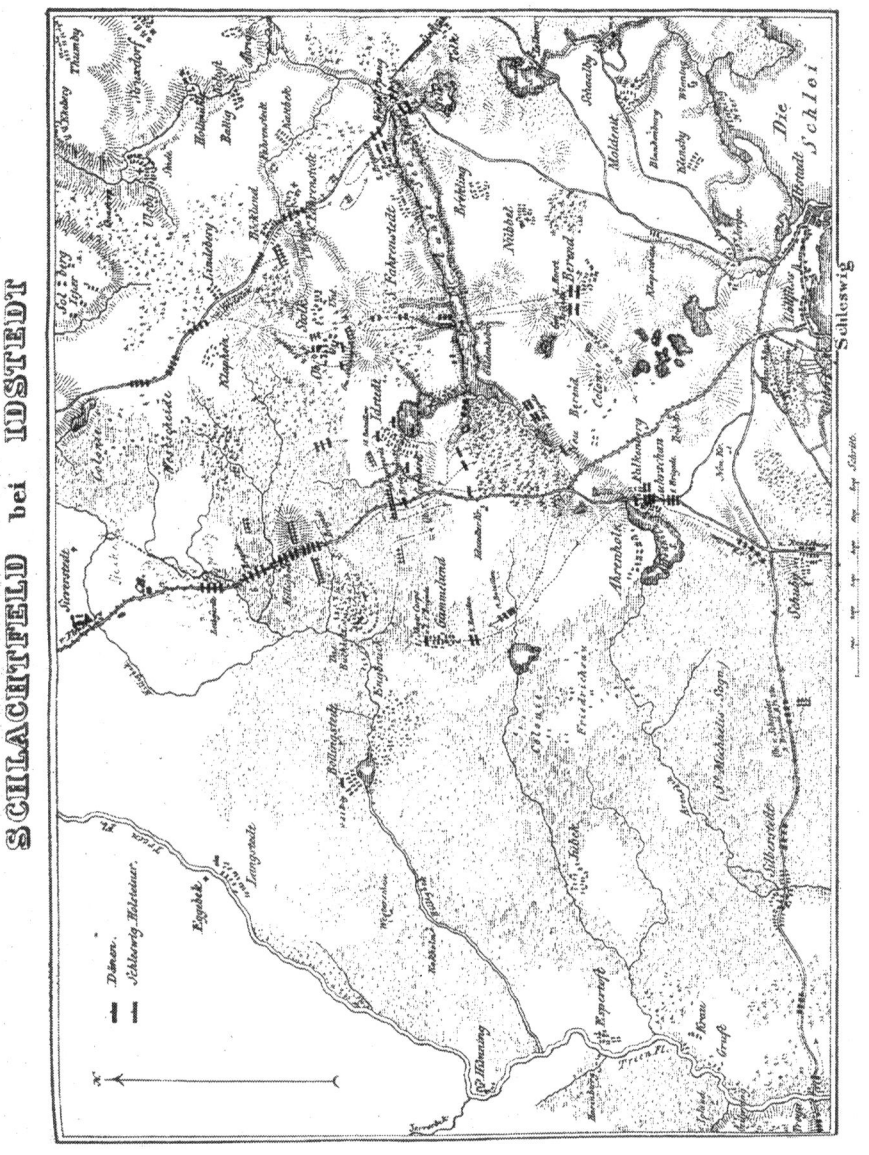

SCHLACHTFELD bei IDSTEDT

Teil III: ANHANG

Worterklärungen

ad latus	Gehilfe, „rechte Hand"
Arriéregarde	Nachhut einer Armee
attachiren	sich anschließen
avanciren	aufrücken, beschleunigen
Avantgarde	Vorhut einer Armee
à portèe	in Reichweite
à tout prix	um jeden Preis
blessirt	verletzt, verwundet
Bayard	ritterlich
Cantonnement	Bezirk, Truppenstandort
chargiren	heftig angreifen
Colonnenweg	extra für den Kampf angelegter Weg oder Straße
Contreordre	Gegenbefehl
convergiren	sich nähern, dem selben Ziele zustreben
coupirt	zerschneiden, durchbrechen, Rückzug abschneiden
creirte Charge	neu kreierter Rang, neuer Dienstgrad
debouchirt	aus einem Engpaß hervorrücken
decontenanciren	aus der Faßung/Ordnung bringen
Defilé	Enge, Engpaß
degagiren	befreit, zwanglos
Desordre	Unordnung, Verwirrung
Detachement	für besondere Aufgaben abkommandierte Truppenabteilung
disponibel	verfügbar
Disposition	Anordnung, Planung, Verfügung
divergiren	auseinandergehen, - streben
en carrière	in vollem Laufe
en échellon	gestaffelt
enfiliren	ein Gelände (in seiner ganzen Ausdehnung) beschießen
Emplacement	Standort eines Geschützes
Escadron	= Schwadron (kleinste Einheit der Kavallerie)
fatiguirt	ermüdet

Fourier	für die Verpflegung und Unterkunft zuständige Unteroffizier einer Einheit
Front(e)	Ausrichtung, Blickrichtung
frugal	einfach, schlicht, mäßig
Furasche	Lebensmittel; auch Futter der Militärpferde
Insurgent	Aufständischer; dänische Bezeichnung für die Soldaten der schleswig-holsteinischen Armee
Knick	niedriger Erdwall mit Strauchwerk
Lisiere	Waldrand, Kante
Modification	Änderung, Verbesserung
occupieren	ein Gebiet besetzen
Peloton	Schützenzug, militär. Unterabteilung
Protze	zweirädiger Vorderwagen von Geschützen
purgiren	reinigen
quästionirt	fraglich, in Frage stellen
Quarree	fest geschlossene viereckige Formation mit Front an allen Seiten
railliren	spotten, scherzen
rappeliren	wieder einberufen
Recognoszierung	Erkundung
Redder	enger Feldweg zwischen Knicks
Rencontre	Zusammenstoß, feindliche Begegnung
repliren	sich zurückziehen
respective	gegenseitig, jeweils
Retirade	Rückzug
Retraite	Rückzug
reüssieren	erfolgreich sein, ein Ziel erreichen
Schwadron	= Eskadron (kleinste Einheit der Kavallerie)
Soutie	Unterstützungstruppe
successive	ununterbrochen, aufeinanderfolgend
supponirt	unterstellt
Tirailleur	Schütze einer in einer gelockerten Linie kämpfenden Truppe
Treffen	Gefecht
Vortrapp	Vorposten, Vorhut

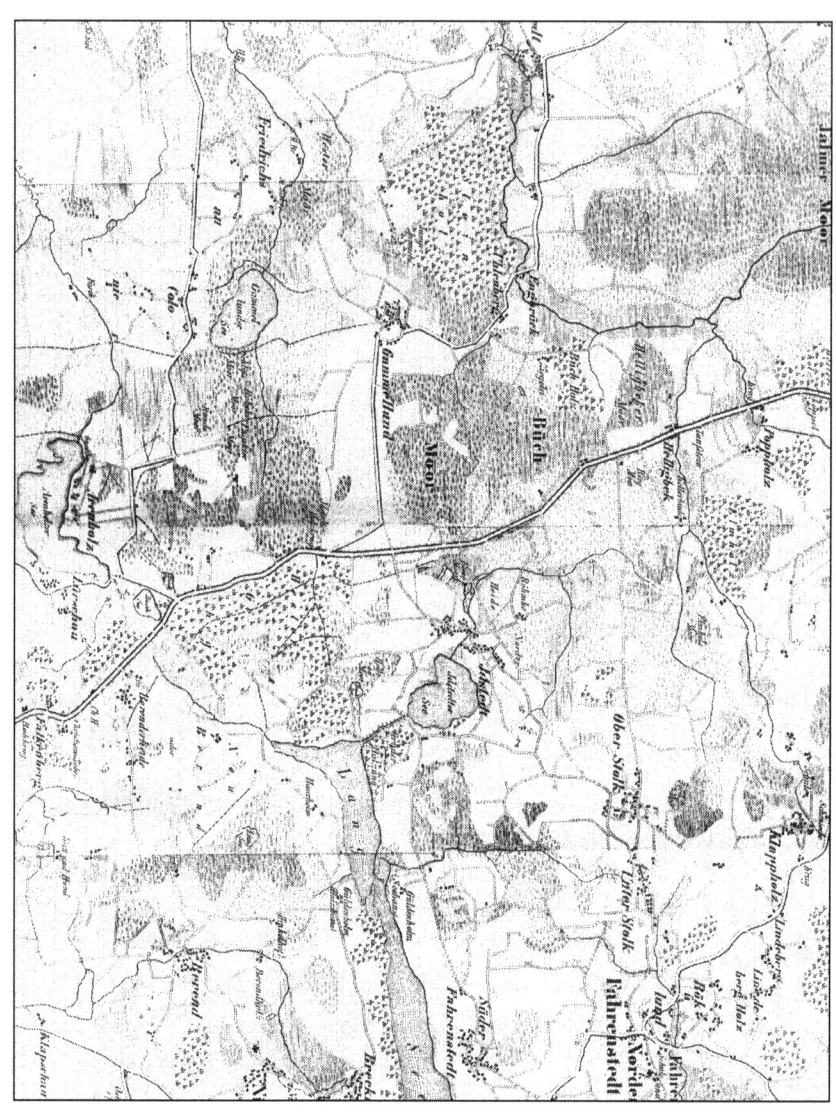

Übersichtskarte gemäß Leopold v. Gerhardt (1852)

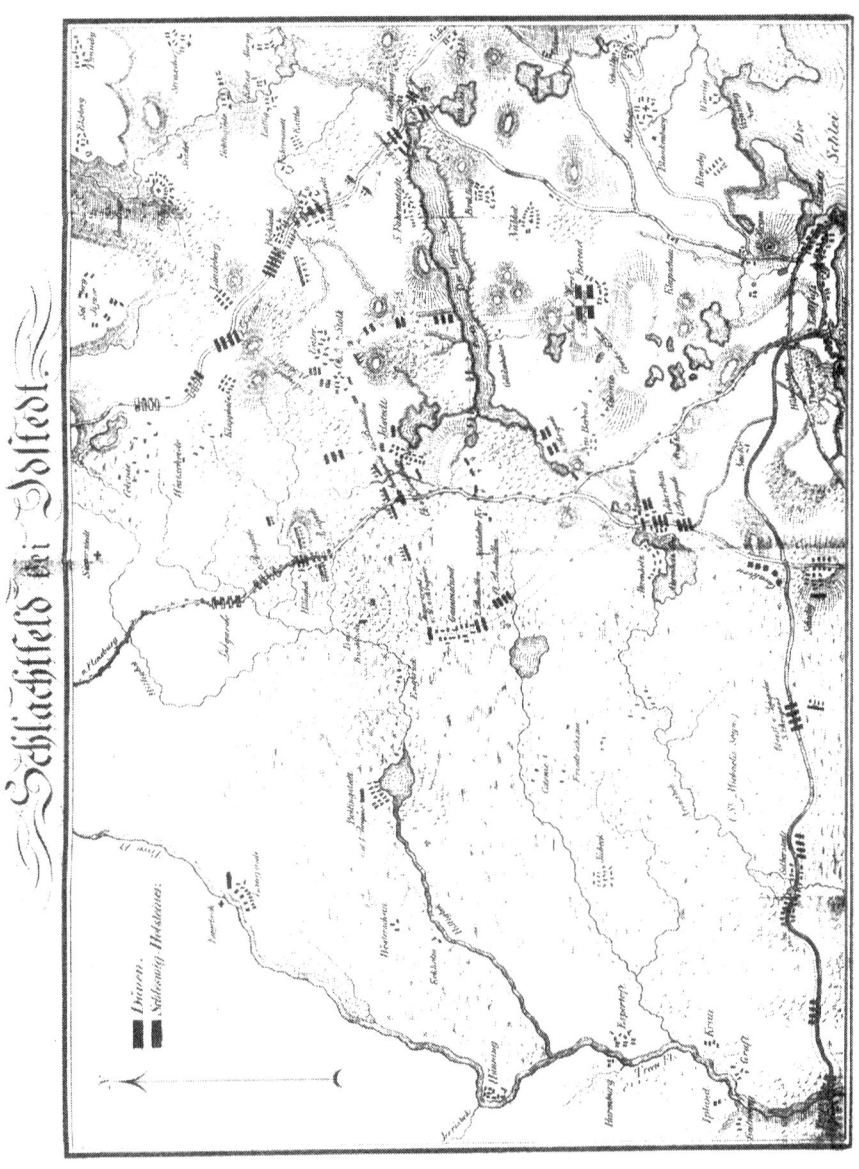

Übersichtskarte gemäß Udo Freiherrn von Wangenheim (1852)

241

Schleswig-Holstein 1815-1864

Maßstab 1 : 1 200 000   0 10 20 30 40 50 km

	gefallen	später gestorben	noch nicht geheilt	gänzlich cassirt	temporair cassirt	zum leichtern Dienst
1. Inf.-Bataillon	11	9	1	18	3	3
2. Inf.-Bataillon	14	8	0	7	1	3
3. Inf.-Bataillon	5	4	0	12	1	1
4. Inf.-Bataillon	13	5	0	7	2	0
5. Inf.-Bataillon	4	3	0	7	1	1
6. Inf.-Bataillon	10	9	1	13	2	1
7. Inf.-Bataillon	22	11	1	19	5	1
8. Inf.-Bataillon	20	18	3	18	7	0
9. Inf.-Bataillon	15	8	1	19	3	1
10. Inf.-Bataillon	6	5	1	9	1	0
11. Inf.-Bataillon	7	2	0	6	1	0
12. Inf.-Bataillon	5	3	1	11	2	1
13. Inf.-Bataillon	14	16	2	34	2	3
14. Inf.-Bataillon	20	15	1	19	10	2
15. Inf.-Bataillon	33	8	0	17	11	0
1. Jägercorps	6	2	0	11	3	0
2. Jägercorps	12	4	0	10	0	2
3. Jägercorps	23	9	0	17	3	1
4. Jägercorps	16	23	0	41	3	3
5. Jägercorps	11	7	1	13	3	0
1. Drag.-Reg.	0	0	0	1	0	0
2. Drag.-Reg.	2	0	0	1	0	0
Artillerie-Brig.	7	4	0	9	0	2
Ingenieurcorps	0	0	0	0	0	0
Gesamt:	**276**	**173**	**13**	**319**	**64**	**25**

„Verlüste durch Verwundungen auf dem Schlachtfelde"
Idstedt (24. u. 25. Juli 1850)
gemäß Dr. med. & chir. Heinrich Christoph Niese (1852)

„Numerische Uebersicht der inneren Krankheiten und Unglücksfälle, in Folge deren die Militairs der Schleswig-Holsteinischen Armee gestorben oder invalide geworden sind. 1850/51"

Krankheit	*Anzahl*	
Typhus oder Nervenfieber	203	
Cholera	196	
Explosion des Laboratoriums	94	(Bei der Explosion in Rendsburg umgekommen)
Schwindsucht	68	(incl. Lungenschwindsucht, Brustkrankheit, Brustleid., hectisches Fieber, Eiterfieber, Lungenknoten)
Lungen- u. Brustentzündung	27	
Ertrunken	16	
Nicht angegeben	15	(unter diesen 7 an Alcohol-Vergiftung Gestorbene)
(Kollaps)	10	(in Folge des Marsches nach Schleswig gestorben)
Gehirnentzündung	8	
Scharlachfieber	7	
Wassersucht	6	
Selbstmord	6	
Schlagfluß und Nervenschlag	5	
Unterleibsentzündung	5	
Gastrisches Fieber	5	
Durch Unvorsichtigkeit erschossen	3	
Krebs im Gehirn	2	
Kehlkopf- und Luftröhrleiden	2	
Epilepsie	2	
Ermordet	2	
im Duell gefallen	1	
Gesichtsrose	1	
Lungenentzündung u. Scharlach	1	
Lungenbrand	1	
Zwerchfellentzündung	1	
Bauchfisteln	1	
Zuckerharnruhr	1	
Fleckfieber	1	
Masern	1	
Rheumatismus	1	
Rheum. Knochenhautentzündung	1	
Lähmung beider Beine	1	
Standrechtl. Erschossen	1	
Verbrannt	1	
unglücklich gefallen	1	
Absceß in der Hüftgegend	1	
Summe:	**698**	

Liste der Gefallenen der schleswig-holsteinischen Armee in der Schlacht bei Idstedt (lt. Niese, 1852)

Ahlers, Hans Hinrich	Delingsdorf, Amt Tremsbüttel
Ahrens, Herrmann Eduard	Altona
Albers, Claus	Schenefeld, A. Rendsb.
Albers, Marx Hinr.	Quarnbek
Alpen, Heinrich	Reher, Drage
Andresen, August	Toftum, Amt Tondern
Anthony, J. D. A.	Kiel
Appuhn, Otto Hinr.	Stellböken, G. Wittenb.
Arnstedt, Hugo v.	Preußen
Arp, Joh. Friedrich	Quarnbek
Asbahr, Claus	Blumenthal, A. Bordesh.
Asbahr, Joh. Reimer	Schlichting, N. Dithm.
Bahnsen Freese, Thomas	Coldenbüttel, Eiderstedt
Bahr, Heinrich Friedrich	Wulfshagenerhütten
Bahr, Joh. Fried.	Schwienkuhl, G. Coselau
Bartels, Heinrich	Zarpen, A. Reinfeld
Bartels, Heinrich Aug.	Schleswig
Becker, Friedrich Christ.	Plön
Becker, Georg Ludw.	Rödemis, Amt Husum
Behrend, C. Hr.	Schwissel, A. Segeberg
Behrendt, Hans Ehl.	Langwedel, Kl. Itzehoe
Behrens, Chr. W. H.	Güldenstein
Bender, Ludwig Bernhard	Curhessen
Bendfeldt, C. H.	Bliesdorf, Lübsch. St. Stiftsdorf
Bendixen, Bendix	Braderup, A. Tondern
Benzen, Hinrich	Neumünster
Benzien, Wilhelm	Casseedorf
Bergin, Patrek Gustav	Schweden
Berndes, Adolph	Ottensen
Bernstein, Heinrich	Brunswik, A. Kiel
Beuck, Hans Chr.	Sellin, G. Rixdorf
Bielenberg, Christ.	Struvenhütten, A. Segeb.
Blauert, E. W.	Darry, G. Panker
Blees, Heinrich	Aachen
Bliesmann, Jürgen	Puttgaarden, Fehmarn
Bliesmer, Pet. Fr. Herrm.	Fargemil
Blöcker, Johann Nicolaus	Bothkamp
Blom, Jürgen	Krempe
Blunk, J. Hinrich	Heide
Blunk, Joh. Friedrich	Hüttenwohld, G. Bothkamp
Bock, Carl	Wandsbek
Bock, Heinrich	Stellau, Amt Reinbek
Böge, Detlef	Nützen, A. Segeberg
Boldt, Johann Matth.	Steinrade
Boldt, Jürgen	Brekendorf, A. Hütten
Boll, Peter Heinr.	Süderhastedt, S. Dithm.
Börner, Hans Fried.	Tangstedterheide, Gut Tangstedt
Bornholdt, Eggert	Wesselburen
Bornholdt, Jochim	Burg/Dithm.
Böttcher, Conrad	Glückstadt
Böttcher, Friedrich	Christiansfeld

Liste der Gefallenen der schleswig-holsteinischen Armee in der Schlacht bei Idstedt (lt. Niese, 1852)

Böttcher, Hs. J. Fried.	Heilshoop, A. Reinfeld
Bracker, Claus Died.	Schmalfelde, A. Bordesholm
Brüning, Heinrich	Kiel
Buck, Claus Heinrich	Delingsdorf, A. Tremsb.
Buhmann, Johann Hinrich	Albersdorf, S. Dithm.
Bünk, Hans Jürgen	Langenhorn, Amt Bredstedt
Bünning, Marx Friedrich	Schönweide
Burmeister, Hinrich Peter	Schlamersdorf, A. Traventhal
Burmeister, Johann	Holsteinniendorf, Amt Rendsburg
Butenschön, Johann	Holtdorf, Amt Rendsburg
Cardel, Matth. Det.	Blekendorf, G. Futterkamp
Carstens, Heinrich	Brekling, Amt Gottorf
Carstens, Heinrich Sim.	Wittmoldt
Chalippe, Johann	Timmaspe, Amt Rendsburg
Chemnitz, Martin	Barmstedt
Chenal, Chr. (Friedrich?)	Pinneberg
Christiansen, Herbibus	Lindholm
Christophersen, Peter Nicolaus	Kattrott/Gelting
Classen, Heinr.	Schenefeld, Hsch. Pinnb.
Clausen, Friedrich	Itzehoe
Collmorn (Kohlmorgen?), I. H.	Fid.-Gut Cassedorf
Conrady, Hans Fr.	Husum
Cordsen, Peter	Esgrus-Schaubye, Amt Flensburg
Cordts, Claus	unbek.
Crause, Franz	Herzberg, Hannover
Dabelstein, J. Hinr.	Bünningstedt, G. Ahrbg.
Dalitz, August Conrad	Stettin
Danneberg, F. Hr. C.	Rendsburg
Dehn, Wilhelm Georg Jacob	Rendsburg
Denker, Claus	Marne
Denzau, Hans Claus	Schenefeld, Amt Rendsburg
Detlefsen, Johannes	Schleswig
Dittmer, Diederich	Glückstadt
Ditzen, Eduard Lud. Conr.	Segeberg
Dohse, Hans Hinrich	Gadeland, Amt Neumünster
Dreesen, Wilhelm	Itzehoe
Dreger, Heinrich	Preetz
Dreyer, Gottlieb Carl Rudolph	Schwackendorf
Dührkop, Franz	Schenkenberg, Amt Rethwisch
Dührkopp, Johann H.	Fischbek, Amt Tremsbüttel
Dührsen, Johann And.	Busenwurth, S.-Dithm.
Dunker, Friedrich Heinrich	Schönwohld/Marutendorf
Eggers, Johann Matth.	Braak, A. Reinbek
Ellerbrook, D.	Osdorf, Blankenese
Elm, Hans Hinrich v.	Stapelfeld, Amt Reinbek
Erfurt, Carl	Berlin
Essmann, Joh. Fr. Aug.	Sibstin, G. Hasselburg
Evers, Johann Christ.	Wakendorf, Amt Traventhal
Ewers, Johann Chr. Friedrich	Warderbrücke, G. Muggesf.
Ewers, Nicolaus	Wilster
Fach, Christ.	Tetenbüll, Eiderstedt
Falck, Johann	Neuendorf

Liste der Gefallenen der schleswig-holsteinischen Armee in der Schlacht bei Idstedt (lt. Niese, 1852)

Feddersen II., Franz, Hr.	Friedrichstadt
Fehren, Hans von	Lürschau, A. Gottorf
Feltner, Christ. Friedrich	Hansühn, G. Tesdorf
Fiehn, Nicolaus H.	Altona
Geertz, Jürgen	Maasleben
Gerling, H. A.	Süderrade, Süd.-Dithm.
Gierke, Detlef Heinrich	Grömitz, A. Cismar
Giese, Asmus	Ratjendorf, Kloster Preetz
Glassing, Theodor Georg	Ottensen
Göttsch, Hans	Itzstedt, Amt Tremsbüttel
Grasmuk, Heinrich	Preußen
Gravert, Carsten	Wewelsfleth, Amt Steinburg
Greve, Jochim	Geschendorf, Amt Traventhal
Greve, Jürgen	Oldersbek, Amt Husum
Güldenstein, Joh. Hinr.	Reimsbüttel, S. Dithm.
Gültzow, Heinrich	Lübek
Hagge, Thomas	Jübek, A. Gottorf
Hahn, Claus	Süderhastedt, S. Dithm.
Hahn, Ernst	Lensahn
Hallerstein, Haller v.	Baiern
Hammrich, Hinrich	Plön
Hansen	unbek.
Hansen, Claus Hinrich	Dörpling, N. Dithm.
Hansen, Hans	Böking
Hansen, Peter	Tetenbüll, Eiderstedt
Harder, F. J.	Husberg, A. Neumünster
Harders, Joh. Hinr.	unbek.
Harms, Friedr. Niels	Wandsbek
Harms, Maas	Wesselburen
Harms, Thies	Osterstedt, Amt Rendsburg
Harstedt, Martin	Uetersen
Häseler, Friedr. Wilh.	Lüneburg
Haß, Heinr.	Griemsdorf, G. Grabau
Haß, Otto Friedrich	Behrensbök
Hauschild, Claus	Barmstedt
Hauschild, Diederich	Hohenhorst, G. Haselau
Hauschild, Marx	Quarnstedt, A. Segeberg
Heftig, Friedrich	Buschingen, Canton Glarus
Hein, Hans Joch. Fried.	Putlos
Hein, Jacob v.	Brunsbüttel, S.-Dithm.
Heinrichs, Johann	Delve, Nord.-Dithm.
Heller, Heinrich	St. Peter, Eiderstedt
Henningsen, Jacob	Emmelsbüll, Amt Tondern
Heuer, Johann	Hemdingen, Gfsch. Rantzau
Hilbert, H. Detlef	Langwedel, Kl. Itzehoe
Hilliger, Georg	Lauenburg
Hinrichs, Carsten	Südwesthörn, Amt Tondern
Hinrichsen, H. H.	Hennstedt, N. Dithm.
Hinrichsen, Jacob	Marne
Hintz, Johann Heinrich C.	Reinfeld
Hintz, Johann Hinrich	Berlin, G. Seedorf
Hoffmann, Gustav Baron Sandes v.	Preußen

Liste der Gefallenen der schleswig-holsteinischen Armee in der Schlacht bei Idstedt (lt. Niese, 1852)

Hollen (Holm?), Peter	Rüntrup (?), Amt Tondern
Holst, Hans Hinrich	Avendorf, Fehmarn
Holst, Johann Phil.	Wesselburen
Holtz, Julius	Danzig
Höppner, Friedrich Heinrich	Ahrensbök
Horn, Heinr. Fr.	Gleschendorf, G. Neuhaus
Horstmann, Ferdinand W.	Baasbek, G. Glasau
Hube, Christ.	Bramstedt
Hübener, Johann Georg	Schülldorf, Amt Rendsburg
Hundert, Joh. Casper M.	Eckernförde
Hüttmann, Hans	Kaltenkirchen, A. Segeb.
Jacobs, John	Tetenbüll, Eiderstedt
Jacobsen, Hans	Groß-Solt, Amt Flensburg
Jacobsen, Johann	Nienborstel, Amt Rendsburg
Japp, Heinrich August	Seedorf
Jenkel, Fr. Johann Claus	Trittau
Jensen, Carl Hartw.	Tondern
Jensen, Hans Peter	Tondern
Jensen, Lütje	Itzehoe
Jepsen, Claus Fried.	Gammellund, Amt Gottorf
Jeß II., Claus Hinrich	Bornstein, G. Altenhof
Johannsen, Antoni	Ries, Amt Apenrade
Johannsen, Ernst S. P.	Gettorf, G. Warleberg
Johannsen, Peter	Tondern
Jöns, Henning	Dörpstedt, Amt Gottorf
Joost, Hans Heinrich	Dalldorf, G. Arfrade
Jungjohann, Hans	Russee, Amt Cronshagen
Jürgens, Hans	Schmalensee, A. Segeberg
Jürs, August Ludwig	Tangstedterheide
Kaack, Hans H.	Langwedel, Kl. Itzehoe
Kaiser, Joh. Heinr. Marx Chr.	Altona
Karlau, Wilhelm Johann	Riga
Kay, Claus Friedrich	Schwartbuk, G. Schmool
Klander, Ludwig	Husum
Kling, Anton	Stiesholz, A. Gottorf
Knaak, Claus Hinrich	Melsdorf, G. Quarnbek
Knoll, Wilhelm	Itzehoe
Knud, Joh. Hinr.	Friedrichswiese, A. Hütt.
Koberg, C. Detlef	Sprenge, G. Birkenmoor
Koch I., Peter Th. A. Joh.	Segeberg
Koch, Hinrich	Bennebek, A. Gottorf
Koll, Claus	Holzbunge, Amt Hütten
Köpke, Cay Friedr.	Bornstein, G. Altenhof
Köpke, Eggert Friedrich	Cronshagen
Koplau, Leonhard	Rendsburg
Köppen, Albert v.	Muskau/Preußen
Körner, Hans Chr.	Börnsdorf, A. Plön
Köster, Marx Andr.	Gr. Schlamin, Gut Mönchneversdorf
Kramer, Thomas	Jannebye, Amt Gottorf
Kratzmann, Heinrich	Havighorst, A. Reinfeld
Kray, Otto Friedrich	Schinkel, G. Rosenkranz
Kröger, Ernst	Alveslohe, G. Caden

Liste der Gefallenen der schleswig-holsteinischen Armee in der Schlacht bei Idstedt (lt. Niese, 1852)

Krogmann, Peter, Heinrich	Duvenstedt, G. Tangstedt
Krohn, Heinrich	Barmissen, Klost. Preetz
Kruse, Heinrich	Kl. Offenseth, Gfsch Rantzau
Kruse, Hinr. Matt.	Manhagen
Kruse, Johann	Amt Hütten
Kruse, Johann	Neuenkirchen, G. Bahrenfleth
Kühle, Hans	Heinkenborstel, Amt Rendsburg
Kuhr al. Ruhr, Hans	Kellinghusen
Lage, Claus	Schönberg, Kl. Preetz
Lage, Hans	Schönberg, Kloster Preetz
Langbeen, Claus Friedrich	Guttau, Amt Cismar
Langmaak, Heinrich	Albersdorf, S. Dithm.
Lau, Christian	St. Margarethen, Amt Steinburg
Laubinger, Heinr. Otto Joh.	Kiel
Laudig, Christ. Driedrich	Kl.-Meinsdorf, A. Plön
Leliwa, Augustin v.	Fürstenthum Waldek
Lemberg, Hans Detlef	Gr. Buchwald, A. Bordh.
Lempf, Rudolph	Kiel
Lindenberg, Heinrich	Steinrade
Linderup, Friedrich	Burg, Süd.-Dithm.
Lorenzen, Chr. Ludw.	Niebüll, Amt Tondern
Lorenzen, Heinrich	Schleswig
Lorenzen, Lorenz	Leck, Amt Tondern
Lott, Ernst Peter Friedrich	Heide
Lüdemann, Jacob	Grevenkop, Amt Steinburg
Lüders, Heinrich Johann	Altona
Lühr, Joh. Christ.	Kühren, G. Helmsdorf
Lütje, Claus H.	Neuengörs, Amt Traventhal
Lütje, Hans Hinr.	Weede, A. Traventhal
Lütjohann, Johann Heinr.	Gosdorf, Amt Cismar
Mahler, Carst. Heinrich	Wöhrden
Mahns, Joh. Joachim	Großensee, Amt Trittau
Mannskopf, Ed. Andr.	Altona
Marckmann, Jochim Ernst Christ.	Steenrade, A. Ahrensbök
Martens III., Hans Chr.	Postfeld, Kl. Preetz
Martens, H. Hinr.	Delstedt, Nord.-Dithm.
Martens, Hans	Beringstedt, Amt Rendsburg
Martens, Hans	Wallm, N. Dithm.
Mattfeldt, Alexander	Schadehorn, Grsch. Ranz.
Matthiesen, Johann	Kattbek, Amt Rendsburg
Matthiesen, Johann H.	Damp
Meggers, H. Hinr.	Lunden
Mehde, Jacob v. d.	Barlter-Altend., S.-Dithm.
Meinke, Claus	Hohenaspe, Kl. Itzehoe
Meißner, C. F.	Kiel
Meloch, Conrad	Itzehoe
Meuesfeld, Chr. Fried.	Tondern
Meyer, Gottfried Hinrich	Preetz
Meyer, Heinrich	Bokel, Grafsch. Ranzau
Meyer, Maas	Horst, Kl. Uetersen
Meyer, Wilhelm	Reinfeld
Mohr, Heinrich	Fuhlenrühe, Amt Segeberg

Liste der Gefallenen der schleswig-holsteinischen Armee in der Schlacht bei Idstedt (lt. Niese, 1852)

Mölk, Jasper	Brokstedt, Amt Rendsburg
Möller, August Heinrich	Honigsdorf ?
Möller, Carsten	Gr. Rade/Süd.-Dithm.
Möller, Hans Hinrich	Westermoor, N. Dithm.
Möller, Hr. Chr. Jacob	Trent
Möller, Johann, Fr.	Mönkeberg, A. Kiel
Möller, Ludwig Eduard Chr.	Altona
Mönk, August	Itzehoe
Mordhorst, Johann Friedrich	Kiel
Mudrack, Wilhelm Carl	Kr. Landsberg, Preußen
Muhl, Johann	Bergenhusen, Stapelholm
Müller, Johann Fr.	Epenwöhrden, S. Dithm.
Munk, Ludwig	Plön
Münkel, Detlef	Gr. Flintbek, Amt Bordesholm
Neseborn, J. F. L.	Altona
Nevermann, M. C.	Bahrenfeld
Nickelsen, Christ. A.	Klockries, Amt Tondern
Nickelsen, Sönke	Enge, A. Tondern
Nielsen, Andreas Jacob	Apenrade
Nissen, Carsten	Langtoft, Amt Tondern
Nissen, Christ.	Westerhever, Eiderstedt
Nissen, Heinr.	Ladelund, Amt Tondern
Noa	unbek.
Nyegaard, Heinrich Fr.	Schleswig
Ode, Gustav	Itzehoe
Oehlers, Ferdinand	Plön
Ohde, Theodor	Itzehoe
Ohlsen, Andreas	Steinberg, A. Flensburg
Ohlsen, Hinrich	Rendsburg
Ohrtmann, Friedrich Christ.	Schleswig
Pabst, Johann Heinrich	Altona
Packendorf, Chr. Fr.	Eutin
Pahsenau, Heinr. Friedrich	Kiel
Paulsen, Cornelius	Borsbüll, Amt Bredstedt
Paulsen, Peter	Schleswig
Paulsen, Peter Friedrich	Heide
Peters, H. F.	Oldenswort, Eiderstedt
Petersen, Hans	Husum
Petersen, Johann	Schleswig
Petersen, Johann Chr. Friedrich	Gaarden, Kiel
Petersen, Mart. Aug.	Emmelsbüll, A. Tondern
Petersen, Nicolaus	Löstrup, Amt Flensburg
Petersen, Peter	Ulstrupfeld, A. Flensburg
Pfitzner, Heinrich Jul.	Niedermühlen, Amt Flensburg
Piel, Eduard	Altona
Prczbendowsky, Graf v.	Berlin
Precht, Peter Andreas	Altona
Quatillie, Friedrich	Altona
Rabitz, Jacob Friedrich	Flensburg
Ramke, Johann	Altona
Rau, Wilhelm	Preußen
Rauer, Friedrich	Altona

Liste der Gefallenen der schleswig-holsteinischen Armee in der Schlacht bei Idstedt (lt. Niese, 1852)

Redelihn, Friedrich	unbekannt
Regelsen, Peter Christ.	Schleswig
Rehbehn, Christ.	Kiel
Reimers, Timm Hans Hinrich	Struvenhütten, Amt Segeberg
Reymann, Constantin	Sachsen
Richter, Jürgen Matth.	Westerdeichstrich, N. Dithm.
Riese, Nicolaus Christ.	Hollingstedt
Rittel, Georg Friedrich	Husum
Rohde, Peter	Neustadt
Rohwedder, C.	Eckernförde
Rohwedder, Joh. Joachim	Rendsburg
Rohwer, Marx	Schülp, A. Rendsburg
Rolffs, Carl Friedrich	Kl. Waabs, G. Ludwigsburg
Rosacker, Wilhelm	Carlsburg
Roschmann, Carl Chr.	Emkendorf
Röschmann, Hans Fr.	Haßmoor, G. Emkendorf
Röschmann, Joh. Fried.	Pohlsee
Rosenkranz, Peter H.	Sarau, G. Glasau
Rosso, Robert	Leipzig
Rumohr, August von	Traventhal
Rusch, Friedrich	Cappeln
Rust, Joh.	Kiel
Sahlmann, Claus Hinrich	Kisdorf, A. Segeberg
Sämer, Heinrich	Satjendorf, G. Hohenfelde
Schäfer, Peter	Rantrum, Amt Husum
Scheel, J. H. W.	Wandsbek
Schemmel, Johann Heinrich	Bramstedt
Schendel, Wilhelm	Rudenow
Schilden, Erich v.	Horst, G. Depenau
Schlöcker, Marx	Clausdorf, Fehmarn
Schlotterbeck, Heinr. Georg Wilh.	Schleswig
Schlüter, Johann	Barmstedt
Schlüter, Johann Herrmann	Nortorf, Amt Rendsburg
Schmidt, Hans	Norderstapel, Stapelholm
Schmidt, Martin Hinrich	Steinfeld, Amt Gottorf
Schnoor, Detlef	Gadeland, A. Neumünster
Schnoor, Nicolaus	Bostedt, Amt Neumünster
Schrader, Gustav Hinrich	Wandsbek
Schramm, Heinr. Joh.	Neumünster
Schreiner al. Schriver, Ferd.	Oldesloe
Schröder, Claus Hr.	Lehmkuhlen
Schröder, Detlef	Halstenbek, Hsch. Pinneberg
Schröder, Hans	Süderdeich, N. Dithm.
Schröder, Hans Hinrich	Altrahlstedt, A. Trittau
Schuldt, Otto	Horst, Kl. Uetersen
Schultz, Joh. Ernst Georg	Grabow, Meklb.-Schwerin
Schultz, Peter Chr.	Esch, Süd.-Dithm.
Schütt, Johann Heinrich Paul	Logeberg, Gut Brodau
Schwartz, August Friedrich	Kiel
Schwartz, Joh. Aug. Fr. W.	Siggen
Schwarz, Heinrich Chr. Louis	Neumünster
Schwarz, Julius Chr. Friedrich	Rendsburg

Liste der Gefallenen der schleswig-holsteinischen Armee in der Schlacht bei Idstedt (lt. Niese, 1852)

Name	Ort
Schweder, Cl. Heinr. W.	Cröss, Gut Putlos
Schweim, Claus Hinrich	Blunk, Amt Segeberg
Schwerdtfeger, Daniel	Wensin
Selk, Detlef Heinrich	Muggesfelde
Sengelmann, Hans Claus	Grönwohld, Amt Trittau
Seyer, Peter Jacob	Friedrichsau, A. Hütten
Siegfried, Johann Conrad	Schwabstedt, Amt Husum
Sietz, H.	Fresenburg
Sievers, Johann Joach.	Ellerau, G. Caden
Siewerkrübb, Peter	Ohrfeld
Sindt, Heinrich	Hagen
Soll, Johann Peter	Behrensbrok
Sonderburg, Carl	Schleswig
Sönksen, Magnus	Langenhorn, A. Bredstedt
Sorgenfrei, Joh. Hinrich	Rohlsdorf
Speth, Peter Heinrich	Güsdorf
Stahl, Hinrich Hartwig	Nehms, G. Muggesfelde
Stahl, Johann	Dänschendorf, Fehmarn
Stahmer, Friedr.	Siek, A. Reinbek
Stammerjohann, Thies	Westerhorn, Grsch. Ranzau
Steenholz, Christ. H.	Lautrup, Amt Tondern
Steffens, Peter Lor. Chr.	Tondern
Stegemann, Claus	Hennstedt, N. Dithm.
Stegemann, G. L. (Ferd.?)	Böbs, Lübsch. St. Stftsd.
Steger, Theodor	Hadersleben
Steinhagen, Jacob	Rantrum, Amt Husum
Stender I., Johann Fr.	Bergstedt, al. Trittau
Sternberg, Joh. Heinrich	Bramstedt
Stöcker, Timm Friedrich	Krogaspe, A. Rendsb.
Strack, Heinrich	LaSphe, Preußen
Strohmeyer, Gustav	Hamburg
Studt, Joachim	Götzberg, A. Segeberg
Studt, Johann	Schmalfeld, Amt Segeberg
Studt, Otto Friedrich	Seth, Guth Borstel
Stührwoldt, Wilh. Fr.	Ranzau,
Sühl, Hinrich	Eddelak, S.-Dithm.
Thamling, Simon	Colmar
Thieland, Julius E. Chr.	Ahrensburg
Thode, Heinrich	Rendsburg
Thomsen, Emil	Schönwalde, G. Mönchneversdorf
Thomsen, Peter	Gnissau, Amt Ahrensbök
Thumann, J.	Sachsenbande, A. Bordesholm
Thun, Johann Heinrich Ad.	Altona
Timmermann, Joh.	Bahrenfeld, Hsch. Pinnb.
Traube, Heinrich E.	Friedrichsholm, Amt Hütten
Treese, Joh. Christ.	Haffkrug, Amt Ahrensbök
Trint, Friedrich Wilhelm A.	Altona
Unger, Otto Wilhelm	Glückstadt
Unruh, August	Meklenburg-Schwerin
Untiedt, Heinrich	Wendtorf, A. Preetz
Vehrs, Johann Heinrich	Osdorf, Herrsch. Pinneberg
Vest, Detlef Hinrich	Gnissau, Amt Ahrensbök

Liste der Gefallenen der schleswig-holsteinischen Armee in der Schlacht bei Idstedt (lt. Niese, 1852)

Vogt, Emil	Augustenburg
Vollstedt, Hans	Hohenwestedt, Amt Rendsburg
Vollstedt, Jürgen	Poyenberg, Hsch. Breitb.
Voß, Joh. Hinrich	Nienstedten, Hsch. Pinneberg
Wacker, Hans	Wanderup, A. Flensburg
Waltersdorf, Otto v.	Nienborstel, Amt Rendsburg
Wehe, Joh. Hinr.	Offenbüttel, S. Dithm.
Wendt, Jürgen	Schollerup, A. Gottorf
Wendt, Peter	Trittau
Westphal, Johann Friedrich	Segeberg
Westphal, Robert	Greifenberg, Pommern
Wichmann, Hinrich	Welmbüttel, N. Dithm.
Wiese , Heinrich	Glückstadt
Willrodt, Carl Chr. Hr.	Langenrade, G. Ascheberg
Wilstermann, Carl Thomas	Itzehoe
Winterberg, Joh. Hinrich	Altenweide, A. Rethwisch
Wohlenberg, Christ.	Reinbüttel, S. Dithm.
Wohlers, Aug. Heinr.	Havighorst, Amt Reinfeld (?)
Wohlert, Jürgen	St. Margarethen, Amt Steinbg.
Wörn, Carl	Altona
Wulff, Hans	Kibitzreihe, Amt Steinburg
Wulff, J. C.	Stakendorf, Kl. Preetz
Wulff, Jürgen	Linden, N. Dithm.
Wülm, Christ. Friedrich	Hoherdamm, G. Grabau
Wurmb, H. F. D.	Altona al. Neustadt
Zachau, Christian	Eckernförde
Zillen, Carl	Friedrichstadt

Liste der Gefallenen der dänischen Armee
in der Schlacht bei Idstedt (lt. Vaupell, 1867)

Adolph Frederik Schroeder	Carl Christian Nissen
Adser Larsen Graese	Carl Christian Petersen Corselitze
Albert Christensen Mikkelsen	Carl Christian Poulsen
Alexander Leopold August Mariboe	Carl Eduard Schäffer
Ander Mortensen Moseltum	Carl Emil Freiesleben
Ander Petersen Nielstrup	Carl Frederik Breedth
Anders Andersen Helnaes	Carl Frederik Hansen
Anders Andersen Maale	Carl Frederik Heide
Anders Balduin	Carl Gotfred Flechtner
Anders Christensen Nymark	Carl Harald Baggesen
Anders Christensen Flegum	Carl Hugo Vilhelm Lindorff
Anders Christensen Mikkelsen Elsoe	Carl Julius Kjaer
Anders Christensen Stubberup	Carl Peter Christian Gautesen
Anders Christensen Thulstrup	Carl Victor Alexander Frydendahl
Anders Christian Dinesen	Carl Vilhelm Ohmeyer
Anders Clemmensen Undrup	Casper Vilhelm Rovsing
Anders Eskildsen Vesterby	Chistian Soerensen Morsboelsig
Anders Hansen Margrethehaab	Chr. Adolph Bjering
Anders Hansen Oestofte	Chr. Andersen Kirkehelsinge
Anders Jacobsen Ordrup	Chr. Andersen Kisserup
Anders Jensen Engestofte	Chr. Christensen Broendbakhus
Anders Jensen Lyderslev	Chr. Christensen Hoem
Anders Jensen Oestby	Chr. Christensen Holmegaard
Anders Jensen Skoven	Chr. Christensen Husumgaard
Anders Johansen Oeverup	Chr. Christensen Noerhoved
Anders Jonassen Handest	Chr. Dahlsen Bygum
Anders Larsen Kyndeloese	Chr. Diderik Bode Lykkested
Anders Larsen Nordby	Chr. Emanuel Georg Seerup
Anders Larsen Vestermarkhus	Chr. Eriksen Veile
Anders Mortensen Seden	Chr. Ernst Malmgren
Anders Nielsen Gjedding	Chr. Frederik Goldschadt
Anders Nielsen Oesterby	Chr. Frederik Ludvig Plum
Anders Nielsen Orte	Chr. Jensen Overfussing
Anders Nielsen Skov	Chr. Jensen Torslev
Anders Petersen Gregome	Chr. Madsen Kjelstrup
Anders Petersen Middelhede	Chr. Peter Harald Brorsen
Anders Petersen Outrup	Chr. Petersen Hornstrup
Anders Poulsen Mesinge	Chr. Petersen Lundby
Anders Soerensen Truelstrup	Chr. Petersen Tunnerup
Anders Soerensen Vester Kjaerby	Chr. Vilhelm Villadsen Lyngby
Anders Vilhelm Christensen	Christen Andersen Hove
Andreas Carl Hermann Bodenhoff	Christen Andersen Hvidbjerg
Andreas Rasmussen Naarup	Christen Andersen Langaa
Andreas Weiss Aarhuus	Christen Andersen Thybjerg
Anton Mikkelsen Hved	Christen Andersen Veistrup
Anton Philip de Saint Aubain	Christen Christensen Skafterup
Arent Peter Poulsen Avlsgaardhuus	Christen Christensen Toldstrup
August Frederik Weissenburg	Christen Christensen Vils
Axel Nielsen Fangel	Christen Hansen Fangel
Bent Olsen Boersholm	Christen Hansen Fjeldsted
Boerge Petersen Morderup	Christen Hansen Skalkendrup

Liste der Gefallenen der dänischen Armee
in der Schlacht bei Idstedt (lt. Vaupell, 1867)

Christen Jensen Bodum	Didrik Adolph Recke Haunstrup
Christen Jensen Gjerskov	Ditlef Johan Asmussen
Christen Jensen Mogenstrup	Ditlev Larsen Birkende
Christen Johansen Skovby	Ditlev Trappau Saugmann
Christen Jonasen Saaderup	Edlef Olsen Hoegsted
Christen Larsen Sloevborg	Engelbrecht Nielsen
Christen Mikkelsen Lemming	Erik Adolph Top Christensen
Christen Mikkelsen Udbyovre	Erik Gregersen Ledoeie
Christen Nielsen Moelholmsmark	Erik Madsen Neirup
Christen Nielsen Vestervandet	Ernst Emil Voelmann
Christen Petersen Aaby	Ernst Henrik August Meyer
Christen Petersen Noerresaltum	Ernst Philip Kolvig Holbek
Christen Petersen Sellebakken	Espen Paulsen Bode
Christian Andersen Aagerup	Espen Simonsen Blangstrup
Christian Andersen Hornbek	Frants Leonhard Popp
Christian Carl Frederik Breede	Frants Peter Hansen Margretesminde
Christian Christiansen Borup	Frederik Adolph Schleppegrell
Christian Frederik Petersen	Frederik August Jeppesen Strandmoelle
Christian Fredrik Utke	Frederik Chr. Halvorsen
Christian Hansen Hoerby	Frederik Christensen Kopp
Christian Hansen Kjoebenhavn	Frederik Christian Bruun
Christian Hansen Tjaereby	Frederik Christian Nicolai Moeller
Christian Jacobsen Syvendekjoeb	Frederik Christiansen
Christian Jensen Dollerup	Frederik Christoffer Christensen Longelse
Christian Jochumsen	Frederik Hansen Nor Klitkamp
Christian Knudsen Bloustroed	Frederik Jensen Frederiksdal
Christian Larsen Skovmoelle	Frederik Kjeld Rasmussen Raadvad
Christian Laustsen Linde	Frederik Ludvig Hansen Causlunde
Christian Madsen Kjaedeby	Frederik Madsen Salby
Christian Madsen Soenderbraabymark	Frederik Madsen Toersloev
Christian Mathiesen	Frederik Soerensen Stubberup
Christian Nielsen Enghavehus	Frederik Verdelin
Christian Nielsen Strauby	Frederik Vilhelm Emil Holm
Christian Olsen Sigerstedt	Frederik Vilhelm Jensen
Christian Petersen Asminderup	Frederik Vilhelm Kolbe
Christian Petersen Dragstrup	Frederik.Vilhelm Schroeder
Christian Petersen Meilhede	Frick
Christian Petersen Vester Hvidbjerg	Frits Clement Ertner
Christian Rasmussen Kjaerumlade	Frits Hansen Groennemosehus
Christian Rasmussen Rueskov	Geert Hvid
Christian Soenniksen Branderup	Georg Frederik Sophus Falkenberg
Christian Wrang	Gorm Hansen Haare
Christoffer Jacobsen Sandberghus	Gorm Larsen Hyrdeledhus
Christoffer Jeppesen Soenberg	Gotfred Hermann August Schoene
Christoffer Soerensen Vibede	Gotfred Jacob Walter Soenderborg
Claus Chr. Gotst Cederkvist	Gottfred Soerensen Sminge
Claus Jensen Nakkeboelle	Greger Chr. Gregersen
Claus Rasmussen Tommerup	Gudmund Thorvaldsen Oefjord
Conrad Heitlas Seidel	Gustav Carstensen
Constantin Prudel Kjoebenhavn	Gustav Vilhelm Blom
David Thomsen Jekstrup	Halvor Friederich Weien

Liste der Gefallenen der dänischen Armee
in der Schlacht bei Idstedt (lt. Vaupell, 1867)

Hans Larsen Mesinge

Hans Andersen Hverringe

Hans Andersen Moelholt

Hans Boeisen Hvissinge

Hans Chr. Christoffersen Lund (norw.)

Hans Chr. Koenig

Hans Chr. Nielsen Farum Lilvang

Hans Chr. Petersen Houen

Hans Christensen Lau

Hans Christensen Magleby

Hans Christian Andersen Haagerup

Hans Christian Hansen Naarupskov

Hans Christiansen Kloevested

Hans Christiansen Moerkjoeb

Hans Christiansen Strandhus

Hans Christoffersen Thybjerg

Hans Clausen Udstolpe

Hans Frederik Magnus Albrechtsen

Hans Frederik Niese

Hans Hansen Davinde

Hans Hansen Haarslev

Hans Hansen Hjorslev

Hans Hansen Huusby

Hans Hansen Radskeboelle

Hans Hansen Skjelvadshus

Hans Hansen Skovshoeirup

Hans Hansen Voermark

Hans Henrik Nissen

Hans Henrik Petersen Spanget

Hans Henrik Poulsen Soender Broby

Hans Jacob Christensen Rolykke

Hans Jacob Nielsen Fodslette

Hans Jacobsen Bedstrup Tolsstang

Hans Jensen Krathus

Hans Jensen Piedsted

Hans Jensen Ramtemoelle

Hans Jensen Uggerloese

Hans Joergen Lauritzen Veiboel

Hans Joergensen Borup

Hans Joergensen Kjoebenhavn

Hans Joergensen Mortensen Overby

Hans Joergensen Trunderup

Hans Johansen Greve

Hans Johansen Himmeldruphus

Hans Johansen Kronheit

Hans Johansen Lading

Hans Johansen Skjellerup

Hans Knudsen Frydenlund

Hans Kuhlmann Hverringe

Hans Larsen Langehus

Hans Larsen Nyboelle

Hans Larsen Nygaard

Hans Larsen Riisberg

Hans Larsen Vesteraaby

Hans Lauritsen Petersen Jernved

Hans Lauritzen Schmidt

Hans Lorentzen Jensen

Hans Madsen Skydebjerg

Hans Madsen Soerensen Soeboloekker

Hans Michaelsen Agerup

Hans Mikkelsen Noerlem

Hans Mortensen Lille Skjensved

Hans Mortensen Magelmaer

Hans Nielsen Branderslev

Hans Nielsen Bybjerg

Hans Nielsen Hoeiby

Hans Nielsen Hvessinge

Hans Nielsen Kalby

Hans Nielsen Neiede

Hans Nielsen Outved

Hans Nielsen Resen

Hans Nielsen Soelhoei

Hans Nielsen Soendenbro

Hans Nielsen Ullerup

Hans Nikolai Robertsen Floeng

Hans Otto Butho

Hans Peter Carstensen

Hans Peter Hansen

Hans Peter Nielsen Roskilde Bomhus

Hans Peter Nielsen Tranderup

Hans Peter Petersen

Hans Petersen Alminde

Hans Petersen Froerup

Hans Petersen Jordloese

Hans Petersen Magleby

Hans Petersen Tuneroed

Hans Petersen Voldby

Hans Philipsen Oelby

Hans Poulsen Oerslev

Hans Rasmussen Aarslev

Hans Rasmussen Brobyvaerk

Hans Rasmussen Haaserod

Hans Rasmussen Hjaerup

Hans Rasmussen Oestofte

Hans Rasmussen Soenderbraaby

Hans Rasmussen Troelsegaard

Hans Silladsen Tjaereborg

Hans Soerensen Humlebekshus

Hans Thomsen Odder

Harald Vilhelm Valdemar Bech

Heinrich Theodor Strauss

Henning Julius Binau

Liste der Gefallenen der dänischen Armee
in der Schlacht bei Idstedt (lt. Vaupell, 1867)

Henrik Carlsen Vester Nordlunde
Henrik Christian Theodor Dau
Henrik Jacobsen Horne
Henrik Petersen Langaa
Herman David Monrad Kall
Ib Michaelsen Sandager
Ingvor Hansen Basnaes
Isaak Abraham Abrahamsen
Jacob Adamsen Hellestrup
Jacob Chr. Jensen Store Hoven
Jacob Christensen Hongh
Jacob Christensen Soderup
Jacob Eriksen Sulsted
Jacob Jensen Gjorslev
Jacob Madsen Terpager
Jakab Christensen Oerslykke
Jakob Christensen Foldby
Jakob Nielsen Loevemark
Jens Larsen Skjaeroed
Jens Madsen Bjergene
Jens Andersen Findinge
Jens Andersen Oestervelling
Jens Andersen Oldhus
Jens Andersen Visborg
Jens Andreas Severinsen Dystrup
Jens Carl Madsen
Jens Carlsen Eskildstrup
Jens Chr. Christensen Frerstrup
Jens Chr. Christensen Skovstrup
Jens Chr. Christensen Store Kjellerup
Jens Chr. Hansen Sjoerslev
Jens Chr. Nielsen Borsholm
Jens Chr. Nielsen Thorsoe
Jens Chr. Petersen Fruerlund
Jens Chr. Soerensen Noerre Kongerslev
Jens Chr. Thomsen Boegild
Jens Christensen Guldager
Jens Christensen Haastrup
Jens Christensen Hjermind
Jens Christensen Slotsbjergby
Jens Christian Frederiksen Hornborg
Jens Christian Nielsen Klitgaard
Jens Christiansen Tvillingehus
Jens Christoffer Andersen Nim
Jens Eriksen Veileby
Jens Gotfred Julius Bruun
Jens Hansen Kjersing
Jens Harald Koefod
Jens Jacobsen Faareveile
Jens Jakobsen Tjaereby
Jens Jensen Abildholthus

Jens Jensen Broendholmsdal
Jens Jensen Gedevadsen
Jens Jensen Gudum
Jens Jensen Gyrstinge
Jens Jensen Herringloese
Jens Jensen Langeroed
Jens Jensen Meelby
Jens Jensen Nakke
Jens Jensen Refninge
Jens Jensen Soelleroed
Jens Jeppesen Hundborg
Jens Joergen Hansen Soenderby
Jens Joergensen Serritslev
Jens Joergensen Vester Aaby
Jens Johansen Hedegaard
Jens Julius Bang
Jens Larsen Lund
Jens Larsen Radsted
Jens Larsen Ventegodt
Jens Mortensen Loevskal
Jens Nicolai Enochsen Foss Bagsvaerd
Jens Nielsen Boerglum
Jens Nielsen Elmelund
Jens Nielsen Ersted
Jens Nielsen Fillerupmark
Jens Nielsen Gislum
Jens Nielsen Hasselholdt
Jens Nielsen Jarumsted
Jens Nielsen Kongsted
Jens Nielsen Koustrup
Jens Nielsen Noerre Eskildstrup
Jens Nielsen Qvaerkeby
Jens Nielsen Skiffard
Jens Nielsen Veilby
Jens Olsen Alsted Flinterup
Jens Olsen Etrup
Jens Olsen Follesloev
Jens Olsen Hvilsted
Jens Olsen Snellerup
Jens Peter Bendixen Oernstrup
Jens Peter Frederiksen Veilbyskov
Jens Peter Jensen Uldum
Jens Peter Nielsen Abild
Jens Peter Nielsen Astrup
Jens Peter Nielsen Krogsgaard
Jens Peter Sophus Nellemann
Jens Petersen Bredstrup
Jens Petersen Engelstofte
Jens Petersen Gundestedmoelle
Jens Petersen Oestbirk
Jens Petersen Skovhus

Liste der Gefallenen der dänischen Armee
in der Schlacht bei Idstedt (lt. Vaupell, 1867)

Jens Petersen Skuldelev	Johan Frederik Borchsenius Naesset
Jens Rasmussen Hasselager	Johan Frederik Frants Hou
Jens Simonsen Viby	Johan Frederik Gottfried Rabe
Jens Soerensen Endelave	Johan Frederik Vilhelm
Jens Soerensen Nyrup	Johan Gottfred Dohren Albek
Jens Soerensev Hasseriis	Johan Hansen Haldagermagle
Jens Steffen Hansen Overdraaby	Johan Heinrich Ernst Sommer
Jens Svendsen Bagsvaerd	Johan Jacob Nielsen Ravnsnaes
Jens Thomassen Kaarup	Johan Peter Evald Lykke
Jens Thomassen Ortved	Johan Sigismund Falkenskjold
Jens Thomsen Jochimsen Bredal	Johan Vilhelm Baron Güldenkrone
Jeppe Christensen Lille Ramsing	Johan Vilhelm Nyberg
Jeppe Christian Petersen Brokholm	Johannes Frederik Mathiesen
Jeppe Knudsen Frydendalshus	Johannes Knudsen Hinnerup
Jeppe Rasmussen Villestofte	Johannes Sunddorph Kragh Ebeltoft
Jes Soerensen Hornelund	Julius Feynus Heckscher
Jesper Hansen Skamby	Julius Vilhelm Staehr
Joachim Petersen Revdalsmark	Just Ludvigsen Homann
Joergen Adolph Peter Moeller	Knud Chr. Petersen Voldbekshus
Joergen Andersen Dreslette	Knud Christensen Moeller
Joergen Andersen Foellerslev	Knud Christoffersen Bjoernemosehus
Joergen Carsten Lederup	Knud Hansen Ringe
Joergen Chr. Jensen Korup	Knud Jacobsen Lille Vorde
Joergen Chr. Jensen Skibbild	Knud Jensen Aastrup
Joergen Christensen Rolund	Knud Jensen Nyrup
Joergen Christiansen Sjoerslev	Knud Knudsen Truust
Joergen Hansen Joergensen Oldau	Knud Larsen Boberglund
Joergen Hansen Stokkebjerg	Knud Poulsen Moellegyden
Joergen Hansen Vedtofte	Knud Soerensen Oldrup
Joergen Jensen Broendholmsdal	Lars Peter Jensen Harritslev
Joergen Jensen Egense	Lars Andersen Jyderup
Joergen Jensen Eritshoe	Lars Andersen Skiby
Joergen Jensen Ubberup	Lars Andreasen Dysevad
Joergen Joergensen Anderboelle	Lars Chr. Christiansen Vadum
Joergen Joergensen Emmerboelle	Lars Christensen Maderup
Joergen Johansen Soedinge	Lars Hansen Noerre Radsted
Joergen Knudsen Glanderup	Lars Hansen Glomsoe
Joergen Larsen Hoesen	Lars Hansen Lindholmsted
Joergen Larsen Torpe	Lars Hansen Saebyhoei
Joergen Laursen Aastrup	Lars Hansen Stroe
Joergen Martin Kragh	Lars Holst Thisted
Joergen Nielsen Hemmestrup	Lars Jensen Skjelmose
Joergen Nymann Joergensen	Lars Jensen Skydebjerg
Joergen Olsen Jensen Krageholm	Lars Jensen Tving
Joergen Petersen Myrup	Lars Joergen Broderup
Joergen Poulsen Volstrup	Lars Joergensen Kjaerby
Joergen Rasmussen Saaderupmark	Lars Joergensen Veilbyskov
Joergen Simonsen Jedved	Lars Larsen Kregome
Joergen Steffensen Christensen Helleskov	Lars Larsen Skjoerpinge
Joergen Svendsen Rimmen	Lars Madsen Hoevlsang
Johan Christian Mathias Trepka	Lars Nielsen Bahl

Liste der Gefallenen der dänischen Armee
in der Schlacht bei Idstedt (lt. Vaupell, 1867)

Lars Nielsen Ellede	Nicolai Larsen Vester Broenderslev
Lars Nielsen Mosebo	Nicolai Moeller
Lars Nielsen Nyby	Nicolai Nielsen Dahl Noerre Bjert
Lars Nielsen Veiby	Niels Christen Christensen Kroelhus
Lars Olsen Reersloev	Niels Andersen Lettermose
Lars Peter Nielsen Loersloev	Niels Andersen Lybek
Lars Petersen Noegaard	Niels Andersen Saunte
Lars Poulsen Assentorp	Niels Bentzen Oestrup
Lars Soerensen Smoerumovre	Niels Chr. Andersen Bastrup
Lars Thomsen Thostrup	Niels Chr. Andersen Klattrup
Lars William Eversen	Niels Chr. Christensen Jannumhauge
Laurits Chr. Jensen Smaagaard	Niels Chr. Jensen Skinnerup
Laurits Chr. Nielsen Neufling	Niels Chr. Mogensen
Laurits Nielsen Nordestgaard	Niels Chr. Nielsen Kloev
Laurits Nielsen Oestergaard	Niels Chr. Soerensen Vester Hassing
Lauritz Christian Christensen Blaere	Niels Christensen Aistrup
Lauritz Petersen	Niels Christensen Farstrup
Laus Nielsen Kjoebenhavn	Niels Christensen Heininge
Laust Nielsen Brethoe Vestergaister	Niels Christensen Odder
Laust Nielsen Laegaardshus	Niels Christensen Taanum
Ludvig Adolph Nyborg	Niels Christian Dreyer
Ludvig Frederik August Lunddahl	Niels Christian Gräntzmann
Mads Chr. Girick Faaborg	Niels Christian Oelholm
Mads Chr. Larsen Brogaard	Niels Christian Petersen Roedved
Mads Christensen Svollerup	Niels Christian Poulsen Lyngby
Mads Hansen Aarslev	Niels Christoffersen Fleninge
Mads Jensen Finderup	Niels Detlefsen Hald
Mads Jensen Spolum	Niels Hansen Jetsmark
Mads Jensen Tronderup	Niels Hansen Lundagerhus
Mads Joergensen Broendemosehus	Niels Hansen Soender Laurup
Mads Madsen Demstrup	Niels Hansen Soesmarke
Mads Mortensen Raberg	Niels Hemmingsen Borup
Mads Ottesen Roust	Niels Iversen Revninge
Mads Peter Jensen Brohuset	Niels Jacobsen Liunge
Mads Petersen Badstrup	Niels Jacobsen Skals
Magnus Thorvald Oersted	Niels Jensen Alling
Martin Anders Jacobsen Oesterby	Niels Jensen Forsinge
Mathias Mathiesen Astrup	Niels Jensen Kollekolle
Mathias Thestrup Larsen Vandkrogen	Niels Jensen Larsen Stokkeby
Mikkel Henriksen Yttrup	Niels Jensen Loeth
Mikkel Joergensen Gauerslev	Niels Jensen Oesterbjerg
Mikkel Rasmussen Fruering	Niels Jensen Varschusene
Mikkel Rasmussen Hesle	Niels Joergensen Borringvad
Mogens Olsen Ladegaardsmark	Niels Johan Gustav Jensen Alsted
Mogens Petersen Stoustrup	Niels Knudsen Mosgaard
Mons Jensen Rindbekhus	Niels Larsen Kollerup
Morten Andersen Linaa	Niels Larsen Soeborg
Morten Petersen Taarnmark	Niels Larsen Vesterskovhus
Moses Joseph Rothschild	Niels Lassen Dynesen
Mylius Seligmann	Niels Lauritzen
Nicolai Johansen Madstrup	Niels Madsen Nielsen Balslev

Liste der Gefallenen der dänischen Armee in der Schlacht bei Idstedt (lt. Vaupell, 1867)

Niels Madsen Saaderup	Peter Jensen Neppe
Niels Magnussen Schmidt	Peter Andersen Aarsoe
Niels Mikkelsen Madsen Terp	Peter Andersen Eskebjergmark
Niels Mortensen Smidt Beftofte	Peter Andersen Skyum
Niels Nielsen Ellitshoei	Peter Andersen Udleire
Niels Nielsen Farum Overdrev	Peter Anton Schoenning
Niels Nielsen Hillerslev	Peter Bechmann
Niels Nielsen Hoetofte	Peter Chr. Andersen Strandgaard
Niels Nielsen Jaevngyde	Peter Chr. Simonsen Pirup
Niels Nielsen Kagerup	Peter Christensen Slemminge
Niels Nielsen Vraa	Peter Christensen Vatterup
Niels Olsen Haastrup	Peter Christian Kjaerby
Niels Olsen Snevre	Peter Christian Mikkelsen Agersund
Niels Olsen Stenstrup	Peter Christiansen Hestehave
Niels Peter Soerensen Vrinders	Peter Christoffer Jensen Dame
Niels Petersen Schultz	Peter Eduard Lorentzen
Niels Petersen Skovby	Peter Hansen Fjellebo
Niels Petersen Sundsby	Peter Hansen Hesselager
Niels Petersen Udby	Peter Hansen Hillested
Niels Petersen Vang	Peter Hansen Karlstrup
Niels Petersen Yttrup	Peter Hansen Kongsberghus
Niels Rasmussen Humble	Peter Hansen Molloese
Niels Rasmussen Reersnaes	Peter Hansen Naesby
Niels Rasmussen Svanningmark	Peter Hansen Rasmussen Rode
Niels Soerensen Noerre Hoeirup	Peter Hansen Smidstrup
Niels Soerensen Skald	Peter Hansen Soendermähren
Niels Toegersen Bundgaard	Peter Hansen Tvermose
Niels Villadsen Smoerumnedre	Peter Jacob Svane Garde
Ole Andersen Ballerup	Peter Jensen Asminderoed
Ole Chr. Andersen Haestrup	Peter Jensen Flastrup
Ole Chr. Andersen Ullerup	Peter Jensen Gjoerding
Ole Christensen Roertang	Peter Jensen Gundsoemagle
Ole Frederik Frenzel	Peter Jensen Klaestrup
Ole Hansen Brederoed	Peter Jensen Ramsoe Soehus
Ole Iversen Husum	Peter Jensen Skyrdstrup
Ole Jensen Bunderup-Sold	Peter Jeppesen Sillerslev
Ole Jensen Dalby	Peter Jepsen Skovby
Ole Jensen Farum Overdrev	Peter Joergensen Helnaes
Ole Jeppesen Malle	Peter Joergensen Helsted
Ole Jespersen Polleroed	Peter Joergensen Nylykkehuse
Ole Larsen Aarby	Peter Joergensen Overbyskov
Ole Larsen Haderup	Peter Knudsen Hyllerup
Ole Mads Illerup	Peter Knudsen Loenaa
Ole Nielsen Hyllede	Peter Larsen
Ole Olsen Hintzehow	Peter Larsen Nordenbro
Ole Petersen Lille Salby	Peter Larsen Svinninge
Ole Petersen Rausthoei	Peter Lauritzen Soenderby
Ole Petersen Vester Egede	Peter Laursen Froeslev
Ole Poulsen Langagerhus	Peter Ludvig Andersen
Ole Rasmussen Vig	Peter Madsen Kallered
Otto Jacobsen Noerre Oerum	Peter Madsen Kaltred

Liste der Gefallenen der dänischen Armee
in der Schlacht bei Idstedt (lt. Vaupell, 1867)

Peter Madsen Kirkegaard
Peter Mikkel Soerensen Hylken
Peter Mikkelsen Riisgaardsted
Peter Mikkelsen Velling
Peter Mogensen Vester-Alling
Peter Nicolai Nielsen Hesselballe
Peter Nicolaysen Hundelev
Peter Nielsen Bodum
Peter Nielsen Doennerup
Peter Nielsen Fangel
Peter Nielsen Haarslev
Peter Nielsen Kloev
Peter Nielsen Soender Veirup
Peter Nielsen Vile
Peter Olsen Ryemark
Peter Pallesen Kjelsgaard
Peter Petersen Broby
Peter Petersen Ellebo
Peter Petersen Gjerloev
Peter Petersen Skuldelev
Peter Petersen Tylst
Peter Poulsen Lundgaarde
Peter Rasmus Petersen
Peter Rasmussen Jensen
Peter Rasmussen Zeuten
Peter Severin Bredahl
Peter Simonsen Jacobsen Oldau
Peter Soeren Petersen Kyndeloese
Peter Soerensen Herskind
Peter Soerensen Leerdrup
Peter Soerensen Lihme
Peter Soerensen Truhoeogaard
Peter Sofus Jensen
Peter Terkildsen Hatting
Peter Thomsen Nygaardsmark
Peter Thygesen Christiansen Petersborg
Poul Andersen Soedinge
Poul Chr. Anton Pedersen Vester Tjersted
Poul Jensen Oelstrup
Poul Jensen Sonderby
Poul Nielsen Boltinge
Rasmus Rasmussen Juul Vitved
Rasmus Andersen Skaarupgaard
Rasmus Andersen Teglhus
Rasmus Christensen Hundtofte
Rasmus Christiansen Einsidelsborg
Rasmus Hansen Harritslev
Rasmus Hansen Skovsbo
Rasmus Hansen Thomashoei
Rasmus Jensen Haldrup
Rasmus Jensen Indslev

Rasmus Jensen Taageskov
Rasmus Jensen Ullerlev
Rasmus Jeppesen Brydegaard
Rasmus Joergensen Dreslette
Rasmus Joergensen Errindloev
Rasmus Knudsen Raebbild
Rasmus Nielsen Hvessinge
Rasmus Nielsen Kogsboelle
Rasmus Nielsen Moellemoeselund
Rasmus Nielsen Ristinge
Rasmus Olsen Gyrstinge
Rasmus Petersen Freltofte
Rasmus Rasmussen Gylling
Rasmus Soerensen Sundbylille
Rasmus Soerensen Torpe
Rasmus Thomsen Sabro
Reinholdt Nielsen Hesselager
Severin Christian Vistoft
Severin Petersen Skjaerbek
Simon Christensen Bellinge
Soeren Andersen Fremmeloev
Soeren Chr. Christensen Bjerby
Soeren Chr. Hansen Faaborg
Soeren Chr. Jensen Sundby
Soeren Chr. Petersen Liorslev
Soeren Chr. Soerensen
Soeren Chr. Soerensen Heden
Soeren Christen Eriksen Oxenbooell
Soeren Christensen Fraugde Kjaerby
Soeren Christensen Oester Toerslev
Soeren Christoffer Harreskov
Soeren Ditlev Conradsen Bjerresoe
Soeren Eriksen Harpoeth
Soeren Henrik Madsen
Soeren Jensen Lemming
Soeren Jensen Tollestrup
Soeren Jensen Urlev
Soeren Jensen Vesterbjerg
Soeren Joergensen Svanninge
Soeren Knudsen Holte
Soeren Lange Stampe
Soeren Markussen Snorup
Soeren Nielsen Aarup
Soeren Nielsen Rynkeby
Soeren Noe Gjellerup
Soeren Petersen Boyden
Soeren Petersen Klatred
Soeren Petersen Mogenstrup
Soeren Petersen Nestved
Soeren Petersen Veiby
Soeren Rasmussen Skuldeloev

Liste der Gefallenen der dänischen Armee
in der Schlacht bei Idstedt (lt. Vaupell, 1867)

Soeren Soerensen Ellede
Soeren Soerensen Stradsborg
Soeren Thomassen Kaarup
Sophus Harald Theodor Printzen
Theodor Henrik Viborg Pontoppidan
Thomas Chr. Joergensen Beistrup
Thomas Chr. Nielsen Horeirestedhus
Thomas Christian Larsen
Thomas Eilert Emanuel Lund
Thomas Hansen
Thomas Joergensen Sjoerslev
Thomas Knudsen Pompole
Thomas Larsen Gjaerup
Thomas Petersen Volstrup
Thomas Soerensen Salten
Toennes Nielsen Boetoe
Uhomas Christensen Boelling
Valdemar Constantin Knudsen
Valdemar Foenss
Vihelm Soerensen Funkehuset
Vilhelm Bache
Vilhelm Carl Joseph Nordberg
Vilhelm Carl Olsen Halleloev
Vilhelm Frederiksen Hirschholm
Vilhelm Heinrich August Kranold
Vilhelm Joergensen Maastrup
Vilhelm Otto Orlamundt
Viljam Otto Kirkeby
Werner Hans Frederik Abrahamson Laessoee
Zvinning Joergensen Skydebjerg

Nachwort

Als ich anfing, die vorhandenen Bücher und Berichte zu sichten, die es über den Schleswig-Holsteinischen Erhebungskrieg von 1848-1851 gab, wurde mir bewusst, dass es über diesen Zeitraum unglaublich viel Literatur gab. Dass ich dokumentarisch vorgehen würde, war mir von vornherein klar, dass ich aber nicht alle Berichte von A bis Z in ein Buch werde hineinzwängen können, wurde erst später schmerzlich deutlich. Es waren einfach zu viele und zu umfangreiche Texte vorhanden. Also entschied ich mich für die wichtigsten und interessantesten Berichte und wählte die Prämisse, dass jeder Text von dem Punkte an, von dem ich ihn begann bis zu seinem von mir bestimmten Ende ohne jedwede Korrektur, Auslassung oder Vervollständigung übernommen würde. Dies war notwendig da viele Soldaten, besonders die auf der schleswig-holsteinischen Seite, außer ihren eigenen Erlebnissen meistens den gesamten Ablauf der Schlacht darstellten und ich somit nur Textbereiche übernehmen konnte. Aber diese Textbereiche sind in sich vollständig und ungekürzt.

Wie Sie wahrscheinlich bereits gemerkt haben, sind einige Druckfehler im Text vorhanden. Trotz Lektorat werden einige, ich denke, sehr wenige, von mir sein. Die anderen Fehler sind Druckfehler, die bereits in den ursprünglichen Texten drin vorkamen. Sie wurden nicht verändert, da ich nicht korrigierend in die alten Dokumente eingreifen wollte. Nur selten habe ich ein Wort um einen Buchstaben, der in Klammern gesetzt wurde, verbessert und auch das nur, um das Wort verständlich zu machen. Sonstige Klammern, kursive und breitere Schriftzüge wurden ebenfalls ohne Korrektur aus den Originaltexten übernommen. Diese hervorgehobenen Wörter wurden, wenn vorhanden, von dem Urheber des Textes so gesetzt und sollen keine Wertung meinerseits darstellen.

Die dänischen Berichte sind von mir nach bestem Wissen und Gewissen so genau wie möglich übersetzt worden. Der Kriegs-Rapport von Krogh wurde allerdings schon damals übersetzt, so dass dieser Text vollständig übernommen werden konnte.

Veränderungen wurden nur in folgenden Listen des Anhangs vorgenommen:

Die Liste der Gefallenen der schleswig-holsteinischen Armee entstammt dem Buch „Namentliches Verzeichniß der Todten und Invaliden der Schleswig-Holsteinischen Armee aus den Jahren 1848, 1849 und 1850/51" von Heinrich Christoph Niese (Dr. med & chir., Generalarzt der früheren Schleswig-Holsteinischen Armee, 1852). Die Liste ist in der Form verändert, dass sie alphabetisch nach dem Nachnamen sortiert wurde.

Die Liste der Gefallenen der dänischen Armee ist dem Buch „Kampen for Soenderjylland 1848-50" von Otto Vaupell (1867) entnommen und auch sie habe ich alphabetisch neu sortiert.

Auf ein Ortsregister musste aus zeitlichen Gründen verzichtet werden.

Der Leser, der sich mit dem Thema über die Schlacht bei Idstedt schon mehrfach beschäftigt hat, wird festgestellt haben, dass vier Berichte bereits 1978 in gekürzter Form in einem früheren Buch veröffentlicht wurden. Dazu möchte ich nur sagen, dass die von mir genutzten Texte den Original-Büchern entstammen. Auch wird der Leser dann erkannt haben, dass die Berichte in diesem Buch umfangreicher sind und es sich trotzdem lohnt, diese evtl. bereits „bekannten" Berichte nochmals zu lesen.

Sie werden so manche interessante Passage finden, die Sie noch nicht kannten ...

Speziell bei Herrn Jensen, dem Geschäftsführer der Idstedt-Stiftung,
bei Herrn Zastrow von der Sparkasse Schleswig-Flensburg
und bei Frau Lübke von büro3
möchte ich mich vielmals für die allzeit freundliche Unterstützung
bedanken.

Quellenverzeichnis

Abercron, Friedrich von: Die Schlacht bei Idstedt am 24. und 25. Juli 1850. Kiel. 1890.

Allen, C. F.: Breve fra danske Krigsmaend. Kopenhagen. 1873.

Bataillons-Commandeur (unbekannt): Die Schlacht bei Idstedt und der Charakter des Generals Willisen. Aus dem Tagebuch eines schleswig-holsteinischen Bataillons-Commandeurs. Ohne Ortsangabe. 1861.

Baudissin, Graf Adelbert: Geschichte des Schleswig-Holsteinischen Kriegs. 1862.

Bernhard, Fr. (d. i. Hermann Reuchlin): Der deutsche Soldat. Bd. VII. Stuttgart. 1850.

Bernhard, Fr. (d. i. Hermann Reuchlin): Der deutsche Soldat. Bd. IX. Stuttgart. 1851.

Bruun, Daniel: Da de sloges ved Isted. Ausschnitt aus: Dagbladet, Nr. 201. 1900.

Butenschön, J.: Aus der Schlacht bei Idstedt. Die Heimat. 1900. X. Jahrgang.

Gagern, A. v.: Die erste Schleswig-Holsteinische Infanterie-Brigade in der Schlacht bei Idstedt am 24. und 25. Juli 1850. Kiel. 1852.

Gerhardt, Leopold v.: Erlebnisse und Kriegsbilder aus dem Feldzuge 1850 in Schleswig-Holstein. Glogau. 1852.

Holm, Theodor: Der Feldzug 1850/51. Bearbeitet von Georg Roberto Friederici. Grevenbroich. 1985.

Horst, Ulrich Freiherr v. d.: Zur Geschichte des Feldzuges der Schleswig-Holsteiner gegen die Dänen im Jahre 1850. Die Schlacht von Idstedt am 24sten und 25sten Juli. Berlin. 1852.

IPTS Beiträge für Unterricht und Lehrerbildung. Quellen zur Geschichte Schleswig-Holsteins. Bd. 14, Teil II. Verlag Schmidt & Klaunig. Kiel. 1980.

Jenner, Hermann: Vor fünfzig Jahren. Zur Erinnerung an die Schlacht bei Idstedt und jene Zeit. Aus dem Tagebuch eines Mitkämpfers. Schleswig. 1901.

Jess, Friedrich v.: Die Schlacht von Idstedt fasslich dargestellt nach vorhandenen Quellen und eigener Erinnerung von einem Kampfgenossen. Schleswig. 1869.

Jessen, Franz v. (Hrsg.): Dengang jeg drog afsted. Kopenhagen. 1898.

Krogh, Gerhard Christopher v.: Rapport über die Schlacht bei Idstedt den 24sten und 25sten Juli 1850. Copenhagen. 1850.

Niese, Heinrich Christoph: Namentliches Verzeichniß der Todten und Invaliden der Schleswig-Holsteinischen Armee aus den Jahren 1848, 1849 und 1850/51. Kiel. 1852.

Schmeißer, Felix: Förster Heise's schleswig-holsteinische Feldzugserinnerungen von 1848-1851. Köln. 1912.

Tesch, Hans: Böklund während der Schlacht bei Idstedt. Aus: Jahrbuch des Angler Heimatvereins. Kappeln. 1958.

Sommer, Peter Heinrich: Briefe in Auszügen. Bearbeitet von Heinz Fröhlich. Treenespiegel Nr. 227 + 228 von 1995.

Trede, Paul: Der Tornister war mein Schreibtisch. Husum Druck- und Verlagsgesellschaft mbH u. Co. KG, Husum 1985.

Vaupell, Otto: Kampen for Soenderjylland 1848-50. Bd. III. Kopenhagen. 1867.

Wangenheim, Udo Freiherr v.: Erinnerungen an Schleswig-Holstein aus den Jahren 1850 und 1851. Hildburghausen. 1852.

Willisen, Freiherr Karl Wilhelm v.: 3. Armeebericht. Ohne Ortsangabe. 1850.

Personenregister

Abercron, Carl Friedrich Jürgen Peter v.: 29, 58-68, 72, 108-113, 128
Abercron, Friedrich v.: 108
Ahlefeldt: 25
Aldosser: 152
Aller: 160
Alten, v.: 170
Bach, Niels: 43, 44
Baggesen, v.: 63, 79, 129, 180-183, 211, 216, 218-226
Bassewitz: 110
Baudissin, Graf Adelbert: 21, 54-71
Baudissin, Graf Otto v.: 57-62, 123, 131, 141, 147, 152, 157ff
Bauditz: 62, 218
Beeren, v.: 158, 164, 166, 168
Blauel: 180, 187, 190
Bonin, Eduard v.: 131, 132, 137
Bonnez, v.: 207
Brackel (s-h Major): 168, 169
Brackel, v. (dän. Pre.-Lit.) 221
Braunschweig, v.: 180
Bülow, v.: 63, 79, 130, 181, 211, 219
Butenschön, J.: 26-31
Christian VIII., König von Dänemark: 91
Christian-August, Herzog v. Schleswig-Holstein-Augustenburg: 69, 71-76
Cramm, v.: 184
Crause: 28
Dalitz: 161
Dau, v.: 211,
Dodt, v.: 211
Flindts, v.: 224
Franckenberg, v.: 166
Gagern, A. v.: 152, 157, 159, 168
Gerhardt, Leopold v.: 26, 30, 54, 56, 61, 62, 73-76, 127, 141-150, 166, 169, 240
Gierahn, R. Chr.: 51-53
Golz, v. d.: 109
Gosch, v.: 211
Grundmann: 110, 112
Grunewald: 155
Häfeler: 180
Hagen, v.: 78, 176, 179ff, 186, 189
Harbou: 206, 208
Heise, Karl: 15-21
Hennings: 155, 156, 158, 160

Heyde, Major v. d.: 65, 108, 109
Holm, Theodor: 22-25
Holy, v.: 176, 180, 185
Horst, Frh. Ulrich v. d.: 29, 58, 62-70, 77, 78, 80, 81, 85, 86, 91, 95, 97, 98, 101, 110, 113, 119, 121, 129, 130, 149, 172
Hoyms: 144, 148
Irminger, v.: 207, 210
Jenner, Hermann: 32-40
Jensen, Jens: 47, 48
Jensen, Morten: 49, 50
Jess, Friedrich v.: 137, 152, 160
Joergensen: 102, 103
Jung: 35f
Keudell: 31, 69, 149
Kolden, v.: 176
Köppen, v.: 176
Krieger, v.: 211, 221, 226
Krogh, Gerhard Christopher v.: 30, 75, 131, 170, 197-237, 245
Laessoe, Werner Hans Frederik Abrahamson: 62, 102, 130
Lange, v.: 211
Lettgau: 112
Lupinsky: 86, 87, 99, 100, 180, 187, 188
Lütgen, v.: 176
Marklowsky: 78, 85ff
Meza, Christian Julius de: 130, 221, 222, 228
Moltke, v. (Generalmajor): 70, 206
Mortensen, Christen: 45, 46
Münchhofen, Major Lauer v.: 69, 158
Neergaard, v.: 211
Niese, Heinrich Christoph: 243, 245
Pontavice, v.: 230
Rau: 19, 22
Regelsen: 119-125
Reventlow, Friedrich Graf v.: 147
Rodenburg: 204
Rodowitz: 81, 175, 178
Saint-Aubain: 207, 224
Scharffenberg: 206
Schepelern, C. A.: 127, 204, 211
Schleppegrell, Frederik Adolph: 63, 70, 79, 102, 104-107, 110, 117, 123, 129, 174, 181, 213, 217, 219-221
Schneider: 161
Schöning: 156, 163, 165, 169
Seweloh: 30, 31, 161, 166, 169

Sommer, Peter Heinrich: 85-90
Steensen, v.: 78, 184
Strohmeyer: 87
Stutterheim, v.: 142, 143, 146
Thillerup, C. K.: 104-106
Thrane, v.: 204, 206
Trede, Paul: 91-101
Trepka, Johann Christian v.: 63, 130,211, 219
Unruh: 157
Vett, v.: 211
Wangenheim, v.: 77-85, 181, 182
Wenck, v.: 152
Wiedburg, v.: 60, 65, 72, 109, 110,111, 167, 170
Willisen, Karl Wilhelm Freiherr v.: 16, 21, 29-32, 36, 54-74, 80, 85, 101, 108-113, 126-133, 137, 164, 166, 170, 182, 192-196, 234
Wilster, v.: 204, 206
Wissel, Franz Arnold Ludwig v.: 28, 30, 72, 84, 162
Wittich: 31
Wörishöffer: 204
Wuthenow v.: 66
Wynecken: 55, 64f, ,73, 74, 76, 79 ff, 87, 113, 130, 132, 138, 148, 181ff, 187

Bildernachweis:

Birresborn, A. Fotos.
Muuß, Dr. Uwe: aus: Die Binnengewässer Schleswig-Holsteins. Wachholtz Verlag. Neumünster. 1973. Foto.
Gerhardt, Leopold v.: Karte.
Vaupell, Otto: Karte.
Vaabenhistorisk Tidsskrift, Bd. 31, Nr. 5. 1998. Fotos und Bilder.
Vaabenhistorisk Tidsskrift, Bd. 31, Nr. 5. 1998. Foto: Kandborg.
Wangenheim, Udo Frh.v.: Karte.
Wantula, Kathinka: Fotos.
Westermann Schulbuchverlag: „Schleswig-Holstein von 1815-1864" aus: Kleiner Atlas zur Geschichte Schleswig-Holsteins, S. 6.